ام الکتاب

("ترجمان القرآن" تفسیر کا ابتدائی حصہ یعنی سورۃ فاتحہ کی تفسیر)

مولانا ابوالکلام آزادؔ

© Taemeer Publications LLC
Umm-ul-Kitaab *(Holy Quran Commentary)*
by: Maulana Abul Kalam Azad
Edition: January '2025
Publisher :
Taemeer Publications LLC (Michigan, USA / Hyderabad, India)

ISBN 978-93-6908-179-0
9 789369 081790

مصنف یا ناشر کی پیشگی اجازت کے بغیر اس کتاب کا کوئی بھی حصہ کسی بھی شکل میں بشمول ویب سائٹ پر اَپ لوڈنگ کے لیے استعمال نہ کیا جائے۔ نیز اس کتاب پر کسی بھی قسم کے تنازع کو نمٹانے کا اختیار صرف حیدرآباد (تلنگانہ) کی عدلیہ کو ہو گا۔

© تعمیر پبلی کیشنز

کتاب	:	**ام الکتاب** (سورہ فاتحہ کی تفسیر)
مصنف	:	**مولانا ابو الکلام آزاد**
صنف	:	مذہب
ناشر	:	تعمیر پبلی کیشنز (حیدرآباد، انڈیا)
سالِ اشاعت	:	۲۰۲۵ء
صفحات	:	۲۶۶
سرورق ڈیزائن	:	تعمیر ویب ڈیزائن

فہرست

انتساب	1
ترجمہ	2
سورت کی اہمیت اور خصوصیات	3
اَلْحَمْدُ لِلّٰهِ	9
رَبِّ الْعٰلَمِيْنَ	13
نظام ربوبیت	16
ربوبیت معنوی	25
براہین قرآنیہ کا مبدء استدلال	31
برہان ربوبیت	36
اَلرَّحْمٰنِ الرَّحِيْمِ	49
تدریج وامہال	67
تسکین حیات	71
برہان فضل ورحمت	81

اسلامی عقائد کا دینی تصور اور 'رحمت'	103
انجیل اور قرآن	110
قرآن کے زواجر و قوارع	120
۵۔ مٰلِكِ يَوْمِ الدِّيْنِ	123
قرآن اور صفاتِ الٰہی کا تصور	135
اِھْدِنَا الصِّرَاطَ الْمُسْتَقِيْمَ: ہدایت	195
الْهُدٰی	203
وحدتِ دین کی اصل عظیم اور قرآن حکیم	205
"الدین" اور "الشرع"	214
قرآن کی دعوت	234
قرآن اور اس کے مخالفوں میں بناءِ نزاع	246
خلاصہ بحث	250
صراطِ مستقیم	253
"الْمَغْضُوْبِ عَلَيْهِمْ" اور "الضَّآلِّيْنَ"	259
قرآن کے قصص اور استقراءِ تاریخی	261
سورۃ فاتحہ کی تعلیمی روح	263

انتساب

غالباً دسمبر ۱۹۱۸ کا واقعہ ہے کہ میں رانچی میں نظر بند تھا، عشاء کی نماز سے فارغ ہو کر مسجد سے نکلا تو مجھے محسوس ہوا کہ کوئی شخص پیچھے آرہا ہے، مڑ کر دیکھا تو ایک شخص کمبل اوڑھے کھڑا تھا۔

آپ مجھ سے کچھ کہنا چاہتے ہیں؟

ہاں جناب! میں بہت دور سے آیا ہوں۔

کہاں سے؟

سرحد پار سے۔

یہاں کب پہنچے؟

آج شام کو پہنچا میں بہت غریب آدمی ہوں، قندھار سے پیدل چل کر کوئٹہ پہنچا، وہاں چند ہم وطن سوداگر مل گئے تھے، انہوں نے نوکر رکھ لیا اور آگرہ پہنچا دیا۔ آگرے سے یہاں تک پیدل چل کر آیا ہوں۔

افسوس تم نے اتنی مصیبت کیوں برداشت کی؟

اس لیے کہ آپ سے قرآن کے بعض مقامات سمجھ لوں۔ میں نے الہلال اور البلاغ کا ایک ایک لفظ پڑھا ہے۔ یہ شخص چند دنوں تک ٹھہرا اور پھر یکایک واپس چلا گیا۔ وہ چلتے وقت اس لیے نہیں ملا کہ اسے اندیشہ تھا کہ میں اسے واپسی کے مصارف کے لیے روپیہ دوں گا اور وہ نہیں چاہتا تھا کہ اس کا بار مجھ پر ڈالے۔ اس نے واپسی میں بھی مسافت کا بڑا حصہ پیدل طے کیا ہوگا۔

مجھے اس کا نام یاد نہیں، مجھے یہ بھی نہیں معلوم کہ وہ زندہ ہے یا نہیں، لیکن اگر میرے حافظے نے کوتاہی نہ کی ہوتی تو میں یہ کتاب اس کے نام سے منسوب کرتا۔

۱۲ ستمبر ۱۹۳۱ء کلکتہ

***

ترجمہ

بِسۡمِ اللّٰهِ الرَّحۡمٰنِ الرَّحِيمِ (۱) اَلۡحَمۡدُ لِلّٰهِ رَبِّ الۡعَالَمِينَ(۲) الرَّحۡمٰنِ الرَّحِيمِ (۳) مَالِكِ يَوۡمِ الدِّينِ (۴) إِيَّاكَ نَعۡبُدُ وَإِيَّاكَ نَسۡتَعِينُ (۵) اهۡدِنَا الصِّرَاطَ الۡمُسۡتَقِيمَ (۶) صِرَاطَ الَّذِينَ أَنۡعَمۡتَ عَلَيۡهِمۡ غَيۡرِ الۡمَغۡضُوبِ عَلَيۡهِمۡ وَلَا الضَّالِّينَ (۷)

ہر طرح کی ستائشیں اللہ ہی کے لیے ہیں جو تمام کائنات خلقت کا پروردگار ہے۔ جو رحمت والا ہے اور جس کی رحمت تمام مخلوقات کو اپنی بخششوں سے مالامال کر رہی ہے۔ جو اس دن کا مالک ہے جس دن کاموں کا بدلا لوگوں کے حصے میں آئے گا۔ (خدایا!) ہم صرف تیری ہی بندگی کرتے ہیں اور صرف تو ہی ہے جس سے (اپنی احتیاجوں میں) مدد مانگتے ہیں۔ (خدایا!) ہم پر (سعادت کی) سیدھی راہ کھول دے۔ وہ راہ جو ان لوگوں کی ہوئی جن پر تونے انعام کیا۔ ان کی نہیں جو پھٹکارے گئے اور نہ ان کی جو بھٹک گئے۔

سورت کی اہمیت اور خصوصیات

یہ قرآن کی سب سے پہلی سورت ہے۔ اس لیے فاتحۃ الکتاب کے نام سے پکاری جاتی ہے۔ جو بات زیادہ اہم ہوتی ہے، قدرتی طور پر پہلی اور نمایاں جگہ پاتی ہے۔ یہ سورت قرآن کی تمام سورتوں میں خاص اہمیت رکھتی تھی، اس لیے قدرتی طور پر اس کی موزوں جگہ قرآن کے پہلے صفحے ہی میں قرار پائی۔ چنانچہ خود قرآن نے اس کا ذکر ایسے ہی لفظوں میں کیا ہے۔ جس سے اس کی اہمیت کا پتہ چلتا ہے۔

وَلَقَدْ آتَيْنَاكَ سَبْعًا مِنَ الْمَثَانِي وَالْقُرْآنَ الْعَظِيمَ (۸۷: ۱۵)

اے پیغمبر! یہ واقعہ ہے کہ ہم نے تمہیں سات دہرائی جانے والی چیزیں عطا فرمائی اور قرآن عظیم۔

احادیث و آثار سے یہ بات ثابت ہو چکی ہے کہ اس آیت میں 'سات دہرائی جانے والی چیزوں' سے مقصود یہی سورت ہے کیونکہ یہ سات آیتوں کا مجموعہ ہے اور ہمیشہ نماز میں دہرائی جاتی ہے۔ یہی وجہ ہے کہ اس سورت کو سبع المثانی [1] بھی کہتے ہیں۔

احادیث و آثار میں اس سورت کے دوسرے نام بھی آئے ہیں جن سے اس کی خصوصیات کا پتہ چلتا ہے۔ مثلاً ام القرآن، الکافیہ، الکنز، اساس القرآن۔ [2]

عربی میں 'ام' کا اطلاق تمام ایسی چیزوں پر ہوتا ہے جو ایک طرح کی جامعیت رکھتی ہوں یا بہت سی چیزوں میں مقدم اور نمایاں ہوں یا پھر کوئی ایسی اوپر کی چیز ہو جس کے نیچے اس کے بہت سے توابع ہوں۔ چنانچہ سر کے درمیانی حصے کو ام الراس کہتے ہیں کیونکہ وہ دماغ کا مرکز ہے۔ فوج کے جھنڈے کو ام کہتے ہیں کیونکہ تمام فوج اسی کے نیچے جمع ہوتی ہے۔ مکہ کو ام القری کہتے تھے کیونکہ خانہ کعبہ اور حج کی وجہ سے

---

[1] امام بخاری اور اصحاب سنن نے ابو سعید بن المعلی سے روایت کیا ہے کہ الحمد لله رب العلمين، ہی السبع المثانی والقرآن العظیم الذی اوتیتہ۔ اور امام مالک، ترمذی اور حاکم نے ابو ہریرہؓ سے روایت کیا ہے کہ آنحضرت ﷺ نے ابی بن کعب کو سورۃ فاتحہ کی تلقین کی اور یہی الفاظ ارشاد فرمائے۔ اسی طرح طبری نے حضرت عمر حضرت علی، حضرت ابن عباس اور ابن مسعودؓ وغیرہم سے روایت کی ہے کہ السبع المثانی فاتحۃ الکتاب، اگرچہ ابن مسعود کی اسناد منقطع ہے لیکن ابن عباس کی حسن ہے۔ ابو العالیہ سے بھی ایسا ہی مروی ہے اس کے علاوہ ائمہ تابعین کی ایک بڑی جماعت اسی طرف گئی ہے۔ حافظ ابن حجر نے فتح الباری میں تمام روایات جمع کر دی ہیں (شرح کتاب التفسیر جلد ۸۔ صفحہ ۱۲۰۔ طبع اول

[2] صحیح بخاری، موطا امام مالک، ابوداود، ابن ماجہ اور مسند احمد میں بہ اختلاف الفاظ اس مضمون کی روایات موجود ہیں۔

عرب کی تمام آبادیوں کے جمع ہونے کی جگہ تھی۔ پس اس سورت کو ام القرآن کہنے کا مطلب یہ ہوا کہ یہ ایک ایسی سورت ہے جس میں مطالب قرآنی کی جامعیت اور مرکزیت ہے یا جو قرآن کی تمام سورتوں میں اپنی نمایاں اور مقدم جگہ رکھتی ہے۔

اساس القرآن کے معنی ہیں قرآن کی بنیاد۔ الکافیہ کے معنی ہیں ایسی چیز جو کفایت کرنے والی ہو، الکنز خزانہ کو کہتے ہیں۔ علاوہ بریں ایک سے زیادہ حدیثیں موجود ہیں جن سے معلوم ہوتا ہے کہ اس سورت کے یہ اوصاف عہد نبوت میں عام طور پر مشہور تھے۔

ایک حدیث میں ہے کہ آنحضرت ﷺ نے ابی بن کعبؓ کو اس سورت کی تلقین کی اور فرمایا 'اس کے مثل کوئی سورت نہیں۔ ایک دوسری روایت میں اسے 'سب سے بڑی سورت' اور 'سب سے بہتر سورت' بھی فرمایا ہے۔[3]

سورۃ فاتحہ میں دین حق کے تمام مقاصد کا خلاصہ موجود ہے:

چنانچہ اس سورت کے مطالب پر نظر ڈالتے ہی یہ بات واضح ہو جاتی ہے کہ اس میں اور قرآن کے بقیہ حصے میں اجمال اور تفصیل کا سا تعلق پیدا ہو گیا ہے۔ یعنی قرآن کی تمام سورتوں میں دین حق کے جو مقاصد بہ تفصیل بیان کیے گئے ہیں سورۃ فاتحہ میں انہی کا بہ شکل اجمال بیان موجود ہے۔ اگر ایک شخص قرآن میں سے اور کچھ نہ پڑھ سکے صرف اس سورت کے مطالب ذہن نشین کرلے جب بھی وہ دین حق اور خدا پرستی کے بنیادی مقاصد معلوم کرلے گا اور یہی قرآن کی تمام تفصیلات کا ماحصل ہے۔

علاوہ ازیں جب اس پہلو پر غور کیا جائے کہ سورت کا پیرایہ دعائیہ ہے اور اسے روزانہ عبادت کا ایک لازمی جزو قرار دیا گیا ہے تو اس کی یہ خصوصیت اور زیادہ نمایاں ہو جاتی ہے اور واضح ہو جاتا ہے کہ اس اجمال و تفصیل میں بہت بڑی مصلحت پوشیدہ تھی۔ مقصود یہ تھا کہ قرآن کے مفصل بیانات کا ایک مختصر اور سیدھا سادھا خلاصہ بھی ہو جسے ہر انسان بآسانی ذہن نشین کرلے اور پھر ہمیشہ اپنی دعاؤں اور عبادتوں میں دہراتا رہے۔ یہ اس کی دینی زندگی کا دستور العمل، خدا پرستی کے عقائد کا خلاصہ اور روحانی تصورات کا نصب العین ہوگا۔ یہی وجہ ہے کہ قرآن نے اس سورت کا ذکر کرتے ہوئے سبعاً من المثانی کہہ کر اس کی خصوصیت کی طرف اشارہ کر دیا۔ یعنی ہمیشہ دہرائے جانے اور ورد رکھنے ہی میں اس کے نزول کی حکمت پوشیدہ ہے۔

کوئی شخص کتنا ہی نادان اور ان پڑھ ہو لیکن ان چار سطروں کا یاد کرلینا اور ان کا سیدھا سادھا مطلب سمجھ لینا اس کے لیے کچھ دشوار نہیں ہو سکتا۔ اگر ایک انسان اس سے زیادہ قرآن میں سے کچھ نہ پڑھ سکا، جب بھی اس نے دین حق کا بنیادی سبق حاصل کرلیا یہی وجہ ہے کہ ہر

---

[3] ابو سعید بن معلی کی روایت جس کی تخریج پچھلے حاشیے میں گذر چکی ہے، اسے اعظم سورۃ فی القرآن فرمایا ہے، اور مسند کی روایت ابن جابر میں اخیر کا لفظ ہے

مسلمان کے لیے اس سورت کا سیکھنا اور پڑھنا ناگزیر ہوا اور نماز کی دعا اس کے سوا کوئی نہ ہو سکی کہ (لاصلوۃ الا بفاتحۃ الکتاب) (صحیحین) اور اسی لیے صحابہ کرامؓ اسے سورۃ الصلوۃ کے نام سے پکارتے تھے۔ یعنی وہ سورت جس کے بغیر نماز نہیں پڑھی جا سکتی۔ ایک انسان اس سے زیادہ قرآن میں سے جس قدر پڑھے اور سیکھے مزید معرفت و بصیرت کا ذریعہ ہوگا لیکن اس سے کم کوئی چیز نہیں ہو سکتی۔

دین حق کا ماحصل:۔

دین حق کا تمام تر ماحصل کیا ہے؟ جس قدر غور کیا جائے گا ان چار باتوں سے باہر کوئی بات دکھائی نہ دے گی۔

(۱) خدا کی صفات کا ٹھیک ٹھیک تصور، اس لیے کہ انسان کو خدا پرستی کی راہ میں جس قدر ٹھوکریں لگی ہیں صفات ہی کے تصور میں لگی ہیں۔

(۲) قانون مجازات کا اعتقاد۔ یعنی جس طرح دنیا میں ہر چیز کا ایک خاصہ اور قدرتی تاثیر ہے اسی طرح انسانی اعمال کے بھی معنوی خواص اور نتائج ہیں۔ نیک عمل کا نتیجہ اچھائی ہے اور برے کا برائی۔

(۳) معاد کا یقین۔ یعنی انسان کی زندگی اسی دنیا میں ختم نہیں ہو جاتی۔ اس کے بعد بھی زندگی ہے اور جزا کا معاملہ پیش آنے والا ہے

(۴) فلاح و سعادت کی راہ اور اس کی پہچان۔

سورۂ فاتحۃ کا اسلوب:۔

اب غور کرو کہ ان باتوں کا خلاصہ اس سورت میں کس خوبی کے ساتھ جمع کر دیا گیا ہے! ایک طرف زیادہ سے زیادہ مختصر حتیٰ کہ گنے ہوئے الفاظ ہیں، دوسری طرف ایسے جچے تلے الفاظ کہ ان کے معانی سے پوری وضاحت اور دل نشینی پیدا ہو گئی ہے۔ ساتھ ہی نہایت سیدھا سادھا بیان ہے۔ کسی طرح کا پیچ و خم نہیں۔ کسی طرح کا الجھاؤ نہیں۔

یہ بات یاد رکھنی چاہیے کہ دنیا میں جو چیز جتنی زیادہ حقیقت سے قریب ہوتی ہے۔ اتنی ہی زیادہ سہل اور دلنشین بھی ہوتی ہے اور خود فطرت کا یہ حال ہے کہ کسی گوشے میں بھی الجھی ہوئی نہیں ہے۔ الجھاؤ جس قدر بھی پیدا ہوتا ہے بناوٹ اور تکلف سے پیدا ہوتا ہے۔ پس جو بات سچی اور حقیقی ہوگی ضروری ہے کہ سیدھی سادھی اور دلنشین بھی ہو۔ دل نشینی کی انتہا یہ ہے کہ جب کبھی کوئی ایسی بات تمہارے سامنے آ

جائے تو ذہن کو کسی طرح کی اجنبیت محسوس نہ ہو۔ وہ اس طرح قبول کرلے گویا پیشتر سے سمجھی بوجھی ہوئی بات تھی۔ اردو کے ایک شاعر نے اسی حقیقت کی طرف اشارہ کیا ہے۔

دیکھنا تقریر کی لذت کہ جو اس نے کہا

میں نے یہ جانا کہ گویا یہ بھی میرے دل میں ہے

اب غور کرو کہ جہاں تک انسان کی خدا پرستی اور خدا پرستی کے تصورات کا تعلق ہے اس سے زیادہ سیدھی سادھی باتیں اور کیا ہو سکتی ہیں جو اس سورت میں بیان کیا ہو سکتا ہے؟ سات چھوٹے چھوٹے بول ہیں۔ ہر بول چار پانچ لفظوں سے زیادہ کا نہیں اور ہر لفظ صاف اور دل نشین معانی کا نگینہ ہے جو اس انگوٹھی میں جڑ دیا گیا ہے۔ اللہ کو مخاطب کر کے ان صفتوں سے پکارا گیا ہے جن کا جلوہ شب و روز انسان کے مشاہدے میں آتا رہتا ہے اگرچہ وہ اپنی جہالت و غفلت سے ان میں غور و تفکر نہیں کرتا۔ پھر اس کی بندگی کا اقرار، اس کی مددگاریوں کا اعتراف ہے اور زندگی کی لغزشوں سے بچ کر سیدھی راہ لگ کر چلنے کی طلب گاری ہے۔ کوئی مشکل خیال نہیں، کوئی انوکھی بات نہیں، کوئی عجیب و غریب راز نہیں۔ اب کہ ہم بار بار یہ سورت پڑھتے رہتے ہیں اور صدیوں سے اس کے مطالب نوع انسانی کے سامنے ہیں ایسا معلوم ہوتا ہے گویا ہمارے دینی تصورات کی ایک بہت ہی معمولی سی بات ہے لیکن یہی معمولی بات جس وقت تک دنیا کے سامنے نہیں آئی تھی اس سے زیادہ کوئی غیر معلوم اور ناقابل حل بات بھی نہ تھی۔ دنیا میں حقیقت اور سچائی کی ہر بات کا یہی حال ہے۔ جب تک سامنے نہیں آتی، معلوم ہوتا ہے اس سے زیادہ مشکل بات کوئی نہیں۔ جب سامنے آجاتی ہے تو معلوم ہوتا ہے اس سے زیادہ صاف اور سہل بات اور کیا ہو سکتی ہے؟ عرفی نے یہی حقیقت ایک دوسرے پیرایے میں بیان کی ہے۔

ہر کس نشناسندۂ رازست، وگرنہ

اینہا ہمہ رازست کہ معلوم عوام ست!

دنیا میں جب کبھی وحیِ الٰہی کی ہدایت نمودار ہوئی تو اس نے یہ نہیں کیا ہے کہ انسان کو نئی نئی باتیں سکھا دی ہوں کیونکہ خدا پرستی کے بارے میں کوئی انوکھی بات سکھائی ہی نہیں جا سکتی۔ اس کا کام صرف یہ رہا ہے کہ انسان کے وجدانی عقائد کو علم و اعتراف کی ٹھیک ٹھیک تعبیر بتا دے اور یہی سورۃ فاتحہ کی خصوصیت ہے۔ اس سورت نے نوع انسانی کے وجدانی تصورات ایک ایسی تعبیر سے سنوار دیے کہ ہر عقیدہ، ہر فکر، ہر جذبہ، اپنی حقیقی شکل و نوعیت میں نمودار ہو گیا اور چونکہ یہ تعبیر حقیقت حال کی سچی تعبیر ہے اس لیے جب کبھی ایک انسان راست بازی کے ساتھ اس پر غور کرے گا بے اختیار پکار اٹھے گا کہ اس کا ہر بول اور ہر لفظ اس کے دل و دماغ کی قدرتی آواز ہے!

دین حق کی مہمات:۔

پھر دیکھو اگرچہ اپنی نوعیت میں وہ اس سے زیادہ کچھ نہیں ہے کہ ایک خدا پرست انسان کی سیدھی سادھی دعا ہے لیکن کس طرح اس کے ہر لفظ اور ہر اسلوب سے دین حق کا کوئی نہ کوئی اہم مقصد واضح ہو گیا ہے اور کس طرح اس کے الفاظ نہایت اہم معانی و دقائق کی نگرانی کر رہے ہیں!

(۱) خدا کے تصور کے بارے میں انسان کی ایک بڑی غلط فہمی یہ رہی ہے کہ اس تصور کو محبت کی جگہ خوف و دہشت کی چیز بنا لیتا تھا۔ سورۂ فاتحہ کے سب سے پہلے لفظ نے اس گمراہی کا ازالہ کر دیا۔

(الحمد للہ رب العالمین) اس کی ابتدا حمد کے اعتراف سے ہوتی ہے حمد ثنائے جمیل کو کہتے ہیں یعنی اچھی صفتوں کی تعریف کرنے کو، ثنائے جمیل اسی کی کی جا سکتی ہے جس میں خوبی و جمال ہو۔ پس حمد کے ساتھ خوف و دہشت کا تصور جمع نہیں ہو سکتا۔ جو ذات محمود ہو گی وہ خوفناک نہیں ہو سکتی۔

پھر حمد کے بعد خدا کی عالمگیر ربوبیت، رحمت اور عدالت کا ذکر کیا ہے اور اس طرح صفات الٰہی کی ایک ایسی مکمل شبیہ کھینچ دی ہے جو انسان کو وہ سب کچھ دے دیتی ہے جس کی انسانیت کے نشوو ارتقا کے لیے ضرورت ہے اور ان تمام گمراہیوں سے محفوظ کر دیتی ہے جو اس راہ میں اسے پیش آ سکتی ہیں۔

(۲) 'رب العالمین' میں خدا کی عالمگیر ربوبیت کا اعتراف ہے جو ہر فرد، ہر جماعت، ہر قوم، ہر ملک اور ہر گوشہ وجود کے لیے ہے۔ اس لیے یہ اعتراف ان تمام تنگ نظریوں کا خاتمہ کر دیتا ہے جو دنیا کی مختلف قوموں اور نسلوں میں پیدا ہو گئی تھیں۔ اور ہر قوم اپنی جگہ سمجھنے لگی تھی کہ خدا کی برکتیں اور سعادتیں صرف اسی کے لیے ہے کسی دوسری قوم کا ان میں حصہ نہیں۔

(۳) ملک یوم الدین' میں 'الدین' کا لفظ جزا کے قانون کا اعتراف ہے اور جزا کو 'دین' کے لفظ سے تعبیر کر کے یہ حقیقت واضح کر دی ہے کہ جزا انسانی اعمال کے قدرتی نتائج و خواص ہیں۔ یہ بات نہیں ہے کہ خدا کا غضب و انتقام بندوں کو عذاب دینا چاہتا ہو۔ کیونکہ 'الدین' کے معنی بدلہ اور مکافات کے ہیں۔

(۴) ربوبیت اور رحمت کے بعد ملک یوم الدین' کے وصف نے یہ حقیقت بھی آشکارا کر دی کہ اگر کائنات میں صفاتِ رحمت و جمال کے ساتھ قہر و جلال بھی اپنی نمود رکھتی ہیں تو یہ اس لیے نہیں کہ پروردگار عالم میں غضب و انتقام ہے بلکہ اس لیے ہے کہ وہ عادل ہے اور اس کی حکمت نے ہر چیز کے لیے اس کا ایک خاصہ اور نتیجہ مقرر کر دیا ہے۔ عدل منافی رحمت نہیں ہے بلکہ عین رحمت ہے۔

(۵) عبادت کے لیے یہ نہیں کہا کہ نعبدک، بلکہ کہا 'ایاک نعبد' یعنی یہ نہیں کہا کہ 'تیری عبادت کرتے ہیں'۔ بلکہ حصر کے ساتھ کہا 'صرف تیری ہی عبادت کرتے ہیں'۔ اور پھر اس کے ساتھ 'ایاک نستعین' کہہ کر استعانت کا بھی اسی حصر کے ساتھ ذکر کر دیا۔ اس اسلوب بیان نے توحید کے تمام مقاصد پورے کر دیے اور شرک کی ساری راہیں بند ہو گئیں!

(۶) سعادت و فلاح کی راہ کو 'صراط المستقیم' یعنی سیدھی راہ سے تعبیر کیا جس کی اس سے زیادہ بہتر اور قدرتی تعبیر نہیں ہو سکتی کیونکہ کوئی نہیں جو سیدھی راہ اور ٹیڑھی راہ میں امتیاز نہ رکھتا ہو اور پہلی راہ کا خواہشمند نہ ہو۔

(۷) پھر اس کے لیے ایک سیدھی سادھی اور جانی بوجھی ہوئی شناخت بتا دی جس کا اذعان قدرتی طور پر ہر انسان کے اندر موجود ہے اور جو محض ایک ذہنی تعریف ہونے کی جگہ ایک موجود و مشہود حقیقت نمایاں کر دیتی ہے۔ یعنی وہ راہ جو انعام یافتہ انسانوں کی راہ ہے۔ کوئی ملک، کوئی قو، کوئی زمانہ کوئی فرد ہو، لیکن انسان ہمیشہ دیکھتا ہے کہ زندگی کی دو راہیں یہاں صاف موجود ہیں۔ ایک راہ کامیاب انسانوں کی راہ ہے، ایک ناکام انسانوں کی۔ پس ایک واضح اور آشکارا بات کے لیے سب سے بہتر علامت یہی ہو سکتی تھی کہ اس کی طرف انگلی اٹھا دی جائے۔ اس سے زیادہ کچھ کہنا ایک معلوم بات کو مجہول بنا دینا تھا۔

چنانچہ یہی وجہ ہے کہ اس سورت کے لیے دعا کا پیرایہ اختیار کیا گیا ہے کیونکہ اگر تعلیم و امر کا پیرایہ اختیار کیا جاتا تو اس کی نوعیت کی ساری تاثیر جاتی رہتی۔ دعائیہ اسلوب ہمیں بتاتا ہے کہ ہر راست باز انسان کی جو خدا پرستی کی راہ میں قدم اٹھاتا ہے صدائے حال کیا ہوتی ہے اور کیا ہونی چاہیئے؟ یہ گویا خدا پرستی کے فکر و وجدان کا سر جوش ہے جو ایک طالب صادق کی زبان پر بے اختیار ابل پڑتا ہے۔

اَلْحَمْدُ لِلّٰہِ

حَمْد:۔

عربی میں حمد کے معنی ثنائے جمیل کے ہیں، یعنی اچھی صفتیں بیان کرنے کے۔ اگر کسی کی بری صفتیں بیان کی جائیں تو یہ حمد نہ ہوگی، حمد پر الف لام ہے یہ استغراق کے لیے بھی ہو سکتا ہے، جنس کے لیے بھی۔

پس 'الحمدللہ' کے معنی یہ ہوئے کہ حمد وثنا میں سے جو کچھ اور جیسا کچھ بھی کہا جا سکتا ہے وہ سب اللہ کے لیے ہے کیونکہ خوبیوں اور کمالوں میں سے جو کچھ بھی ہے سب اسی سے ہے اور اسی میں ہے۔ اور اگر حسن موجود ہے تو نگاہ عشق کیوں نہ ہو اور اگر محمودیت جلوہ افروز ہے تو زبان حمد وستائش کیوں خاموش رہے؟

آئینہ ماروائے ترا عکس پذیر است

گر تو نہ نمائی گنہ از جانب مانیست

حمد سے سورت کی ابتدا کیوں کی گئی؟ اس لیے کہ معرفت الٰہی کی راہ میں انسان کا پہلا تاثر یہی ہے۔ یعنی جب کبھی ایک صادق انسان اس راہ میں قدم اٹھائے گا تو سب سے پہلی حالت جو اس کے فکر ووجدان پر طاری ہوگی وہ قدرتی طور پر وہی ہوگی جسے یہاں تحمید وستائش سے تعبیر کیا گیا ہے۔

انسان کے لیے معرفت حق کی راہ کیا ہے؟ قرآن کہتا ہے صرف ایک ہی راہ ہے اور وہ یہ ہے کہ کائنات خلقت میں تفکر وتدبر کرے۔ مصنوعات کا مطالعہ اسے صانع تک پہنچا دے گا۔

الَّذِيْنَ يَذْكُرُوْنَ اللّٰهَ قِيٰمًا وَّقُعُوْدًا وَّعَلٰى جُنُوْبِهِمْ وَيَتَفَكَّرُوْنَ فِيْ خَلْقِ السَّمٰوٰتِ وَالْاَرْضِ (۱۸۸: ۳)

اب فرض کرو، ایک طالب صادق اس راہ میں قدم اٹھاتا ہے اور کائنات خلقت کے مظاہر و آثار کا مطالعہ کرتا ہے تو سب سے پہلا اثر جو اس کے دل و دماغ پر طاری ہوگا وہ کیا ہوگا؟ وہ دیکھے گا کہ خود اس کا وجود اور اس کے وجود سے باہر کی ہر چیز ایک صانع حکیم اور مدبر قدیر کی کار فرمائیوں کی جلوہ گاہ ہے اور اس کی ربوبیت اور رحمت کا ہاتھ ایک ایک ذرہ خلقت میں صاف نظر آ رہا ہے۔ پس قدرتی طور پر اس کی روح جوش ستائش اور محویت جمال سے معمور ہو جائے گی۔

وہ بے اختیار پکار اٹھے گا کہ 'الحمدللہ رب العالمین' ساری حمد و ستائش اسی کے لیے ہے جو اپنی کارفرمائی کے ہر گوشے میں سرچشمہ رحمت و فیضان اور معنی حسن و کمال ہے!

اس راہ میں فکر انسانی کی سب سے بڑی گمراہی یہ رہی ہے کہ اس کی نظریں مصنوعات کے جلووں میں محو ہو کر رہ جاتیں اور آگے بڑھنے کی کوشش نہ کرتیں۔

وہ پردوں کے نقش و نگار دیکھ کر بے خود ہو جاتا مگر اس کی جستجو نہ کرتا جس نے اپنے جمال صنعت پر یہ دل آویز پردے ڈال رکھے ہیں، دنیا میں مظاہر فطرت کی پرستش کی بنیاد اسی کوتاہ نظری سے پڑی۔

پس 'الحمدللہ' کا اعتراف اس حقیقت کا اعتراف ہے کہ کائنات ہستی کا تمام فیضان و جمال خواہ کسی گوشے اور کسی شکل میں صرف ایک صانع حقیقی کی صفتوں ہی کا ظہور ہے۔

اس لیے حسن و جمال کے لیے جتنی بھی شیفتگی ہوگی، خوبی و کمال کے لیے جتنی بھی مدحت طرازی ہوگی اور بخشش و فیضان کا جتنا بھی اعتراف ہوگا، وہ مصنوع و مخلوق کے لیے نہیں ہوگا۔

صانع و خالق ہی کے لیے ہوگا۔

عبارا تنا شتی و حسنك واحد

و کل الی ذاك الجمال یشیر

اللہ

نزول قرآن سے پہلے عربی میں اللہ کا لفظ خدا کے لیے بطور اسم ذات کے مستعمل تھا جیسا کہ شعرائے جاہلیت کے کلام سے ظاہر ہے۔

یعنی خدا کی تمام صفتیں اس کی طرف منسوب کی جاتی تھیں۔ یہ کسی خاص صفت کے لیے نہیں بولا جاتا تھا۔ قرآن نے بھی یہی لفظ بطور اسم ذات کے اختیار کیا اور تمام صفتوں کو اس کی طرف نسبت دی۔

'ولله الاسماء الحسنى فادعوه بها' (۷:۱۷۹)

(اور اللہ کے لیے حسن و خوبی کے نام ہیں (یعنی صفتیں ہیں) پس چاہیے کہ اسے ان صفتوں کے ساتھ پکارو!)

قرآن نے یہ لفظ محض اس لیے اختیار کیا کہ لغت کی مطابقت کا مقتضا یہی تھا یا اس سے بھی زیادہ کوئی معنوی موزونیت اس میں پوشیدہ ہے؟ جب ہم اس لفظ کی معنوی دلالت پر غور کرتے ہیں تو معلوم ہوتا ہے اس غرض کے لیے سب سے زیادہ موزوں لفظ یہی تھا۔ نوع انسانی کے دینی تصورات کا ایک قدیم عہد جو تاریخ کی روشنی میں آیا ہے۔

مظاہر فطرت کی پرستش کا عہد ہے۔ اسی پرستش نے بتدریج اصنام پرستی کی صورت اختیار کی اصنام پرستی کا لازمی نتیجہ یہ تھا کہ مختلف زبانوں میں بہت سے الفاظ دیوتاؤں کے لیے پیدا ہو گئے اور جوں جوں پرستش کی نوعیت میں وسعت ہوتی گئی الفاظ کا تنوع بھی بڑھتا گیا لیکن چونکہ یہ بات انسان کی فطرت کے خلاف تھی کہ ایسی ایسی ہستی کے تصور سے خالی الذہن رہے جو سب سے اعلی اور سب کی پیدا کرنے والی ہستی ہے اس لیے دیوتاؤں کی پرستش کے ساتھ ایک سب سے بڑی اور سب پر حکمراں ہستی کا تصور بھی کم و بیش ہمیشہ موجود رہا اور اس لیے جہاں بے شمار الفاظ دیوتاؤں اور ان کی معبودانہ صفتوں کے لیے پیدا ہو گئے وہاں کوئی نہ کوئی لفظ ایسا بھی ضرور مستعمل رہا جس کے ذریعہ اس ان دیکھی اور اعلی ترین ہستی کی طرف اشارہ کیا جاتا تھا۔ چنانچہ سامی زبانوں کے مطالعہ سے معلوم ہوتا ہے کہ حروف و اصوات کی ایک خاص ترکیب ہے جو معبودیت کے معنی میں مستعمل رہی ہے۔

عبرانی، سریانی، آرامی، کلدانی، حمیری، عربی وغیرہ تمام زبانوں میں اس کا یہ لغوی خاصہ پایا جاتا ہے۔ یہ الف، لام اور ہ کا مادہ ہے اور مختلف شکلوں میں مشتق ہوا ہے۔

کلدانی و سریانی کا 'الاہیا' عبرانی کا 'الوہ' اور عربی کا 'الہ' اسی سے ہے اور بلاشبہ یہی 'الہ' ہے جو حروف تعریف کے اضافہ کے بعد اللہ ہو گیا ہے اور تعریف نے اسے صرف خالق کائنات کے لیے مخصوص کر دیا ہے۔

لیکن اگر اللہ 'الہ' سے ہے تو 'الہ' کے معنی کیا ہیں؟ علمائے لغت و اشتقاق کے مختلف اقوال ہیں مگر سب سے زیادہ قوی قول یہ معلوم ہوتا ہے کہ اس کی اصل 'الہ' ہے اور 'الہ' کے معنی تحیر اور درماندگی کے ہیں، بعضوں نے اسے 'ولہ' سے ماخوذ بتایا ہے اور اس کے معنی بھی یہی ہیں پس خالق کائنات کے لیے یہ لفظ اس لیے اہم قرار پایا کہ اس بارے میں انسان جو کچھ جانتا اور جان سکتا ہے وہ عقل کے تحیر اور

ادراک کی درماندگی کے سوا اور کچھ نہیں ہے۔ وہ جس قدر بھی اس ذات مطلق کی ہستی میں غور و خوض کرے گا اس کی عقل کی حیرانی اور درماندگی بڑھتی ہی جائے گی۔ یہاں تک کہ وہ معلوم کرلے گا کہ اس راہ کی ابتدا بھی عجز و حیرات سے ہوتی ہے اور تنہا بھی عجز و حیرت ہی ہے!

اے بروں از وہم و قال و قیل من

خاک بر فرق من و تمثیل من

اب غور کرو خدا کی ذات کے لیے انسان کی زبان سے نکلے ہوئے لفظوں میں اس سے زیادہ موزوں لفظ اور کون سا ہو سکتا ہے؟ اگر خدا کو اس کی صفتوں سے پکارنا ہے تو بلاشبہ اس کی صفتیں بے شمار ہیں لیکن اگر صفات سے الگ ہو کر اس کی ذات کی طرف اشارہ کرنا ہے تو وہ اس کے سوا کیا ہو سکتا ہے کہ ایک متحیر کر دینے والی ذات ہے اور جو کچھ اس کی نسبت کہا جا سکتا ہے وہ عجز درماندگی کے اعتراف کے سوا کچھ نہیں ہے؟ فرض کرو نوع انسانی نے اس وقت تک خدا کی ہستی یا تخلیق کائنات کی اصلیت کے بارے میں جو کچھ سوچا اور سمجھا ہے وہ سب کچھ سامنے رکھ کر ہم ایک موزوں سے موزوں لفظ تجویز کرنا چاہیں تو وہ کیا ہوگا؟ اس سے موزوں اور اس سے بہتر کوئی لفظ تجویز کیا جا سکتا ہے؟ یہی وجہ ہے کہ جب کبھی اس راہ میں عرفان و بصیرت کی کوئی بڑی سے بڑی بات کہی گئی وہ یہی تھی کہ زیادہ سے زیادہ خود رفتگیوں کا اعتراف کیا گیا اور ادراک کا منتہی مرتبہ ہمیشہ یہی قرار پایا کہ ادراک کی نارسائی کا ادراک حاصل ہو جائے۔

عرفاء کے دل و زبان کی صدا ہمیشہ یہی رہی کہ 'رب زدنی فیك تحيرا'[4] اور حکما کی حکمت و دانش کا فیصلہ بھی ہمیشہ یہی ہوا کہ 'معلوم شد کہ ہیچ معلوم نہ شد'۔

چونکہ یہ اسم خدا کے لیے بطور اسم ذات کے استعمال میں آیا اس لیے قدرتی طور پر ان تمام صفتوں پر حاوی ہو گیا جن کا خدا کی ذات کے لیے تصور کیا جا سکتا ہے۔ اگر ہم خدا کا تصور اس کی کسی صفت کے ساتھ کریں مثلاً الرب یا الرحیم کہیں تو یہ تصور صرف ایک خاص صفت ہی میں محدود ہوگا۔

یعنی ہمارے ذہن میں ایک ایسی ہستی کا تصور پیدا ہو جائے گا جس میں ربوبیت یا رحمت ہے، لیکن جب ہم اللہ کا لفظ بولتے ہیں تو فوراً ہمارا ذہن ایک ایسی ہستی کی طرف منتقل ہو جاتا ہے جو ان تمام صفات حسن و کمال سے متصف ہے جو اس کی نسبت بیان کیے گئے ہیں اور جو اس میں ہونے چاہئیں۔

---

[4] یعنی خدایا ایسا کر کہ تیری ہستی میں ہمارا تحیر بڑھتا رہے، کیونکہ تحیر جہالت کا نہیں بلکہ معرفت کا ہے۔

رَبّ الْعٰلَمِيْنَ

ربوبیت حمد کے بعد بالترتیب چار صفتیں بیان کی گئی ہیں (رب العالمین، الرحمن، الرحیم، مالک یوم الدین) چونکہ الرحمن اور الرحیم کا تعلق ایک ہی صفت کے دو مختلف پہلوؤں سے ہے اس لیے دوسرے لفظوں میں انہیں یوں تعبیر کیا جا سکتا ہے کہ ربوبیت، رحمت، عدالت، تین صفتوں کا ذکر کیا گیا ہے۔

الہ کی طرح 'رب' بھی سامی زبانوں کا ایک کثیر الاستعمال مادہ ہے۔

عبرانی سریانی اور عربی تینوں زبانوں میں اس کے معنی پالنے کے ہیں اور چونکہ پرورش کی ضرورت کا احساس انسانی زندگی کے بنیادی احساسات میں سے ہے اس لیے اسے بھی قدیم ترین سامی تعبیرات میں سے سمجھنا چاہیے۔

پھر چونکہ معلم، استاد اور آقا کسی نہ کسی اعتبار سے پرورش کرنے والے ہی ہوتے ہیں اس لیے اس کا اطلاق ان معنوں میں بھی ہونے لگا۔

چنانچہ عبرانی اور آرامی کا 'ربی' اور 'رباہ' پرورش کنندہ، معلم اور آقا تینوں معنی رکھتا تھا اور قدیم مصری اور خالدی زبان کا ایک لفظ 'رابو' بھی انہی معنوں میں مستعمل ہوا ہے اور ان ملکوں کی قدیم ترین سامی وحدت کی خبر دیتا ہے۔

بہر حال عربی میں 'ربوبیت' کے معنی پالنے کے لیے ہیں لیکن پالنے کو اس کے وسیع اور کامل معنوں میں لینا چاہیے۔

اسی لیے بعض ائمہ لغت نے اس کی تعریف ان لفظوں میں کی ہے۔

'ھو انشاء الشیء حالا فحالا الی حد التمام'[5]

(یعنی کسی چیز کو یکے بعد دیگرے اس کی مختلف حالتوں اور ضرورتوں کے مطابق اس طرح نشو و نما دیتے رہنا حتیٰ کہ اپنی حد کمال تک پہنچ جائے۔)

---

[5] مفردات راغب اصفہانی

اگر ایک شخص بھوکے کو کھانا کھلا دے یا محتاج کو روپیہ دے دے تو یہ اس کا کرم ہوگا، جود ہوگا، احسان ہوگا لیکن وہ بات نہ ہوگی جسے ربوبیت کہتے ہیں ربوبیت کے لیے ضروری ہے کہ پرورش اور نگہداشت کا ایک جاری اور مسلسل اہتمام ہو اور ایک وجود کو اس کی تکمیل و بلوغ کے لیے وقتاً فوقتاً جیسی کچھ ضرورتیں پیش آتی رہیں ان سب کا سر و سامان ہوتا رہے۔

نیز ضروری ہے کہ یہ سب کچھ محبت و شفقت کے ساتھ ہو کیونکہ جو عمل محبت و شفقت کے عاطفہ سے خالی ہوگا ربوبیت نہیں ہو سکتا۔

ربوبیت کا ایک ناقص نمونہ ہم اس پرورش میں دیکھ سکتے ہیں جس کا جوش ماں کی فطرت میں ودیعت کر دیا گیا ہے۔

بچہ جب پیدا ہوتا ہے تو محض گوشت پوست کا ایک متحرک لوتھڑا ہوتا ہے اور زندگی اور نمو کی جتنی قوتیں بھی رکھتا ہے سب کی سب پرورش و تربیت کی محتاج ہوتی ہیں۔ یہ پرورش محبت و شفقت، حفاظ و نگہداشت اور بخشش و اعانت کا ایک طول طویل سلسلہ ہے اور اسے اس وقت تک جاری رہنا چاہیے جب تک بچہ اپنے جسم و ذہن کے حد بلوغ تک نہ پہنچ جائے۔

پھر پرورش کی ضرورتیں ایک دو نہیں بے شمار ہیں۔ ان کی نوعیت ہمیشہ بدلتی رہتی ہے اور ضروری ہے کہ ہر عمر اور ہر حالت کے مطابق محبت کا جوش، نگرانی کی نگاہ اور زندگی کا سر و سامان ملتا رہے۔

حکمت الٰہی نے ماں کی محبت میں ربوبیت کے یہ تمام خد و خال پیدا کر دیے ہیں۔ یہ ماں کی ربوبیت ہے جو پیدائش کے دن سے لے کر بلوغ تک، بچے کو پالتی، بچاتی، سنبھالتی، اور ہر حالت کے مطابق اس کی ضروریات پرورش کا سر و سامان مہیا کرتی رہتی ہے۔

جب بچے کا معدہ دودھ کے سوا کسی غذا کا متحمل نہ تھا تو اسے دودھ ہی پلایا جاتا تھا۔ جب دودھ سے زیادہ قوی غذا کی ضرورت ہوئی تو ویسی ہی غذا دی جانے لگی۔ جب اس کے پاؤں میں کھڑے ہونے کی سکت نہ تھی تو ماں اسے گود میں اٹھائے پھرتی تھی۔ جب کھڑے ہونے کے قابل ہوا تو انگلی پکڑی اور ایک ایک قدم چلانے لگی۔ پس یہ بات کہ ہر حالت اور ہر ضرورت کے مطابق ضروریات مہیا ہوتی رہیں اور نگرانی و حفاظت کا ایک مسلسل اہتمام جاری رہا۔

یہ وہ صورت حال ہے جس سے ربوبیت کے مفہوم کا تصور کیا جا سکتا ہے۔

مجازی ربوبیت کی یہ ناقص اور محدود مثال سامنے لاؤ اور ربوبیت الٰہی کی غیر محدود حقیقت کا تصور کرو۔ اس کے رب العالمین ہونے کے معنی یہ ہوئے کہ جس طرح اس کی خالقیت نے کائنات ہستی اور اس کی ہر چیز پیدا کی ہے اسی طرح اس کی ربوبیت نے ہر مخلوق کی پرورش کا سر و سامان بھی کر دیا ہے اور یہ پرورش کا سر و سامان ایک ایسے عجیب و غریب نظام کے ساتھ ہے کہ ہر وجود کو زندگی اور بقا کے لیے جو کچھ مطلوب تھا وہ سب کچھ مل رہا ہے اور اس طرح مل رہا ہے کہ ہر حالت کی رعایت ہے، ہر ضرورت کا لحاظ ہے، ہر تبدیلی کی نگرانی ہے اور ہر کمی بیشی ضبط میں آ چکی ہے۔

چیونٹی اپنے بل میں رینگ رہی ہے، کیڑے مکوڑے کوڑے کرکٹ میں ملے ہوئے ہیں مچھلیاں دریا میں تیر رہی ہیں، پرندے ہوا میں اڑ رہے ہیں، پھول باغ میں کھل رہے ہیں، ہاتھی جنگل میں دوڑ رہا ہے اور ستارے فضا میں گردش کر رہے ہیں۔

لیکن فطرت کے پاس سب کے لیے یکساں طور پر پرورش کو گود اور نگرانی کی آنکھ ہے اور کوئی نہیں جو فیضان ربوبیت سے محروم ہو۔

اگر مثالوں کی جستجو میں تھوڑی سی کاوش جائز رکھی جائے تو مخلوقات کی بے شمار قسمیں ایسی ملیں گی جو اتنی حقیر اور بے مقدار ہیں کہ غیر مسلح آنکھ[6] سے ہم انہیں دیکھ بھی نہیں سکتے۔

تاہم ربوبیت الٰہی نے جس طرح اور جس نظام کے ساتھ ہاتھی جیسی جسیم اور انسان جیسی عقیل مخلوق کے لیے سامان پرورش مہیا کر دیا ہے، ٹھیک ٹھیک اسی طرح اور ویسے ہی نظام کے ساتھ ان کے لیے بھی زندگی اور بقا کی ہر چیز مہیا کی ہے۔

اور پھر یہ جو کچھ بھی ہے انسان کے وجود سے باہر ہے اگر انسان اپنے وجود کو دیکھے تو خود اس کی زندگی اور زندگی کا ہر لحہ ربوبیت الٰہی کی کرشمہ سازیوں کی ایک پوری کائنات ہے!

وفی الارض ایت للموقنین وَفِيٓ أَنفُسِكُمۡۚ أَفَلَا تُبۡصِرُونَ (۲۱۔ ۲۰: ۵۱)

(ان لوگوں کے لیے جو (سچائی پر) یقین رکھنے والے ہیں زمین میں (خدا کی کارفرمائیوں کی) کتنی ہی نشانیاں ہیں اور خود تمہارے وجود میں بھی، پھر کیا تم دیکھتے نہیں!)

---

[6] (Naked Eye) غیر مسلح آنکھ جو اپنی قدرتی نگاہ سے دیکھ رہی ہو، زیادہ قوت کے ساتھ دیکھنے کا کوئی آلہ مثلاً خوردبین اس کے ساتھ نہ ہو

نظام ربوبیت

لیکن سامان زندگی کی بخشائش میں اور ربوبیت کے عمل میں جو فرق ہے اسے نظر انداز نہیں کرنا چاہیے۔ اگر دنیا میں ایسے عناصر، عناصر کی ایسی ترکیب اور اشیا کی ایسی بناوٹ موجود ہے جو زندگی اور نشوونما کے لیے سودمند ہے تو محض اس کی موجودگی ربوبیت سے تعبیر نہیں کی جا سکتی۔ ایسا ہونا قدرت الٰہی کی رحمت ہے، بخشش ہے، احسان ہے مگر وہ بات نہیں ہے جسے ربوبیت کہتے ہیں۔ ربوبیت یہ ہے کہ ہم دیکھتے ہیں دنیا میں سودمند اشیا کی موجودگی کے ساتھ ان کی بخشش و تقسیم کا بھی ایک نظام موجود ہے اور فطرت صرف بخشتی ہی نہیں بلکہ جو کچھ بخشتی ہے ایک مقررہ انتظام اور ایک منضبط ترتیب و مناسبت کے ساتھ بخشتی ہے۔ اسی کا نتیجہ ہے کہ ہم دیکھتے ہیں ہر وجود کو زندگی اور بقا کے لیے جس جس چیز کی ضرورت ہی اور جس جس وقت اور جیسی جیسی مقدار میں ضرورت تھی ٹھیک ٹھیک اسی طرح، انہی وقتوں میں اور اسی مقدار میں اسے مل رہی ہے اور اس نظم و انضباط سے تمام کارخانہ حیات چل رہا ہے۔

پانی کی بخشش و تقسیم کا نظام:

زندگی کے لیے پانی اور رطوبت کی ضرورت ہے۔ ہم دیکھتے ہیں کہ پانی کے وافر ذخیرے ہر طرف موجود ہیں۔ لیکن اگر صرف اتنا ہی ہوتا، تو یہ زندگی کے لیے کافی نہ تھا۔ کیونکہ زندگی کے لیے صرف یہی ضروری نہیں ہے کہ پانی موجود ہو بلکہ یہ بھی ضروری ہے کہ ایک خاص انتظام، ایک خاص ترتیب، اور ایک خاص مقررہ مقدار کے ساتھ موجود ہو۔

پس یہ جو دنیا میں پانی کے بننے اور تقسیم ہونے کا ایک خاص انتظام پایا جاتا ہے اور فطرت صرف پانی بناتی ہی نہیں بلکہ ایک خاص ترتیب و مناسبت کے ساتھ بناتی اور ایک خاص اندازہ کے ساتھ بانٹتی رہتی ہے تو یہی ربوبیت ہے اور اسی سے ربوبیت کے تمام اعمال کا تصور کرنا چاہیے۔

قرآن کہتا ہے یہ اللہ کی رحمت ہے جس نے پانی جیسا جوہر حیات پیدا کر دیا لیکن یہ اس کی ربوبیت ہے جو پانی کو ایک ایک بوند کر کے ٹپکاتی، زمین کے ایک ایک گوشے تک پہنچاتی، ایک خاص مقدار اور حالت میں تقسیم کرتی، ایک خاص موسم اور محل میں برساتی، اور پھر زمین کے ایک ایک تشنہ ذرے کو ڈھونڈھ ڈھونڈھ کر سیراب کر دیتی ہے!

وَاَنْزَلْنَا مِنَ السَّمَاءِ مَاءًۢ بِقَدَرٍ فَاَسْكَنّٰهُ فِي الْاَرْضِ گ وَاِنَّا عَلٰى ذَهَابٍۢ بِهٖ لَقٰدِرُوْنَ فَاَنْشَاْنَا لَكُمْ بِهٖ جَنّٰتٍ مِّنْ نَّخِيْلٍ وَّاَعْنَابٍ ۘ لَكُمْ فِيْهَا فَوَاكِهُ كَثِيْرَةٌ وَّمِنْهَا تَاْكُلُوْنَ (۱۸۱۹: ۲۳)

(اور (دیکھو) ہم نے آسمان سے ایک خاص اندازے کے ساتھ پانی برسایا، پھر اسے زمین میں ٹھہرائے رکھا، اور ہم اس پر بھی قادر ہیں کہ (جس طرح برسایا تھا اسی طرح) اسے واپس لے جائیں، پھر (دیکھو) اسی پانی سے ہم نے کھجوروں انگوروں کے باغ پیدا کر دیے جن میں بے شمار پھل لگتے ہیں اور انہی سے تم اپنی غذا بھی حاصل کرتے ہو)

تقدیر اشیا:

یہی وجہ ہے کہ قرآن نے جابجا اشیا کی قدر اور مقدار کا ذکر کیا ہے۔
یعنی اس حقیقت کی طرف اشارہ کیا ہے کہ فطرت کائنات جو کچھ بخشتی ہے ایک خاص اندازے کے ساتھ بخشتی ہے اور یہ اندازہ ایک خاص قانون کے ماتحت ٹھہرایا ہوا ہے۔

وَاِنْ مِّنْ شَيْءٍ اِلَّا عِنْدَنَا خَزَآئِنُهٗ ۘ وَمَا نُنَزِّلُهٗٓ اِلَّا بِقَدَرٍ مَّعْلُوْمٍ (۲۱: ۱۵)

(اور کوئی شے نہیں جس کے ہمارے پاس ذخیرے موجود نہ ہوں لیکن ہمارا طریقہ کار یہ ہے کہ جو کچھ نازل کرتے ہیں ایک مقررہ مقدار میں نازل کرتے ہیں)

وکل شیء عندہ بمقدار (۸: ۱۳)

(اور اللہ کے نزدیک ہر چیز کا ایک اندازہ مقرر ہے)

انا کل شیء خلقنہ بقدر (۴۹: ۵۴)

(ہم نے جتنی چیزیں بھی پیدا کی ہیں ایک اندازے کے ساتھ پیدا کی ہیں)

یہ کیا بات ہے کہ دنیا میں صرف یہی نہیں ہے کہ پانی موجود ہے بلکہ ایک خاص نظم و ترتیب کے ساتھ موجود ہے؟ یہ کیوں ہے کہ پہلے سورج کی شعاعوں نے سمندر سے ڈول بھر بھر کر فضا میں پانی کی چادریں بچھا دیں پھر ہواؤں کے جھونکے انہیں حرکت میں لائیں اور اپنی کی بوندیں بنا کر ایک خاص وقت اور خاص محل میں برسا دیں؟ پھر یہ کیوں ہے کہ جب کبھی پانی برسے تو ایک خاص ترتیب اور مقدار ہی سے برسے اور اس طرح برسے کہ زمین کی بالائی سطح پر اس کی خاص مقدار بہنے لگے اور اندرونی حصوں تک ایک خاص مقدار میں نمی پہنچے؟ کیوں ایسا ہو کہ پہلے پہاڑوں کی چوٹیوں پر برف کے تودے جمتے ہیں پھر موسم کی تبدیلی سے پگھلنے لگتے ہیں پھر ان کے پگھلنے سے پانی کے سر چشمے ابلنے لگتے ہیں پھر چشموں سے دریا کی جدولیں بہنے لگتی ہیں پھر یہ جدولیں پیچ و خم کھاتی ہوئی دور دور تک دوڑ جاتی ہیں اور سیکڑوں ہزاروں میلوں تک اپنی وادیاں شاداب کر دیتی ہیں؟ کیوں یہ سب کچھ ایسا ہی ہوا؟ کیوں کر ایسا نہ ہوا کہ پانی موجود ہوتا مگر اس انتظام اور ترتیب کے ساتھ نہ ہوتا؟ قرآن کہتا ہے:

اس لیے کہ کائنات ہستی میں ربوبیت الٰہی کارفرما ہے اور ربوبیت کا مقتضا یہی تھا کہ پانی اسی ترتیب سے بنے اور اسی ترتیب و مقدار سے تقسیم ہو، یہ رحمت و حکمت تھی جس نے پانی پیدا کیا مگر یہ ربوبیت ہے جو اسے اس طرح کام میں لائی کہ پرورش اور رکھوالی کی تمام ضرورتیں پوری ہوگئیں۔

اَللّٰهُ الَّذِيْ يُرْسِلُ الرِّيٰحَ فَتُثِيْرُ سَحَابًا فَيَبْسُطُهٗ فِي السَّمَاۗءِ كَيْفَ يَشَاۗءُ وَيَجْعَلُهٗ كِسَفًا فَتَرَى الْوَدْقَ يَخْرُجُ مِنْ خِلٰلِهٖ ۚ فَاِذَآ اَصَابَ بِهٖ مَنْ يَّشَاۗءُ مِنْ عِبَادِهٖٓ اِذَا هُمْ يَسْتَبْشِرُوْنَ (۳۰:۴۸)

(یہ اللہ ہی کی کارفرمائی ہے کہ پہلے ہوائیں چلتی ہیں پھر ہوائیں بادلوں کو چھیڑ کر حرکت میں لاتی ہیں پھر وہ جس طرح چاہتا ہے انہیں فضا میں پھیلا دیتا ہے اور انہیں ٹکڑے ٹکڑے کر دیتا ہے پھر تم دیکھتے ہو کہ بادلوں میں سے مینہ نکل رہا ہے۔ پھر جن لوگوں کو بارش کی یہ برکت ملنی تھی مل چکتی ہے تو وہ اچانک خوش وقت ہو جاتے ہیں)

عناصر حیات:

پھر اس حقیقت پر بھی غور کرو کہ زندگی کے لیے جن چیزوں کی سب سے زیادہ ضرورت تھی انہی کی بخشائش سب سے زیادہ اور عام ہے اور جن کی ضرورت خاص خاص حالتوں اور گوشوں کے لیے تھی انہی میں اختصاص اور مقامیت پائی جاتی ہے۔ ہوا سب سے زیادہ ضروری تھی کیونکہ پانی اور غذا کے بغیر کچھ عرصہ تک زندگی ممکن ہے مگر ہوا کے بغیر ممکن نہیں۔ پس اس کا سامان اتنا وافر اور عام ہے کہ کوئی جگہ کوئی گوشہ اور کوئی وقت نہیں جو اس سے خالی ہو۔

فضا میں ہوا کا بے حد و کنار سمندر پھیلا ہوا ہے۔ جب کبھی اور جہاں کہیں سانس لو زندگی کا یہ سب سے زیادہ ضروری جوہر تمہارے لیے خود بخود مہیا ہو جائے گا۔

ہوا کے بعد دوسرے درجے پر پانی ہے،

وجعلنا من الماء كل شيء حي،

اس لیے اس کی بخشائش کی فراوانی و عمومیت ہوا سے کم مگر ہر چیز سے زیادہ ہے۔ زمین کے نیچے آب شیریں کی سوتیں بہہ رہی ہیں۔ زمین کے اوپر بھی ہر طرف دریا رواں دواں ہیں پھر ان دونوں ذخیروں کے علاوہ فضائے آسمانی کا بھی کارخانہ ہے جو شب و روز سرگرم کار رہتا ہے۔ وہ سمندر کا شورابہ کھینچتا رہتا ہے اور اسے صاف و شیریں بنا کر جمع کرتا رہتا ہے پھر حسب ضرورت زمین کے حوالے کر دیتا ہے!

پانی کے بعد غذا کی ضرورت تھی لہذا ہوا اور اپنی سے کم مگر اور تمام چیزوں سے زیادہ اس کا دستر خوان کرم بھی خشکی و تری میں بچھا ہوا ہے، اور کوئی مخلوق نہیں جس کے گرد و پیش اس کی غذا کا ذخیرہ نہ ہو۔

نظام پرورش:

پھر سامان پروش کے اس عالمگیر نظام پر غور کرو جو اپنے ہر گوشہ عمل میں پرورگی کی گود اور بخشش حیات کا سرچشمہ ہے۔ ایسا معلوم ہوتا ہے گویا یہ تمام کارخانہ صرف اسی لیے بنا ہے کہ زندگی بخشنے اور زندگی کی ہر استعداد کی رکھوالی کرے۔

روشن سورج اس لیے ہے کہ روشنی کے لیے چراغ کا اور گرمی کے لیے تنور کا کام دے اور اپنی کرنوں کے ڈول بھر بھر کر سمندر سے پانی کھینچتا رہے۔

ہوائیں اس لیے ہیں کہ اپنی سردی اور گرمی سے مطلوبہ اثرات پیدا کرتی رہیں۔ اور کبھی پانی ذرات جما کر ابر کی چادریں بنا دیں۔ کبھی ابر کو پانی بنا کر بارش برسا دیں۔

زمین اس لیے کہ نشوو نما کے خزانوں سے ہمیشہ معمور رہے اور ہر دانے کے لیے اپنی گد میں زندگی اور ہر پودے کے لیے اپنے سینہ میں پروردگی رکھے۔

مختصر یہ کہ کارخانہ ہستی کا ہر گوشہ صرف اسی کام میں لگا ہوا ہے۔ ہر قوت استعداد ڈھونڈ رہی اور ہر تاثیر اثر پذیری کے انتظار میں ہے۔

جونہی کسی وجود میں بڑھنے اور نشوو نما پانے کی استعداد پیدا ہوتی ہے معاً تمام کارخانہ ہستی اس کی طرف متوجہ ہو جاتا ہے۔

سورج کی تمام کارفرمائیاں، فضا کے تمام تغیرات، زمین کی تمام قوتیں، عناصر کی تمام سرگرمیاں صرف اس انتظار میں رہتی ہیں کہ کب چیونٹی کے انڈے سے ایک بچہ پیدا ہوتا ہے اور کب دہقان کی جھولی سے زمین پر ایک دانہ گرتا ہے۔

وَسَخَّرَ لَكُمْ مَّا فِي السَّمٰوٰتِ وَمَا فِي الْاَرْضِ جَمِيْعًا مِّنْهُ ؕ اِنَّ فِيْ ذٰلِكَ لَاٰيٰتٍ لِّقَوْمٍ يَّتَفَكَّرُوْنَ (۱۳: ۴۵)

(اور آسمان و زمین میں جو کچھ بھی ہے سب کو اللہ نے تمہارے لیے مسخر کر دیا ہے۔ بلاشبہ ان لوگوں کے لیے جو غور و فکر کرنے والے ہیں اس بات میں (معرفت حقیقت کی) بڑی ہی نشانیاں ہیں)

نظام ربوبیت کی وحدت:

سب سے زیادہ عجیب مگر سب سے زیادہ نمایاں حقیقت نظام ربوبیت کی یکسانیت اور ہم آہنگی ہے۔

یعنی ہر وجود کی پرورش کا سر و سامان جس طرح اور جس اسلوب پر کیا گیا ہے وہ ہر گوشے میں ایک ہی ہے اور ایک ہی اصل و قاعدہ رکھتا ہے۔

پتھر کا ایک ٹکڑا تمہیں گلاب کے شاداب اور عطر بیز پھول سے کتنا ہی مختلف دکھائی دے لیکن دونوں کی پرورش کے اصول و احوال پر نظر ڈالو گے تو صاف نظر آ جائے گا کہ دونوں کو ایک ہی طریقے سے سامان پرورش ملا ہے اور دونوں ایک ہی طرح پالے پوسے جا رہے ہیں۔

انسان کا بچہ اور درخت کا پودا تمہاری نظروں میں کتنی بے جوڑ چیزیں ہیں؟ لیکن اگر ان کی نشوو نما کے طریقوں کا کھوج لگاؤ گے تو دیکھ لو گے کہ قانون پروش کی یکسانیت نے دونوں کو ایک ہی رشتے میں منسلک کر دیا ہے۔

پتھر کی چٹان ہو یا پھول کی کلی، انسان کا بچہ ہو یا چیونٹی کا انڈا، سب کے لیے پیدائش ہے اور قبل اس کے کہ پیدائش ظہور میں آئے سامان پرورش مہیا ہو جاتا ہے۔

پھر طفولیت کا دور ہے اور اس دور کی ضروریات ہیں۔

انسان کا بچہ بھی اپنی طفولیت رکھتا ہے درخت کے مولود نباتی کے لیے بھی طفولیت ہے اور تمہاری چشم ظاہر بین کے لیے کتنا ہی عجیب کیوں نہ ہو لیکن پتھر کی چٹان اور مٹی کا تودہ بھی اپنی اپنی طفولیت رکھتا ہے۔

پھر طفولیت رشد و بلوغ کی طرف بڑھتی ہے اور جوں جوں بڑھتی جاتی ہے اس کی روز افزوں حالت کے مطابق یکے بعد دیگرے سامان پرورش میں بھی تبدیلیاں ہوتی جاتی ہیں۔ یہاں تک کہ ہر وجود اپنے سن کمال تک پہنچ جاتا ہے اور جب سن کمال تک پہنچ گیا تو ازسر نو ضعف وانحطاط کا دور شروع ہو جاتا ہے پھر اس ضعف وانحطاط کا خاتمہ بھی سب کے لیے ایک ہی طرح ہے۔

کسی دائرے میں اسے مرجانا کہتے ہیں کسی میں مرجھا جانا اور کسی میں پامال ہو جانا۔ الفاظ متعدد ہو گئے مگر حقیقت میں تعدد نہیں ہوا۔

اَللّٰهُ الَّذِیۡ خَلَقَكُمۡ مِّنۡ ضُعۡفٍ ثُمَّ جَعَلَ مِنۡۢ بَعۡدِ ضُعۡفٍ قُوَّةً ثُمَّ جَعَلَ مِنۡۢ بَعۡدِ قُوَّةٍ ضُعۡفًا وَّشَيۡبَةً ؕ يَخۡلُقُ مَا يَشَآءُ ۚ وَهُوَ الۡعَلِيۡمُ الۡقَدِيۡرُ (۵۴: ۳۰)

(یہ اللہ ہی کی کارفرمائی ہے کہ اس نے تمہیں اس طرح پیدا کیا کہ پہلے ناتوانی کی حالت ہوتی ہے پھر ناتوانی کے بعد قوت آتی ہے پھر قوت کے بعد دوبارہ ناتوانی اور بڑھاپا ہوتا ہے۔ وہ جو کچھ چاہتا ہے پیدا کرتا ہے۔ کیونکہ وہ علم اور قدرت رکھنے والا ہے)

اَلَمۡ تَرَ اَنَّ اللّٰهَ اَنۡزَلَ مِنَ السَّمَآءِ مَآءً فَسَلَـكَهٗ يَنَابِيۡعَ فِى الۡاَرۡضِ ثُمَّ يُخۡرِجُ بِهٖ زَرۡعًا مُّخۡتَلِفًا اَلۡوَانُهٗ ثُمَّ يَهِيۡجُ فَتَرٰٮهُ مُصۡفَرًّا ثُمَّ يَجۡعَلُهٗ حُطٰمًا ؕ اِنَّ فِىۡ ذٰلِكَ لَذِكۡرٰى لِاُولِى الۡاَلۡبَابِ (۲۱: ۳۹)

(کیا تم نہیں دیکھتے کہ اللہ نے آسمان سے پانی برسایا پھر زمین میں اس کے چشمے رواں ہو گئے پھر اسی پانی سے رنگ برنگ کی کھیتیاں لہلہا اٹھیں پھر ان کی نشوونما میں ترقی ہوئی اور پوری طرح پک کر تیار ہو گئیں پھر (ترقی کے بعد زوال طاری ہوا اور) تم دیکھتے ہو کہ ان پر زردی چھا گئی پھر بالآخر خشک ہو کر چورا چورا ہو گئی۔ بلاشبہ دانشمندوں کے لیے اس صورت حال میں بڑی ہی عبرت ہے)

جہاں تک غذا کا تعلق ہے حیوانات میں ایک قسم ان جانوروں کی ہے جن کے بچے دودھ سے پرورش پاتے ہیں اور ایک ان کی ہے جو عام غذاؤں سے پرورش پاتے ہیں۔

غور کرو نظام ربوبیت نے دونوں کی پرورش کے لیے کیسا عجیب سروسامان مہیا کر دیا ہے؟ دودھ سے پرورش پانے والے حیوانات میں انسان بھی داخل ہے۔

سب سے پہلے انسان اپنی ہی ہستی کا مطالعہ کرے۔ جونہی وہ پیدا ہوتا ہے اس کی غذا اپنی ساری خاصیتوں، مناسبتوں، اور شرطوں کے ساتھ خود بخود مہیا ہو جاتی ہے اور ایسی جگہ مہیا ہوتی ہے جو حالت طفولیت میں اس کے لیے سب سے قریب تر اور سب سے موزوں جگہ ہے۔

ماں بچے کو جوش محبت میں سینے سے لگا لیتی ہے اور وہیں اس کی غذا کا سرچشمہ بھی موجود ہوتا ہے! پھر دیکھو اس غذا کی نوعیت اور مزاج میں اس کی حالت کا درجہ بدرجہ کس قدر لحاظ رکھا گیا ہے اور کس طرح یکے بعد دیگرے اس میں تبدیلی ہوتی رہتی ہے؟ ابتدا میں بچے کا معدہ اتنا کمزور ہوتا ہے کہ اسے بہت ہی ہلکے قوام کا دودھ ملنا چاہیے۔ چنانچہ نہ صرف انسان میں بلکہ تمام حیوانات میں ماں کا دودھ بہت ہی پتلے قوام کا ہوتا ہے لیکن جوں جوں بچے کی عمر بڑھتی جاتی ہے اور معدہ قوی ہوتا جاتا ہے دودھ کا قوام میں بھی بدلتا جاتا ہے اور مائعیت کے مقابلہ میں دہنیت بڑھتی جاتی ہے۔ یہاں تک کہ بچے کا عہد رضاعت پورا ہو جاتا ہے اور اس کا معدہ عام غذاؤں کے ہضم کرنے کی استعداد پیدا کر لیتا ہے۔ جونہی اس کا وقت آتا ہے ماں کا دودھ خشک ہونا شروع ہو جاتا ہے۔ یہ گویا ربوبیت الٰہی کا اشارہ ہوتا ہے کہ اب اس کے لیے دودھ کی ضرورت نہیں رہی ہر طرح کی غذائیں استعمال کر سکتا ہے۔

وحملہ و فصالہ ثلثوان شھرا (۱۵: ۶۴)

(اور حمل اور دودھ چھڑانے کی مدت (کم از کم) تیس مہینوں کی ہے)

پھر ربوبیت الٰہی کی اس کارسازی پر غور کرو کہ کس طرح ماں کی فطرت میں بچے کی محبت ودیعت کر دی گئی ہے اور کس طرح اس جذبے کو طبیعت بشری کے تمام جذبات میں سب سے زیادہ پرجوش اور سب سے زیادہ ناقابل تسخیر بنا دیا گیا ہے؟ دنیا کی کون سی قوت ہے جو اس جوچھ کا مقابلہ کر سکتی ہے جس کو ماں کی مامتا کہتے ہیں؟ جس بچے کی پیدائش اس کے لیے زندگی کی سب سے بڑی مصیبت تھی :

حملتہ امہ کرھا ووضعتہ کرھا (۱۵: ۴۶)

(اس کی ماں نے اسے تکلیف کے ساتھ پیٹ میں رکھا اور تکلیف کے ساتھ جنا)

اسی کی محبت اس کے اندر زندگی کا سب سے بڑا جذبہ مشتعل کر دیتی ہے۔ جب تک بچہ سن بلوغ تک نہیں پہنچ جاتا وہ اپنے لیے نہیں بلکہ بچے کے لیے زندہ رہنا چاہتی ہے۔ زندگی کی کوئی خود فراموشی نہیں جو اس پر طاری نہ ہوتی ہو اور راحت و آسائش کی کوئی قربانی نہیں جس سے اسے گریز ہو۔ حب ذات جو فطرت انسانی کا سب سے زیادہ طاقتور جذبہ ہے اور جس کے انفعالات کے بغیر کوئی مخلوق زندہ نہیں رہ سکتی وہ بھی اس جذبہ خود فراموشی کے مقابلہ میں مضمحل ہو کر رہ جاتا ہے۔

یہ بات کہ ایک ماں نے بچے کے مجنونانہ عشق میں اپنی زندگی قربان کر دی فطرت مادری کا ایسا معمولی واقعہ ہے جو ہمیشہ پیش آتا رہتا ہے اور ہم اس میں کسی طرح کی غرابت محسوس نہیں کرتے۔

لیکن پھر دیکھو کارساز فطرت کی یہ کیسی کرشمہ سازی ہے کہ جوں جوں بچے کی عمر بڑھتی جاتی ہے محبت مادری کا یہ شعلہ خود بخود دھیما پڑتا جاتا ہے اور پھر ایک وقت آتا ہے جب حیوانات میں تو بالکل ہی بجھ جاتا ہے اور انسان میں بھی اس کی گرم جوشیاں باقی نہیں رہتیں۔ یہ انقلاب کیوں ہوتا ہے؟ ایسا کیوں ہے کہ بچے کے پیدا ہوتے ہیں محبت کا ایک عظیم ترین جذبہ جنبش میں آ جائے اور پھر ایک خاص وقت تک قائم رہ کر خود بخود غائب ہو جائے؟ اس لیے کہ یہ نظام ربوبیت کی کارفرمائی ہے۔ اور اس کا مقتضا یہی تھا۔ ربوبیت چاہتی ہے کہ بچے کی پرورش ہو۔ اس نے پرورش کا ذریعہ ماں کے جذبہ محبت میں رکھ دیا تھا۔ جب بچے کی عمر اس حد تک پہنچ گئی کہ ماں کی پرورش کی احتیاج باقی نہ رہی تو اس ذریعے کی بھی ضرورت باقی نہ رہی اب اس کا باقی رہنا ماں کے لیے بوجھ اور بچے کے لیے رکاوٹ ہوتا۔ بچے کی احتیاج کا سب سے نازک وقت اس کی نئی نئی طفولیت تھی اس لیے ماں کی محبت میں بھی سب سے زیادہ جوش اسی وقت تھا پھر جوں جوں بچہ بڑھتا گیا احتیاج کم ہوتی گئی۔ اس لیے محبت کی گرم جوشیاں بھی گھٹتی گئیں۔ فطرت نے محبت مادری کا دامن بچے کی احتیاج پرورش سے باندھ دیا تھا۔ جب احتیاج زیادہ تھی تو محبت کی سرگرمی بھی زیادہ تھی۔ جب احتیاج کم ہو گئی تو محبت بھی تغافل کرنے لگی۔[7]

جن حیوانات کے بچے انڈوں سے پیدا ہوتے ہیں ان کی جسمانی ساخت اور طبیعت دودھ والے حیوانات سے مختلف ہوتی ہے۔ اس لیے وہ اول دن ہی سے معمولی غذائیں کھا سکتے ہیں بشرطیکہ کھلانے کے لیے کوئی شفیق نگرانی موجود ہو۔ چنانچہ تم دیکھتے ہو کہ بچہ انڈے سے نکلتے ہی غذا ڈھونڈنے لگتا ہے اور ماں چن چن کر اس کے سامنے ڈالتی اور منہ میں لے لے کر کھانے کی تلقین کرتی ہے یا ایسا کرتی ہے کہ خود کھا لیتی ہے مگر ہضم نہیں کرتی اپنے اندر نرم اور ہلکا بنا کر محفوظ رکھتی ہے اور جب بچہ غذا کے لیے منہ کھولتا ہے تو اس کے اندر اتار دیتی ہے۔

---

[7] انسان میں ماں کی محبت بلوغ کے بعد بھی بدستور باقی رہتی ہے اور بعض حالتوں میں اس کے انفعالات اتنے شدید ہوتے ہیں کہ عہد طفولیت کی محبت میں اور بعد کی محبت میں کوئی فرق محسوس نہیں ہوتا، لیکن یہ صورت حال غالباً انسان کی مدنی و عقلی زندگی کے نشو و نما کا نتیجہ ہے نہ کہ فطرت حیوانی کا۔ ابتدائی انسان میں بھی یہ علاقہ فطرۃً اسی حد تک ہو گا کہ بچہ سن تمیز تک پہنچ جائے۔ لیکن بعد کو نسل و خاندان کی تشکیل اور اجتماعی احساسات کی ترقی سے مادری رشتہ میں ایک دائمی رشتہ بن گیا۔

ربوبیت معنوی

پھر اس سے بھی عجیب تر نظام ربوبیت کا معنوی پہلو ہے۔ خارج میں زندگی اور پرورش کا کتنا ہی سر و سامان کیا جاتا لیکن وہ کچھ مفید نہیں ہو سکتا تھا اگر ہر وجود کے اندر اس سے کام لینے کی ٹھیک ٹھیک استعداد نہ ہوتی اور اس کے ظاہری و باطنی قوی اس کا ساتھ نہ دیتے۔ پس یہ ربوبیت ہی کا فیضان ہے کہ ہم دیکھتے ہیں ہر مخلوق کی ظاہری و باطنی بناوٹ اس طرح کی واقع ہوئی ہے کہ اس کی ہر قوت، اس کے سامان پرورش کی نوعیت کے مطابق ہوتی ہے، اور اس کی ہر چیز نے اسے زندہ رہنے اور نشوونما پانے میں مدد دیتی ہے۔

ایسا نہیں ہو سکتا کہ کوئی مخلوق اپنے جسم و قوی کی ایسی نوعیت رکھتی ہو جو اس کے حالات پرورش کے مقتضیات کے خلاف ہو۔

اس سلسلے میں جو حقائق مشاہدہ و تفکر سے نمایاں ہوتے ہیں ان میں دو باتیں سب سے زیادہ نمایاں ہیں اس لیے جا، بجا قرآن حکیم نے ان پر توجہ دلائی ہے۔ ایک کو وہ تقدیر سے تعبیر کرتا ہے دوسری کو ہدایت سے۔

تقدیر:

تقدیر کے معنی اندازہ کر دینے کے ہیں۔ یعنی کسی چیز کے لیے ایک خاص طرح کی حالت ٹھہرا دینے کے۔ خواہ یہ ٹھہراؤ کمیت میں ہو یا کیفیت میں چنانچہ ہم دیکھتے ہیں کہ فطرت نے ہر وجود کی جسمانی ساخت اور معنوی قوی کے لیے ایک خاص طرح کا اندازہ ٹھہرا دیا ہے جس سے وہ باہر نہیں جا سکتا اور یہ اندازہ ایسا ہے جو اس کی زندگی اور نشوونما کے تمام احوال ظروف سے ٹھیک ٹھیک مناسبت رکھتا ہے :

وخلق کل شیء فقدرہ تقدیرا (۲۵:۲)

(اور اس نے تمام چیزیں پیدا کیں، پھر ہر چیز کے لیے (اس کی حالت اور ضرورت کے مطابق) ایک خاص اندازہ ٹھہرا دیا۔)

یہ کیا چیز ہے کہ ہر گرد و پیش میں اور اس کی پیداوار میں ہمیشہ مطابقت پائی جاتی ہے اور یہ ایک ایسا قانون خلقت ہے جو کبھی متغیر نہیں ہو سکتا؟ یہ کیوں ہے کہ ہر مخلوق اپنی ظاہری و باطنی بناوٹ میں ویسی ہی ہوتی ہے جیسا اس کا گرد و پیش ہے اور ہر گرد و پیش ویسا ہی ہوتا ہے

جیسی اس کی مخلوق ہوتی ہے؟ یہ اس حکیم وقدیر کی ٹھہرائی ہوئی تقدیر ہے اور اس نے ہر چیز کی خلقت و زندگی کے لیے ایسا ہی اندازہ مقرر کر دیا ہے۔ اس کا یہ قانون تقدیر صرف حیوانات و نباتات ہی کے لیے نہیں ہے بلکہ کائنات ہستی کی ہر چیز کے لیے ہے۔ ستاروں کا یہ پورا نظام گردش بھی اسی تقدیر کی حدبندوں پر قائم ہے۔

والشمس تجری لمستقر لها ذلك تقدیر العزیز العلیم (۳۸:۳۶)

(اور (دیکھو) سورج کے لیے جو قرارگاہ ٹھہرادی گئی ہے وہ اسی پر چلتا ہے۔ اور یہ عزیز و علیم خدا کی اس کے لیے تقدیر ہے)

مخلوقات اور اس کے گرد و پیش کی مطابقت کا یہی قانون ہے جس نے دونوں میں باہم دگر مناسبت پیدا کر دی ہے اور ہر مخلوق اپنے چاروں طرف وہی پاتی ہے جس میں اس کے لیے پرورش اور نشوونما کا سامان ہوتا ہے پرند کا جسم اڑنے والا ہے، مچھلی کا تیرنے والا، چار پایوں کا چلنے والا اور حشرات کا رینگنے والا، اس لیے کہ ان میں سے ہر نوع کا گرد و پیش ویسے ہی جسم کے لیے موزوں ہے جیسا اسے ملا ہے اور اس لیے کہ ان میں سے ہر نوع کی جسمانی ساخت ویسا ہی گرد و پیش چاہتی ہے جیسا گرد و پیش اسے حاصل ہے۔

دریا میں پرند پیدا نہیں ہوتا اس لیے کہ وہ گرد و پیش اس کے لیے مفید پرورش نہیں۔ خشکی میں مچھلیاں پیدا نہیں ہو سکتیں کیونکہ خشکی ان کے لیے موزوں نہیں۔

اگر فطرت کی اس تقدیر کے خلاف ایک خاص گرد و پیش کی مخلوق دوسرے قسم کے گرد و پیش میں چلی جاتی ہے تو یا تو وہاں زندہ نہیں رہتی یا رہتی ہے تو پھر بتدریج اس کی جسمانی ساخت اور طبیعت بھی ویسی ہی ہو جاتی ہے، جیسی اس گرد و پیش میں ہونی چاہیے۔

پھر ان میں سے ہر نوع کے لیے مقامی موثرات کے مختلف گرد و پیش کا یہی حال ہے۔ سرد آب و ہوا کی پیداوار سرد آب و ہوا ہی کے لیے ہے۔ گرم کی گرم کے لیے۔ قطب شمالی کے قرب وجوار کا ریچھ خط استوا کے قرب میں نظر نہیں آ سکتا اور منطقہ حارہ کے جانور منطقہ باردہ میں معدوم ہیں۔

ہدایت:

ہدایت کے معنی راہ دکھانے، راہ پر لگا دینے اور رہنمائی کرنے کے ہیں اور اس کے مختلف مراتب اور اقسام ہیں۔ تفصیل آگے آئے گی۔ یہاں صرف اس مرتبہ ہدایت کا ذکر کرنا ہے جو تمام مخلوقات پر ان کی پرورش کی راہیں کھولتا، انہیں زندگی کی راہ پر لگاتا اور ضروریات زندگی کی طلب وحصول میں رہنمائی کرتا ہے۔

فطرت کی یہ ہدایت ربوبیت کی ہدایت ہے اور اگر ہدایت ربوبیت کی دستگیری نہ ہوتی تو ممکن نہ تھا کہ کوئی مخلوق بھی دنیا کے سامان حیات و پرورش سے فائدہ اٹھا سکتی اور زندگی کی سرگرمیاں ظہور میں آ سکتیں۔ لیکن ربوبیت الٰہی کی یہ ہدایت کیا ہے؟ قرآن کہتا ہے یہ وجدان کا فطری الہام اور حواس وادراک کی قدرتی استعداد ہے۔

وہ کہتا ہے یہ فطرت کی وہ رہنمائی ہے جو ہر مخلوق کے اندر پہلے وجدان کا الہام بن کر نمودار ہوتی ہے پھر حواس و ادراک کا چراغ روشن کر دیتی ہے۔

یہ ہدایت کے مختلف مراتب میں سے وجدان اور ادراک کی ہدایت کے مراتب ہیں۔

ہدایت و وجدان:

وجدان کی ہدایت یہ ہے کہ ہم دیکھتے ہیں ہر مخلوق کی طبیعت میں کوئی ایسا اندرونی الہام موجود ہے جو اسے زندگی اور پرورش کی راہوں پر خود بخود لگا دیتا ہے اور وہ باہر کی رہنمائی و تعلیم کی محتاج نہیں ہوتی۔

انسان کا بچہ ہو یا حیوان کا، جونہی شکم مادر سے باہر آتا ہے خود بخود معلوم کر لیتا ہے کہ اس کی غذا ماں کے سینے میں ہے اور جب پستان منہ میں لیتا ہے تو جانتا ہے کہ اسے زور زور سے چوسنا چاہیے۔ بلی کے بچوں کو ہم ہمیشہ دیکھتے ہیں کہ ابھی ابھی پیدا ہوئے ہیں، ان کی آنکھیں بھی نہیں کھلی ہیں، لیکن ماں جوش محبت میں انہیں چاٹ رہی ہے، وہ اس کے سینے پر منہ مار رہے ہیں۔ یہ بچہ جس نے عالم ہستی میں ابھی ابھی قدم رکھا ہے جسے خارج کے موثرات نے چھوا تک نہیں کس طرح معلوم کر لیتا ہے کہ اسے پستان منہ میں لے لینا چاہیے اور اس کی غذا کا سرچشمہ یہیں ہے؟ وہ کون سا فرشتہ ہے جو اس وقت اس کے کان میں پھونک دیتا ہے کہ اسطرح اپنی غذا حاصل کر لے؟ یقیناً وہ وجدانی ہدایت کا فرشتہ ہے اور یہی وجدانی ہدایت ہے جو قبل اس کے کہ حواس و ادراک کی روشنی نمودار ہو ہر مخلوق کو اس کی پرورش و زندگی

کی راہوں پر لگا دیتی ہے۔ تمہارے گھر میں پلی ہوئی بلی ضرور ہوگی۔ تم نے دیکھا ہوگا کہ بلی اپنی عمر میں پہلی مرتبہ حاملہ ہوئی ہے اس حالت کا اسے کوئی پچھلا تجربہ حاصل نہیں۔ تاہم اس کے اندر کوئی چیز ہے جو اسے بتا دیتی ہے کہ تیاری و حفاظت کی سرگرمیاں شروع کر دینی چاہییں۔ جونہی وضع حمل کا وقت قریب آتا ہے، خود بخود اس کی توجہ ہر چیز کی طرف سے ہٹ جاتی ہے اور کسی محفوظ گوشے کی جستجو شروع کر دیتی ہے۔ تم نے دیکھا ہوگا کہ مضطرب الحال بلی مکان کا ایک ایک کونا دیکھتی پھرتی ہے۔ پھر وہ خود بخود ایک سب سے محفوظ اور علیحدہ گوشہ چھانٹ لیتی ہے اور وہاں بچہ دیتی ہے۔ پھر یکایک اس کے اندر بچے کی حفاظت کی طرف سے ایک مجہول خطرہ پیدا ہو جاتا ہے اور وہ یکے بعد دیگرے اپنی جگہ کی اسے ضرورت ہوگی؟ یہ کون سا الہام ہے جو اسے خبردار کر دیتا ہے کہ بلا بچوں کا دشمن اور ان کی بو سونگھتا پھرتا ہے اس لیے جگہ بدلتے رہنا چاہیئے؟ بلاشبہ یہ ربوبیت الٰہی کی وجدانی ہدایت ہے۔ جس کا الہام ہر مخلوق کے اندر اپنی نمود رکھتا ہے اور جوان پر زندگی اور پرورش کی تمام راہیں کھول دیتا ہے۔

ہدایت حواس:

ہدایت کا دوسرا مرتبہ حواس اور مدرکات ذہنی کی ہدایت ہے اور وہ اس درجہ واضح و معلوم ہے کہ تشریح کی ضرورت نہیں۔

ہم دیکھتے ہیں کہ اگرچہ حیوانات اس جوہر دماغ سے محروم ہیں جسے فکر و عقل سے تعبیر کیا جاتا ہے۔ تاہم فطرت نے انہیں احساس و ادراک کی وہ تمام قوتیں دے دی ہیں جن کی زندگی و معیشت کے لیے ضرورت تھی اور ان کی مدد سے وہ اپنے رہنے سہنے، کھانے پینے، توالد و تناسل اور حفاظت و نگرانی کے تمام وظائف حسن و خوبی کے ساتھ انجام دیتے رہتے ہیں۔ پھر حواس و ادراک کی یہ ہدایت ہر حیوان کے لیے ایک ہی طرح کی نہیں ہے بلکہ ہر وجود کو اتنی ہی اور ویسی ہی استعداد دی گئی ہے جتنی اور جیسی استعداد اس کے احوال و ظروف کے لیے ضروری تھی۔

چیونٹی کی قوت شامہ نہایت دوررس ہوتی ہے اس لیے کہ اسی قوت کے ذریعے وہ اپنی غذا حاصل کر سکتی ہے۔ چیل اور عقاب کی نگاہ تیز ہوتی ہے کیونکہ اگر ان کی نگاہ تیز نہ ہو تو بلندی میں اڑتے ہوئے اپنا شکار دیکھ نہ سکیں۔

یہ سوال بالکل غیر ضروری ہے کہ حیوانات کے حواس و ادراک کی یہ حالت اول دن سے تھی یا احوال و ظروف کی ضروریات اور قانون مطابقت کے موثرات سے بتدریج ظہور میں آئی۔ اس لیے کہ خواہ کوئی صورت ہو بہرحال فطرت کی بخشی ہوئی استعداد ہے اور نشو و ارتقا کا قانون بھی فطرت ہی کا ٹھہرایا ہوا قانون ہے۔

چنانچہ یہی مرتبہ ہدایت ہے جس کو قرآن نے ربوبیت الٰہی کی وحی سے تعبیر کیا ہے۔

عربی میں وحی کے معنی مخفی ایما اور اشارے کے ہیں۔ یہ گویا فطرت کی وہ اندرونی سرگوشی ہے جو مخلوق پر اس کی راہ عمل کھول دیتی ہے۔

(واوحی ربك الی النحل ان اتخذی من الجبال بیوتا و من الشجر ومما یعرشون) (۶۸: ۱۶)

(اور (دیکھو) تمہارے پروردگار نے شہد کی مکھی کے دل میں یہ بات ڈال دی کہ پہاڑوں میں اور درختوں میں اور ان ٹٹیوں میں جو اس غرض سے بلند کی جاتی ہیں اپنے لیے چھتے بنائے)

اور یہی وہ ربوبیت الٰہی کی ہدایت ہے جس کی طرف حضرت موسیٰؑ کی زبانی اشارہ کیا گیا ہے۔ فرعون نے جب پوچھا

'من ربکما یموسی'

(تمہارا پروردگار کون ہے؟)

توحضرت موسیٰؑ نے کہا

ربنا الذی اعطی کل شیء خلقه ثم هدی (۵۰: ۲۰)

(ہمارا پروردگار وہ ہے جس نے ہر چیز کو اس کی بناوٹ دی، پھر اس پر (زندگی و معیشت کی) راہ کھول دی)

اور پھر یہی وہ ہدایت ہے جسے دوسری جگہ 'راہ عمل آسان کر دینے' سے بھی تعبیر کیا گیا ہے۔

من ای شیء خلقه، من نطفة، خلقه فقدره، ثم السبیل یسره (۲۰۔ ۱۸: ۸۰)

(اس نے انسان کو کس چیز سے پیدا کیا؟ نطفہ سے پیدا کیا۔ پھر اس (کی تمام ظاہری و باطنی قوتوں) کے لیے ایک اندازہ ٹھہرا دیا، پھر اس پر (زندگی و عمل کی) راہ آسان کر دی۔)

یہی (ثم السبیل یسرہ) یعنی راہ عمل آسان کر دینا، وجدان و ادراک کی ہدایت ہے جو تقدیر کے بعد ہے۔

کیونکہ اگر فطرت کی رہنمائی نہ ہوتی تو ممکن نہ تھا کہ ہم اپنی ضروریات زندگی حاصل کر سکتے۔

آگے چل کر تمہیں معلوم ہوگا کہ قرآن نے تکوین وجود کے جو چار مرتبے بیان کیے ہیں ان میں سے تیسرا اور چوتھا مرتبہ یہی تقدیر اور ہدایت کا مرتبہ ہے۔ یعنی تخلیق، تسویہ، تقدیر، ہدایت۔

الذی خلق فسوی، والذی قدر فہدی (۲۳: ۸۷)

(وہ پروردگار عالم جس نے پیدا کیا پھر اسے ٹھیک ٹھیک درست کر دیا اور جس نے ہر وجود کے لیے ایک اندازہ ٹھہرا دیا پھر اس پر راہ (عمل) کھول دی)

براہین قرآنیہ کا مبدء استدلال

چنانچہ یہی وجہ ہے کہ قرآن نے خدا کی ہستی اور اس کی توحید و صفات پر جابجا نظام ربوبیت سے استدلال کیا ہے اور یہ استدلال اس کے مہمات دلائل میں سے ہے۔ لیکن قبل اس کے کہ اس کی تشریح کی جائے مناسب ہوگا کہ قرآن کے طریق استدلال کی بعض مبادیات واضح کر دی جائیں۔

کیونکہ مختلف اسباب سے جن کی تشریح کا یہ موقع نہیں مطالب قرآنی کا یہ گوشہ سب سے زیادہ مہجور ہو گیا ہے اور ضرورت ہے کہ از سر نو حقیقت گم گشتہ کا سراغ لگایا جائے۔

دعوت تعقل:

قرآن کے طریق استدلال کا اولین مبدء تعقل و تفکر کی دعوت ہے۔ یعنی وہ جابجا اس بات پر زور دیتا ہے کہ انسان کے لیے حقیقت شناسی کی راہ یہی ہے کہ خدا کی دی ہوئی عقل و بصیرت سے کام لے اور اپنے وجود کے اندر اور اپنے وجود کے باہر جو کچھ بھی محسوس کر سکتا ہے اس میں تدبر و تفکر کرے۔

چنانچہ قرآن کی کوئی سورت اور سورت کا کوئی حصہ نہیں جو تفکر و تعقل کی دعوت سے خالی ہو۔

وفی الارض آیات للموقنین. وفی انفسکم افلا تبصرون ۵۱: ۲۰۔ ۲۱)

(اور یقین رکھنے والوں کے لیے زمین میں (معرفت حق کی) نشانیاں ہیں اور خود تمہارے وجود میں بھی پھر کیا تم دیکھتے نہیں؟)

وہ کہتا ہے انسان کو عقل و بصیرت دی گئی ہے اس لیے وہ اس قوت کے ٹھیک ٹھیک استعمال کرنے نہ کرنے کے لیے جواب دہ ہے۔

ان السمع والبصر والفؤاس کل اولئک کان عنه مسؤلا (۱۷: ۳۶)

(یقیناً (انسان کا) سننا، دیکھنا، سوچنا، سب اپنی اپنی جگہ جواب دہی رکھتے ہیں)
وہ کہتا ہے زمین کی ہر چیز میں، آسمان کے ہر منظر میں اور زندگی کے ہر تغیر میں فکر انسانی کے لیے معرفت حقیقت کی نشانیاں ہیں بشرطیکہ وہ غفلت و اعراض میں مبتلا نہ ہو جائے

وکاین من ایة فی السموات والارض یمرون علیها وهم عنها معرضون (۱۰۵: ۱۲)

(اور آسمان و زمین میں (معرفت حق کی) کتنی ہی نشانیاں ہیں لیکن (افسوس انسان کی غفلت پر!) لوگ ان پر سے گزر جاتے ہیں اور نظر اٹھا کر دیکھتے تک نہیں)

تخلیق بالحق:

اچھا! اگر انسان عقل و بصیرت سے کام لے اور کائنات خلقت میں تفکر کرے تو اس پر حقیقت شناسی کا کون سا دروازہ کھلے گا؟ وہ کہتا ہے، سب سے پہلی حقیقت جو اس کے سامنے نمودار ہوگی وہ تخلیق بالحق کا عالمگیر اور بنیادی قانون ہے۔ یعنی وہ دیکھے گا کہ کائنات خلقت اور اس کی ہر چیز کی بناوٹ کچھ اس طرح کی واقع ہوئی ہے کہ ہر چیز ضبط و ترتیب کے ساتھ ایک خاص نظام و قانون میں منسلک ہے اور کوئی شے نہیں جو حکمت و مصلحت سے خالی ہو۔ ایسا نہیں ہے کہ یہ سب کچھ تخلیق بالباطل ہو۔ یعنی بغیر کسی معین اور ٹھہرائے ہوئے مقصد و نظم کے وجود میں آ گیا ہو۔ کیونکہ اگر ایسا ہوتا تو ممکن نہ تھا کہ اس نظم، اس یکسانیت، اس وقت کے ساتھ اس کی ہر بات کسی نہ کسی حکمت و مصلحت کے ساتھ بندھی ہوئی ہوتی۔

خلق الله السموات والارض بالحق ان فی ذلک لایة للمومنین (۴۴: ۲۹)

(اللہ نے آسمانوں کو اور زمین کو حکمت اور مصلحت کے ساتھ پیدا کیا ہے اور بلاشبہ اس بات میں ارباب ایمان کے لیے (معرفت حق کی) ایک بڑی ہی نشانی ہے)
آل عمران کی مشہور آیت میں ان ارباب دانش کی جو آسمان و زمین کی خلقت میں تفکر کرتے ہیں صدائے حال یہ بتائی ہے

ربنا ماخلقت هذا باطلا (۱۹۱: ۳)

(اے ہمارے پروردگار! یہ سب کچھ تو نے اس لیے نہیں پیدا کیا ہے کہ محض ایک بیکار و عبث سا کام ہو)
دوسری جگہ 'تخلیق بالباطل' کو تلعب سے تعبیر کیا ہے۔ 'تلعب' یعنی کوئی کام کھیل کود کی طرح بغیر کسی معقول غرض و مدعا کے کرنا۔

وما خلقنا السموات والارض وما بینھما لعبین۔ ما خلقناھما الا بالحق ولکن اکثرھم لا یعلمون (۴۴: ۳۹۔ ۳۸)

(اور ہم نے آسمانوں اور زمین کو اور جو کچھ ان کے درمیان ہے محض کھیل اور تماشہ کرتے ہوئے نہیں پیدا کیا ہے۔ ہم نے انہیں نہیں پیدا کیا مگر حکمت و مصلحت کے ساتھ۔ مگر اکثر انسان ایسے ہیں جو حقیقت کا علم نہیں رکھتے)
پھر جا بجا اس 'تخلیق با لحق' کی تشریح کی ہے۔ مثلاً ایک مقام پر 'تخلیق با لحق' کے اس پہلو پر توجہ دلائی ہے کہ کائنات کی ہر چیز افادہ فیضان کے لیے ہے اور فطرت چاہتی ہے کہ جو کچھ بنائے اس طرح بنائے کہ اس میں وجود اور زندگی کے لیے نفع اور راحت ہو۔

خَلَقَ السَّمٰوٰتِ وَالْاَرْضَ بِالْحَقِّ ۚ يُكَوِّرُ الَّيْلَ عَلَى النَّهَارِ وَيُكَوِّرُ النَّهَارَ عَلَى الَّيْلِ وَسَخَّرَ الشَّمْسَ وَالْقَمَرَ ۭ كُلٌّ يَّجْرِيْ لِاَجَلٍ مُّسَمًّى ۭ اَلَا هُوَ الْعَزِيْزُ الْغَفَّارُ (۵: ۳۹)

(اس نے آسمانوں اور زمین کو حکمت و مصلحت کے ساتھ پیدا کیا ہے اس نے رات اور دن کے اختلاف اور ظہور کا ایسا انتظام کر دیا کہ رات دن پر لپٹی جاتی ہے اور دن رات پر لپٹا آتا ہے۔ اور سورج اور چاند دونوں کو اس کی قدرت نے مسخر کر رکھا ہے۔ سب (اپنی اپنی جگہ) اپنے مقررہ وقت تک کے لیے گردش کر رہے ہیں)
ایک دوسرے موقع پر خصوصیت کے ساتھ اجرام سماویہ کے افادہ و فیضان پر توجہ دلائی ہے اور اسے 'تخلیق با لحق' سے تعبیر کیا ہے۔

هُوَ الَّذِيْ جَعَلَ الشَّمْسَ ضِيَاۗءً وَّالْقَمَرَ نُوْرًا وَّقَدَّرَهٗ مَنَازِلَ لِتَعْلَمُوْا عَدَدَ السِّنِيْنَ وَالْحِسَابَ ۭ مَا خَلَقَ اللّٰهُ ذٰلِكَ اِلَّا بِالْحَقِّ ۚ يُفَصِّلُ الْاٰيٰتِ لِقَوْمٍ يَّعْلَمُوْنَ (۵: ۱۰)

(وہ (کارفرمائے قدرت) جس نے سورج کو درخشندہ اور چاند کو روشن بنایا اور پھر چاند کی گردش کے لیے منزلیں ٹھہرا دیں تاکہ تم برسوں کی گنتی اور اوقات کا حساب معلوم کر لو۔ بلا شبہ اللہ نے یہ سب کچھ پیدا نہیں کیا ہے مگر حکمت و مصلحت کے ساتھ۔ وہ ان لوگوں کے لیے جو جاننے والے ہیں (علم و معرفت کی) نشانیاں الگ الگ کر کے واضح کر دیتا ہے)
ایک اور موقع پر فطرت کے جمال و زیبائی کی طرف اشارہ کیا ہے اور اسے 'تخلیق با لحق' سے تعبیر کیا ہے۔ یعنی فطرت کائنات میں تحسین و آرائش کا قانون کام کر رہا ہے جو چاہتا ہے، جو کچھ بنے، ایسا بنے کہ اس میں حسن و جمال اور خوبی و کمال ہو۔

خلق السموت والارض بالحق وصورکم فاحسن صورکم (۳:۶۴)

(اس نے آسمانوں کو اور زمین کو حکمت و مصلحت کے ساتھ پیدا کیا اور تمہاری صورتیں بنائی تو نہایت حسن وخوبی کے ساتھ بنائیں)

اسی طرح وہ قانون مجازات پر (یعنی جزا و سزا کے قانون پر) بھی اسی 'تخلیق بالحق' سے استشہاد کرتا ہے۔

تم دیکھتے ہو کہ دنیا میں ہر چیز کوئی نہ کوئی خاصہ اور نتیجہ رکھتی ہے اور یہ تمام خواص اور نتائج لازمی اور اٹل ہیں۔ پھر کیونکر ممکن ہے کہ انسان کے اعمال میں بھی اچھے اور برے خواص اور نتائج نہ ہوں اور وہ قطعی اور اٹل نہ ہوں؟ جو قانون فطرت دنیا کی ہر چیز میں اچھے برے کا امتیاز رکھتا ہے کیا انسان کے اعمال میں اس امتیاز سے غافل ہو جائے گا؟

اَمۡ حَسِبَ الَّذِیۡنَ اجۡتَرَحُوا السَّیِّاٰتِ اَنۡ نَّجۡعَلَہُمۡ کَالَّذِیۡنَ اٰمَنُوۡا وَعَمِلُوا الصّٰلِحٰتِ ۙ سَوَآءً مَّحۡیَاہُمۡ وَمَمَاتُہُمۡ ؕ سَآءَ مَا یَحۡکُمُوۡنَ وَخَلَقَ اللّٰہُ السَّمٰوٰتِ وَالۡاَرۡضَ بِالۡحَقِّ وَلِتُجۡزٰی کُلُّ نَفۡسٍۭ بِمَا کَسَبَتۡ وَہُمۡ لَا یُظۡلَمُوۡنَ (۴۵: ۲۱-۲۲)

(جو لوگ برائیاں کرتے ہیں، کیا وہ سمجھتے ہیں ہم انہیں ان لوگوں جیسا کر دیں گے جو ایمان لائے اور جن کے اعمال اچھے ہیں؟ یعنی دونوں برابر ہو جائیں، زندگی میں بھی اور موت میں بھی؟ (اگر ان لوگوں کے فہم و دانش کا فیصلہ یہی ہے تو) کیا ہی برا ان کا فیصلہ ہے! اور حقیقت یہ ہے کہ اللہ نے آسمانوں کو اور زمین کو حکمت و مصلحت کے ساتھ پیدا کیا ہے اور اس لیے پیدا کیا ہے کہ ہر جان اپنی کمائی کے مطابق بدلہ پالے اور ایسا نہیں ہوگا کہ ان کے ساتھ ناانصافی نہ ہو)

معاد یعنی مرنے کے بعد کی زندگی پر بھی اس سے جا بجا استشہاد کیا ہے۔ کائنات میں ہر چیز کوئی نہ کوئی مقصد اور منتہی رکھتی ہے۔ پس ضروری ہے کہ انسانی وجود کے لیے بھی کوئی نہ کوئی مقصد اور منتہی ہو۔

یہی منتہی آخرت کی زندگی ہے۔ کیونکہ یہ تو ہو نہیں سکتا کہ کائنات ارضی کی یہ بہترین مخلوق صرف اسی لیے پیدا کی گئی ہو کہ پیدا ہو اور چند دن جی کر فنا ہو جائے۔

اَوَلَمۡ یَتَفَکَّرُوۡا فِیۡۤ اَنۡفُسِہِمۡ ۟ مَا خَلَقَ اللّٰہُ السَّمٰوٰتِ وَالۡاَرۡضَ وَمَا بَیۡنَہُمَاۤ اِلَّا بِالۡحَقِّ وَاَجَلٍ مُّسَمًّی ؕ وَاِنَّ کَثِیۡرًا مِّنَ النَّاسِ بِلِقَآیِٔ رَبِّہِمۡ لَکٰفِرُوۡنَ (۳۰:۸)

(کیا ان لوگوں نے کبھی اپنے دل میں اس بات پر غور نہیں کیا کہ اللہ نے آسمانوں اور زمین کو اور جو کچھ ان کے درمیان ہے محض بیکار و عبث نہیں بنایا ہے ۔ ضروری ہے کہ حکمت و مصلحت کے ساتھ بنایا ہو۔ اور اس کے لیے ایک مقررہ و وقت ٹھہرا دیا ہو۔ اصل یہ ہے کہ انسانوں میں بہت سے لوگ ایسے ہیں جو اپنے پروردگار کی ملاقات سے یک قلم منکر ہیں)

مبدء استدلال:

غرض کہ قرآن کا مبدء استدلال یہ ہے کہ :

(۱) اس کے نزول کے وقت دین داری اور خدا پرستی کے جس قدر عام تصورات موجود تھے وہ نہ صرف عقل کی آمیزش سے خالی تھے بلکہ ان کی تمام تر بنیاد غیر عقلی عقائد پر آکر ٹھہر گئی تھی ۔ لیکن اس نے خدا پرستی کے لیے عقلی تصور پیدا کیا۔

(۲) اس کی دعوت کی تمام تر بنیاد تعقل و تفکر پر ہے ، اور وہ خصوصیت کے ساتھ کائنات و خلقت کے مطالعہ و تفکر کی دعوت دیتا ہے ۔

(۳) وہ کہتا ہے کہ کائنات خلقت کے مطالعہ و تفکر سے انسان پر 'تخلیق بالحق' کی حقیقت واضح ہو جاتی ہے ۔ یعنی وہ دیکھتا ہے کہ اس کارخانہ ہستی کی کوئی چیز نہیں جو کسی ٹھہرائے ہوئے مقصد اور مصلحت سے خالی ہو اور کسی بالاتر قانون خلقت کے ماتحت ظہور میں نہ آئی ہو۔

یہاں جو چیز بھی اپنا وجود رکھتی ہے ایک خاص نظم و ترتیب کے ساتھ حکمتوں اور مصلحتوں کے عالمگیر سلسلہ میں بندھی ہوئی ہے ۔

(۴) وہ کہتا ہے کہ جب انسان مقاصد و مصالح پر غور کرے گا تو عرفان حقیقت کی راہ خود بخود اس پر کھل جائے گی اور جہل و کوری کی گمراہیوں سے نجات پا جائے گا۔

برہان ربوبیت

چنانچہ اس سلسلے میں اس نے مظاہر کائنات کے جن مقاصد و مصالح سے استدلال کیا ہے ان میں سب سے زیادہ عام استدلال ربوبیت کا استدلال ہے اوراسی لیے ہم اسے برہان ربوبیت سے تعبیر کرسکتے ہیں۔ وہ کہتا ہے کائنات کے تمام اعمال و مظاہر کا اس طرح واقع ہونا کہ ہر چیز پرورش کرنے والی اور ہر تاثیر زندگی بخشنے والی ہے اور پھر ایک ایسے نظام ربوبیت کا موجود ہونا جو ہر حالت کی رعایت کرتا اور ہر طرح کی مناسبت ملحوظ رکھتا ہے۔

ہر انسان کو وجدانی طور پر یقین دلا دیتا ہے کہ ایک پروردگار عالم ہستی موجود ہے اور وہ ان تمام صفتوں سے متصف ہے جن کے بغیر نظام ربوبیت کا یہ کامل اور بے عیب کارخانہ وجود میں نہیں آسکتا تھا۔

وہ کہتا ہے :

کیا انسان کا وجدان یہ باور کر سکتا ہے کہ نظام ربوبیت کا یہ پورا کارخانہ خود بخود وجود میں آجائے اور کوئی زندگی، کوئی ارادہ کوئی حکمت اس کے اندر کارفرمانہ ہو؟ کیا یہ ممکن ہے کہ اس کارخانہ ہستی کی ہر چیز میں ایک بولتی ہوئی پروردگاری اور ایک ابھری ہوئی کارسازی موجود ہو مگر کوئی پروردگار، کوئی کارساز موجود نہ ہو؟ پھر کیا یہ محض ایک اندھی بہری فطرت، بے جان مادہ، اور بے حس الیکٹرون (Electrons) کے خواص ہیں جن سے پروردگاروکارسازی کا یہ پورا کارخانہ ظہور میں آگیا ہے؟ اور عقل اور ارادہ رکھنے والی کوئی ہستی موجود نہیں؟ پروردگاری موجود ہے، مگر کوئی پروردگار موجود نہیں! کارسازی موجود ہے، مگر کوئی کارساز موجود نہیں! رحمت موجود ہے، مگر کوئی رحیم موجود نہیں! حکمت موجود ہے مگر کوئی حکیم موجود نہیں! سب کچھ موجود ہے، مگر کوئی موجود نہیں! عمل بغیر کسی عامل کے، نظم بغیر کسی ناظم کے، قیام بغیر کسی قیوم کے، عمارت بغیر کسی معمار کے، نقش بغیر کسی نقاش کے، سب کچھ بغیر کسی موجود کے۔ نہیں، انسان کی فطرت کبھی یہ باور نہیں کر سکتی۔ اس کا وجدان پکارتا ہے کہ ایسا ہونا ممکن نہیں اس کی فطرت اپنی بناوٹ میں ایک ایسا سانچا لے کر آئی ہے جس میں یقین و ایمان ہی ڈھل سکتا ہے۔ شک اور انکار کی اس میں سمائی نہیں! قرآن کہتا ہے، یہ بات انسان کے وجدانی اذعان کے خلاف ہے کہ وہ نظام ربوبیت کا مطالعہ کرے اور ایک 'رب العالمین' ہستی کا یقین اس کے اندر جاگ نہ اٹھے۔ وہ کہتا ہے : ایک انسان غفلت کی

سر شاری اور سرکشی کے ہیجان میں ہر چیز سے انکار کر سکتا ہے لیکن اپنی فطرت سے انکار نہیں کر سکتا۔ وہ ہر چیز کے خلاف جنگ کر سکتا ہے لیکن اپنی فطرت کے خلاف ہتھیار نہیں اٹھا سکتا۔

وہ جب اپنے چاروں طرف زندگی اور پروردگاری کا ایک عالمگیر کارخانہ پھیلا ہوا دیکھتا ہے تو اس کی فطرت کی صدا کیا ہوتی ہے؟ اس کے دل کے ایک ایک ریشے میں کون سا اعتقاد سمایا ہوتا ہے؟ کیا یہی نہیں ہوتا کہ ایک پروردگار ہستی موجود ہے اور یہ سب کچھ اسی کی کرشمہ سازیاں ہیں؟ یہ یاد رکھنا چاہیے کہ قرآن کا اسلوب بیان یہ نہیں ہے کہ نظری مقدمات اور ذہنی مسلمات کی شکلیں ترتیب دے اور پھر اس پر بحث و تقریر کر کے مخاطب کو ردو تسلیم پر مجبور کرے اس کا تمام تر خطاب انسان کے فطری وجدان و ذوق سے ہوتا ہے۔

وہ کہتا ہے: خدا پرستی کا جذبہ انسانی فطرت کا خمیر ہے۔

اگر ایک انسان اس سے انکار کرنے لگتا ہے تو یہ اس کی غفلت ہے اور ضروری ہے کہ اسے غفلت سے چونکا دینے کے لیے دلیلیں پیش کی جائیں۔ لیکن یہ دلیل ایسی نہیں ہونی چاہیے جو محض ذہن و دماغ میں کاوش پیدا کر دے بلکہ ایسی ہونی چاہیے جو اس کے نہاں خانہ دل پر دستک دے اور اس کا فطری وجدان بیدار کر دے۔ اگر اس کا وجدان بیدار ہو گیا تو پھر اثبات مدعا کے لیے بحث و تقریر کی ضرورت نہ ہو گی۔ خود اس کا وجدان ہی اسے مدعا تک پہنچا دے گا۔

یہی وجہ ہے کہ قرآن خود انسان کی فطرت ہی سے انسان پر حجت لاتا ہے۔

بل الانسان علی نفسه بصیرة ولو القی معا ذیره(۷۵: ۱۰۔ ۱۴)

(بلکہ انسان کا وجود خود اس کے خلاف (یعنی اس کی کج اندیشیوں کے خلاف) حجت ہے اگرچہ وہ (اپنے وجدان کے خلاف) کتنے ہی عذر بہانے تراش لیا کرے)

اور اسی لیے وہ جا بجا فطرت انسانی کو مخاطب کرتا اور اس کی گہرائیوں سے جواب طلب کرتا ہے۔

قُلْ مَنْ يَّرْزُقُكُمْ مِّنَ السَّمَاءِ وَالْاَرْضِ اَمَّنْ يَّمْلِكُ السَّمْعَ وَالْاَبْصَارَ وَمَنْ يُّخْرِجُ الْحَيَّ مِنَ الْمَيِّتِ وَيُخْرِجُ الْمَيِّتَ مِنَ الْحَيِّ وَمَنْ يُّدَبِّرُ الْاَمْرَ ۭ فَسَيَقُوْلُوْنَ اللّٰهُ ۚ فَقُلْ اَفَلَا تَتَّقُوْنَ۔ فَذٰلِكُمُ اللّٰهُ رَبُّكُمُ الْحَقُّ ۚ فَمَاذَا بَعْدَ الْحَقِّ اِلَّا الضَّلٰلُ بنں فَاَنّٰى تُصْرَفُوْنَ(یونس: ۳۲۳۱)

((کہو)[8] وہ کون ہے جو آسمان (میں پھیلے ہوئے کارخانہ حیات) سے اور زمین (کی وسعت میں پیدا ہونے والے سامان رزق) سے تمہیں روزی بخش رہا ہے؟ وہ کون ہے جس کے قبضہ میں تمہارا سننا اور دیکھنا ہے؟ وہ کون ہے جو بے جان سے جاندار کو اور جاندار سے بے جان کو نکالتا ہے؟ اور پھر وہ کونسی ہستی ہے جو یہ تمام کارخانہ خلقت اس نظم و نگرانی کے ساتھ چلا رہی ہے؟ (اے پیغمبر! یقیناً وہ (بے اختیار) بول اٹھیں گے اللہ ہے (اس کے سوا کون ہو سکتا ہے) اچھا تم ان سے کہو جب تمہیں اس بات سے انکار نہیں تو پھر یہ کیوں ہے کہ غفلت و سرکشی سے نہیں بچتے! ہاں بیشک یہ اللہ ہی ہے جو تمہارا پروردگار برحق ہے اور جب یہ حق ہے تو حق کے ظہور کے بعد اسے نہ ماننا گمراہی نہیں تو اور کیا ہے؟ (افسوس تمہاری سمجھ پر) تم (حقیقت سے منہ پھیر کر) کہاں جا رہے ہو؟)

ایک دوسرے موقع پر فرمایا:

اَمَّنْ خَلَقَ السَّمَاوَاتِ وَالأَرْضَ وَأَنْزَلَ لَكُمْ مِنَ السَّمَاءِ مَاءً فَأَنْبَتْنَا بِهِ حَدَائِقَ ذَاتَ بَهْجَةٍ مَا كَانَ لَكُمْ أَنْ تُنْبِتُوا شَجَرَهَا أَإِلَهٌ مَعَ اللَّهِ بَلْ هُمْ قَوْمٌ يَعْدِلُونَ (۶۰) أَمَّنْ جَعَلَ الأَرْضَ قَرَارًا وَجَعَلَ خِلالَهَا أَنْهَارًا وَجَعَلَ لَهَا رَوَاسِيَ وَجَعَلَ بَيْنَ الْبَحْرَيْنِ حَاجِزًا أَإِلَهٌ مَعَ اللَّهِ بَلْ أَكْثَرُهُمْ لا يَعْلَمُونَ (۶۱) أَمَّنْ يُجِيبُ الْمُضْطَرَّ إِذَا دَعَاهُ وَيَكْشِفُ السُّوءَ وَيَجْعَلُكُمْ خُلَفَاءَ الأَرْضِ أَإِلَهٌ مَعَ اللَّهِ قَلِيلا مَا تَذَكَّرُونَ (۶۲) أَمَّنْ يَهْدِيكُمْ فِي ظُلُمَاتِ الْبَرِّ وَالْبَحْرِ وَمَنْ يُرْسِلُ الرِّيَاحَ بُشْرًا بَيْنَ يَدَيْ رَحْمَتِهِ أَإِلَهٌ مَعَ اللَّهِ تَعَالَى اللَّهُ عَمَّا يُشْرِكُونَ (۶۳) أَمَّنْ يَبْدَأُ الْخَلْقَ ثُمَّ يُعِيدُهُ وَمَنْ يَرْزُقُكُمْ مِنَ السَّمَاءِ وَالأَرْضِ أَإِلَهٌ مَعَ اللَّهِ قُلْ هَاتُوا بُرْهَانَكُمْ إِنْ كُنْتُمْ صَادِقِينَ (۶۴) (نمل: ۶۰۔ ۶۴)

(وہ کون ہے جس نے آسمانوں اور زمین کو پیدا کیا اور جس نے آسمان سے تمہارے لیے پانی برسایا پھر اس آب پاشی سے خوشنما باغ اگا دیے حالانکہ تمہارے بس کی یہ بات نہ تھی کہ ان باغوں کے درخت اگاتے؟ کیا (ان کاموں کا کرنے والا) اللہ کے ساتھ کوئی دوسرا معبود بھی ہے؟ (افسوس ان لوگوں کی سمجھ پر! حقیقت حال کتنی ہی ظاہر ہو) مگر یہ وہ لوگ ہیں جن کا شیوہ ہی کج روی ہے! اچھا! بتلاؤ وہ کون ہے جس نے زمین کو (زندگی و معیشت کا) ٹھکانا بنا دیا، اس کے درمیان نہریں جاری کر دیں، اس (کی درستگی) کے لیے پہاڑ بلند کر دیے، دو دریاؤں میں (یعنی دریا اور سمندر میں ایسی) دیوار حائل کر دی (کہ دونوں اپنی اپنی جگہ محدود رہتے ہیں) کیا اللہ کے ساتھ کوئی دوسرا بھی ہے؟ (افسوس! کتنی واضح بات ہے) مگر ان لوگوں میں اکثر ایسے ہیں جو نہیں جانتے! اچھا بتلاؤ: وہ کون ہے جو بے قرار دلوں کی پکار سنتا ہے جب وہ (ہر طرف سے مایوس ہو کر) اسے پکارنے لگتے ہیں اور ان کا درد دکھ ٹال دیتا ہے؟ اور وہ کہ اس نے تمہیں زمین کا جانشین بنایا ہے؟ کیا

---

[8] ''قل'' کا ترجمہ چھوٹ گیا تھا جو قوسین میں لکھ دیا گیا ہے۔

اللہ کے ساتھ کوئی دوسرا بھی ہے ؟ (افسوس تمہاری غفلت پر!) بہت کم ایسا ہوتا ہے کہ تم نصیحت پذیر ہو! اچھا! بتلاؤ : وہ کون ہے جو صحراؤں اور سمندروں کی تاریکیوں میں تمہاری رہنمائی کرتا ہے ؟ وہ کون ہے جو بارانِ رحمت سے پہلے خوشخبری دینے والی ہوائیں چلا دیتا ہے ؟ کیا اللہ کے ساتھ کوئی دوسرا بھی معبود ہے ؟ (ہر گز نہیں!) اللہ کی ذات اس ساجھے سے پاک و منزہ ہے جو یہ لوگ اس کی معبودیت میں ٹھہرا رہے ہیں! اچھا بتلاؤ وہ کون ہے جو مخلوقات کی پیدائش شروع کرتا ہے اور پھر اسے دہراتا ہے، اور وہ کون ہے جو آسمان و زمین کے کارخانہ ہائے رزق سے تمہیں روزی دے رہا ہے ؟ کیا اللہ کے ساتھ کوئی دوسرا معبود بھی ہے ؟ (اے پیغمبر!) ان سے کہو اگر تم (اپنے رویہ میں) سچے ہو (اور انسانی عقل و بصیرت کی اس عالمگیر شہادت کے خلاف تمہارے پاس کوئی دلیل ہے) تو اپنی دلیل پیش کرو!)

ان سوالات میں سے ہر سوال اپنی جگہ ایک مستقل دلیل ہے کیونکہ ان میں سے ہر سوال کا صرف ایک ہی جواب ہو سکتا ہے اور وہ فطرت انسانی کا عالمگیر اور مسلمہ اذعان ہے۔

ہمارے متکلموں کی نظر اس پہلو پر نہ تھی اس لیے قرآن کا اسلوب استدلال ان پر واضح نہ ہو سکا اور دور دراز گوشوں میں بھٹک گئے۔

بہر حال قرآن کے وہ بے شمار مقامات جن میں کائنات ہستی کے سر و سامان پرورش اور نظام ربوبیت کی کارسازیوں کا ذکر کیا گیا ہے در اصل اسی استدلال پر مبنی ہیں :

فَلْيَنْظُرِ الإِنْسَانُ إِلَى طَعَامِهِ (۲۴) أَنَّا صَبَبْنَا الْمَاءَ صَبًّا (۲۵) ثُمَّ شَقَقْنَا الأَرْضَ شَقًّا (۲۶) فَأَنْبَتْنَا فِيهَا حَبًّا (۲۷) وَعِنَبًا وَقَضْبًا (۲۸) وَزَيْتُونًا وَنَخْلا (۲۹) وَحَدَائِقَ غُلْبًا (۳۰) وَفَاكِهَةً وَأَبًّا (۳۱) مَتَاعًا لَكُمْ وَلأَنْعَامِكُمْ (۳۲) (عبس: ۲۴ - ۳۲)

(انسان اپنی غذا پر نظر ڈالے (جو شب و روز اس کے استعمال میں آتی رہتی ہے) ہم پہلے زمین پر پانی برساتے ہیں، پھر اس کی سطح شق کر دیتے ہیں، پھر اس کی روئیدگی سے طرح طرح کی چیزیں پیدا کر دیتے ہیں۔ اناج کے دانے، انگور کی بیلیں، کھجور کے خوشے، سبزی، ترکاری، زیتون کا تیل، درختوں کے جھنڈ، قسم قسم کے میوے، طرح طرح کا چارہ (اور یہ سب کچھ کس کے لیے) تمہارے فائدے کے لیے اور تمہارے جانوروں کے لیے۔)

ان آیات میں فَلْيَنْظُرِ الإِنْسَانُ کے زور پر غور کرو۔ انسان کتنا ہی غافل ہو جائے اور کتنا ہی اعراض کرے لیکن دلائل حقیقت کی وسعت اور ہمہ گیری کا یہ حال ہے کہ کسی حال میں بھی اس سے اوجھل نہیں ہو سکتیں۔

ایک انسان تمام دنیا کی طرف سے آنکھیں بند کر لے لیکن بہر حال اپنی شب و روز کی غذا کی طرف سے تو آنکھیں بند نہیں کر سکتا جو غذا اس کے سامنے دھری ہے اسی پر نظر ڈالے۔ یہ کیا ہے ؟ گیہوں کا دانہ ہے۔ اچھا! گیہوں کا ایک دانہ اپنی ہتھیلی پر رکھ لو اور اس کی پیدائش سے

لے کر اس کی پختگی و تکمیل تک کے تمام احوال ظروف پر غور کرو۔ کیا یہ حقیر سا ایک دانہ بھی وجود میں آ سکتا تھا اگر تمام کارخانہ ہستی ایک خاص نظم و ترتیب کے ساتھ اس کی بناوٹ میں سرگرم نہ رہتا؟ اور اگر دنیا میں ایک ایسا نظام ربوبیت موجود ہے تو کیا یہ ہو سکتا ہے کہ ربوبیت رکھنے والی ہستی موجود نہ ہو؟ سورۃ نحل میں یہی استدلال ایک دوسرے پیرایہ میں نمودار ہوا ہے:

وَإِنَّ لَكُمْ فِي الأَنْعَامِ لَعِبْرَةً نُسْقِيكُمْ مِمَّا فِي بُطُونِهِ مِنْ بَيْنِ فَرْثٍ وَدَمٍ لَبَنًا خَالِصًا سَائِغًا لِلشَّارِبِينَ (٦٦) وَمِنْ ثَمَرَاتِ النَّخِيلِ وَالأَعْنَابِ تَتَّخِذُونَ مِنْهُ سَكَرًا وَرِزْقًا حَسَنًا إِنَّ فِي ذَلِكَ لآيَةً لِقَوْمٍ يَعْقِلُونَ (٦٧) وَأَوْحَى رَبُّكَ إِلَى النَّحْلِ أَنِ اتَّخِذِي مِنَ الْجِبَالِ بُيُوتًا وَمِنَ الشَّجَرِ وَمِمَّا يَعْرِشُونَ (٦٨) ثُمَّ كُلِي مِنْ كُلِّ الثَّمَرَاتِ فَاسْلُكِي سُبُلَ رَبِّكِ ذُلُلًا يَخْرُجُ مِنْ بُطُونِهَا شَرَابٌ مُخْتَلِفٌ أَلْوَانُهُ فِيهِ شِفَاءٌ لِلنَّاسِ إِنَّ فِي ذَلِكَ لآيَةً لِقَوْمٍ يَتَفَكَّرُونَ (٦٩) (النحل: ٦٦ تا ٦٩)

(اور (دیکھو یہ) چارپائے (جنھیں تم پالتے ہو) ان میں تمہارے لیے غور کرنے اور نتیجہ نکالنے کی کتنی بڑی عبرت ہے؟ ان کے جسم سے ہم خون و کثافت کے درمیان دودھ پیدا کر دیتے ہیں جو پینے والوں کے لیے بے غل و غش مشروب ہوتا ہے (اسی طرح) کھجور اور انگور کے پھل ہیں جن سے نشہ کا عرق اور اچھی غذا دونوں طرح کی چیزیں حاصل کرتے ہو۔ بلاشبہ اس بات میں ارباب عقل کے لیے (ربوبیت الٰہی کی) بڑی ہی نشانی ہے!۔ اور پھر (دیکھو) تمہارے پروردگار نے شہد کی مکھی کی طبیعت میں یہ بات ڈال دی کہ پہاڑوں میں اور درختوں میں اور ان ٹٹیوں میں جو اس غرض سے بلند کر دی جاتی ہیں، اپنے لیے گھر بنائے، پھر ہر طرح کے پھولوں سے رس چوسے، پھر اپنے پروردگار کے ٹھہرائے ہوئے طریقوں پر کامل فرمانبرداری کے ساتھ گامزن ہو (چنانچہ تم دیکھتے ہو کہ) اس کے شکم سے مختلف رنگتوں کا رس نکلتا ہے، جس میں انسان کے لیے شفا ہے۔ بلاشبہ اس بات میں ان لوگوں کے لیے جو غور و فکر کرتے ہیں (ربوبیت الٰہی کی عجائب آفرینیوں کی) بڑی ہی نشانی ہے!)[9]

جس طرح اس نے جابجا خلقت سے استدلال کیا ہے، یعنی دنیا میں ہر چیز مخلوق ہے، اس لیے ضروری ہے کہ خالق بھی ہو۔ اسی طرح وہ ربوبیت سے بھی استدلال کرتا ہے۔ یعنی دنیا میں ہر چیز مربوب ہے اس لیے ضروری ہے کہ کوئی رب بھی ہو۔ اور دنیا میں ربوبیت کامل

[9] اس موقع پر یہ اصل پیش نظر رکھنی چاہیے کہ جس طرح کائنات کی ہر چیز نظر و اعتبار کے مختلف پہلو رکھتی ہے اسی طرح قرآن کا استشہاد بھی بیک وقت مختلف پہلوؤں سے تعلق رکھتا ہے، البتہ خصوصیت کے ساتھ زور کسی ایک ہی پہلو کے لئے ہوتا ہے۔ مثلاً، شہد کی پیدائش اور شہد کی مکھی کی اعمال کے مختلف پہلو ہیں۔ یہ بات کہ ایک نہایت مفید اور لذیذ غذا پیدا ہو جاتی ہے، ربوبیت ہے۔ یہ بات کہ ایک حقیر سا جانور اس دانش مندی و وقت کے ساتھ یہ کام انجام دیتا ہے، ذہن و ادراک کی بخشش کا عجیب و غریب منظر ہے اور اس لئے حکمت و قدرت کا پہلو رکھتا ہے۔ ان آیات کا سیاق و سباق بتلاتا ہے کہ یہاں زیادہ تر توجہ ربوبیت پر دلائی گئی ہے، لیکن ساتھ ہی حکمت و قدرت کے مشترک مظاہر بیان کیے گئے ہیں، لیکن خصوصیت کے ساتھ زور کسی ایک ہی پہلو پر ہے۔

اور بے داگ ہے، اس لیے ضروری ہے کہ وہ رب کام اور بے عیب ہو۔ زیادہ واضح لفظوں میں اسے یوں ادا کیا جاسکتا ہے کہ ہم دیکھتے ہیں، دنیا میں ہر چیز ایسی ہے کہ اسے پرورش کی احتیاج ہے، اور اسے پرورش مل رہی ہے۔ پس ضروری ہے کہ کوئی پرورش کرنے والا بھی موجود ہو، یہ پرورش کرنے والا کون ہے؟ یقیناً وہ نہیں ہوسکتا جو خود پروردہ اور محتاج پروردگار ہو۔

قرآن میں جہاں کہیں اس طرح کے مخاطبات ہیں جیسا کہ سورۃ واقعہ کی مندرجہ ذیل آیات میں ہے، وہ اسی استدلال پر مبنی ہیں :

أَفَرَأَيْتُمْ مَا تَحْرُثُونَ (٦٣) أَأَنْتُمْ تَزْرَعُونَهُ أَمْ نَحْنُ الزَّارِعُونَ (٦٤) لَوْ نَشَاءُ لَجَعَلْنَاهُ حُطَامًا فَظَلْتُمْ تَفَكَّهُونَ (٦٥) إِنَّا
لَمُغْرَمُونَ (٦٦) بَلْ نَحْنُ مَحْرُومُونَ (٦٧) أَفَرَأَيْتُمُ الْمَاءَ الَّذِي تَشْرَبُونَ (٦٨) أَأَنْتُمْ أَنْزَلْتُمُوهُ مِنَ الْمُزْنِ أَمْ نَحْنُ
الْمُنْزِلُونَ (٦٩) لَوْ نَشَاءُ جَعَلْنَاهُ أُجَاجًا فَلَوْلَا تَشْكُرُونَ (٧٠) أَفَرَأَيْتُمُ النَّارَ الَّتِي تُورُونَ (٧١) أَأَنْتُمْ أَنْشَأْتُمْ شَجَرَتَهَا
أَمْ نَحْنُ الْمُنْشِئُونَ (٧٢) نَحْنُ جَعَلْنَاهَا تَذْكِرَةً وَمَتَاعًا لِلْمُقْوِينَ (٧٣) (واقعہ: ٦٣-٧٣)

(اچھا! تم نے اس بات پر غور کیا کہ جو کچھ تم کاشت کاری کرتے ہو اسے تم اگاتے ہو یا ہم اگاتے ہیں؟ اگر ہم چاہیں تو اسے چورا چورا کر دیں اور تم صرف یہ کہنے کے لیے رہ جاؤ کہ افسوس، ہمیں تو اس نقصان کا تاوان ہی دینا پڑے گا بلکہ ہم تو اپنے محنت کے سارے فائدوں ہی سے محروم ہو گئے۔ اچھا تم نے یہ بات بھی دیکھی کہ یہ پانی جو تمہارے پینے میں آتا ہے اسے کون برساتا ہے؟ تم برساتے ہو یا ہم برساتے ہیں؟ اگر ہم چاہیں تو اسے (سمندر کے پانی کی طرح) کڑوا کر دیں۔ پھر کیا اس نعمت کے لیے ضروری نہیں کہ تم شکر گزار ہو؟ اچھا! تم نے یہ بات بھی دیکھی کہ یہ آگ جو تم سلگاتے ہو تو اس کے لیے لکڑی تم نے پیدا کی ہے یا ہم پیدا کر رہے ہیں؟ ہم نے اس کو یاد دہانی کا ذریعہ اور حاجت مندوں کے لیے سامان زیست بنایا ہے)

نظام ربوبیت سے توحید پر استدلال:

اسی طرح وہ نظام ربوبیت سے توحید الٰہی پر استدلال کرتا ہے۔ جو رب العالمین تمام کائنات کی پرورش کر رہا ہے اور جس کی ربوبیت کا اعتراف تمہارے دل کے ایک ایک ریشے میں موجود ہے اس کے کون اس کا مستحق ہوسکتا ہے کہ بندگی و نیاز کا سر اس کے آگے جھکایا جائے؟

يَا أَيُّهَا النَّاسُ اعْبُدُوا رَبَّكُمُ الَّذِي خَلَقَكُمْ وَالَّذِينَ مِنْ قَبْلِكُمْ لَعَلَّكُمْ تَتَّقُونَ (٢١) الَّذِي جَعَلَ لَكُمُ الأَرْضَ فِرَاشًا وَالسَّمَاءَ بِنَاءً وَأَنْزَلَ مِنَ السَّمَاءِ مَاءً فَأَخْرَجَ بِهِ مِنَ الثَّمَرَاتِ رِزْقًا لَكُمْ فَلا تَجْعَلُوا لِلَّهِ أَنْدَادًا وَأَنْتُمْ تَعْلَمُونَ (٢٢)

(البقرہ: ٢٢٢١)

(اے افراد نسل انسانی! اپنے پروردگار کی عبادت کرو، اس پروردگار کی جس نے تمہیں پیدا کیا اور ان سب کو بھی پیدا کیا جو تم سے پہلے گزر چکے ہیں اور اس لیے پیدا کیا تاکہ تم برائیوں سے بچو۔ وہ پروردگار عالم جس نے تمہارے لیے زمین فرش کی طرح بچھا دی اور آسمان چھت کی طرح بنا دیا اور آسمان سے پانی برسایا پھر اس سے طرح طرح کے پھل پیدا کر دیے تاکہ تمہارے لیے رزق کا سامان ہو۔ پس (جب خالقیت اسی کی خالقیت ہے اور ربوبیت اسی کی ربوبیت، تو) ایسا نہ کرو کہ کسی دوسری ذات کو اس کا ہم پلہ ٹھہراؤ اور تم اس حقیقت سے بے خبر نہیں ہو!)

یا مثلاً سورۃ فاطر میں ہے :

يَا أَيُّهَا النَّاسُ اذْكُرُوا نِعْمَتَ اللَّهِ عَلَيْكُمْ هَلْ مِنْ خَالِقٍ غَيْرُ اللَّهِ يَرْزُقُكُمْ مِنَ السَّمَاءِ وَالأَرْضِ لا إِلَهَ إِلا هُوَ فَأَنَّى تُؤْفَكُونَ

(اے افراد نسل انسانی! اللہ نے اپنی جن نعمتوں سے تمہیں فیض یاب کیا ہے ان پر غور کرو، کیا اللہ کے سوا کوئی دوسرا بھی خالق ہے جو تمہیں زمین اور آسمان کی بخشائشوں سے رزق دے رہا ہے؟ نہیں کوئی معبود نہیں ہے مگر اسی کی ایک ذات!)

نظام ربوبیت سے وحی و رسالت کی ضرورت پر استدلال:

اسی طرح وہ نظام ربوبیت کے اعمال سے انسانی سعادت و شقاوت کے معنوی قوانین اور وحی و رسالت کی ضرورت پر بھی استدلال کرتا ہے۔ جس رب العالمین نے تمہاری پرورش کے لیے ربوبیت کا ایسا نظام قائم کر رکھا ہے کیا ممکن ہے کہ اس نے تمہاری روحانی فلاح و سعادت کے لیے کوئی قانون، کوئی نظام اور کوئی قاعدہ مقرر نہ کیا ہو؟ جس طرح تمہارے جسم کی ضرورتیں ہیں اسی طرح تمہاری روح کی بھی ضرورتیں ہیں۔ پھر کیونکر ممکن ہے کہ جسم کی نشوونما کے لیے تو اس کے پاس سب کچھ ہو لیکن روح کی نشوونما کے لیے اس کے پاس کوئی پروردگار نہ ہو؟

اگروہ رب العالمین ہے اوراس کی ربوبیت کے فیضان کا یہ حال ہے کہ ہر ذرہ کے لیے سیرابی اور ہر چیونٹی کے لیے کارسازی رکھتی ہے تو کیونکر باور کیا جاسکتا ہے کہ انسان کی روحانی سعادت کے لیے اس کے پاس کوئی سرچشمگی نہ ہو؟ اس کی پروردگار اجسام کی پرورش کے لیے آسمان سے پانی برسائے لیکن ارواح کی پرورش کے لیے ایک قطرۂ فیض بھی نہ رکھے؟ تم دیکھتے ہو کہ جب زمین شادابی سے محروم ہو کر مردہ ہو جاتی ہے تو یہ اس کا قانون ہے کہ باران رحمت نمودار ہوتی اور زندگی کی برکتوں سے زمین کے ایک ایک ذرے کو مالا مال کر دیتی ہے۔ پھر کیا یہ ضروری نہیں کہ جب عالم انسانیت ہدایت و سعادت کی شادابیوں سے محروم ہو جائے تو اس کی باران رحمت نمودار ہو کر ایک ایک روح کو پیام زندگی پہنچا دے؟ روحانی سعادت کی یہ بارش کیا ہے؟ وہ کہتا ہے وحی الٰہی ہے۔ تم اس منظر پر کبھی متعجب نہیں ہوتے کہ پانی برسا اور مردہ زمین زندہ ہوگئی۔ پھر اس بات پر کیوں چونک اٹھو کہ وحی الٰہی ظاہر ہوئی اور مردہ روحوں میں زندگی کی جنبش پیدا ہوگئی۔

حم (١) تَنْزِيلُ الْكِتَابِ مِنَ اللَّهِ الْعَزِيزِ الْحَكِيمِ (٢) إِنَّ فِي السَّمَاوَاتِ وَالأَرْضِ لآيَاتٍ لِلْمُؤْمِنِينَ (٣) وَفِي خَلْقِكُمْ وَمَا يَبُثُّ مِنْ دَابَّةٍ آيَاتٌ لِقَوْمٍ يُوقِنُونَ (٤) وَاخْتِلافِ اللَّيْلِ وَالنَّهَارِ وَمَا أَنْزَلَ اللَّهُ مِنَ السَّمَاءِ مِنْ رِزْقٍ فَأَحْيَا بِهِ الأَرْضَ بَعْدَ مَوْتِهَا وَتَصْرِيفِ الرِّيَاحِ آيَاتٌ لِقَوْمٍ يَعْقِلُونَ (٥) تِلْكَ آيَاتُ اللَّهِ نَتْلُوهَا عَلَيْكَ بِالْحَقِّ فَبِأَيِّ حَدِيثٍ بَعْدَ اللَّهِ وَآيَاتِهِ يُؤْمِنُونَ (٦)

(یہ اللہ کی طرف سے کتاب (ہدایت) نازل کی جاتی ہے جو عزیز اور حکیم ہے۔ بلاشبہ ایمان رکھنے والوں کے لیے آسمانوں اور زمین میں (معرفت حق کی) بے شمار نشانیاں ہیں۔ نیز تمہاری پیدائش میں اور ان چارپایوں میں جنہیں اس نے زمین میں پھیلا رکھا ہے ارباب یقین کے لیے بڑی ہی نشانیاں ہیں۔ اسی طرح رات اور دن کے یکے بعد دیگرے آتے رہنے میں، اور اس سرمایہ رزق میں جسے وہ آسمان سے برساتا ہے اور زمین مرنے کے بعد پھر جی اٹھتی ہے، اور ہواؤں کے رد و بدل میں ارباب دانش کے لیے بڑی ہی نشانیاں ہیں۔ (اے پیغمبر!) یہ اللہ کی آیتیں ہیں جو فی الحقیقت ہم تمہیں سنا رہے ہیں۔ پھر اللہ اور اس کی آیتوں کے بعد کون سی بات رہ گئی ہے جسے سن کر یہ لوگ ایمان لائیں گے؟')

سورۃ انعام میں ان لوگوں کا جو وحی الٰہی کے نزول پر متعجب ہوتے ہیں، ان لفظوں میں ذکر کیا ہے:

وما قدروا اله حق قدره اذقالو ما انزل الله علی بشر من شیء (الانعام: ٩١)

(اور اللہ کے کاموں کی انہیں جو قدر شناسی کرنی تھی یقیناً انہوں نہیں کی جب انہوں نے یہ بات کہی کہ اللہ نے اپنے کسی بندے پر کوئی چیز نازل نہیں کی)

تو پھر تورات اور قرآن کے نزول کے ذکر کے بعد حسب ذیل بیان شروع ہو جاتا ہے :

إِنَّ اللَّهَ فَالِقُ الْحَبِّ وَالنَّوَى يُخْرِجُ الْحَيَّ مِنَ الْمَيِّتِ وَمُخْرِجُ الْمَيِّتِ مِنَ الْحَيِّ ذَٰلِكُمُ اللَّهُ فَأَنَّىٰ تُؤْفَكُونَ (٩٥) فَالِقُ الْإِصْبَاحِ وَجَعَلَ اللَّيْلَ سَكَنًا وَالشَّمْسَ وَالْقَمَرَ حُسْبَانًا ذَٰلِكَ تَقْدِيرُ الْعَزِيزِ الْعَلِيمِ (٩٦) وَهُوَ الَّذِي جَعَلَ لَكُمُ النُّجُومَ لِتَهْتَدُوا بِهَا فِي ظُلُمَاتِ الْبَرِّ وَالْبَحْرِ قَدْ فَصَّلْنَا الْآيَاتِ لِقَوْمٍ يَعْلَمُونَ (٩٧)

(یقیناً یہ اللہ ہی کی کارفرمائی ہے کہ وہ دانے اور گٹھلی کو شق کرتا ہے (اور اس سے ہر چیز کا درخت پیدا کر دیتا ہے) وہ زندہ کو مردہ چیز سے نکالتا اور مردہ کو زندہ اشیا سے نکالنے والا ہے۔ ہاں! وہی تمہارا خدا ہے۔ پھر تم اس سے روگردانی کرکے کدھر کو بہکے چلے جا رہے ہو؟ ہاں! وہی (پردۂ شب چاک) کرکے صبح کی روشنی نمودار کرنے والا ہے، وہی ہے جس نے رات کو راحت و سکون کا ذریعہ بنا دیا، اور وہی ہے کہ سورج اور چاند کی گردش اس درستگی کے ساتھ قائم کر دی کہ حساب کا معیار بن گئی۔ یہ اس عزیز و علیم کا ٹھہرایا ہوا اندازہ ہے۔
اور (پھر دیکھو!) وہی ہے جس نے تمہارے لیے ستارے پیدا کر دیے تاکہ خشکی و تری کی تاریکیوں میں ان سے رہنمائی پاؤ۔ بلا شبہ ان لوگوں کے لیے جو جاننے والے ہیں ہم نے دلیلیں کھول کھول کر بیان کر دی ہیں)۔

یعنی جس پروردگار عالم کی ربوبیت و رحمت کا یہ تمام فیضان شب و روز دیکھ رہے ہو، کیا ممکن ہے کہ وہ تمہاری جسمانی پرورش و ہدایت کے لیے تو یہ سب کچھ کرے، لیکن تمہاری روحانی پرورش و ہدایت کے لیے اس کے پاس کوئی سر و سامان نہ ہو؟ وہ زمین کی موت کو زندگی سے بدل دیتا ہے۔ پھر کیا تمہاری روح کی موت کو زندگی سے نہیں بدل دے گا؟ وہ ستاروں کی روشن علامتوں سے خشکی و تری کی ظلمتوں میں رہنمائی کرتا ہے۔ کیونکر ممکن ہے کہ تمہاری روحانی زندگی کی تاریکیوں میں رہنمائی کی کوئی روشنی نہ ہو؟ تم جو کبھی اس پر متعجب نہیں ہوتے کہ زمین پر کھیت لہلہا رہے ہیں اور آسمان میں تارے چمک رہے ہیں کیوں اس بات پر متعجب ہوتے ہو کہ خدا کی وحی نوع انسانی کی ہدایت کے لیے نازل ہو رہی ہے؟ اگر تمہیں تعجب ہوتا ہے تو یہ اس بات کا نتیجہ ہے کہ تم نے خدا کو اس کی صفتوں میں اس طرح نہیں دیکھا ہے جس طرح دیکھنا چاہیے۔

تمہاری سمجھ میں یہ بات تو آ جاتی ہے کہ وہ ایک چیونٹی کی پروش کے لیے یہ پورا کارخانہ حیات سرگرم رکھے مگر یہ بات سمجھ میں نہیں آتی کہ نوع انسانی کی ہدایت کے لیے سلسلہ وحی و تنزیل قائم ہو!

نظام ربوبیت سے وجود معاد پر استدلال:

اسی طرح وہ اعمال ربوبیت سے معاد اور آخرت پر بھی استدلال کرتا ہے۔ جو چیز جتنی زیادہ نگرانی اور اہتمام سے بنائی جاتی ہے اتنی ہی زیادہ قیمتی استعمال اور اہم مقصد بھی رکھتی ہے، اور بہتر صناع وہی ہے جو اپنی صنعت گری کا بہتر استعمال اور مقصد رکھتا ہو۔

پس انسان جو کرہ ارضی کی بہترین مخلوق اور اس کے تمام سلسلہ خلقت کا خلاصہ ہے، اور جس کی جسمانی و معنوی نشوونما کے لیے فطرت کائنات نے اس قدر اہتمام کیا ہے، کیونکر ممکن ہے کہ محض دنیا کی چند روزہ زندگی کے لیے ہی بنایا گیا ہو اور کوئی بہتر استعمال اور بلند تر مقصد نہ رکھتا ہو؟ اور پھر اگر خالق کائنات رب ہے اور کامل درجے کی ربوبیت رکھتا ہے تو کیونکر باور کیا جا سکتا ہے کہ اس نے اپنے ایک بہترین مربوب یعنی پروردہ ہستی کو محض اس لیے بنایا ہو کہ مہمل اور بے نتیجہ چھوڑ دے؟

افحسبتم انما خلقناکم عبثا وانکم الینا لا ترجعون۔ فتعالی الله الملك الحق لا اله الاهو رب العرش الكريم

(المومنون: ۱۱۵۔ ۱۱۶)۔

(کیا تم نے ایسا سمجھ رکھا ہے کہ ہم نے تمہیں بغیر کسی مقصد و نتیجہ کے پیدا کیا ہے اور تم ہماری طرف لوٹنے والے نہیں؟ اللہ جو اس کائنات ہستی کا حقیقی حکمران ہے اس سے بہت بلند ہے کہ ایک بیکار و عبث فعل کرے۔ کوئی معبود نہیں ہے مگر وہ جو (جہانداری کے) عرش بزرگ کا پروردگار ہے)

ہم نے یہ مطلب اسی سادہ طریقہ پر بیان کر دیا جو قرآن کے بیان و خطاب کا طریقہ ہے۔ لیکن یہ مطلب علمی بحث و تقریر کے پیرایہ میں یوں بیان کیا جا سکتا ہے کہ وجود انسانی کرہ ارضی کے سلسلہ خلقت کی آخری اور اعلیٰ ترین کڑی ہے اور اگر پیدائش حیات سے لے کر انسانی وجود کی تکمیل تک کی تاریخ پر نظر ڈالی جائے تو یہ ایک ناقابل شمار مدت کے مسلسل نشوو ارتقا کی تاریخ ہوگی۔

گویا فطرت نے لکھوں کروڑوں برس کی کارفرمائی و صناعی سے کرہ ارضی پر جو اعلیٰ ترین وجود تیار کیا ہے وہ انسان ہے!

ماضی کے ایک نقطہ بعید کا تصور کرو۔ جب ہمارا یہ کرہ سورج کے ملتہب کرے سے الگ ہوا تھا۔ نہیں معلوم کتنی مدت اس کے ٹھنڈے اور معتدل ہونے میں گزر گئی اور یہ اس قابل ہوا کہ زندگی کے عناصر اس میں نشوونما پا سکیں۔ اس کے بعد وہ وقت آیا جب اس کی سطح پر نشوونما کی سب سے پہلی داغ بیل پڑی اور پھر نہیں معلوم کتنی مدت کے بعد زندگی کا وہ اولین بیج وجود میں آ سکا جسے پروٹوپلازم کے لفظ سے

تعبیر کیا جاتا ہے۔ پھر حیات عضوی کے نشو و نما کا دور شروع ہوا اور نہیں معلوم کتنی مدت اسی پر گزر گئی کہ اس دور نے بسیط سے مرکب تک اور ادنی سے اعلی درجے تک ترقی کی منزلیں طے کیں۔ یہاں تک کہ حیوانات کی ابتدائی کڑیاں ظہور میں آئیں اور پھر لاکھوں برس اس پر نکل گئے کہ یہ سلسلہ ارتقا وجود انسانی تک مرتفع ہو۔

پھر انسان کے جسمانی ظہور کے بعد اس کے ذہنی ارتقا کا سلسلہ شروع ہوا اور ایک طول طویل مدت اس پر گزر گئی۔ بالآخر ہزاروں برس کے اجتماعی اور ذہنی ارتقا کے بعد وہ انسان ظہور پذیر ہو سکا جو کرہ ارضی کے تاریخی عہد کا متمدن اور عقیل انسان ہے۔

گویا زمین کی پیدائش سے لے کر ترقی یافتہ انسان کی تکمیل تک، جو کچھ گزر چکا ہے اور جو کچھ بنتا سنورتا رہا ہے وہ تمام تر انسان کی پیدائش و تکمیل ہی کی سرگزشت ہے۔ سوال یہ ہے کہ جس وجود کی پیدائش کے لیے فطرت نے اس درجہ اہتمام کیا ہے کیا یہ سب کچھ صرف اس لیے تھا کہ وہ پیدا ہو، کھائے پیے اور مر کر فنا ہو جائے؟ فتعالی اللہ الملک الحق لا الہ الا ہو رب العرش الکریم۔

قدرتی طور پر یہاں ایک دوسرا سوال بھی پیدا ہو جاتا ہے۔ اگر وجود حیوانی اپنے ماضی میں ہمیشہ یکے بعد دیگرے متغیر ہوتا اور ترقی کرتا رہا ہے تو مستقبل میں بھی یہ تغیر و ارتقا کیوں جاری نہ رہے؟ اگر اس بات پر ہمیں بالکل تعجب نہیں ہوتا کہ ماضی میں بیشمار صورتیں مٹیں اور نئی زندگیاں ظہور میں آئیں تو اس بات پر کیوں تعجب ہو کہ موجودہ زندگی کا مٹنا بھی بالکل مٹ جانا نہیں ہے اس کے بعد بھی ایک اعلی تر صورت اور زندگی ہے؟

أَيَحْسَبُ الْإِنسَانُ أَن يُتْرَكَ سُدًى (٣٦) أَلَمْ يَكُ نُطْفَةً مِّن مَّنِيٍّ يُمْنَى (٣٧) ثُمَّ كَانَ عَلَقَةً فَخَلَقَ فَسَوَّى (٣٨) (القیمه)

(یا انسان خیال کرتا ہے کہ وہ مہمل چھوڑ دیا جائے گا (اور اس زندگی کے بعد دوسری زندگی نہ ہوگی؟) کیا اس پر یہ حالت نہیں گزر چکی ہے کہ پیدائش سے پہلے نطفہ تھا پھر نطفہ سے علقہ ہوا (یعنی جونک کی سی شکل ہو گئی) پھر علقہ سے (اس کا ڈیل ڈول) پیدا کیا گیا، پھر (اس ڈیل ڈول کو) ٹھیک ٹھیک درست کیا گیا)۔

سورۃ ذاریات میں تمام تر دین یعنی جزا کا بیان ہے

انما توعدون لصادق و ان الدین لواقع

اور پھر اس پر اعمال ربوبیت سے یعنی ہواؤں کے چلنے اور پانی برسنے کے مؤثرات سے استشہاد کیا گیا ہے۔

والذاریات ذروا فالحاملات وقرا فالجاریات یسرا فالمقسمات امرا

پھر آسمان اور زمین کی بخشائشوں پر اور خود وجود انسانی کی اندرونی شہادتوں پر توجہ دلائی ہے۔

وفی الارض ایات للموقنین وفی انفسکم افلا تبصرون وفی السماء رزقکم وما توعدون

اس کے بعد فرمایا۔

فو رب السماء والارض انه لحق مثل ما انکم تنطقون

(آسمان وزمین کے رب کی قسم! (یعنی آسمان وزمین کے پروردگار کی پروردگار شہادت دے رہی ہے) کہ بلاشبہ وہ معاملہ (یعنی جزا و سزا کا معاملہ) حق ہے۔ ٹھیک اسی طرح جس طرح یہ بات کہ تم گویائی رکھتے ہو)۔

اس آیت میں اثبات جزا کے لیے خدا نے خود اپنے وجود کی قسم کھائی ہے لیکن رب کے لفظ سے اپنے آپ کو تعبیر کیا ہے۔
عربی میں قسم کا مطلب یہ ہوتا ہے کہ کسی بات پر کسی بات سے شہادت لائی جائے۔ پس مطلب یہ ہوا کہ پروردگار عالم کی پروردگار شہادت دے رہی ہے کہ یہ بات حق ہے۔ یہ شہادت کیا ہے؟ وہی ربوبیت کی شہادت ہے۔ اگر دنیا میں پرورش موجود ہے، پروردہ موجود ہے اور اس لیے پروردگار بھی موجود ہے تو ممکن نہیں کہ جزا کا معاملہ بھی موجود نہ ہو۔ اور وہ بغیر کسی نتیجہ کے انسان کو چھوڑ دے۔ چونکہ لوگوں کی نظر اس حقیقت پر نہ تھی۔ اس لیے اس آیت میں قسم مقسم بہ کا ربط صحیح طور پر متعین نہ کر سکے۔
قرآن حکیم کے دلائل و براہین پر غور کرتے ہوئے یہ اصل ہمیشہ پیش نظر رکھنی چاہیے کہ اس کے استدلال کا طریقہ منطقی بحث و تقریر کا طریقہ نہیں ہے جس کے لیے چند در چند مقدمات کی ضرورت ہوتی ہے اور پھر اثبات مدعا کی شکلیں ترتیب دینی پڑتی ہیں بلکہ وہ ہمیشہ براہ راست تلقین کا قدرتی اور سیدھا سادھا طریقہ اختیار کرتا ہے۔ عموماً اس کے دلائل اس کے اسلوب بیان و خطاب میں مضمر ہوتے ہیں۔ وہ یا تو کسی مطلب کے لیے اسلوب خطاب ایسا اختیار کرتا ہے کہ اسی سے استدلال کی روشنی نمودار ہو جاتی ہے۔ یا پھر کسی مطلب پر زور دیتے ہوئے کوئی ایک لفظ ایسا بول جاتا ہے کہ اس کی تعبیر ہی میں اس کی دلیل بھی موجود ہوتی ہے اور خود بخود مخاطب کا ذہن دلیل کی طرف پھر جاتا ہے۔ چنانچہ اس کی ایک واضح مثال یہی صفت ربوبیت کا جا بجا استعمال ہے۔ جب وہ خدا کی ہستی کا ذکر کرتا ہوا اسے رب کے لفظ سے تعبیر کرتا ہے تو یہ بات کہ وہ رب ہے جس طرح اس کی ایک صفت ظاہر کرتی ہے اسی طرح اس کی دلیل بھی واضح کر دیتی ہے۔ وہ رب ہے اور یہ واقعہ ہے کہ اس کی ربوبیت تمہیں چاروں طرف سے گھیرے ہوئے اور خود تمہارے دل کے اندر گھر بنائے ہوئے ہے۔ پھر کیونکر تم جرات کر سکتے ہو کہ اس کی ہستی سے انکار کرو؟ وہ رب ہے اور رب کے سوا کون ہو سکتا ہے جو تمہاری بندگی و نیاز کا مستحق ہو؟

چنانچہ قرآن کے وہ تمام مقامات جہاں اس طرح کے مخاطبات ہیں کہ

یا ایہا الناس اعبدوا ربکم۔ اعبدوا الله ربي ربي و ربکم۔ ان الله ربي و ربکم فاعبدوه۔ ذلکم الله ربکم فاعبدوه۔ ان هذه امتکم امة واحدة وانا ربکم فادبودن۔ قل اتحاجوننا فی الله؟ وهو ربنا و ربکم

وغیرہا تو انہیں مجرد امر وخطاب ہی نہیں سمجھنا چاہیے بلکہ وہ خطاب و دلیل دونوں ہیں کیونکہ رب کے لفظ نے برہان ربوبیت کی طرف خود بخود رہنمائی کر دی ہے۔ افسوس ہے کہ ہمارے مفسروں کی نظر اس حقیقت پر نہ تھی کیونکہ منطقی استدلال کے استغراق نے انہیں قرآن کے طریق استدلال سے بے پروا کر دیا تھا۔ نتیجہ یہ نکلا کہ ان مقامات کے ترجمہ و تفسیر میں قرآن کے اسلوب بیان کی حقیق روح واضح نہ ہو سکی اور استدلال کا پہلو طرح طرح کی توجیہات میں گم ہو گیا۔

الرَّحْمٰنِ الرَّحِیْمِ

الرحمن اور الرحیم دونوں رحم سے ہیں۔ عربی میں رحمت عواطف کی ایسی رقت و نرمی کو کہتے ہیں جس سے کسی دوسری ہستی کے لیے احسان و شفقت کا ارادہ جوش میں آجائے۔ پس رحمت میں محبت، شفقت، فضل اور احسان سب کا مفہوم داخل ہے اور مجرد محبت، لطف اور فضل سے زیادہ وسیع اور حاوی ہے۔

اگرچہ یہ دونوں اسم رحمت سے ہیں لیکن رحمت کے دو مختلف پہلوؤں کو نمایاں کرتے ہیں عربی میں فعلان کا باب عموماً ایسے صفات کے لیے استعمال کیا جاتا ہے جو محض صفات عارضہ ہوتے ہیں۔ جیسے پیاسے کے لیے عطشان۔ غضبناک کے لیے غضبان۔ سراسیمہ کے لیے حیران، مست کے لیے سکران۔ لیکن فعیل کے وزن میں صفات قائمہ کا خاصہ ہے۔ یعنی عموماً ایسے صفات کے لیے بولا جاتا ہے جو جذبات و عوارض ہونے کی جگہ صفات قائمہ ہوتے ہیں مثلاً کریم کرم کرنے والا۔

عظیم بڑائی رکھنے والا اور علیم علم رکھنے والا، حکیم حکمت رکھنے والا۔ پس الرحمن کے معنی یہ ہوئے کہ وہ ذات جس میں رحمت ہے اور الرحیم کے معنی یہ ہوئے کہ وہ ذات جس میں نہ صرف رحمت ہے بلکہ جس سے ہمیشہ رحمت کا ظہور ہوتا ہے رہتا ہے اور ہر آن و ہر لمحہ تمام کائنات خلقت اس سے فیض یاب ہو رہی ہے۔

رحمت کو دو الگ الگ اسموں سے کیوں تعبیر کیا گیا؟ اس لیے کہ قرآن مجید خدا کے تصور کا جو نقشہ ذہن نشین کرانا چاہتا ہے اس میں سب سے زیادہ نمایاں اور چھائی ہوئی صفت رحمت ہی کی صفت ہے بلکہ کہنا چاہیے کہ تمام تر رحمت ہی ہے:

ارحمتی وسعت کل شیء (الاعراف: ۱۵۶)

(اور میری رحمت دنیا کی ہر چیز کو گھیرے ہوئے ہے)۔

پس ضروری تھا کہ خصوصیت کے ساتھ اس کی صفتی اور فعلی دونوں حیثیتیں واضح کر دی جائیں یعنی اس میں رحمت ہے کیونکہ وہ الرحمن ہے اور صرف اتنا ہی نہیں بلکہ ہمیشہ اس سے رحمت کا ظہور بھی ہو رہا ہے کیونکہ الرحمن کے ساتھ وہ الرحیم بھی ہے۔

رحمت:

لیکن اللہ کی رحمت کیا ہے؟ قرآن کہتا ہے: کائنات ہستی میں جو کچھ بھی خوبی و کمال ہے وہ اس کے سوا کچھ نہیں ہے کہ رحمت الٰہی کا ظہور ہے!

جب ہم کائنات ہستی کے اعمال و مظاہر پر غور کرتے ہیں تو سب سے پہلی حقیقت جو ہمارے سامنے نمایاں ہوتی ہے وہ اس کا نظام ربوبیت ہے۔ کیونکہ فطرت سے ہماری پہلی شناسائی ربوبیت کے ذریعہ ہوتی ہے لیکن جب علم و ادراک کی راہ میں چند قدم آگے بڑھتے ہیں تو دیکھتے ہیں کہ ربوبیت سے بھی ایک زیادہ وسیع اور عام حقیقت یہاں کارفرما ہے اور خود ربوبیت بھی اسی کے فیضان کا ایک گوشہ ہے۔

ربوبیت اور اس کا نظام کیا ہے؟ کائنات ہستی کی پرورش ہے لیکن کائنات ہستی میں صرف پرورش ہی نہیں ہے۔ پرورش سے بھی ایک زیادہ بنانے سنوارنے اور فائدہ پہچانے کی حقیقت کام کر رہی ہے۔

ہم دیکھتے ہیں کہ اس کی فطرت میں بناؤ اس کے بناؤ میں خوبی ہے، اس کے مزاج میں اعتدال ہے، اس کے افعال میں خواص ہیں، اس کی صورت میں حسن ہے، اس کی صداؤں میں نغمہ ہے، اس کی بو میں عطر بیزی ہے اور اس کی کوئی بات نہیں جو اس کارخانہ کی تعمیر و درستگی کے لیے مفید نہ ہو۔ پس یہ حقیقت جو اپنے بناؤ اور فیضان میں ربوبیت سے بھی زیادہ وسیع اور عام ہے۔ قرآن کہتا ہے کہ رحمت ہے اور خالق کائنات کی رحمانیت اور رحیمیت کا ظہور ہے۔

تعمیر و تحسینِ کائنات رحمت الٰہی کا نتیجہ ہے:

زندگی اور حرکت کا یہ عالمگیر کارخانہ وجود ہی میں نہ آتا اگر اپنے ہر فعل میں بننے بنانے، سنورنے سنوارنے اور ہر طرح بہتر و اصلح ہونے کا خاصہ نہ رکھتا۔ فطرت کائنات میں یہ خاصہ کیوں ہے؟ اس لیے کہ بناؤ ہو بگاڑ نہ ہو۔ درستگی ہو برہمی نہ ہو لیکن کیوں ایسا ہو کہ فطرت بنائے اور سنوارے، بگاڑے اور الجھائے نہیں؟ یہ کیا ہے کہ جو کچھ ہوتا ہے درست اور بہتر ہی ہوتا ہے۔ خراب اور بدتر نہیں ہوتا؟ انسان کے علم و دانش کی کاوشیں آج تک یہ عقدہ حل نہ کر سکیں۔ فلسفہ نظر کا قدم جب کبھی اس حد تک پہنچا دم بخود ہو کر رہ گیا لیکن قرآن کہتا ہے یہ اس لیے ہے کہ فطرت کائنات میں رحمت ہے اور رحمت کا مقتضا یہی ہے کہ خوبی اور درستگی ہو بگاڑ اور خرابی نہ ہو۔

انسان کے علم و دانش کی کاوشیں بتلاتی ہیں کہ کائنات ہستی کا یہ بناؤ اور سنوار عناصر اولیہ کی ترکیب اور ترکیب کے اعتدال و تسویہ کا نتیجہ ہے۔ مادہ عالم کی کمیت میں بھی اعتدال ہے، کیفیت میں بھی اعتدال ہے۔ یہی اعتدال ہے جس سے سب کچھ بنتا ہے اور جو کچھ بنتا ہے خوبی اور کمال کے ساتھ بنتا ہے۔ یہی اعتدال و تناسب دنیا کے تمام تعمیری اور ایجابی حقائق کی اصل ہے۔ وجود، زندگی، تندرستی، حسن، خوشبو، نغمہ، بناؤ اور خوبی کے بہت سے نام ہیں مگر حقیقت ایک ہی ہے اور وہ اعتدال ہے۔

لیکن فطرت کائنات میں یہ اعتدال و تناسب کیوں ہے؟ کیوں ایسا ہوا کہ عناصر کے دقائق جب ملیں تو اعتدال و تناسب کے ساتھ ملیں اور مادہ کا خاصہ یہی ٹھہرا کہ اعتدال و تناسب ہو، انحراف اور تجاوز نہ ہو؟ انسان کا علم دم بخود اور متحیر ہے لیکن قرآن کہتا ہے یہ اس لیے ہوا کہ خالق کائنات میں رحمت ہے اور اس لیے کہ اس کی رحمت اپنا ظہور بھی رکھتی ہے اور جس میں رحمت ہو اور اس کی رحمت ظہور بھی رکھتی ہو تو جو کچھ اس سے صادر ہوگا اس میں خوبی و بہتری ہی ہوگی، حسن و جمال ہی ہوگا، اعتدال و تناسب ہی ہوگا اور اس کے خلاف کچھ نہیں ہو سکتا!

فلسفہ ہمیں بتلاتا ہے کہ تعمیر اور تحسین فطرت کائنات کا خاصہ ہے۔

خاصہ تعمیر چاہتا ہے کہ بناؤ ہو، خاصہ تحسین چاہتا ہے کہ جو کچھ بنے خوبی و کمال کے ساتھ بنے اور یہ دونوں خاصے قانون ضرورت کا نتیجہ ہیں۔ کائنات ہستی کے ظہور و تکمیل کے لیے ضرورت تھی کہ تعمیر ہو، اور ضرورت تھی کہ جو کچھ تعمیر ہو حسن و خوبی کے ساتھ تعمیر ہو۔ یہی ضرورت بجائے خود ایک علت ہوگئی اور اس لیے فطرت سے جو کچھ بھی ظہور میں آتا ہے ویسا ہی ہوتا ہے جیسا ہونا ضروری تھا۔

لیکن اس تعلیل سے بھی تو یہ عقدہ حل نہیں ہوا؟ سوال جس منزل میں تھا اس سے صرف ایک منزل اور آگے بڑھ گیا۔ تم کہتے ہو یہ جو کچھ ہو رہا ہے اس لیے ہے کہ ضرورت کا قانون موجود ہے۔ لیکن سوال یہ ہے کہ ضرورت کا قانون کیوں موجود ہے؟ کیوں یہ ضروری ہوا کہ جو کچھ ظہور میں آئے ضرورت کے مطابق ہو اور ضرورت اسی بات کی مقتضی ہوئی کہ خوبی اور درستگی ہو بگاڑ اور برہمی نہ ہو؟ انسانی علم کی کاوشیں اس کا کوئی جواب نہیں دے سکتیں۔ ایک مشہور فلسفی کے لفظوں میں 'جس جگہ سے یہ کیوں شروع ہو جائے سمجھ جاؤ کہ فلسفہ کے غور و خوض کی سرحد ختم ہوگئی'۔ لیکن قرآن اسی سوال کا جواب دیتا ہے وہ کہتا ہے یہ 'ضرورت' رحمت اور فضل کی 'ضرورت' ہے۔ رحمت چاہتی ہے جو کچھ ظہور میں آئے بہتر ہو اور نافع ہو اور اس لیے جو کچھ ظہور میں آتا ہے بہتر ہوتا ہے اور نافع ہوتا ہے!

پھر یہ حقیقت بھی واضح رہے کہ دنیا میں زندگی اور بقا کے لیے جن چیزوں کی ضرورت ہے جمال و زیبائی ان سے ایک زائد ترفیضان ہے اور ہم دیکھ رہے ہیں کہ جمال و زیبائش بھی یہاں موجود ہے۔ پس یہ نہیں کہا جا سکتا ہے کہ یہ سب کچھ قانون ضرورت ہی کا نتیجہ ہے۔ ضرورت زندگی اور بقا کا سر و سامان چاہتی ہے لیکن زندہ اور باقی رہنے کے لیے جمال و زیبائش کی کیا ضرورت ہے؟ اگر جمال و زیبائش بھی یہاں

موجود ہے تو یقیناً یہ فطرت کا ایک مزید لطف و احسان ہے اور اس سے معلوم ہوتا ہے کہ فطرت صرف زندگی ہی نہیں بخشتی بلکہ زندگی کو حسین و لطیف بھی بنانا چاہتی ہے۔ پس یہ محض زندگی کی ضرورت کا قانون نہیں ہو سکتا۔ یہ اس ضرورت سے بھی کوئی بالاتر ضرورت ہے جو چاہتی ہے کہ مرحمت اور فیضان ہو۔ قرآن کہتا ہے یہ رحمت کی 'ضرورت' ہے اور رحمت کا مقتضا یہی ہے کہ وہ سب کچھ ظہور میں آئے جو رحمت سے ظہور میں آنا چاہیے:

قل لمن ما فی السموات والارض قل للہ کتب علی نفسہ الرحمۃ (الانعام: ۱۲)

(آسمان و زمین میں جو کچھ ہے وہ کس کے لیے ہے؟ (اے پیغمبر) کہہ دے اللہ کے لیے ہے جس نے اپنے لیے ضروری ٹھہرالیا ہے کہ رحمت ہو)۔

ورحمتی وسعت کل شیء

(اور میری رحمت دنیا کی ہر چیز کو گھیرے ہوئے ہے)

افادہ فیضانِ فطرت:

اس سلسلہ کی سب سے پہلی حقیقت جو ہمارے سامنے نمایاں ہوتی ہے وہ کائنات ہستی اور اس کی تمام اشیا کا افادہ و فیضان ہے۔ یعنی ہم دیکھتے ہیں کہ فطرت کے تمام کاموں میں کامل نظم و یکسانیت کے ساتھ مفید اور کارآمد ہونے کی خاصیت پائی جاتی ہے اور اگر بہ حیثیت مجموعی دیکھا جائے تو ایسا معلوم ہوتا ہے گویا یہ تمام کارگاہ عالم صرف اسی لیے بنا ہے کہ ہمیں فائدہ پہنچائے اور ہماری حاجت روائیوں کا ذریعہ ہو:

وسخر لکم ما فی السموات والارض جمیعا منہ۔ ان فی ذلک لایات لقوم یتفکرون (۴۵: ۱۳)

(اور آسمانوں اور زمین میں جو کچھ بھی ہے وہ سب اللہ نے تمہارے لیے مسخر کر دیا ہے (یعنی ان کی قوتیں اور تاثیریں اس طرح تمہارے تصرف میں دے دی گئی ہیں کہ جس طرح چاہو کام لے سکتے ہو) بلاشبہ ان لوگوں کے لیے جو غور و فکر کرنے والے ہیں اس بات میں (معرفت حق کی) بڑی ہی نشانیاں ہیں[10])

ہم دیکھتے ہیں کہ کائنات ہستی میں جو کچھ بھی موجود ہے، اور جو کچھ بھی ظہور میں آتا ہے اس میں سے ہر چیز کوئی نہ کوئی خاصہ رکھتی ہے اور ہر حادثہ کی کوئی نہ کوئی تاثیر ہے اور پھر ہم یہ بھی دیکھتے ہیں کہ یہ تمام خواص و موثرات کچھ اس طرح واقع ہوئے ہیں کہ ہر خاصہ ہماری کوئی نہ کوئی ضرورت پوری کرتا اور ہر تاثیر ہمارے لیے کوئی نہ کوئی فیضان رکھتی ہے۔

سورج، چاند، ستارے، ہوا، بارش، دریا، سمندر اور پہاڑ سب کے خواص و فوائد ہیں، اور سب ہمارے لیے طرح طرح کی راحتوں اور آسائشوں کا سامان بہم پہنچا رہے ہیں:

---

[10] اس آیت میں اور اس کی تمام ہم معنی آیات میں 'سخر' کا لفظ استعمال کیا گیا ہے۔ یعنی تمام چیزیں تمہارے لیے مسخر کر دی گئی ہیں۔ عربی میں تسخیر ٹھیک اسی معنی میں بولا جاتا ہے جس معنی میں ہم اردو میں بولا کرتے ہیں۔ یعنی کسی چیز کا قہراً و حکماً اس طرح مطیع ہو جانا کہ جس طرح چاہیں اس سے کام لیں۔ غور کرو انسانی قویٰ کی عظمت و سروری کے اظہار کے لیے اس سے زیادہ موزوں تعبیر اور کیا ہو سکتی تھی؟ قرآن کے نزول سے پہلے اقوام عالم کی دینی ذہنیت انسان کی عقلی امنگوں کے قطعاً خلاف تھی۔ لیکن قرآن نے صرف یہی نہیں کہ اس کی عقلی امنگوں کی جرات افزائی کر دی بلکہ اس کی ہمت عقل اور اولوالعزمی حلم کے لیے ایک ایسی بلند نظری کا نقشہ کھینچ دیا جس سے بہتر نقشہ آج بھی نہیں کھینچا جا سکتا۔ آسمان اور زمین میں جو کچھ ہے سب اس لیے ہے کہ انسان کے آگے مسخر ہو کر رہے اور انسان ان میں تصرف کرے۔ انسانی عقل و فکر کے لیے اس سے زیادہ بلند نصب العین اور کیا ہو سکتا ہے؟
پھر غور کرو 'تسخیر' کا لفظ انسانی عقل کی حکمرانیوں کے لیے کس درجہ موزوں لفظ ہے؟ اس تسخیر کا قدیم منظریہ تھا کہ انسان کا چھوٹا سا بچہ لکڑی کے دو گز تختے جوڑ کر سمندر کے سینے پر سوار ہو جاتا تھا اور نیا منظر یہ ہے کہ آگ، پانی، ہوا اور بجلی تمام عناصر پر حکمرانی کر رہا ہے!
البتہ یہ بات یاد رہے کہ قرآن نے جہاں کہیں اس تسخیر کا ذکر کیا ہے اس کا تعلق صرف کرہ ارضی کی کائنات سے ہے یا آسمان کے ان موثرات سے ہے جنہیں ہم یہاں محسوس کر رہے ہیں یہ نہیں کہا ہے کہ تمام موجودات ہستی اس کے لیے مسخر کر دی گئی ہیں۔ یا تمام موجودات ہستی میں وہ اشرف و اعلیٰ مخلوق ہے۔ یہ ظاہر ہے کہ ہماری دنیا کائنات ہستی کے بے کنار سمندر میں ایک قطرہ سے زیادہ نہیں۔
وما یعلم جنود ربك الا ہو۔ اور انسان کو جو کچھ بھی برتری حاصل ہے وہ صرف اسی دنیا کی مخلوقات میں ہے۔

اللَّهُ الَّذِي خَلَقَ السَّمَاوَاتِ وَالأَرْضَ وَأَنْزَلَ مِنَ السَّمَاءِ مَاءً فَأَخْرَجَ بِهِ مِنَ الثَّمَرَاتِ رِزْقًا لَكُمْ وَسَخَّرَ لَكُمُ الْفُلْكَ لِتَجْرِيَ فِي الْبَحْرِ بِأَمْرِهِ وَسَخَّرَ لَكُمُ الأَنْهَارَ (۳۲) وَسَخَّرَ لَكُمُ الشَّمْسَ وَالْقَمَرَ دَائِبَيْنِ وَسَخَّرَ لَكُمُ اللَّيْلَ وَالنَّهَارَ (۳۳) وَآتَاكُمْ مِنْ كُلِّ مَا سَأَلْتُمُوهُ وَإِنْ تَعُدُّوا نِعْمَةَ اللَّهِ لا تُحْصُوهَا إِنَّ الإِنْسَانَ لَظَلُومٌ كَفَّارٌ (۳۴) (ابراہیم: ۳۴۳۲)

(یہ اللہ ہی کی کارفرمائی ہے کہ اس نے آسمانوں اور زمین کو پیدا کیا اور آسمان سے پانی برسایا پھر اس کی تاثیر سے طرح طرح کے پھل تمہاری غذا کے لیے پیدا کر دیے۔ اسی طرح اس نے یہ بات بھی ٹھہرا دی کہ سمندر میں جہاز تمہارے زیر فرمان رہتے، اور حکم الٰہی سے چلتے رہتے ہیں، اور اسی طرح دریا بھی تمہاری کاربرآریوں کے لیے مسخر کر دیے گئے اور (پھر اتنا ہی نہیں بلکہ غور کرو تو) سورج اور چاند بھی تمہارے لیے مسخر کر دیے گئے ہیں کہ ایک خاص ڈھنگ پر گردش میں ہیں اور رات اور دن کا اختلاف بھی (تمہارے فائدہ ہی کے لیے) مسخر ہے۔ غرض کہ جو کچھ تمہیں مطلوب تھا وہ سب کچھ اس نے عطا کر دیا۔ اگر تم اللہ کی نعمتیں شمار کرنی چاہو تو وہ اتنی ہیں کہ ہرگز شمار نہ کر سکو گے۔ بلاشبہ انسان بڑا ہی نا انصاف بڑا ہی ناشکرا)

زمین کو دیکھو، اس کی سطح پھلوں اور پھولوں سے لدی ہوئی ہے تہ میں آب شیریں کی سوتیں بہہ رہی ہیں گہرائی سے چاندی سونا نکل رہا ہے وہ اپنی جسامت میں اگرچہ مدور ہے لیکن اس کا ہر حصہ اس طرح واقع ہوا ہے کہ معلوم ہوتا ہے ایک مسطح فرش بچھا دیا گیا ہے۔

الذی جعل لکم الارض مهدا وجعل لکم فیها سبلا لعلکم تهتدون (۴۳: ۱۰)

(وہ پروردگار جس نے تمہارے لیے زمین اس طرح بنا دی کہ فرش کی طرح بچھی ہوئی ہے اور اس میں قطع مسافت کی (ہموار) راہیں پیدا کر دیں)

وَهُوَ الَّذِي مَدَّ الأَرْضَ وَجَعَلَ فِيهَا رَوَاسِيَ وَأَنْهَارًا وَمِنْ كُلِّ الثَّمَرَاتِ جَعَلَ فِيهَا زَوْجَيْنِ اثْنَيْنِ يُغْشِي اللَّيْلَ النَّهَارَ إِنَّ فِي ذَلِكَ لآيَاتٍ لِقَوْمٍ يَتَفَكَّرُونَ (۳) وَفِي الأَرْضِ قِطَعٌ مُتَجَاوِرَاتٌ وَجَنَّاتٌ مِنْ أَعْنَابٍ وَزَرْعٌ وَنَخِيلٌ صِنْوَانٌ وَغَيْرُ صِنْوَانٍ يُسْقَى بِمَاءٍ وَاحِدٍ وَنُفَضِّلُ بَعْضَهَا عَلَى بَعْضٍ فِي الأُكُلِ إِنَّ فِي ذَلِكَ لآيَاتٍ لِقَوْمٍ يَعْقِلُونَ (۴) (الرعد: ۳۔ ۴)

(اور یہ اسی پروردگار کی پروردگاری ہے کہ اس نے زمین (تمہاری سکونت کے لیے) پھیلا دی اور اس میں پہاڑوں کے لنگر ڈال دیے اور نہریں بہا دیں، نیز ہر طرح کے پھلوں کی دو دو قسمیں پیدا کر دیں، اور پھر یہ اسی کی کارفرمائی ہے کہ (رات اور دن یکے بعد دیگرے آتے رہتے ہیں اور) رات کی تاریکی دن کی روشنی ڈھانپ لیتی ہے۔ بلاشبہ ان لوگوں کے لیے جو غور و فکر کرنے والے ہیں اس میں (معرفت

حقیقت کی) بڑی ہی نشانیاں ہیں۔ اور (پھر دیکھو) زمین کی سطح اس طرح بنائی گئی ہے کہ اس میں ایک دوسرے سے قریب (آبادی کے) قطعات بن گئے اور انگوروں کے باغ، غلہ کی کھیتیاں اور کھجوروں کے جھنڈ پیدا ہو گئے، ان درختوں میں بعض درخت زیادہ ٹہنیوں والے ہیں۔ بعض اکہرے، اور اگرچہ سب کو ایک ہی طرح کے پانی سے سینچا جاتا ہے لیکن پھل ایک طرح کے نہیں۔ ہم نے بعض درختوں کو بعض درختوں پر پھلوں کے مزہ میں برتری دے دی۔ بلاشبہ ارباب دانش کے لیے اس میں (معرفت حقیقت کی) بڑی ہی نشانیاں ہیں)

القد مکناکم فی الارض و جعلنا لکم فیہا معایش قلیلا ما تشکرون (الاعراف: ۱۰)

(اور (دیکھو) ہم نے زمین میں تمہیں طاقت و تصرف کے ساتھ جگہ دی، اور زندگی کے تمام سامان پیدا کر دیے (مگر افسوس) بہت کم ایسا ہوتا ہے کہ تم نعمت الٰہی کے شکر گزار ہو)

وَہُوَ الَّذِی سَخَّرَ الْبَحْرَ لِتَأْكُلُوا مِنْهُ لَحْمًا طَرِيًّا وَتَسْتَخْرِجُوا مِنْهُ حِلْيَةً تَلْبَسُونَہَا وَتَرَى الْفُلْكَ مَوَاخِرَ فِيهِ وَلِتَبْتَغُوا مِنْ فَضْلِهِ وَلَعَلَّكُمْ تَشْكُرُونَ (النحل: ۱۴)

(اور (دیکھو) یہ اسی کی کارفرمائی ہے کہ اس نے سمندر تمہارے لیے مسخر کر دیا تاکہ اپنی غذا کے لیے تر و تازہ گوشت حاصل کرو اور زیور کی چیزیں نکالو جنہیں (خوشنمائی کے لیے) پہنتے ہو۔ نیز تم دیکھتے ہو کہ جہاز سمندر میں موجیں چیرتے ہوئے جا رہے ہیں۔ اور سیر و سیاحت کے ذریعہ اللہ کا فضل تلاش کرو تاکہ اس کی کی نعمت کے شکر گزار رہو)

حیوانات کو دیکھو، زمین کے چارپائے، فضا کے پرند اور پانی کی مچھلیاں سب اسی لیے ہیں کہ اپنے اپنے وجود سے ہمیں فائدہ پہنچائیں۔ غذا کے لیے ان کا دودھ اور گوشت، سواری کے لیے ان کی پیٹھ، حفاظت کے لیے ان کی پاسبانی، پہننے کے لیے ان کی کھال اور اون اور برتنے کے لیے ان کے جسم کی ہڈیاں تک مفید ہیں!:

وَالأَنْعَامَ خَلَقَہَا لَكُمْ فِيہَا دِفْءٌ وَمَنَافِعُ وَمِنْہَا تَأْكُلُونَ (۵) وَلَكُمْ فِيہَا جَمَالٌ حِينَ تُرِيحُونَ وَحِينَ تَسْرَحُونَ (۶) وَتَحْمِلُ أَثْقَالَكُمْ إِلَى بَلَدٍ لَمْ تَكُونُوا بَالِغِيهِ إِلا بِشِقِّ الأَنْفُسِ إِنَّ رَبَّكُمْ لَرَءُوفٌ رَحِيمٌ (۷) وَالْخَيْلَ وَالْبِغَالَ وَالْحَمِيرَ لِتَرْكَبُوہَا وَزِينَةً وَيَخْلُقُ مَا لا تَعْلَمُونَ (۸) (النحل: ۵-۸)

(اور چارپائے پیدا کر دیے جن میں تمہارے لیے جاڑے کا سامان اور طرح طرح کے منافع ہیں اور ان سے تم اپنی غذا بھی حاصل کرتے ہو۔ جب ان کے غول شام کو چر کر واپس آتے ہیں اور جب چراگاہوں کے لیے نکلتے ہیں تو (دیکھو) ان کے منظر میں تمہارے لیے خوشنمائی

رکھ دی ہے۔ اور انہی میں وہ جانور بھی ہیں جو تمہارا بوجھ اٹھا کر ان (دور دراز) شہروں تک پہنچا دیتے ہیں جہاں تک تم بغیر سخت مشقت کے نہیں پہنچ سکتے تھے۔ بلاشبہ تمہارا پروردگار بڑا ہی شفقت رکھنے والا اور صاحب رحمت ہے۔ اور (دیکھو) گھوڑے، خچر، گدھے پیدا کیے گئے تاکہ تم ان سے سواری کا کام لو اور خوشنمائی کا بھی موجب ہوں۔ وہ اسی طرح (طرح طرح کی چیزیں) پیدا کرتا ہے جن کا تمہیں علم نہیں'

وَإِنَّ لَكُمْ فِي الأَنْعَامِ لَعِبْرَةً نُسْقِيكُمْ مِمَّا فِي بُطُونِهِ مِنْ بَيْنِ فَرْثٍ وَدَمٍ لَبَنًا خَالِصًا سَائِغًا لِلشَّارِبِينَ (النحل: ٦٦)

(اور چارپایوں کے وجود میں تمہارے لیے (فہم و بصیرت کی) بڑی ہی عبرت ہے۔ انہی جانوروں کے جسم سے ہم خون اور کثافتوں کے درمیان پاک وصاف دودھ پیدا کر دیتے ہیں جو پینے والوں کے لیے بے غل وغش مشروب ہوتا ہے)

وَاللَّهُ جَعَلَ لَكُمْ مِنْ بُيُوتِكُمْ سَكَنًا وَجَعَلَ لَكُمْ مِنْ جُلُودِ الأَنْعَامِ بُيُوتًا تَسْتَخِفُّونَهَا يَوْمَ ظَعْنِكُمْ وَيَوْمَ إِقَامَتِكُمْ وَمِنْ أَصْوَافِهَا وَأَوْبَارِهَا وَأَشْعَارِهَا أَثَاثًا وَمَتَاعًا إِلَى حِينٍ(النحل: ٨٠)

(اور (دیکھو) اللہ نے تمہارے گھروں کو تمہارے لیے سکونت کی جگہ بنایا اور (جو لوگ شہروں میں نہیں بستے ان کے لیے ایسا سامان کر دیا کہ) چارپایوں کی کھال کے خیمے بنا دیے۔ سفر اور اقامت دونوں حالتوں میں انہیں ہلکا پاتے ہو۔ اسی طرح جانوروں کی اون، رووں، اور بالوں سے طرح طرح کی چیزیں پیدا کر دیں جن سے ایک خاص وقت تک تمہیں فائدہ پہنچتا ہے)

ایک انسان کتنی ہی محدود اور غیر متمدن زندگی رکھتا ہو لیکن اس حقیقت سے بے خبر نہیں ہو سکتا کہ اس کا گردو پیش اسے فائدہ پہنچا رہا ہے۔ ایک لکڑہارا بھی اپنے جھونپڑے میں بیٹھا ہوا نظر آتا ہے تو گویا اپنے احساس کے لیے بہتر تعبیر نہ پائے لیکن یہ حقیقت ضرور محسوس کر لیتا ہے۔ وہ جب بیمار ہوتا ہے تو جنگل کی جڑی بوٹیاں کھا لیتا ہے۔ دھوپ تیز ہوتی ہے تو درختوں کے سائے میں بیٹھ جاتا ہے بیکار ہوتا ہے تو پتوں کی سر سبزی اور پھولوں کی خوشنمائی سے آنکھیں سینکنے لگتا ہے۔ پھر یہی درخت ہیں جو اپنی شادابی میں اسے پھل بخشتے ہیں پختگی میں لکڑی کے تختے بن جاتے ہیں کہنگی میں آگ کے شعلے بھڑکا دیتے ہیں۔ ایک ہی مخلوق بنائی ہے جو اپنے منظر سے نزہت و سرور بخشتی ہے، اپنی بو سے ہوا کو معطر کرتی ہے، اپنے پھل میں طرح طرح کی غذائیں رکھتی ہے، اپنی لکڑی سے سامان تعمیر مہیا کرتی ہے، اور پھر خشک ہو جاتی ہے تو اس کے جلانے سے آگ بھڑکتی، چولہے گرم کرتی، موسم کو معتدل بناتی، اور اپنی حرارت سے بے شمار اشیا کے پکنے، پگھلنے اور تپنے کا ذریعہ بنتی ہے۔

الذی جعل لکم من الشجر الاخضر نارا فاذا انتم منه توقدون (۳۶: ۸۰)

((اور دیکھو) وہ کارفرمائے قدرت جس نے سرسبز درخت سے تمہارے لیے آگ پیدا کر دی۔ اب تم اسی سے (اپنے چولھوں کی) آگ سلگا لیتے ہو)

اور پھر یہ وہ فوائد ہیں جو تمہیں اپنی جگہ محسوس ہو رہے ہیں لیکن کون کہہ سکتا ہے کہ فطرت نے یہ تمام چیزیں کن کن کاموں اور کن کن مصلحتوں کے لیے پیدا کی ہیں اور کارفرمائے عالم کارگاہ ہستی کے بنانے اور سنوارنے کے لیے ان سے کیا کام نہیں لے رہا ہے؟ :

وما یعلم جنود ربك الا ہو

(اور تمہارا پروردگار (اس کارزار ہستی کی کارفرمائیوں کے لیے) جو فوجیں رکھتا ہے ان کا حال اس کے سوا کون جانتا ہے؟)

پھر یہ حقیقت بھی پیش نظر رہے کہ فطرت نے کائنات ہستی کے افادہ و فیضان کا نظام کچھ اس طرح بنایا ہے کہ وہ بیک وقت ہر مخلوق کو یکساں طور پر نفع پہنچا تا کہ اور ہر مخلوق کی یکساں طور پر رعایت ملحوظ رکھتا ہے۔ اگر ایک انسان اپنے عالی شان محل میں بیٹھ کر محسوس کرتا ہے کہ تمام کارخانہ ہستی صرف اسی کی کار براریوں کے لیے تو ٹھیک اسی طرح ایک چیونٹی بھی اپنے بل میں کہہ سکتی ہے کہ فطرت کی ساری کارفرمائیاں صرف اسی کی کاربراریوں کے لیے ہیں اور کون ہے جو اسے جھٹلانے کی جرات کر سکتا ہے؟ کیا فی الحقیقت سورج اس لیے نہیں ہے کہ اس کے لیے حرارت بہم پہنچائے؟ کیا بارش اس لیے نہیں ہے کہ اس کے لیے رطوبت مہیا کرے؟ کیا ہوا اس لیے نہیں ہے کہ اس کی ناک تک شکر کی بو پہنچا دے؟ کیا زمین اس لیے نہیں ہے کہ ہر موسم اور ہر حالت کے مطابق اس کے لیے مقام و منزل بنے؟ دراصل فطرت کی بخشائشوں کا قانون کچھ ایسا عام اور ہمہ گیر واقع ہوا ہے کہ وہ ایک ہی وقت میں ایک ہی طریقہ سے، ایک ہی نظام کے ماتحت، ہر مخلوق کی نگہداشت کرتا اور ہر مخلوق کو یکساں طور پر فائدہ اٹھانے کا موقع دیتا ہے۔ حتیٰ کہ ہر وجود اپنی جگہ محسوس کر سکتا ہے کہ یہ پورا کارخانہ عالم صرف اسی کی کام جوئیوں اور آسائشوں کے لیے سرگرم کار ہے۔

وما من دابة فی الارض ولا طائر یطیر بجناحیه الا امم امثالکم

(اور زمین کے تمام جانور (اور پردار) بازوؤں سے اڑنے والے تمام پرند دراصل تمہاری ہی طرح امتیں ہیں)۔

کائنات کی تخریب بھی تعمیر کے لیے ہے:

البتہ یہ حقیقت فراموش نہیں کرنی چاہیے کہ دنیا عالم کون و فساد ہے۔ یہاں ہر بننے کے ساتھ بگڑنا ہے اور ہر سمٹنے کے ساتھ بکھرنا۔ لیکن جس طرح سنگ تراش کا توڑنا پھوڑنا بھی اس لیے ہوتا ہے کہ خوبی و دل آویزی کا ایک پیکر تیار کر دے اسی طرح کائنات عالم کا تمام بگاڑ بھی اس لیے ہے کہ بناؤ اور خوبی کا فیضان ظہور میں آئے۔ تم ایک عمارت بناتے ہو لیکن اس 'بنانے' کا مطلب کیا ہوتا ہے؟ کیا یہی نہیں ہوتا کہ بہت سے بنی ہوئی چیزیں بگڑ گئیں؟ چٹانیں اگر نہ کاٹی جاتیں، بھٹے اگر سلگائے جاتے، درختوں پر آرہ اگر نہ چلتا تو ظاہر ہے عمارت کا بناؤ بھی ظہور میں نہ آتا۔ پھر یہ راحت و سکون جو تمہیں ایک عمارت کی سکونت سے حاصل ہوتا ہے کس صورت حال کا نتیجہ ہے؟ یقیناً اسی شور و شر اور ہنگامہ تخریب کا جو سر و سامان تعمیر کی جدوجہد نے عرصہ تک جاری رکھا تھا۔ اگر تخریب کا یہ شور و شر نہ ہوتا تو عمارت کا عیش و سکون بھی وجود میں نہ آتا۔ پس یہی حال فطرت کی تعمیری سرگرمیوں کا بھی سمجھو۔ وہ عمارت ہستی کا ایک ایک گوشہ تعمیر کرتی رہتی ہے، وہ اس کارخانہ کا ایک ایک کیل پرزہ ڈھالتی رہتی ہے، وہ اس کی درستگی و خوبی کی حفاظت کے لیے ہر نقصان کا دفعیہ اور ہر فساد کا ازالہ چاہتی ہے۔ تغیر و درستگی کی یہی سرگرمیاں ہیں جو تمہیں بعض اوقات تخریب و نقصان کی ہولناکیاں دکھائی دیتی ہیں۔ حالانکہ یہاں تخریب کب ہے؟ جو کچھ ہے تعمیر ہی تعمیر ہے۔ سمندر میں تلاطم، دریا میں طغیانی، پہاڑوں میں آتش فشانی، جاڑوں میں برف باری، گرمیوں میں سموم، اور بارش میں ہنگامہ ابر و باد، تمہارے لیے خوش آئند مناظر نہیں ہوتے لیکن تم نہیں جانتے کہ ان میں سے ہر حادثہ کائنات ہستی کی تعمیر و درستگی کے لیے اتنا ہی ضروری ہے جس قدر دنیا کی کوئی مفید سے مفید چیز تمہاری نگاہ میں ہو سکتی ہے۔ اگر سمندر میں طوفان نہ اٹھتے تو میدانوں کی زندگی و شادابی کے لیے ایک قطرہ بارش میسر نہ آتا۔ اگر بادل کی گرج اور بجلی کی کڑک نہ ہوتی تو باران رحمت کا فیضان بھی نہ ہوتا۔ اگر آتش فشاں پہاڑوں کی چوٹیاں نہ پھٹتیں تو زمین کے اندر کا کھولتا ہوا مادہ اس کرہ کی تمام سطح پارہ پارہ کر دیتا۔ تم بول اٹھو گے، یہ مادہ پیدا ہی کیوں کیا گیا؟ لیکن تمہیں جاننا چاہیے کہ اگر یہ مادہ نہ ہوتا تو زمین کی قوت نشو و نما کا ایک ضروری عنصر مفقود ہو جاتا۔ یہی حقیقت ہے جس کی طرف قرآن نے جا بجا اشارات کیے ہیں۔

مثلاً سورۃ روم میں ہے:

وَمِنْ آيَاتِهِ يُرِيكُمُ الْبَرْقَ خَوْفًا وَطَمَعًا وَيُنَزِّلُ مِنَ السَّمَاءِ مَاءً فَيُحْيِي بِهِ الأَرْضَ بَعْدَ مَوْتِهَا إِنَّ فِي ذَلِكَ لآيَاتٍ لِقَوْمٍ يَعْقِلُونَ

(اور (دیکھو) اس کی (قدرت و حکمت کی) نشانیوں میں سے ایک نشانی یہ ہے کہ بجلی کی چمک اور کڑک نمودار کرتا ہے اور اس سے تم پر خوف اور امید دونوں حالتیں طاری ہو جاتی ہیں اور آسمان سے پانی برساتا ہے اور پانی کی تاثیر سے زمین مرنے کے بعد دوبارہ جی اٹھتی ہے۔ بلاشبہ اس صورت حال میں ان لوگوں کے لیے جو عقل و بینش رکھتے ہیں (حکمت الٰہی کی) بڑی ہی نشانیاں ہیں!

جمالِ فطرت:

لیکن فطرت کے افادہ فیضان کی سب سے بڑی بخشائش اس کا عالمگیر حسن و جمال ہے۔ فطرت صرف بناتی اور سنوارتی ہی نہیں بلکہ اس طرح بناتی سنوارتی ہے کہ اس کے ہر بناؤ میں حسن و زیبائی کا جلوہ اور اس کے ہر ظہور میں نظر افروزی کی نمود پیدا ہو گئی ہے۔ کائنات ہستی کو اس کی مجموعی حیثیت میں دیکھو یا اس کے ایک ایک گوشہ خلقت پر نظر ڈالو اس کا کوئی رخ نہیں جس پر حسن و رعنائی نے ایک نقاب زیبائش نہ ڈال دی ہو۔

ستاروں کا نظام اور ان کی سیر و گردش، سورج کی روشنی اور اس کی بوقلمونی، چاند کی گردش اور اس کا اتار چڑھاؤ، فضائے آسمانی کی وسعت اور اس کی نیرنگیاں، بارش کا سماں اور اس کے تغیرات، سمندر کا منظر اور دریاؤں کی روانی، پہاڑوں کی بلندیاں اور وادیوں کا نشیب، حیوانات کے اجسام اور ان کا تنوع، نباتات کی صورت آرائیاں اور باغ و چمن کی رعنائیاں، پھولوں کی عطر بیزی اور پرندوں کی نغمہ سنجی، صبح کا چہرہ خنداں اور شام کا جلوہ محجوب، غرض کہ تمام تماشا گاہ ہستی حسن کی نمائش اور نظر افروزی کی جلوہ گاہ ہے اور ایسا معلوم ہوتا ہے گویا اس پردہ ہستی کے پیچھے حسن افروزی و جلوہ آرائی کی کوئی قوت کام کر رہی ہے جو چاہتی ہے کہ جو کچھ بھی ظہور میں آئے حسن و زیبائش کے ساتھ ظہور میں آئے اور کارخانہ ہستی کا ہر گوشہ نگاہ کے لیے نشاط، سامعہ کے لیے سرور، اور روح کے لیے بہشت راحت و سکون بن جائے!

دراصل کائنات ہستی کا مایہ خمیر ہی حسن و زیبائی ہے۔ فطرت نے جس طرح اس کے بناؤ کے لیے مادی عناصر پیدا کیے، اسی طرح اس کی خوبروئی و رعنائی کے لیے معنوی عناصر کا بھی رنگ و روغن آراستہ کر دیا۔ روشنی، رنگ، خوشبو، اور نغمہ حسن و رعنائی کے وہ اجزا ہیں جن سے مشاطہ فطرت چہرہ وجود کی آرائش کر رہی ہے:

مشاطہ را بگو کہ براسباب حسن یار

چیزے فزوں کند کہ تماشا بما رسد!

صنع الله الذی اتقن کل شیء

(یہ اللہ کی کاریگری ہے جس نے ہر چیز خوبی اور درستگی کے ساتھ بنائی)۔

ذلك عالم الغیب والشهادة العزیز الرحیم۔ الذی احسن کل شیء خلقه

(یہ اللہ ہے محسوسات اور غیر محسوسات کا جاننے والا، طاقت والا، رحمت والا جس نے جو چیز بنائی حسن و خوبی کے ساتھ بنائی)۔

بلبل کی نغمہ سنجی اور زاغ و زغن کا شور و غوغا:

بلاشبہ کاروبار فطرت کے بعض مظاہر ایسے بھی ہیں جن میں تمہیں حسن و خوبی کی کوئی گیرائی محسوس نہیں ہوتی۔
تم کہتے ہو قمری و بلبل کی نغمہ سنجیوں کے ساتھ زاغ و زغن کا شور و غوغا کیوں کیوں ہے؟ لیکن تم بھول جاتے ہو کہ ارغنون ہستی کا نغمہ کسی ایک آہنگ ہی سے نہیں بنا ہے اور نہ بننا چاہیے تھا۔ جس طرح تمہارے آلات موسیقی کے پردوں میں زیر و بم کے تمام آہنگ موجود ہیں۔ اس میں ہلکے سے ہلکے سر بھی ہیں جن سے باریک اور سریلی صدائیں نکلتی ہیں موٹے سے موٹ سر بھی ہیں جو بلند سے بلند اور بھاری سے بھاری صدائیں پیدا کرتے ہیں۔ ان تمام سروں کے ملنے سے جو کیفیت پیدا ہوتی ہے وہی موسیقی کی حلاوت ہے۔ کیونکہ دنیا کی تمام چیزوں کی طرح موسیقی کی حقیقت بھی مختلف اجزا کے امتزاج و تالیف سے پیدا ہوتی ہے۔ یہ نہیں ہو سکتا کہ کسی ایک ہی سر سے نغمے کی حلاوت پیدا ہو جائے۔ اگر تم بین یا ستار اٹھا کر صرف اس کے چڑھاؤ کا کوئی ایک پردہ چھیڑ دو گے یا پیانو کی بھاری کنجیوں میں سے کوئی ایک کنجی ہی بجانے لگو گے تو یہ نغمہ نہ ہوگا بھاں بھاں کی ایک کرخت آواز ہوگی۔ یہاں حال موسیقی فطرت کے زیر و بم کا ہے۔ تمہیں کوے کی کائیں کائیں اور چیک کی چیخ میں کوئی دلکشی محسوس نہیں ہوتی لیکن موسیقی فطرت کی تالیف کے لیے جس طرح قمری و بلبل کا ہلکا سر ضروری تھا اسی طرح زاغ و زغن کا بھاری اور کرخت سر بھی ناگزیر تھا، بلبل و قمری کو اس سرگم کا اتار سمجھو اور زاغ و زغن کو چڑھاؤ۔

براہل ذوق در فیض در نمی بندد
نوائے بلبل اگر نیست صوت زاغ شنو

تُسَبِّحُ لَهُ السَّمَاوَاتُ السَّبْعُ وَالأَرْضُ وَمَنْ فِيهِنَّ وَإِن مِنْ شَيْءٍ إِلا يُسَبِّحُ بِحَمْدِهِ وَلَكِنْ لا تَفْقَهُونَ تَسْبِيحَهُمْ إِنَّهُ كَانَ حَلِيمًا غَفُورًا

(ساتوں آسمان اور زمین اور جو کوئی بھی ان میں ہے سب (اپنی بناوٹ کی خوبی اور صنعت کے کمال میں) اللہ کی بڑائی اور پاکی کا (زبان حال سے) اعتراف کر رہے ہیں اور (اتنا ہی نہیں بلکہ کائنات خلقت میں) کوئی چیز بھی ایسی نہیں جو (زبان حال سے) اس کی تسبیح و تحمید نہ کر رہی ہو مگر (افسوس کہ) تم (اپنے جہل و غفلت سے) اس ترانہ تسبیح کو سمجھتے نہیں۔)

فطرت کی حسن افروزیاں اور رحمت الٰہی کی بخشش!:

آؤ چند لمحوں کے لیے پھر ان سوالات پر غور کر لیں جو پہلے گزر چکے ہیں۔ فطرت کائنات کی یہ تمام حسن افروزیاں اور جلوہ آرائیاں کیوں ہیں؟ یہ کیوں ہے کہ فطرت حسین ہے اور جو کچھ اس سے ظہور میں آتا ہے وہ حسن و جمال ہی ہوتا ہے؟ کیا یہ ممکن نہ تھا کہ کارخانہ ہستی ہوتا لیکن رنگ کی نظر افروزیاں، بو کی عطر بیزیاں اور نغمہ کی جاں نوازیاں نہ ہوتیں؟ کیا ایسا نہیں ہو سکتا تھا کہ سب کچھ ہوتا لیکن سبزہ و گل کی رعنائیاں اور قمری و بلبل کی نغمہ سنجیاں نہ ہوتیں؟ یقیناً دنیا اپنے بننے کے لیے اس کی محتاج نہ تھی کہ تتلی کے پروں میں عجیب و غریب نقش و نگار ہوں اور رنگ برنگ کے دلفریب پرند درختوں کی شاخوں پر چہچہا رہے ہوں؟ ایسا بھی ہو سکتا تھا کہ درخت ہوتے مگر قامت کی بلندی، پھیلاؤ کی موزونیت، شاخوں کی ترتیب، پتوں کی سبزی اور پھولوں کی رنگا رنگی نہ ہوتی۔ پھر یہ کیوں ہے کہ تمام حیوانات اپنی اپنی حالت اور گرد و پیش کے مطابق ڈیل ڈول کی موزونیت اور اعضا کا تناسب ضرور ہی رکھیں۔ اور کوئی وجود نہ ہو جو اپنی شکل و منظر میں ایک خاص طرح کا معتدل پیمانہ نہ رکھتا ہو؟

انسانی علم و نظر کی کاوشیں آج تک یہ عقدہ حل نہ کر سکیں کہ یہاں تعمیر کے ساتھ تحسین کیوں ہے؟ مگر قرآن کہتا ہے یہ سب کچھ اس لیے ہے کہ خالق کائنات الرحمن اور الرحیم ہے۔ یعنی اس میں رحمت ہے اور اس کی رحمت اپنا ظہور و فعل بھی رکھتی ہے۔ رحمت کا مقتضا یہی تھا کہ بخشش ہو، فیضان ہو، جود و احسان ہو، پس اس نے ایک طرف تو ہمیں زندگی اور زندگی کے تمام احساس و عواطف بخش دیے جو خوشنمائی اور بدنمائی میں امتیاز کرتے اور خوبی و جمال سے کیف و سرور حاصل کرتے ہیں دوسری طرف کارگاہ ہستی کو اپنی حسن آرائیوں اور جاں فزائیوں سے اس طرح آراستہ کر دیا کہ اس کا ہر گوشہ نگاہ کے لیے جنت، سامعہ کے لیے حلاوت اور روح کے لیے سرمایہ کیف و سرور بن گیا۔

فتبارك الله احسن الخالقين (المومنون:۱۴)

(پس کیا ہی بابرکت ذات ہے اللہ کی بنانے والوں میں سب سے زیادہ حسن وخوبی کے ساتھ بنانے والا)

قدرت کا خود رو سامانِ راحت وسرور اور انسان کی ناشکری:

ہم زندگی کی بناوٹی اور خود ساختہ آسائشوں میں اس درجہ منہمک ہو گئے ہیں کہ ہمیں قدرتی راحتوں پر غور کرنے کا موقع ہی نہیں ملتا اور بسا اوقات تو ہم ان کی قدر وقیمت کے اعتراف سے بھی انکار کر دیتے ہیں۔ لیکن اگر چند لمحوں کے لیے اپنے آپ کو اس غفلت سے بیدار کر لیں تو معلوم ہو جائے کہ کائنات ہستی کا حسن وجمال فطرت کی ایک عظیم اور بے پایاں بخشش ہے اور اگر یہ نہ ہوتی یا ہمیں اس کا احساس نہ ہوتا تو زندگی، زندگی نہ ہوتی، نہیں معلوم کیا چیز ہو جاتی۔ ممکن ہے موت کی بدحالیوں کا ایک تسلسل ہوتا! ایک لمحہ کے لیے تصور کرو کہ دنیا موجود ہے مگر حسن وزیبائی کے تمام جلووں اور احساسات سے خالی ہے۔ آسمان ہے مگر فضا کی یہ نگاہ پرور نیلگونی نہیں ہے، ستارے ہیں مگر ان کی درخشندگی وجہاں تابی کی یہ جلوہ آرائی نہیں ہے، درخت ہیں مگر بغیر سبزی کے، پھول ہیں مگر بغیر رنگ وبو کے، اشیا کا اعتدال، اجسام کا تناسب، صداؤں کا ترنم، روشنی ورنگت کی بوقلمونی ان میں سے کوئی چیز بھی وجود نہیں رکھتی یا یوں کہا جائے کہ ہم میں ان کا احساس نہیں ہے۔ غور کرو ایک ایسی دنیا کے ساتھ زندگی کا تصور کیا بھیانک اور ہولناک منظر پیش کرتا ہے؟ ایسی زندگی جس میں نہ تو حسن کا احساس ہو نہ حسن کی جلوہ آرائی، نہ نگاہ کے لیے سرور ہو نہ سامعہ کے لیے حلاوت، نہ جذبات کی رقت ہو نہ محسوسات کی لطافت، یقیناً عذاب وجانکاہی کی ایک ایسی حالت ہوتی جس کا تصور بھی ہمارے لیے ناقابل برداشت ہے۔

لیکن جس قدرت نے ہمیں زندگی دی اس نے یہ بھی ضروری سمجھا کہ زندگی کی سب سے بڑی نعمت یعنی حسن وزیبائی کی بخشش سے بھی مالا مال کر دے۔ اس نے ایک ہاتھ سے ہمیں حسن کا احساس دیا۔ دوسرے ہاتھ سے تمام دنیا کو جلوہ حسن بنا دیا۔ یہی حقیقت ہے جو ہمیں رحمت کی موجودگی کا یقین دلاتی ہے۔ اگر پردہ ہستی کے پیچھے صرف خالقیت ہی ہوتی، رحمت نہ ہوتی، یعنی پیدا کرنے یا پیدا ہو جانے کی قوت ہوتی مگر افادہ فیضان کا ارادہ نہ ہوتا، تو یقیناً کائنات ہستی میں فطرت کے فیض واحسان کا یہ عالمگیر مظاہرہ بھی نہ ہوتا!

أَلَمْ تَرَوْا أَنَّ اللَّهَ سَخَّرَ لَكُمْ مَا فِي السَّمَاوَاتِ وَمَا فِي الأَرْضِ وَأَسْبَغَ عَلَيْكُمْ نِعَمَهُ ظَاهِرَةً وَبَاطِنَةً وَمِنَ النَّاسِ مَنْ يُجَادِلُ فِي اللَّهِ بِغَيْرِ عِلْمٍ وَلا هُدًى وَلا كِتَابٍ مُنِيرٍ(لقمان: ۲۰)

(کیا تم نے کبھی اس بات پر غور نہیں کیا کہ جو کچھ آسمانوں میں ہے اور جو کچھ زمین میں ہے وہ سب تمہارے لیے خدا نے مسخر کر دیا ہے اور اپنی تمام نعمتیں ظاہری طور پر بھی اور باطنی طور پر بھی پوری کر دی ہیں؟ انسانوں میں کچھ لوگ ایسے ہیں جو اللہ کے بارے میں جھگڑتے ہیں بغیر اس کے کہ ان کے پاس کوئی علم ہو، یا ہدایت ہو، یا کوئی کتاب روشن)

انسانی طبیعت کی یہ عالمگیر کمزوری ہے کہ جب تک وہ ایک نعمت سے محروم نہیں ہو جاتا اس کی قدر و قیمت کا ٹھیک اندازہ نہیں کر سکتا۔ تم گنگا کے کنارے بستے ہو اس لیے تمہارے نزدیک زندگی کی سب سے زیادہ بے قدر چیز پانی ہے لیکن اگر یہی پانی چوبیس گھنٹے تک یسر نہ آئے تو تمہیں معلوم ہو جائے اس کی قدر و قیمت کا کیا حال ہے؟ یہی حال فطرت کے فیضان جمال کا بھی ہے۔ اس کے عام اور بے پردہ جلوے شب و روز تمہاری نگاہوں کے سامنے سے گزرتے رہتے ہیں اس لیے تمہیں ان کی قدر و قیمت محسوس نہیں ہوتی۔ صبح اپنی ساری جلو آرائیوں کے ساتھ روز آتی ہے اس لیے تم بستر سے سر اٹھانے کی ضرورت محسوس نہیں کرتے۔ چاندنی اپنی ساری حسن افروزیوں کے ساتھ ہمیشہ نکھرتی رہتی ہے اس لیے تم کھڑکیاں بن کر کے سو جاتے ہو۔ لیکن جب یہ شب و روز کے جلوہ ہائے فطرت تمہاری نظروں سے روپوش ہو جاتے ہیں یا تم میں ان کے نظارہ و سماع کی استعداد باقی نہیں رہتی تو غور کرو اس وقت تمہارے احساسات کا کیا حال ہوتا ہے؟ کیا تم محسوس نہیں کرتے کہ ان میں سے ہر چیز زندگی کی ایک بے بہا برکت اور معیشت کی ایک عظیم الشان نعمت تھی؟ سرد ملکوں کے باشندوں سے پوچھو جہاں سال کا بڑا حصہ ابر آلود گزرتا ہے کیا سورج کی کرنوں سے بڑھ کر بھی زندگی کی کوئی مسرت ہو سکتی ہے؟ ایک بیمار سے پوچھو جو نقل و حرکت سے محرم بستر مرض پر پڑا ہے۔ وہ بتائے گا کہ آسمان کی صاف اور نیلگوں فضا کا ایک نظارہ راحت و سکون کی کتنی بڑی دولت ہے؟ ایک اندھا جو پیدائشی اندھا نہ تھا تمہیں بتا سکتا ہے کہ سورج کی روشنی اور باغ وچمن کی بہار دیکھے بغیر زندگی بسر کرنا کیسی ناقابل برداشت مصیبت ہے؟ تم بسا اوقات زندگی کی مصنوعی آسائشوں کے لیے ترستے ہو اور خیال کرتے ہو کہ زندگی کی سب سے بڑی نعمت چاندی سونے کا ڈھیر اور جاہ و حشم کی نمائش ہے لیکن تم بھول جاتے ہو کہ زندگی کی حقیقی مسرتوں کا جو خود رو سامان فطرت نے ہر مخلوق کے لیے پیدا کر رکھا ہے اس سے بڑھ کر دنیا کی دولت و حشمت کونسا سامان نشاط مہیا کر سکتی ہے اور اگر ایک انسان کو وہ سب کچھ یسر ہو تو پھر اس کے بعد کیا باقی رہا جاتا ہے؟ جس دنیا میں سورج ہر روز چمکتا ہو، جس دنیا میں صبح ہر روز مسکراتی اور شام ہر روز پردہ شب میں چھپ جاتی ہو، جس کی راتیں آسمان کی قندیلوں سے مزین اور جس کی چاندنی حسن افروزیوں سے جہاں تاب رہتی ہو، جس کی بہار سبزہ و گل سے لدی ہوئی اور جس کی فصلیں لہلہاتے ہوئے کھیتوں سے گرانبار ہوں، جس دنیا میں روشنی اپنی چمک، رنگ اپنی بوقلمونی، خوشبو اپنی عطر بیزی، اور موسیقی اپنا نغمہ و آہنگ رکھتی ہو، کیا اس دنیا کا کوئی باشندہ آسایش حیات سے محروم اور نعمت معیشت سے

مفلس ہوسکتا ہے؟ کیا کسی آنکھ کے لیے جو دیکھ سکتی ہو اور کسی دماغ کے لیے جو محسوس کرسکتا ہو ایک ایسی دنیا میں نامرادی و بدبختی کا گلہ جائز ہے؟ قرآن نے جا بجا انسان کو اس کے اسی کفران نعمت پر توجہ دلائی ہے:

وَآتَاكُم مِّن كُلِّ مَا سَأَلْتُمُوهُ وَإِن تَعُدُّوا نِعْمَةَ اللَّهِ لَا تُحْصُوهَا إِنَّ الْإِنسَانَ لَظَلُومٌ كَفَّارٌ (ابراہیم: ۳۴)

(اور اس نے تمہیں وہ تمام چیزیں دے دیں جو تمہیں مطلوب تھیں اور اگر اللہ کی نعمتیں شمار کرنی چاہو تو وہ اتنی ہیں کہ کبھی شمار نہیں کرسکو گے۔ بلاشبہ انسان بڑا ہی ناانصاف بڑا ہی ناشکرا ہے)

جمال معنوی:

پھر فطرت کی بخشائش جمال کے اس گوشہ پر بھی نظر ڈالو کہ اس نے جس طرح جسم و صورت کو حسن و زیبائی بخشی اسی طرح اس کی معنویت کو بھی جمال معنوی سے آراستہ کردیا۔ جسم و صورت کا جمال یہ ہے کہ ہر وجود کے ڈیل ڈول اور اعضاء و جوارح میں تناسب ہے۔ معنویت کا جمال یہ ہے کہ ہر چیز کی کیفیت اور باطنی قویٰ میں اعتدال ہے۔ اسی کیفیت کے اعتدال سے خواص اور فوائد پیدا ہوئے ہیں اور یہی اعتدال ہے جس نے حیوانات میں ادراک و حواس کی قوتیں بیدار کردیں اور پھر انسان کے درجہ میں پہنچ کر جوہر عقل و فکر کا چراغ روشن کردیا۔

وَاللَّهُ أَخْرَجَكُم مِّن بُطُونِ أُمَّهَاتِكُمْ لَا تَعْلَمُونَ شَيْئًا وَجَعَلَ لَكُمُ السَّمْعَ وَالْأَبْصَارَ وَالْأَفْئِدَةَ لَعَلَّكُمْ تَشْكُرُونَ (١٦:٧١)

(اور (دیکھو) یہ اللہ کی کارفرمائی ہے کہ تم اپنی ماؤں کے شکم سے پیدا ہوتے ہو اور کسی طرح کی سمجھ بوجھ تم میں نہیں ہوتی لیکن اس نے تمہارے لیے دیکھنے سننے کے حواس بنا دیے اور سوچنے سمجھنے کے لیے عقل دے دی تاکہ اس کی نعمت کے شکر گزار ہو۔)

کائنات ہستی کے اسرار و غوامض بے شمار ہیں لیکن روح حیوانی کا جوہر ادراک زندگی کا سب سے زیادہ لاینحل عقدہ ہے۔ حیوانات میں کیڑے مکوڑے تک ہر طرح کا احساس و ادراک رکھتے ہیں اور انسانی دماغ کے نہاں خانہ میں عقل و تفکر کا ایک چراغ روشن ہے۔ یہ قوت احساس، یہ قوت ادراک اور یہ قوت عقل کیونکر پیدا ہوئی؟ مادی عناصر کی ترکیب و امتزاج سے ایک ماورائے مادہ جوہر کس طرح ظہور میں آ گیا؟ چیونٹی کو دیکھو اس کے دماغ کا حجم سوئی کی نوک سے شاید ہی کچھ زیادہ ہوگا۔ لیکن مادہ کے اس حقیر ترین عصبی ذرہ میں بھی احساس و ادراک، محنت و استقلال، ترتیب و تناسب، نظم و ضبط، اور صنعت و اختراع کی ساری قوتیں مخفی ہوتی ہیں اور وہ اپنے اعمال حیات کی کرشمہ

سازیوں سے ہم پر رعب اور حیرت کا عالم طاری کر دیتی ہے۔ شہد کی مکھی کی کارفرمائیاں ہر روز تمہاری نظروں سے گزرتی رہتی ہیں۔ یہ کون ہے جس نے ایک چھوٹی سی مکھی میں تعمیر و تحسین کی ایسی منتظم قوت پیدا کر دی ہے؟ قرآن کہتا ہے یہ اس لیے کہ رحمت کا مقتضا جمال تھا اور ضروری تھا کہ جس طرح اس نے جمال صوری سے دنیا آراستہ کر دی ہے اسی طرح جمال معنوی کی بخشائشوں سے بھی اسے مالا مال کر دیتی۔

ذَٰلِكَ عَالِمُ الْغَيْبِ وَالشَّهَادَةِ الْعَزِيزُ الرَّحِيمُ (٦) الَّذِي أَحْسَنَ كُلَّ شَيْءٍ خَلَقَهُ وَبَدَأَ خَلْقَ الْإِنسَانِ مِن طِينٍ (٧) ثُمَّ جَعَلَ نَسْلَهُ مِن سُلَالَةٍ مِّن مَّاءٍ مَّهِينٍ (٨) ثُمَّ سَوَّاهُ وَنَفَخَ فِيهِ مِن رُّوحِهِ وَجَعَلَ لَكُمُ السَّمْعَ وَالْأَبْصَارَ وَالْأَفْئِدَةَ قَلِيلًا مَّا تَشْكُرُونَ (۳۲: ۶۔ ۹)

(یہ محسوسات اور غیر محسوسات کا جاننے والا عزیز و رحیم ہے جس نے جو چیز بھی بنائی حسن و خوبی کے ساتھ بنائی۔ چنانچہ یہ اسی کی قدرت و حکمت ہے کہ انسان کی پیدائش مٹی سے شروع کی پھر اس کے توالد و تناسل کا سلسلہ (خون کے) خلاصہ سے جو پانی کا ایک حقیر سا قطرہ ہوتا ہے قائم کر دیا۔ پھر اس کی تمام قوتوں کی درستگی کی اور اپنی روح (میں سے ایک قوت) پھوک دی اور (اس طرح) اس کے لیے سننے، دیکھنے اور فکر کرنے کی قوتیں پیدا کر دیں۔ (لیکن افسوس انسان کی غفلت پر!) بہت کم ایسا ہوتا ہے کہ وہ (اللہ کی رحمت کا) شکر گزار ہو۔)

بقائے انفع:

لیکن کائنات ہستی کا یہ بناؤ، یہ حسن، یہ ارتقا قائم نہیں رہ سکتا تھا اگر اس میں خوبی کے بقا اور خرابی کے ازالے کے لیے ایک اٹل قوت سرگرم کار نہ رہتی۔ یہ قوت کیا ہے؟ فطرت کا انتخاب ہے۔ فطرت ہمیشہ چھانٹتی رہتی ہے۔ وہ ہر گوشہ میں صرف خوبی اور بہتری ہی باقی رکھتی ہے۔ فساد اور نقص محو کر دیتی ہے۔ ہم فطرت کے اس انتخاب سے بے خبر نہیں ہیں۔ ہم اسے 'بقائے اصلح' کے لفظ سے تعبیر کرتے ہیں۔ 'اصلح' یعنی Fittest، لیکن قرآن بقائے اصلح کی جگہ بقائے انفع کا ذکر کرتا ہے۔ وہ کہتا ہے اس کارگاہ فیضان و جمال میں صرف وہی چیز باقی رکھی جاتی ہے جس میں نفع ہو۔ کیونکہ یہاں رحمت کارفرما ہے اور رحمت چاہتی ہے کہ افادہ فیضان ہو۔ وہ نقصان و برہمی گوارا نہیں کر سکتی۔ تم سونا کٹھالی میں ڈال کر آگ پر رکھتے ہو۔ کھوٹ جل جاتا ہے۔ خالص سونا باقی رہ جاتا ہے۔ یہی مثال فطرت کے انتخاب کی ہے۔ کھوٹ میں نفع نہ تھا نابود کر دیا گیا، سونے میں نفع تھا باقی رہ گیا۔

أَنْزَلَ مِنَ السَّمَاءِ مَاءً فَسَالَتْ أَوْدِيَةٌ بِقَدَرِهَا فَاحْتَمَلَ السَّيْلُ زَبَدًا رَابِيًا وَمِمَّا يُوقِدُونَ عَلَيْهِ فِي النَّارِ ابْتِغَاءَ حِلْيَةٍ أَوْ مَتَاعٍ زَبَدٌ مِثْلُهُ كَذَلِكَ يَضْرِبُ اللَّهُ الْحَقَّ وَالْبَاطِلَ فَأَمَّا الزَّبَدُ فَيَذْهَبُ جُفَاءً وَأَمَّا مَا يَنْفَعُ النَّاسَ فَيَمْكُثُ فِي الْأَرْضِ كَذَلِكَ يَضْرِبُ اللَّهُ الْأَمْثَالَ

(خدا نے آسمان سے پانی برسایا تو ندی نالوں میں جس قدر سمائی تھی اس کے مطابق بہہ نکلے اور جس قدر کوڑا کرکٹ جھاگ بن کر اوپر آ گیا تھا اسے سیلاب اٹھا کر بہا لے گیا۔ اسی طرح جب زیور یا اور کسی طرح کا سامان بنانے کے لیے (مختلف قسم کی دھاتیں) آگ میں تپاتے ہیں تو اس میں بھی جھاگ اٹھتا ہے اور میل کچیل کٹ کر نکل جاتی ہے۔ اسی طرح اللہ حق اور باطل کی مثال بیان کر دیتا ہے۔ جھاگ رائیگاں جائے گا (کیونکہ اس میں نفع نہ تھا) جس چیز میں انسان کے لیے نفع ہو گا، وہ زمین میں باقی رہ جائے گی۔)

تدریج و امہال

پھر اگر دقت نظر سے کام لو تو افادہ فیضان فطرت کی حقیقت کچھ انہی مظاہر پر موقوف نہیں ہے بلکہ کارخانہ ہستی کے تمام اعمال و قوانین کا یہی سوال ہے۔ تم دیکھتے ہو کہ فطرت کے تمام قوانین اپنی نوعیت میں کچھ اس طرح واقع ہوئے ہیں کہ اگر لفظوں میں اسے تعبیر کرنا چاہو تو صرف فطرت کے فضل و رحمت ہی سے تعبیر کر سکتے ہو۔ تمہیں اور کوئی تعبیر نہیں ملے گی۔ مثلاً اس کے قوانین کا عمل کبھی فوری اور اچانک نہیں ہوتا۔ وہ جو کچھ کرتی ہے آہستہ آہستہ بتدریج کرتی ہے اور اس تدریجی طرز عمل نے دنیا کے لیے مہلت اور ڈھیل کا فائدہ پیدا کر دیا ہے۔ یعنی اس کا ہر قانون فرصتوں پر فرصتیں دیتا ہے اور اس کا ہر فعل عفوو درگزر کا دروازہ آخر تک کھلا رکھتا ہے۔ بلاشبہ اس کے قوانین اپنے نفاذ میں اٹل ہیں۔ ان میں ردو بدل کا امکان نہیں۔

مایبدل القول لدی(ق:۲۸)

(ہماری یہاں جو بات ایک مرتبہ ٹھہرا دی گئی اس میں کبھی تبدیلی نہیں ہوتی)۔
اور اس لیے تم خیال کرنے لگتے ہو کہ ان کی قطعیت بے رحمی سے خالی نہیں لیکن تم نہیں سوچتے کہ جو قوانین اپنے نفاذ میں اس درجہ قطعی اور بے پروا ہیں وہی اپنی نوعیت میں کس درجہ عفوو درگزر اور مہلت بخشی و اصلاح کوشی کی روح بھی رکھتے ہیں؟ اسی لیے آیت مندرجہ صدر میں مایبدالقول کے بعد ہی فرمایا

وما انا بظلام للعبید(ق:۲۸)

(لیکن یہ بھی نہیں ہے کہ ہم بندوں کے لیے زیادتی کرنے والے ہوں)۔
فطرت اگر چاہتی تو ہر حالت بیک دفعہ ظہور میں آ جاتی۔ یعنی اس کے قوانین کا نفاذ فوری اور ناگہانی ہوتا لیکن تم دیکھ رہے ہو کہ ایسا نہیں ہوتا۔ ہر حالت، ہر تاثیر، ہر انفعال کے ظہور و بلوغ کے لیے ایک خاص مدت مقرر کر دی گئی ہے۔ اور ضروری ہے کہ بتدریج مختلف منزلیں پیش آئیں۔ پھر ہر منزل اپنے آثار و انداز رکھتی ہے اور آنے والے نتائج سے خبردار کرتی رہتی ہے۔ زندگی اور موت کے قوانین

پر غور کرو۔ کسی طرح زندگی بتدریج نشوو نما پاتی اور کس طرح درجہ بدرجہ مختلف منزلوں سے گزرتی ہے۔ اور پھر کس طرح موت کمزوری و فساد کا ایک طول طویل سلسلہ ہے جو اپنے ابتدائی نقطوں سے شروع ہوتا اور یکے بعد دیگرے مختلف منزلیں طرے کرتا ہوا آخری نقطہ بلوغ تک پہنچا دیا کرتا ہے؟ تم بد پرہیزی کرتے ہو تو یہ نہیں ہوتا کہ فوراً ہی ہلاک ہو جاؤ بلکہ بتدریج موت کی طرف بڑھنے لگتے ہو اور بالآخر ایک خاص مدت کے اندر جو ہر صورت حال کے لیے یکساں نہیں ہوتی درجہ بدرجہ اترتے ہوئے موت کی آغوش میں جا گرتے ہو۔ نباتات کو دیکھو۔ درخت اگر آبیاری سے محروم ہو جاتے ہیں یا نقصان و فساد کا کوئی دوسرا سبب عارض ہو جاتا ہے تو یہ نہیں ہوتا کہ ایک ہی دفعہ مرجھا کر رہ جائیں یا کھڑے کھڑے اچانک گر جائیں۔ بلکہ بتدریج شادابی کی جگہ پژمردگی کی حالت طاری ہونا شروع ہو جاتی ہے اور پھر ایک خاص مدت کے اندر جو مقرر کر دی گئی ہے یا تو بالک مرجھا کر رہ جاتے ہیں یا جڑ کھوکھلی ہو کر گر پڑتے ہیں۔

اصطلاح قرآنی میں 'اجل' :

یہی حال کائنات کے تمام تغیرات و انفعالات کا ہے۔ کوئی تغیر ایسا نہیں جو اپنا تدریجی دور نہ رکھتا ہو۔ ہر چیز بتدریج بنتی ہے اور اسی طرح بتدریج بگڑتی ہے۔ بناؤ ہو یا بگاڑ، ممکن نہیں کہ ایک خاص مدت گزرے بغیر کوئی حالت بھی اپنی کامل صورت میں ظاہر ہو سکے۔ یہ مدت جو ہر حالت کے ظہور کے لیے اس کی 'اجل' یعنی مقررہ وقت ہے مختلف گوشوں اور مختلف حالتوں میں مختلف مقدار رکھتی ہے اور بعض حالتوں میں اس کی مقدار اتنی طویل ہوتی ہے کہ ہم اپنے نظام اوقات سے اس کا حساب بھی نہیں لگا سکتے۔ قرآن نے اسے یوں تعبیر کیا ہے کہ جس مدت کو تم اپنے حساب میں ایک دن سمجھتے ہو اگر اسے ایک ہزار برس یا پچاس ہزار برس تصور کر لو تو ایسے دنوں سے جو مہینے اور برس بنیں گے ان کی مقدار کتنی ہو گی؟

وان یوما عند ربك كالف سنة مما تعدون (۲۲ : ۴۷)

(اور بلاشبہ تمہارے پروردگار کے حساب میں ایک دن ایسا ہے جیسے تمہارے حساب میں ایک ہزار برس)

'تکویر':

فطرت کا یہی تدریجی طرز عمل ہے جسے قرآن نے 'تکویر' سے بھی تعبیر کیا ہے۔ یعنی لپٹنے سے۔ وہ کہتا ہے: بجائے اس کے کہ اچانک دن کی روشنی نکل آتی اور ناگہاں رات کی اندھیری ابل پڑتی فطرت نے رات اور دن کے ظہور کو اس طرح تدریجی بنا دیا ہے کہ معلوم ہوتا ہے رات آہستہ آہستہ دن پر لپٹتی جاتی ہے اور دن درجہ بدرجہ رات پر لٹتا آتا ہے:

خَلَقَ السَّمَاوَاتِ وَالأَرْضَ بِالْحَقِّ يُكَوِّرُ اللَّيْلَ عَلَى النَّهَارِ وَيُكَوِّرُ النَّهَارَ عَلَى اللَّيْلِ وَسَخَّرَ الشَّمْسَ وَالْقَمَرَ كُلٌّ يَجْرِي لأَجَلٍ مُسَمًّى (الزمر: ۵)

(اللہ نے آسمانوں اور زمین کو حکمت و مصلحت کے ساتھ پیدا کیا ہے۔ اس نے رات اور دن کے یکے بعد دیگرے آتے رہنے کا ایسا انتظام کر دیا کہ رات دن پر لپٹتی جاتی ہے اور دن رات پر لپٹتا آتا ہے۔ اور سورج اور چاند دونوں کو اس کی قدرت نے (ایک خاص انتظام کے ماتحت) مسخر کر رکھا ہے۔ سب (اپنی اپنی جگہ) اپنے مقررہ وقت تک کے لیے حرکت میں ہیں)۔

قرآن اسی تدریجی رفتار عمل کو فائدہ اٹھانے کا موقع دینے، ڈھیل دینے، عفو و درگزر کرنے، اور ایک خاص مدت کی فرصت حیات بخشنے سے تعبیر کرتا ہے اور کہتا ہے: یہ اس لیے ہے کہ کائنات ہستی میں فضل و رحمت کی مشیت کام کر رہی ہے ور وہ چاہتے ہے ہر غلطی کو درستگی کے لیے، ہر نقصان کو تلافی کے لیے ہر لغزش کو سنبھل جانے کے لیے، زیادہ سے زیادہ مہلت اصلاح ملتی رہے اور اس کا دروازہ کسی پر بند نہ ہو۔

تاخیر اجل:

وہ کہتا ہے: اگر تدریج و امہال کی یہ فرصتیں اور بخششیں نہ ہوتیں تو دنیا میں ایک وجود بھی فرصت حیات سے فائدہ نہ اٹھا سکتا۔ ہر غلطی، ہر کمزوری، ہر نقصان ہر فساد، اچانک بیک دفعہ بربادی و ہلاکت کا باعث ہو جاتا۔

وَلَوْ يُؤَاخِذُ اللَّهُ النَّاسَ بِمَا كَسَبُوا مَا تَرَكَ عَلَى ظَهْرِهَا مِنْ دَابَّةٍ وَلَكِنْ يُؤَخِّرُهُمْ إِلَى أَجَلٍ مُسَمًّى فَإِذَا جَاءَ أَجَلُهُمْ فَإِنَّ اللَّهَ كَانَ بِعِبَادِهِ بَصِيرًا (فاطر: ۴۵)

(اور انسان جو کچھ اپنے اعمال سے کمائی کرتا ہے اگر اللہ اس پر (فورا) مواخذہ کرتا تو یقین کرو زمین کی سطح پر ایک جاندار بھی باقی نہ رہتا لیکن (یہ اس کی رحمت ہے کہ) اس نے ایک مقررہ وقت تک فرصت حیات دے رکھی ہے۔ البتہ جب وہ مقررہ وقت آ جائے گا تو پھر (یاد رہے کہ) اللہ اپنے بندوں کے اعمال سے بے خبر نہیں ہے۔ اس کی آنکھیں ہر وقت اور ہر حال میں سب کچھ دیکھ رہی ہیں)۔

تدریج و امہال اچھائی اور برائی دونوں کے لیے ہے:

قدرتی طور پر یہ ڈھیل اچھائی اور برائی دونوں کے لیے ہے۔ اچھائی کے لیے اس لیے تاکہ زیادہ نشوونما پائے۔ بڑائی کے لیے اس لیے تاکہ متنبہ اور خبردار ہو کر اصلاح و تلافی کا سامان کر لے :

کلا نمد هؤلاء وهؤلاء من عطاء ربك وما كان عطاء ربك محظورا (۱۷: ۲۰)

(ان لوگوں کو بھی اور ان لوگوں کو بھی (یعنی اچھوں کو بھی اور بروں کو بھی) سب کو تمہارے پروردگار کی بخشش میں سے حصہ مل رہا ہے اور تمہارے پروردگار کی بخشش کسی پر بند نہیں)۔

اگر قوانین فطرت کی ان مہلت بخشیوں سے فائدہ اٹھا کر نقصان و فساد کی اصلاح کر لی جائے۔ مثلاً تم نے بد پرہیزی کی تھی۔ اسے ترک کر دو تو پھر اسی فطرت کا یہ بھی قانون ہے کہ اصلاح و تلافی کی ہر کوشش قبول کر لیتی ہے اور نقصان و فساد کے جو نتائج نشوونما پانے لگے تھے ان کا مزید نشوونما فوراً رک جاتا ہے۔ اتنا ہی نہیں بلکہ اگر اصلاح بروقت اور ٹھیک ٹھیک کی گئی ہے تو پچھلے مضر اثرات بھی محو ہو جائیں گے اور اس طرح محو ہو جائیں گے گویا کوئی خرابی پیش ہی نہیں آئی تھی۔ لیکن اگر فطرت کی تمام مہلت بخشیاں رائگاں گئیں۔ اس کا بار بار اور درجہ بدرجہ انذار بھی کوئی نتیجہ پیدا نہ کر سکا تو پھر بلاشبہ وہ آخری حد نمودار ہو جاتی ہے جہاں پہنچ کر فطرت کا آخری فیصلہ صادر ہو جاتا ہے۔ اور پھر جب اس کا فیصلہ صادر ہو جائے تو نہ تو اس میں چشم زدن کی تاخیر ہو سکتی ہے نہ کسی حال میں بھی تزلزل اور تبدیلی۔

فاذا جاء اجلهم لا يستاخرون ساعة ولا يستقدمون (۱۶: ۶۱)

(پھر جب ان کا مقررہ وقت آ گیا تو اس سے نہ تو ایک گھڑی پیچھے رہ سکتے ہیں، اور نہ آگے بڑھ سکتے ہیں)۔

یعنی نہ تو اس کے نفاذ میں تاخیر ہو سکتی ہے نہ تقدیم۔ ٹھیک ٹھیک اپنے وقت میں اسے ہو جانا ہے۔

تسکین حیات

زندگی کی محنتیں اور کاوشیں:

ہم دیکھتے ہیں انسان کی معیشت قیام و بقا کی جد وجہد اور کشاکش کا نام ہے۔ اس لیے قدرتی طور پر اس کا ہر گوشہ طرح طرح کی محنتوں اور کاوشوں سے گھرا ہوا ہے اور بہ حیثیت مجموعی زندگی اضطراری ذمہ داریوں کا بوجھ اور مسلسل مشقتوں کی آزمائش ہے۔

لقد خلقنا الانسان فی کبد(البلد: ۴)

(بلاشبہ ہم نے انسان کو اس طرح بنایا ہے کہ اس کی زندگی مشقتوں سے گھری ہوئی ہے)

مشغولیت اور انہماک:

لیکن بایں ہمہ فطرت نے کارخانہ معیشت کا ڈھنگ کچھ اس طرح کا بنا دیا ہے اور طبیعتوں میں کچھ اس طرح کی خواہشیں، ولولے، اور انفعالات ودیعت کر دیے ہیں کہ زندگی کے ہر گوشے میں ایک عجیب طرح کی دل بستگی، مشغولیت، ہماہمی اور سرگرمی پیدا ہو گئی ہے اور یہی زندگی کا انہماک ہے جس کی وجہ سے ہر ذی حیات نہ صرف زندگی کی مشقتیں برداشت کر رہا ہے بلکہ انہی مشقتوں میں زندگی کی بڑی سے بڑی لذت وراحت محسوس کرتا ہے۔ یہ مشقتیں جس قدر زیادہ ہوتی ہیں اتنی ہی زیادہ زندگی کی دلچسپی اور محبوبیت بھی بڑھ جاتی ہے۔ اگر ایک انسان کی زندگی ان مشقتوں سے خالی ہو جائے تو وہ محسوس کرے گا کہ زندگی کی ساری لذتوں سے محروم ہو گیا اور اب زندہ رہنا اس کے لیے ناقابل برداشت بوجھ ہے! حالات متفاوت ہیں، لیکن زندگی کی دل بستگی اور سرگرمی سب کے لیے ہے:

پھر دیکھو! کارساز فطرت کی یہ کیسی کرشمہ سازی ہے کہ حالات متفاوت ہیں، طبائع متنوع ہیں، اشغال مختلف ہیں، اغراض متضاد ہیں، لیکن معیشت کی دل بستگی اور سرگرمی سب کے لیے یکساں ہے اور سب ایک ہی طرح اس کی مشغولیتوں کے لیے جوش و طلب رکھتے ہیں۔ مرد و عورت، طفل و جوان، امیر و فقیر، عالم و جاہل، قوی و ضعیف، تندرست و بیمار، مجرد و متاہل، حاملہ و مرضعہ، سب اپنی اپنی حالتوں میں منہمک ہیں اور کوئی نہیں جس کے لیے زندگی کی کاوشوں میں محویت نہ ہو۔ امیر اپنے محل کے عیش و نشاط میں اور فقیر اپنی بے سرو سامانیوں کی فاقہ مستی میں زندگی بسر کرتا ہے لیکن دونوں کے لیے زندگی کی مشغولیتوں میں دل بستگی ہوتی ہے اور کوئی نہیں کہہ سکتا کہ کون زیادہ مشغول ہے۔ ایک تاجر جس انہماک کے ساتھ اپنی لاکھوں روپیہ کی آمدنی کا حساب کرتا ہے اسی طرح ایک مزدور بھی دن بھر کی محنت کے چند پیسے گن لیا کرتا ہے اور دونوں کے لیے یکساں طور پر زندگی محبوب ہوتی ہے۔ ایک حکیم کو دیکھو جو اپنے علم و دانش کی کاوشوں میں غرق ہے اور ایک دہقان کو دیکھو جو دوپہر کی دھوپ میں برہنہ سر ہل جوت رہا ہے اور پھر بتلاؤ کس کے لیے زندگی کی مشغولیتوں میں زیادہ دل بستگی ہے؟

پھر دیکھو! بچے کی پیدائش ماں کے لیے کسی جانکاہی و مصیبت ہوتی ہے؟ اس کی پرورش و نگرانی کس طرح خود فروشانہ مشقتوں کا طول طویل سلسلہ ہے؟ تاہم یہ سارا معاملہ کچھ ایسی خواہشوں اور جذبوں کے ساتھ وابستہ کر دیا گیا ہے کہ ہر عورت میں ماں بننے کی قدرتی طلب ہے اور ہر ماں پرور اولاد کے لیے مجنونانہ خود فراموشی رکھتی ہے۔ وہ زندگی کا سب سے بڑا دکھ سہے گی اور پھر اسی دکھ میں زندگی کی سب سے بڑی مسرت محسوس کرے گی! وہ جب اپنی معیشت کی ساری راحتیں قربان کر دیتی ہے اور اپنی رگوں کے خون کا ایک ایک قطرہ دودھ بنا کر پلا دیتی ہے تو اس کے دل کا ایک ایک ریشہ زندگی کے سب سے بڑے احساس مسرت سے معمور ہو جاتا ہے۔

پھر کاروبار فطرت کے یہ تصرفات دیکھو کہ کس طرح نوع انسانی کے منتشر افراد اجتماعی زندگی کے بندھنوں سے باہم دگر مربوط کر دیے گئے ہیں؟ اور کس طرح صلہ رحمی کے رشتہ نے ہر فرد کو سینکڑوں ہزاروں افراد کے ساتھ جوڑ رکھا ہے؟

فرض کرو زندگی و معیشت ان تمام موثرات سے خالی ہوتی۔ لیکن قرآن کہتا ہے کہ خالی نہیں ہو سکتی تھی اس لیے کہ فطرت کائنات میں رحمت کارفرما ہے اور رحمت کا مقتضا یہی تھا کہ معیشت کی مشقتوں کو خوشگوار بنا دے اور زندگی کے لیے تسکین و راحت کا سامان پیدا کر دے۔ یہ رحمت کی کرشمہ سازیاں ہیں جنھوں نے رنج میں راحت، الم میں لذت، اور سختیوں میں دل پذیری کی کیفیت پیدا کر دی ہے۔

اشیاء و مناظر کا اختلاف و تنوع اور تسکین حیات:

چنانچہ قرآن نے تسکین حیات کے مختلف پہلوؤں پر جابجا توجہ دلائی ہے۔ ازاں جملہ کائنات خلقت کے مناظر و اشیا کا اختلاف و تنوع ہے۔ انسانی طبیعت کا خاصہ ہے کہ یکسانی سے اکتاتی ہے اور تبدیلی و تنوع میں خوشگواری و کیفیت محسوس کرتی ہے۔ پس اگر کائنات ہستی میں محض یکسانی و یک رنگی ہی ہوتی تو یہ دلچسپی اور خوشگواری پیدا نہ ہو سکتی جو اس کے ہر گوشہ میں ہمیں نظر آ رہی ہے۔ اوقات کا اختلاف، موسموں کا اختلاف، خشکی و تری کا اختلاف، مناظر طبیعت اور اشیائے خلقت کا اختلاف جہاں بے شمار مصلحتیں اور فوائد رکھتا ہے وہاں ایک بڑی مصلحت دنیا کی زیب و زینت اور معیشت کی تسکین و راحت بھی ہے:

گلہائے رنگ رنگ سے ہے زینت چمن

اے ذوق اس جہاں میں ہے زیب اختلاف سے

اختلاف لیل و نہار:

چنانچہ اسی سلسلہ میں وہ رات اور دن کے اختلاف کا ذکر کرتا ہے اور کہتا ہے اگر غور کرو تو اس اختلاف میں حکمت الٰہی کی کتنی ہی نشانیاں پوشیدہ ہیں۔ یہ بات کہ شب و روز کی آمد و شد کی دو مختلف حالتیں ٹھہرا دی گئی ہیں اور وقت کی نوعیت ہر معین مقدار کے بعد بدلتی رہتی ہے، زندگی کے لیے بڑی ہی تسکین و دل بستگی کا ذریعہ ہے۔ اگر ایسا نہ ہوتا اور وقت ہمیشہ ایک ہی حالت پر برقرار رہتا تو دنیا میں زندہ رہنا دشوار ہو جاتا۔ اگر تم قطبین کے اطراف میں جاؤ جہاں روز و شب کا اختلاف اپنی نمود نہیں رکھتا تو تمہیں معلوم ہو جائے کہ یہ اختلاف گزران حیات کے لیے کیسی عظیم الشان نعمت ہے:

ان فی خلق السموات والارض واختلاف اللیل والنہار لایات لاولی الباب(آل عمران: ۱۹۰)

(بلاشبہ آسمانوں اور زمین کی پیدائش میں اور رات اور دن کے ایک کے بعد ایک آتے رہنے میں ارباب دانش کے لیے (حکمت الٰہی) کی بڑی ہی نشانیاں ہیں)۔

رات اور دن کے اختلاف نے معیشت کو دو مختلف حصوں میں تقسیم کر دیا ہے۔ دن کی روشنی جد وجہد کی سر گرمی پیدا کرتی ہے۔ رات کی تاریکی راحت و سکون کا بستر بچھا دیتی ہے۔ ہر دن کی محنت کے بعد رات کا سکون ہوتا ہے اور ہر رات کے سکون کے بعد نئے دن کی سر گرمی۔

ومن رحمة جعل لکم الیل والنهار لتسکنوا فیه ولتبتغوا من فضله ولعلکم تشکرون(۲۸: ۷۳)

(اور (دیکھو) یہ اس کی رحمت کی کارسازی ہے کہ تمہارے لیے رات اور دن (الگ الگ) ٹھہرا دیے گئے تاکہ رات کے وقت راحت پاؤ اور دن میں اس کا فضل تلاش کرو (یعنی کاروبار معیشت میں سر گرم رہو))۔

دن کی مختلف حالتیں اور رات کی مختلف منزلیں:

پھر رات اور دن کا اختلاف صرف رات اور دن ہی کا اختلاف نہیں ہے بلکہ ہر دن مختلف حالتوں سے گذرتا اور ہر رات مختلف منزلیں طے کرتی ہے۔ ہر حالت ایک خاص طرح کی تاثیر رکھتی ہے اور ہر منزل کے لیے ایک خاص طرح کا منظر ہوتا ہے۔ اوقات کا یہ روزانہ اختلاف ہمارے احساسات کا ذائقہ بدلتا رہتا ہے، اور یکسانیت کی افسردگی کی جگہ تبدل و تجدد کی لذت اور سر گرمی پیدا ہوتی رہتی ہے۔

فسبحان الله حین تمسون و حین تصبحون۔ وله الحمد فی السموات والارض و عشیا و حین تظهرون(روم: ۱۶)

(پس پاکی ہے اللہ کے لیے اور آسمانوں اور زمین میں اس کے لیے ستائش ہے جبکہ تم پر شام آتی ہے جب تم پر صبح ہوتی ہے جب دن کا آخری وقت ہوتا ہے اور جب تم پر دوپہر آتی ہے)

حیوانات کا اختلاف:

اسی طرح انسان خود اپنے وجود کو دیکھے اور تمام حیوانات کو دیکھے۔ فطرت نے کس طرح، طرح طرح کے اختلافات سے اس میں تنوع اور دل پذیری پیدا کر دی ہے؟

ومن الناس والدواب والانعام مختلف الوانه(۵:۲۸)

(اور انسان، جانور، چارپائے طرح طرح کی رنگتوں کے)

نباتات:

عالم نباتات کو دیکھو۔ درختوں کے مختلف ڈیل ڈول ہیں، مختلف رنگتیں ہیں، مختلف خوشبوئیں ہیں، مختلف خواص ہیں، اور پھر دانہ اور پھل کھاؤ تو مختلف قسم کے ذائقے ہیں۔

اولم یروا الی الارض کم انبتنا فیہا من کل زوج کریم (۲۶: ۷)

کیا ان لوگوں نے کبھی زمین پر نظر نہیں ڈالی اور غور نہیں کیا کہ ہم نے نباتات کی ہر دو دو بہتر قسموں میں سے کتنے (بے شمار) درخت پیدا کر دیے ہیں)۔

وما ذرا لکم فی الارض مختلفا الوانہ ان فی ذلک لایات لقوم یذکرون (۶: ۱۳)

(اور (دیکھو) اللہ نے جو پیداوار مختلف رنگتوں کی تمہارے لیے زمین میں پھیلا دی ہے سو اس میں بھی عبرت پذیر طبیعتوں کے لیے (حکمت الٰہی کی) بڑی ہی نشانی ہے)۔

وھو الذی انشا جنات معروشات و غیر معروشت والنخل والزرع مختلفا اکلہ

(اور وہ (حکیم و قدیر) جس نے (طرح طرح کے) باغ پیدا کر دیے۔ ٹٹیوں پر چڑھائے ہوئے اور بغیر چڑھائے ہوئے اور کھجور کے درخت اور (طرح طرح کی) کھیتیاں جن کے دانے اور پھل کھانے میں مختلف ذائقہ رکھتے ہیں)۔ (۶ : ۱۴۱)

جمادات:

حیوانات اور نباتات ہی پر موقوف نہیں جمادات میں بھی یہی قانون فطرت کام کر رہا ہے :

ومن الجبال جدد بیض وحمر مختلف الوانہا وغرابیب سود

(اور پہاڑوں کو دیکھو۔ گوناگوں رنگتوں کے ہیں۔ کچھ سفید، کچھ سرخ کچھ کالے کلوٹے)۔ (۳۵:۲۷)

ہر چیز کے دو دو ہونے کا قانون:

اسی قانون اختلاف کا ایک گوشہ وہ بھی ہے جسے قرآن نے 'تزویج' سے تعبیر کیا ہے اور ہم اسے قانون تثنیہ بھی کہہ سکتے ہیں۔ یعنی ہر چیز کے دو دو ہونے یا متقابل و متماثل ہونے کا قانون۔ کائنات خلقت کا کوئی گوشہ بھی دیکھو تمہیں کوئی چیز یہاں اکہری اور طاق نظر نہیں آئے گی۔ ہر چیز میں جفت اور دو دو ہونے کی حقیقت کام کر رہی ہے۔ یا یوں کہا جائے کہ ہر چیز اپنا کوئی نہ کوئی ثنی بھی ضرور رکھتی ہے۔ رات کے لیے دن ہے، صبح کے لیے شام ہے، نر کے لیے مادہ ہے، مرد کے لیے عورت ہے، زندگی کے لیے موت ہے۔ [11]

ومن کل شیء خلقنا زوجین لعلکم تذکرون

(اور ہر چیز میں ہم نے جوڑے پیدا کر دیے (یعنی دو دو اور متقابل اشیا پیدا کیں)۔ (۴۹ : ۵۱)

سبحان الذی خلق الازواج کلہا مما تنبت الارض و من انفسہم ومما لا یعلمون

(پاکی اور بزرگی ہے اس ذات کے لیے جس نے زمین کی پیداوار میں اور انسان میں اور ان تمام مخلوقات میں جن کا انسان کو علم نہیں دو دو اور متقابل چیزیں پیدا کیں۔) (۳۶:۳۶)

---

[11] قرآن حکیم نے آخرت کے وجود کا جن جن دلائل سے اذعان پیدا کیا ہے ان میں سے ایک یہ بھی ہے۔ وہ کہتا ہے :
دنیا میں ہر چیز اپنا کوئی نہ کوئی متقابل وجود یا ثنی ضرور رکھتی ہے۔ پس ضروری ہے کہ دنیوی زندگی کے لیے بھی کوئی متقابل اور ثنی زندگی ہو۔ دنیوی زندگی کی متقابل زندگی آخرت کی زندگی ہے۔ چنانچہ بعض سورتوں میں انہی متقابل مظاہرات سے استشہاد کیا ہے۔
مثلاً سورۃ الشمس میں فرمایا :
وَالشَّمْسِ وَضُحَاهَا (۱) وَالْقَمَرِ إِذَا تَلاهَا (۲) وَالنَّهَارِ إِذَا جَلاهَا (۳) وَاللَّيْلِ إِذَا يَغْشَاهَا (۴) وَالسَّمَاءِ وَمَا بَنَاهَا (۵) وَالأَرْضِ وَمَا طَحَاهَا (۶)۔

مرد اور عورت:

یہی قانون فطرت ہے جس نے انسان کو دو مختلف جنسوں یعنی مرد اور عورت میں تقسیم کر دیا اور پھر ان میں فعل و انفعال اور جذب وا نجذاب کے کچھ ایسے وجدانی احساسات ودیعت کر دیے کہ ہر جنس دوسری سے ملنے کی قدرتی طلب رکھتی ہے اور دونوں کے ملنے سے ازدواجی زندگی کی ایک کامل معیشت پیدا ہو جاتی ہے۔

فاطر السموات والارض جعل لکم من انفسکم ازواجا و من الانعام ازواجا

(وہ آسمانوں اور زمین کا بنانے والا۔ اس نے تمہارے لیے تمہاری ہی جنس میں سے جوڑے بنا دیے (یعنی مرد کے لیے عورت اور عورت کے لیے مرد) اسی طرح چارپایوں میں بھی جوڑے پیدا کر دیے) (الشوریٰ : ۱۱)

قرآن کہتا ہے : یہ اس لیے ہے تاکہ محبت اور کون ہو اور دو ہستیوں کی باہمی رفاقت اور اشتراک سے زندگی کی محنتیں اور مشقتیں سہل اور گوارا ہو جائیں۔

وَمِنْ آيَاتِهِ أَنْ خَلَقَ لَكُمْ مِنْ أَنْفُسِكُمْ أَزْوَاجًا لِتَسْكُنُوا إِلَيْهَا وَجَعَلَ بَيْنَكُمْ مَوَدَّةً وَرَحْمَةً إِنَّ فِي ذَٰلِكَ لَآيَاتٍ لِقَوْمٍ يَتَفَكَّرُونَ

(اور (دیکھو) اس کی (رحمت کی) نشانیوں میں سے ایک نشانی یہ ہے کہ اس نے تمہارے لیے تم ہی میں سے جوڑے پیدا کر دیے (یعنی مرد کے لیے عورت اور عورت کے لیے مرد) تاکہ اس کی وجہ سے تمہیں سکون حاصل ہو اور (پھر اس کی یہ کارفرمائی دیکھو کہ) تمہارے درمیان (یعنی مرد اور عورت کے درمیان) محبت اور رحمت کا جذبہ پیدا کر دیا۔ بلاشبہ ان لوگوں کے لیے جو غور و فکر کرنے والے ہیں اس میں (حکمت الٰہی کی) بڑی ہی نشانیاں ہیں۔ (۳۰ : ۲۱)

نسب اور صہر:

پھر اسی ازدواجی زندگی سے توالد و تناسل کا ایک ایسا سلسلہ قائم ہو گیا ہے کہ ہر وجود پیا ہوتا ہے اور ہر وجود پیدا کرتا ہے۔ ایک طرف وہ نسب کا رشتہ رکھتا ہے جو اسے پچھلوں سے جوڑتا ہے۔ دوسری طرف صہر یعنی دامادی کا رشتہ رکھتا ہے جو اسے آگے آنے والوں سے مربوط کر دیتا ہے۔ نتیجہ یہ ہے کہ ہر وجود کی فردیت ایک وسیع دائرہ کی کثرت میں پھیل گئی ہے اور رشتوں، قرابتوں کا ایسا وسیع حلقہ پیدا ہو گیا ہے جس کی ہر کڑی دوسری کڑی کے ساتھ مربوط ہے۔

وھو الذی خلق من الماء بشرا فجعلہ نسبا وصھرا

(اور وہی (حکیم و قدیر) ہے جس نے پانی سے (یعنی نطفہ سے) انسان کو پیدا کیا پھر (اسی رشتہ پیدائش کے ذریعہ) اسے نسب اور صہر کا رشتہ رکھنے والا بنا دیا۔) (۲۵:۵۴)

صلہ رحمی اور خاندانی حلقہ کی تشکیل:

اور پھر دیکھو اس نسب اور صہر کے رشتے سے کس طرح خاندان اور قبیلہ کا نظام قائم ہو گیا ہے اور کس عجیب و غریب طریقہ سے صلہ رحمی یعنی قرابت داری کی گیرائیاں ایک وجود کو دوسرے وجود سے جوڑتیں اور معاشرتی زندگی کی باہمی الفتوں اور معاونتوں کے لیے محرک ہوتی ہیں؟ دراصل انسان کی اجتماعی زندگی کا سارا کارخانہ اسی صلہ رحمی کے سر رشتہ نے قائم کر رکھا ہے

يَا أَيُّهَا النَّاسُ اتَّقُوا رَبَّكُمُ الَّذِي خَلَقَكُم مِّن نَّفْسٍ وَاحِدَةٍ وَخَلَقَ مِنْهَا زَوْجَهَا وَبَثَّ مِنْهُمَا رِجَالًا كَثِيرًا وَنِسَاءً وَاتَّقُوا اللَّهَ الَّذِي تَسَاءَلُونَ بِهِ وَالْأَرْحَامَ إِنَّ اللَّهَ كَانَ عَلَيْكُمْ رَقِيبًا (۴:۱)

(اے افراد نسل انسانی! اپنے پروردگار کی نافرمانی سے بچو (اور اس کے ٹھہرائے ہوئے رشتوں سے بے پروا نہ ہو جاؤ) وہ پروردگار جس نے تمہیں ایک فرد واحد سے پیدا کیا (یعنی باپ سے پیدا کیا) اور اسی سے اس کا جوڑا بھی پیدا کر دیا (یعنی جس طرح ہر مرد کی نسل سے لڑکا پیدا ہوا لڑکی بھی پیدا ہوئی) پھر ان کی نسل سے ایک بڑی تعداد مرد اور عورت کی پیدا ہو کر پھیل گئی (اس طرح فرد واحد کے رشتہ نے ایک بڑے

خاندان اور قبیلہ کی صورت پیدا کرلی) پس اللہ کی نافرمانی سے بچو جس کے نام پر باہم دگر (مہر و شفقت کا) سوال کرتے ہو اور صلہ رحمی کے توڑنے سے بھی بچو (جس کے نام پر باہم دگر ایک دوسرے سے چشم داشت اعانت رکھتے ہو) بلا شبہ اللہ تمہارا نگران حال ہے۔)

اللہ جعل لکم من انفسکم ازواجا وجعل لکم من ازواجکم بنین و حفدۃ

(اور (دیکھو) یہ اللہ ہے جس نے تمہاری ہی جنس سے تمہارے لیے جوڑا بنا دیا (یعنی مرد کے لیے عورت اور عورت کے لیے مرد) پھر تمہارے باہمی ازدواج سے بیٹوں اور پوتوں کا سلسلہ قائم کر دیا) (النحل: ۲۷)

ایام حیات کا تغیر و تنوع:

اسی طرح ایام حیات کے تغیر و تنوع میں بھی تسکین حیات کی ایک بہت بڑی مصلحت پوشیدہ ہے۔

ہر زندگی طفولیت، شباب، جوانی، کہولت، اور بڑھاپے کی مختلف منزلوں سے گزرتی ہے اور ہر منزل اپنے نئے نئے احساسات اور نئی نئی مشغولیتیں اور نئی نئی کاوشیں رکھتی ہے۔ نتیجہ یہ ہے کہ ہماری زندگی عالم ہستی کی ایک دلچسپ مسافرت بن گئی۔ ایک منزل کی کیفیتوں سے ابھی جی سیر نہیں ہو چکتا کہ دوسری منزل نمودار ہو جاتی ہے اور اس طرح عرصہ حیات کی طوالت محسوس ہی نہیں ہوتی۔

ہُوَ الَّذِی خَلَقَکُمۡ مِنۡ تُرَابٍ ثُمَّ مِنۡ نُطۡفَةٍ ثُمَّ مِنۡ عَلَقَةٍ ثُمَّ یُخۡرِجُکُمۡ طِفۡلًا ثُمَّ لِتَبۡلُغُوا أَشُدَّکُمۡ ثُمَّ لِتَکُونُوا شُیُوخًا وَمِنۡکُمۡ مَنۡ یُتَوَفّٰی مِنۡ قَبۡلُ وَلِتَبۡلُغُوا أَجَلًا مُسَمًّی وَلَعَلَّکُمۡ تَعۡقِلُونَ

(وہ (پروردگار) جس نے تمہارا وجود مٹی سے پیدا کیا، پھر نطفہ سے، پھر علقہ سے (یعنی جونک کی شکل کی ایک چیز سے) پھر ایسا ہوتا ہے کہ تم طفولیت کی حالت میں ماں کے شکم سے نکلتے ہو پھر بڑے ہوتے ہو اور سن تمیز تک پہنچتے ہو۔ اس کے بعد تمہارا جینا اس لیے ہوتا ہے تاکہ بڑھاپے کی منزل تک پہنچو پھر تم میں سے کوئی تو ان منزلوں سے پہلے ہی مر جاتا ہے کوئی چھوڑ دیا جاتا ہے تاکہ اپنے مقررہ وقت تک زندگی بسر کرلے۔) (۶۷ : ۴۰)

زینت و تفاخر، مال و متاع، آل و اولاد:

اسی طرح، طرح طرح کی خواہشیں اور جذبے، زینت و تفاخر کے ولولے، مال و متاع کی محبت، آل و اولاد کی دلبستگیاں زندگی کی دلچسپی اور انہماک کے لیے پیدا کر دی گئی ہیں۔

زُيِّنَ لِلنَّاسِ حُبُّ الشَّهَوَاتِ مِنَ النِّسَاءِ وَالْبَنِينَ وَالْقَنَاطِيرِ الْمُقَنْطَرَةِ مِنَ الذَّهَبِ وَالْفِضَّةِ وَالْخَيْلِ الْمُسَوَّمَةِ وَالأَنْعَامِ وَالْحَرْثِ ذَلِكَ مَتَاعُ الْحَيَاةِ الدُّنْيَا وَاللَّهُ عِنْدَهُ حُسْنُ الْمَآبِ (۳: ۱۴)

(انسان کے لیے مرد و عورت کے تعلق میں، اولاد میں، چاندی سونے کے اندوختوں میں، چنے ہوئے گھوڑوں میں، مویشیوں میں، اور کھیتی باڑی میں دل بستگی پیدا کر دی گئی ہے اور یہ جو کچھ بھی ہے دنیوی زندگی کی پونجی ہے۔ بہتر ٹھکانا تو اللہ ہی کے پاس ہے)۔

اختلاف معیشت اور تزاحم حیات:

اسی طرح معیشت کا اختلاف اور اس کی وجہ سے مختلف درجوں اور حالتوں کا پیدا ہو جانا بھی انہماک حیات کا ایک بہت بڑا محرک ہے کیونکہ اس کی وجہ سے زندگی میں مزاحمت اور مسابقت کی حالت پیدا ہو گئی ہے اور اس میں لگے رہنے سے زندگی کی مشقتوں کا جھیلنا آسان ہو گیا ہے۔ بلکہ یہی مشقتیں سرتاسر راحت و سرور کا سامان بن گئی ہیں۔

وَہُوَ الَّذِی جَعَلَكُمْ خَلَائِفَ الأَرْضِ وَرَفَعَ بَعْضَكُمْ فَوْقَ بَعْضٍ دَرَجَاتٍ لِيَبْلُوَكُمْ فِي مَا آتَاكُمْ إِنَّ رَبَّكَ سَرِيعُ الْعِقَابِ وَإِنَّهُ لَغَفُورٌ رَحِيمٌ

(اور یہ اسی (حکیم و قدیر) کی کارفرمائی ہے کہ اس نے تمہیں زمین میں (پچھلوں کا) جانشین بنایا اور تم میں سے بعض کو بعض پر، درجوں میں فوقیت دے دی تاکہ جو کچھ تمہیں دیا گیا ہے اس میں تمہارے عمل کی آزمائش کرے۔ بلاشبہ تمہارا پروردگار (پاداش عمل کی) سزا دینے میں تیز ہے۔ (یعنی اس کا قانون مکافات نتائج عمل میں سست رفتار نہیں) لیکن ساتھ ہی بخش دینے والا، رحمت رکھنے والا بھی ہے) (۶: ۱۶۵)

برہان فضل و رحمت

چنانچہ یہی وجہ کہ جس طرح قرآن نے ربوبیت کے اعمال و مظاہر سے استدلال کیا ہے اسی طرح وہ رحمت کے آثار وحقائق سے بھی جا بجا استدلال کرتا ہے اور برہان ربوبیت کی طرح برہان فضل و رحمت بھی اس کی دعوت وارشاد کا ایک عام اسلوب خطاب ہے۔ وہ کہتا ہے: کائنات کی ہر شے میں ایک مقررہ نظام کے ساتھ رحمت و فضل کے مظاہر کا موجود ہونا قدرتی طور پر انسان کو یقین دلا دیتا ہے کہ ایک رحمت رکھنے والی ہستی کی کارفرمائیاں یہاں کام کر رہی ہیں۔ کیونکہ ممکن نہیں فضل و رحمت کی یہ پوری کائنات موجود ہو اور فضل و رحمت کا کوئی زندہ ارادہ موجود نہ ہو۔ چنانچہ وہ تمام مقامات جن میں کائناتِ خلقت کے افادہ و فیضان، زینت و جمال، موزونیت و اعتدال، تسویہ و قوام، اور تکمیل واتقان کا ذکر کیا گیا ہے، دراصل اسی استدلال پر مبنی ہیں:

وَإِلَٰهُكُمْ إِلَٰهٌ وَاحِدٌ ۖ لَّا إِلَٰهَ إِلَّا هُوَ الرَّحْمَٰنُ الرَّحِيمُ إِنَّ فِي خَلْقِ السَّمَاوَاتِ وَالْأَرْضِ وَاخْتِلَافِ اللَّيْلِ وَالنَّهَارِ وَالْفُلْكِ الَّتِي تَجْرِي فِي الْبَحْرِ بِمَا يَنفَعُ النَّاسَ وَمَا أَنزَلَ اللَّهُ مِنَ السَّمَاءِ مِن مَّاءٍ فَأَحْيَا بِهِ الْأَرْضَ بَعْدَ مَوْتِهَا وَبَثَّ فِيهَا مِن كُلِّ دَابَّةٍ وَتَصْرِيفِ الرِّيَاحِ وَالسَّحَابِ الْمُسَخَّرِ بَيْنَ السَّمَاءِ وَالْأَرْضِ لَآيَاتٍ لِّقَوْمٍ يَعْقِلُونَ

(اور (دیکھو) تمہارا معبود وہی ایک معبود ہے۔ کوئی معبود نہیں مگر اسی کی ایک ذات، رحمت والی اور اپنی رحمت کی بخشائشوں سے ہمیشہ فیض یاب کرنے والی! بلاشبہ آسمانوں اور زمین کے پیدا کرنے میں اور رات دن کے ایک کے بعد ایک آتے رہنے میں، اور کشتی میں جو انسان کی کاربراریوں کے لیے سمندر میں چلتی ہے اور اور بارش میں جسے اللہ آسمان سے برساتا ہے اور اس کی (آبپاشی) سے زمین مرنے کے بعد پھر جی اٹھتی ہے اور اس بات میں کہ ہر قسم کے جانور زمین میں پھیلا دیے ہیں نیز ہواؤں کے (مختلف جانب) پھیرنے اور اس بات میں کہ ہر قسم کے جانور زمین میں پھیلا دیے ہیں نیز ہواؤں کے (مختلف جانب) پھیرنے میں اور بادلوں میں جو آسمان اور زمین کے درمیان (اپنی مقررہ جگہ کے اندر) بندھے رکھے ہیں عقل رکھنے والوں کے لیے (اللہ کی ہستی اور اس کے قوانین فضل و رحمت کی) بڑی ہی نشانیاں ہیں) (۲: ۱۶۳۔۱۶۴)

اسی طرح ان مقامات کا مطالعہ کرو جہاں خصوصیت کے ساتھ جمال فطرت سے استدلال کیا ہے:

أَفَلَمْ يَنْظُرُوا إِلَى السَّمَاءِ فَوْقَهُمْ كَيْفَ بَنَيْنَاهَا وَزَيَّنَّاهَا وَمَا لَهَا مِنْ فُرُوجٍ (٦) وَالأَرْضَ مَدَدْنَاهَا وَأَلْقَيْنَا فِيهَا رَوَاسِيَ وَأَنْبَتْنَا فِيهَا مِنْ كُلِّ زَوْجٍ بَهِيجٍ (٧) تَبْصِرَةً وَذِكْرَى لِكُلِّ عَبْدٍ مُنِيبٍ

'کیا کبھی ان لوگوں نے آسمان کی طرف نظر اٹھا کر دیکھا نہیں کہ کس طرح ہم نے اسے بنایا ہے اور کس طرح اس کے منظر میں خوشنمائی پیدا کر دی ہے اور پھر یہ کہ کہیں بھی اس میں شگاف نہیں؟ اور اسی اور اسی طرح زمین کو دیکھو کس طرح ہم نے اسے فرش کی طرح پھیلا دیا، اور پہاڑوں کے لنگر ڈال دیے اور پھر کس طرح قسم قسم کی خوبصورت نباتات اگا دیں؟ ہر اس بندے کے لیے جو حق کی طرف رجوع کرنے والا ہے۔ اس میں غور کرنے کی بات اور نصیحت کی روشنی ہے) (۵۰: ۶-۸)

ولقد جعلنا فی السماء بروجا وزیناها للنظرین

)اور (دیکھو) ہم نے آسمان میں (ستاروں کی گردش کے لیے) برج بنائے اور دیکھنے والوں کے لیے ان میں خوشنمائی پیدا کر دی) (۱۵: ۱۶)۔

ولقد زینا السماء الدنیا بمصابیح

(اور (دیکھو) ہم نے دنیا کے آسمان (یعنی کرہ ارضی کی فضا) کو ستاروں کی قندیلوں سے خوش منظر بنا دیا) (۶۷: ۵)

'ولکم فیها جمال حین تریحون وحین تسرحون

(اور (دیکھو) تمہارے لیے چارپایوں کے منظر میں جب شام کے وقت چراگاہ سے واپس لاتے ہو اور جب صبح لے جاتے ہو ایک طرح کا حسن اور نظر افروزی ہے۔ (۱۶: ۶)

موزونیت و تناسب:

جس چیز کو ہم 'جمال' کہتے ہیں اس کی حقیقت کیا ہے؟ موزونیت اور تناسب۔ یہی موزونیت اور تناسب ہے جو بناؤ اور خوبی کے تمام مظاہر کی اصل ہے۔

وانبتنا فیها من کل شیء موزون

(اور (دیکھو) ہم نے زمین میں ہر ایک چیز موزونیت اور تناسب رکھنے والی اگائی ہے) (۶ : ۱۶)

تسویہ:

اسی معنی میں قرآن 'تسویہ' کا لفظ بھی استعمال کرتا ہے۔ 'تسویہ' کے معنی یہ ہیں کہ کسی چیز کو اس طرح ٹھیک ٹھیک، درست کر دینا کہ اس کی ہر بات خوبی و مناسبت کے ساتھ ہو۔

الذی خلق فسوی۔ والذی قدر فهدی

(وہ پروردگار جس نے ہر چیز پیدا کی پھر ٹھیک ٹھیک خوبی و مناسبت کے ساتھ درست کر دی۔ اور وہ جس نے ہر وجود کے لیے ایک اندازہ ٹھہرادیا پھر اس پر (زندگی و معیشت) کی راہ کھول دی) (۸۷ : ۲)

الذی خلقك فسوك فعدلك۔ فی ای صورة ما شاء ركبك

(وہ پروردگار جس نے تمہیں پیدا کیا، پھر ٹھیک ٹھیک درست کر دیا پھر (تمہارے ظاہری و باطنی قویٰ میں) اعتدال و تناسب ملحوظ رکھا پھر جیسی صورت بنانی چاہی اسی کے مطابق ترکیب دے دی۔ (۷ : ۸۲)

اتقان:

یہی حقیقت ہے جسے قرآن نے اتقان سے بھی تعبیر کیا ہے۔ یعنی کائنات ہستی کی ہر چیز کا درستگی و استواری کے ساتھ ہونا کہ کہیں بھی اس میں خلل، نقصان، بے ڈھنگا پن، اونچ نیچ اور ناہمواری نظر نہیں آ سکتی:

صنع الله الذی اتقن کل شیء

(یہ اللہ کی کاریگری ہے جس نے ہر چیز درستگی و استواری کے ساتھ بنائی) (۲۷ : ۹)

ماتری فی خلق الرحمن من تفاوت فارجع البصر هل تری من فطور۔ ثم ارجع البصر کرتین ینقلب الیك البصر خاسئا وھو حسیر

(تم الرحمن کی بناوٹ میں (رحمن کی بناوٹ میں کیونکہ یہ اس کی رحمت ہی کا ظہور ہے) کبھی کوئی اونچ نیچ نہیں پاؤ گے (اچھا نظر اٹھاؤ اور اس نمائش گاہ صنعت کا مطالعہ کرو) ایک بار نہیں بار بار دیکھو۔ کیا تمہیں کہیں کوئی دراڑ دکھائی دیتی ہے؟ تم اسی طرح یکے بعد دیگرے دیکھتے رہو تمہاری نگاہ اٹھے گی اور عاجز و درماندہ ہو کر واپس آ جائے گی لیکن کوئی نقص نہ نکال سکے گی) (٦٧ : ٣)

'فی خلق الرحمن' فرمایا۔ یعنی یہ خوبی و اتقان اس لیے ہے کہ رحمت رکھنے والے کی کاریگری ہے اور رحمت کا مقتضا یہی تھا کہ حسن و خوبی ہو، اتقان و کمال ہو، نقص اور ناہمواری نہ ہو!

رحمت سے معاد پر استدلال:

خدا کی ہستی اور اس کی توحید و صفات کی طرح آخرت کی زندگی پر بھی وہ رحمت سے استدلال کرتا ہے۔ اگر رحمت کا مقتضا یہ ہوا کہ دنیا میں اس خوبی و کمال کے ساتھ زندگی کا ظہور ہو تو کیونکر یہ بات باور کی جا سکتی ہے کہ دنیا کی چند روزہ زندگی کے بعد اس کا فیضان ختم ہو جائے اور خزانہ رحمت میں انسان کی زندگی اور بناؤ کے لیے کچھ باقی نہ رہے؟

أَوَلَمْ يَرَوْا أَنَّ اللَّهَ الَّذِي خَلَقَ السَّمَاوَاتِ وَالأَرْضَ قَادِرٌ عَلَى أَنْ يَخْلُقَ مِثْلَهُمْ وَجَعَلَ لَهُمْ أَجَلا لا رَيْبَ فِيهِ فَأَبَى الظَّالِمُونَ إِلا كُفُورًا۔ قُل لَوْ أَنتُمْ تَمْلِكُونَ خَزَائِنَ رَحْمَةِ رَبِّي إِذًا لَأَمْسَكْتُمْ خَشْيَةَ الإِنفَاقِ۔

(کیا ان لوگوں نے کبھی اس بات پر غور نہیں کیا کہ اللہ جس نے آسمان و زمین پیدا کیے ہیں یقیناً اس بات سے عاجز نہیں ہو سکتا کہ ان جیسے (آدمی دوبارہ) پیدا کر دے اور یہ کہ ان کے لیے اس نے ایک مقررہ وقت ٹھہرا دیا ہے جس میں کسی طرح کا شک و شبہ نہیں؟ (افسوس ان کی شقاوت پر!) اس پر بھی ان ظالموں نے اپنے لیے کوئی راہ پسند نہ کی مگر حقیقت سے انکار کرنے کی! (اے پیغمبر ان سے) کہہ دو اگر میرے پروردگار کی رحمت کے خزانے تمہارے قبضہ میں ہوتے تو اس حالت میں یقیناً تم خرچ ہو جانے کے ڈر سے ہاتھ روکے رکھتے (لیکن یہ اللہ ہے جس کے خزائن رحمت نہ تو کبھی ختم ہو سکتے ہیں نہ اس کی بخشائش رحمت کی کوئی انتہا ہے)۔ (١٧ : ٩٩)

رحمت سے وحی و تنزیل کی ضرورت پر استدلال:

اس طرح وہ رحمت سے وحی و تنزیل کی ضرورت پر بھی استدلال کرتا ہے۔ وہ کہتا ہے جو رحمت کارخانہ ہستی کے ہر گوشہ میں افادۂ فیضان کا سرچشمہ ہے کیونکر ممکن تھا کہ انسان کی معنوی ہدایت کے لیے اس کے پاس کوئی فیضان نہ ہوتا اور وہ انسان کو نقصان و ہلاکت کے لیے چھوڑ دیتی؟ اگر تم دس گوشوں میں فیضان رحمت محسوس کر رہے ہو تو کوئی وجہ نہیں کہ گیارہویں گوشے میں اس سے انکار کر دو۔ یہی وجہ ہے کہ اس نے جا بجا نزول وحی، ترسیل کتب، اور بعثت انبیا کو رحمت سے تعبیر کیا ہے:

وَلَئِنْ شِئْنَا لَنَذْهَبَنَّ بِالَّذِي أَوْحَيْنَا إِلَيْكَ ثُمَّ لَا تَجِدُ لَكَ بِهِ عَلَيْنَا وَكِيلًا (۸۶) إِلَّا رَحْمَةً مِنْ رَبِّكَ إِنَّ فَضْلَهُ كَانَ عَلَيْكَ كَبِيرًا

(اور (اے پیغمبر!) اگر ہم چاہیں تو جو کچھ تم پر وحی کے ذریعہ بھیجا گیا ہے اسے اٹھالے جائیں (یعنی سلسلہ تنزیل و وحی باقی نہ رہے) اور پھر تمہیں کوئی بھی ایسا کارساز نہ ملے جو ہم پر زور ڈال سکے۔ لیکن یہ جو سلسلہ وحی جاری ہے تو یہ اس کے سوا کچھ نہیں ہے کہ تمہارے پروردگار کی رحمت ہے اور یقین کرو تم پر اس کا بڑا ہی فضل ہے) (۱۷ : ۸۶۔ ۸۷)

تنزیل العزیز الرحیم۔ لتنذر قوما ما انذر آباءهم فهم غافلون

((یہ قرآن) عزیز و رحیم کی طرف سے نازل کیا گیا ہے تاکہ ان لوگوں کو جن کے آباء و اجداد (کسی پیغمبر کی زبانی) متنبہ نہیں کیے گئے ہیں اور اس لیے غفلت میں پڑے ہوئے ہیں تم متنبہ کرو) (۳۶ : ۵۔ ۶)
تورات و انجیل اور قرآن کی نسبت جا بجا تصریح کی کہ ان کا نزول رحمت ہے۔

ومن قبله کتاب موسیٰ اماما ورحمة

(اور اس سے پہلے (یعنی قرآن سے پہلے) موسیٰ کی کتاب (امت کے لیے) پیشوا اور رحمت) (۷ : ۱۱)

یاایها الناس قد جأتکم موعظة من ربکم و شفاء لما فی الصدور و هدی ورحمة للمومنین۔ قل بفضل الله و برحمة فبذلك فلیفرحوا ہو خیر مما یجمعون

(اے افراد نسل انسانی! یقیناً یہ تمہارے پروردگار کی طرف سے موعظت ہے جو تمہارے لیے آ گئی ہے اور ان تمام بیماریوں کے لیے جو انسان کے دل کی بیماریاں ہیں نسخۂ شفا ہے اور رہنمائی اور رحمت ہے ایمان رکھنے والوں کے لیے (اے پیغمبر ان لوگوں سے) کہہ دو کہ یہ جو کچھ ہے اللہ کے فیض اور رحمت سے ہے۔ پس چاہیے کہ (اپنی فیضیابی) پر خوش ہو۔ یہ (اپنی برکتوں میں) ان تمام چیزوں سے بہتر جنہیں تم (زندگی کی کامرانیوں کے لیے) فراہم کرتے ہو) (۱۰ : ۵۷)

هذا بصائر للناس وهدى ورحمة لقوم يوقنون

(یہ (قرآن) لوگوں کے لیے واضح دلیلوں کی روشنی ہے، اور ہدایت و رحمت ہے، یقین رکھنے والوں کے لیے) (۴۵ : ۲۰)

أَوَلَمْ يَكْفِهِمْ أَنَّا أَنْزَلْنَا عَلَيْكَ الْكِتَابَ يُتْلَىٰ عَلَيْهِمْ إِنَّ فِي ذَٰلِكَ لَرَحْمَةً وَذِكْرَىٰ لِقَوْمٍ يُؤْمِنُونَ

(کیا ان لوگوں کے لیے یہ نشانی کافی نہیں کہ ہم نے پر کتاب نازل کی ہے جو انہیں (برابر) سنائی جا رہی ہے؟ جو لوگ یقین رکھنے والے ہیں، بلاشبہ ان کے لیے اس (نشانی) میں سر تا سر رحمت اور فہم و بصیرت ہے) (۲۹ : ۵۱)

چنانچہ اسی بنا پر اس نے داعی اسلام کے ظہور کو بھی فیضان رحمت سے تعبیر کیا ہے

وما ارسلناك الا رحمة للعالمين

((اے پیغمبر!) ہم نے تمہیں نہیں نہیں بھیجا ہے مگر اس لیے کہ تمام جہانوں کے لیے ہماری رحمت کا ظہور ہے) (۲۱ : ۱۰۷)

انسانی اعمال کے معنوی قوانین پر 'رحمت' سے استدلال اور 'بقائے انفع':

اسی طرح وہ 'رحمت' کے مادی مظاہر سے انسانی اعمال کے معنوی قوانین پر بھی استدلال کرتا ہے۔ وہ کہتا ہے جس 'رحمت' کا مقتضا یہ ہوا کہ دنیا میں 'بقائے انفع' کا قانون نافذ ہے یعنی وہی چیز باقی رہتی ہے جو نافع ہوتی ہے کیونکر ممکن تھا کہ وہ انسانی اعمال کی طرف سے غافل ہو جاتی اور نافع اور غیر نافع اعمال میں امتیاز نہ کرتی؟ پس مادیات کی طرح معنویات میں بھی یہ قانون نفاذ ہے اور ٹھیک ٹھیک اسی طرح اپنے احکام و نتائج رکھتا ہے جس طرح مادیات میں تم دیکھ رہے ہو۔

حق اور باطل:

اس سلسلہ میں وہ دو لفظ استعمال کرتا ہے 'حق' اور 'باطل'۔ سورۃ رعد میں جہاں قانون 'بقائے انفع' کا ذکر کیا ہے وہاں یہ بھی کہہ دیا ہے کہ اس بیان سے مقصود 'حق' اور 'باطل' کی حقیقت واضح کرنی ہے۔

كذلك يضرب الله الحق والباطل

(اس طرح اللہ 'حق' اور 'باطل' کی ایک مثال بیان کرتا ہے۔) (۱۳:۱۸)

ساتھ ہی مزید تصریح کر دی:

لِلَّذِينَ اسْتَجَابُوا لِرَبِّهِمُ الْحُسْنَىٰ وَالَّذِينَ لَمْ يَسْتَجِيبُوا لَهُ لَوْ أَنَّ لَهُم مَّا فِي الْأَرْضِ جَمِيعًا وَمِثْلَهُ مَعَهُ لَافْتَدَوْا بِهِ أُولَٰئِكَ لَهُمْ سُوءُ الْحِسَابِ

(پس (دیکھو) میل کچیل سے جو جھاگ اٹھتا ہے وہ رائگاں جاتا ہے کیونکہ اس میں انسان کے لیے نفع نہ تھا لیکن جس چیز میں انسان کے لیے نفع ہے وہ زمین میں باقی رہ جاتی ہے۔ اسی طرح اللہ (اپنے قوانین عمل کی) مثالیں دیتا ہے۔ (سو) جن لوگوں نے اپنے پروردگار کا حکم قبول کیا ان کے لیے خوبی و بہتری ہے اور جن لوگوں نے قبول نہ کیا ان کے لیے (اپنے اعمال بد کا) سختی کے ساتھ حساب دینا ہے اور اگر ان لوگوں کے قبضے میں وہ سب کچھ ہو جو زمین میں ہے اور اتنا ہی اس پر اور بڑھا دیں اور بدلہ میں دے کر (نتائج عمل سے) بچنا چاہیں جب بھی نہ بچ سکیں گے۔) (۱۳:۱۸)

عربی میں 'حق' کا خاصہ ثبوت اور قیام ہے۔ یعنی جو بات ثابت ہو، اٹل ہو، امٹ ہو، اسے حق کہیں گے۔ 'باطل' ٹھیک اس کا نقیض ہے۔ ایسی چیز جس میں ثبات و قیام نہ ہو۔ ٹل جانے والی، مٹ جانے والی، باقی نہ رہنے والی۔ چنانچہ خود قرآن میں جا بجا ہے۔

ليحق الحق ويبطل الباطل (۸:۸)

قانون 'قضا بالحق':

وہ کہتا ہے جس طرح تم مادیات میں دیکھتے ہو کہ فطرت چھانٹتی رہتی ہے۔ جو چیز نافع ہوتی ہے باقی رکھتی ہے جو نافع نہیں ہوتی اسے محو کر دیتی ہے۔ ٹھیک ٹھیک ایسا ہی عمل معنویات میں بھی جاری ہے۔ جو عمل حق ہوگا قائم اور ثابت رہے گا جو باطل ہوگا مٹ جائے اور جب کبھی حق اور باطل متقابل ہوں گے تو بقا حق کے لیے ہوگی نہ کہ باطل کے لیے۔ وہ اسے 'قضا بالحق' سے تعبیر کرتا ہے۔ یعنی فطرت کا فیصلہ حق جو باطل کے لیے نہیں ہو سکتا'۔

فاذا جاء امر الله قضی بالحق وخسر هنالك المبطلون

(پھر جو وہ وقت آ گیا کہ حکم الٰہی صادر ہو تو (خدا کا) فیصلہ حق نافذ ہو گیا اور اس وقت ان لوگوں کے لیے جو بر سر باطل تھے، تباہی ہوئی۔ (۴۰:۷۸)

اس نے اس حقیقت کی تعبیر کے لیے 'حق' اور 'باطل' کا لفظ اختیار کر کے مجرد تعبیر ہی سے حقیقت کی نوعیت واضح کر دی۔ کیونکہ حق اسی چیز کو کہتے ہیں جو ثابت و قائم ہو اور باطل کے معنی ہی یہ ہیں کہ مٹ جانا، قائم و باقی نہ رہنا۔ پس جب وہ کسی بات کے لیے کہتا ہے کہ یہ 'حق' ہے تو یہ صرف دعوی ہی نہیں ہوتا بلکہ دعوے کے ساتھ اس کے جانچنے کا ایک معیار بھی پیش کر دیتا ہے۔ یہ بات حق ہے۔ یعنی نہ ٹلنے والی نہ مٹنے والی بات ہے۔ یہ بات باطل ہے۔ یعنی نہ ٹک سکنے والی، مٹ جانے والی بات ہے۔ پس جو بات اٹل ہوگی اس کا اٹل ہونا کسی نگاہ سے پوشیدہ نہیں رہ سکتا۔ جو بات مٹ جانے والی ہے اس کا مٹنا ہر آنکھ دیکھ لے گی۔

اللہ کی صفت بھی 'الحق' ہے:

چنانچہ وہ اللہ کی نسبت بھی 'الحق' کی صفت استعمال کرتا ہے۔ کیونکہ اس کی ہستی سے بڑھ کر اور کون سی حقیقت ہے جو ثابت اور اٹل ہو سکتی ہے؟

فذلکم الله ربکم الحق

(پس یہ ہے تمہارا پروردگار، الحق) (۱۰:۳۲)

فتعالیٰ الله الملك الحق

(پس کیا ہی بلند درجہ ہے اللہ کا، الملک (یعنی فرمانروا) الحق (یعنی ثابت)۔ (۱۱۳ : ۲۰)

وحی و تنزیل بھی 'الحق' ہے:

وحی و تنزیل کو بھی وہ 'الحق' کہتا ہے کیونکہ وہ دنیا کی ایک قائم و ثابت حقیقت ہے۔ جن قوتوں نے اسے مٹانا چاہا تھا، وہ خود مٹ گئیں حتی کہ آج ان کا نام و نشان بھی باقی نہیں لیکن وحی و تنزیل کی حقیقت ہمیشہ قائم رہی اور آج تک قائم ہے

قل یا ایها الناس قد جاءکم الحق من ربکم فمن اهتدی فانما یهتدی لنفسه ومن ضل فانما یضل علیها و ما انا علیکم بوکیل. واتبع ما یوحی الیك واصبر حتی یحکم الله وهو خیر الحاکمین

((اے پیغمبر! لوگوں سے) کہہ دو کہ اے افراد نسل انسانی! بلاشبہ تمہارے پروردگار کی طرف سے وہ چیز تمہارے لیے آ گئی جو 'حق' ہے۔ پس اب جس کسی نے سیدھی راہ اختیار کی تو یہ راست روی اسی کی بھلائی کے لیے ہے اور جس نے گمراہی اختیار کی تو اس کی گمراہی کا نقصان بھی اسی کے لیے ہے اور میرا کام تو صرف راہ حق دکھلا دینا ہے) میں تم پر نگہبان مقرر نہیں کیا گیا ہوں (کہ تم کو پکڑ کے زبردستی راہ پر لگا دوں) اور (اے پیغمبر!) جو کچھ تم پر وحی کی گئی ہے اس کے مطابق چلو اور صبر کرو۔ یہاں تک کہ اللہ فیصلہ کر دے اور وہ فیصلہ کرنے والوں میں بہتر فیصلہ کرنے والا ہے)۔ (۱۰۹،۱۰۸ : ۱۰)

وبالحق انزلناه وبالحق نزل

(اور (اے پیغمبر! ہماری طرف سے اس کا (یعنی قرآن کا) نازل ہونا حق ہے اور وہ حق ہی کے ساتھ نازل بھی ہوا ہے۔) (۱۰۵ : ۱۷)

قرآن کی اصطلاح میں 'الحق':

اسی طرح جب وہ علامت تعریف کے ساتھ کسی بات کو 'الحق' کہتا ہے تو اس سے بھی مقصود یہی حقیقت ہوتی ہے اور اسی لیے وہ اکثر حالتوں میں صرف 'الحق' کہہ کر خاموش ہو جاتا ہے۔ اس سے زیادہ کچھ کہنا ضروری نہیں سمجھتا۔

کیونکہ اگرچہ فطرت کائنات کا یہ قانون ہے کہ وہ حق و باطل کے نزاع میں 'حق' ہی کو باقی رکھتی ہے تو کسی بات کے امر حق ہونے کے لیے صرف اتنا ہی کہہ دینا کافی ہے کہ وہ 'حق' ہے۔ یعنی باقی و قائم رہنے والی حقیقت ہے۔ اس کا بقا و قیامت خود اپنی حقیقت کا اعلان کر دے گا۔

نزاع حق و باطل:

یہ جو قرآن جا بجا حق اور باطل کی نزاع کا ذکر کرتا ہے اور پھر بطور اصل اور قاعدہ کے اس پر زور دیتا ہے کہ کامیابی حق کے لیے ہے اور ہزیمت و خسران باطل کے لیے تو یہ تمام مقامات بھی اسی قانون 'قضاء بالحق' کی تصریحات ہیں اور اسی حقیقت کی روشنی میں ان کا مطالعہ کرنا چاہیے:

بل نقذف بالحق على الباطل فيدمغه فاذا ہو زاهق

(اور ہمارا قانون یہ ہے کہ حق باطل سے ٹکراتا ہے اور اسے پاش پاش کر دیتا ہے اور اچانک ایسا ہوتا ہے کہ وہ نابود ہو گیا)۔ (۲۱:۱۸)

وقل جاء الحق وزهق الباطل ان الباطل كان زهوقا

(اور کہہ دو حق نمودار ہو گیا اور باطل نابود ہوا اور یقیناً باطل نابود ہی ہونے والا تھا۔) (۱۷:۸۱)

اللہ کی شہادت:

اور پھر حق صداقت کے لیے یہی اللہ کی وہ شہادت ہے جو اپنے مقررہ وقت پر ظاہر ہوتی ہے اور بتا دیتی ہے کہ حق کس کے ساتھ تھا۔ اور باطل کا کون پرستار تھا۔ یعنی قضاء بالحق کا قانون حق کو ثابت و قائم رکھ کر اور اس کے حریف کو محو و متلاشی کر کے حقیقت حال کا اعلان کر دیتا ہے۔

قل كفى بالله بيني و بينكم شهيدا يعلم ما في السموات والارض والذين امنوا بالباطل وكفروا بالله اولئك هم الخاسرون

(ان لوگوں سے کہہ دو، اب کسی اور ردوکد کی ضرورت نہیں۔ میرے اور تمہارے درمیان اللہ کی گواہی بس کرتی ہے۔ آسمان و زمین میں جو کچھ ہے سب اس کے علم میں ہے۔ پس جو لوگ حق کی جگہ باطل پر ایمان لائے ہیں اور اللہ کی صداقت کے منکر ہیں تو یقیناً وہی ہیں جو تباہ ہونے والے ہیں۔ (۹:۵۲)

ایک دوسرے موقع پر فیصلہ امر کے لیے اسے سب سے بڑی شہادت قرار دیا ہے۔

قل ای شیء اکبر شہادۃ قل اللہ شہیدا بینی و بینکم

(کون سی بات سب سے بڑی گواہی ہے؟ (اے پیغمبر!) کہہ دو اللہ کی گواہی۔ وہی میرے اور تمہارے درمیان (فیصلہ امر کے لیے) گواہی دینے والا ہے۔) (۶:۱۹)

قضاء بالحق مادیات اور معنویات کا عالمگیر قانون ہے:

وہ کہتا ہے اس قانون سے تم کیونکر انکار کرسکتے ہو جبکہ زمین و آسمان کا تمام کارخانہ اسی کی کارفرمائیوں پر قائم ہے؟ اگر فطرت کائنات نقصان اور برائی چھانٹی نہ رہتی اور بقاء و قیام صرف اچھی اور خوبی ہی کے لیے نہ ہوتا تو ظاہر ہے تمام کارخانہ ہستی درہم برہم ہو جاتا۔ جب تم جسمانیات میں اس قانون فطرت کا مشاہدہ کر رہے ہو تو معنویات میں تمہیں کیوں انکار ہو؟

ولو اتبع الحق اھواءھم لفسدت السموات والارض ومن فیھن

(اور اگر حق ان کی خواہشوں کی پیروی کرے تو یقین کرو یہ آسمان و زمین اور جو کوئی اس میں ہے سب درہم برہم ہو کر رہ جائے)۔ (۲۳:۷۱)

انتظار اور تربص:

قرآن میں جہاں کہیں انتظار اور تربص پر زور دیا ہے اور کہا ہے جلدی نہ کرو انتظار کرو عنقریب حق و باطل کا فیصلہ جائے گا۔

مثلاً 'قل فانتظروا انی معکم من المنتظرین (۱۰:۱۰۲) تو اس سے بھی مقصود یہی حقیقت ہے۔

'قضاء بالحق' اور تدریج و امہال:

لیکن کیا 'قضاء بالحق' کا نتیجہ یہ ہوتا ہے کہ ہر باطل عمل فوراً نابود ہو جائے اور ہر عمل حق فوراً فتح مند ہو جائے؟ قرآن کہتا ہے کہ نہیں ایسا نہیں ہو سکتا۔ اور رحمت کا مقتضا یہی ہے کہ ایسا نہ ہو۔ جس رحمت کا مقتضا یہ ہوا کہ مادیاں میں تدریج و امہال کا قانون نافذ ہے اسی رحمت کا مقتضا یہ ہوا کہ معنویات میں بھی تدریج و امہال کا قانون کام کر رہا ہے اور عالم مادیات ہو یا معنویات، کائنات ہستی کے ہر گوشہ میں قانون فطرت ایک ہی ہے۔ اگر ایسا نہ ہوتا تو ممکن نہ تھا کہ دنیا میں کوئی انسانی جماعت اپنی بد عملیوں کے ساتھ مہلت حیات پا سکتی۔

ولو یعجل الله للناس الشر استعجالھم بالخیر لقضی الیھم اجلھم

(اور جس طرح انسان فائدے کے لیے جلد باز ہوتا ہے اگر اسی طرح اللہ انسان کو سزا دینے میں جلد باز ہوتا تو (انسان کی لغزشوں خطاؤں کا یہ حال ہے کہ) کبھی کا فیصلہ ہو چکتا اور ان کا مقررہ وقت فوراً نمودار ہو جاتا۔ (۱۰:۱۲)

'تاجیل'۔

وہ کہتا ہے، جس طرح مادیات میں ہر حالت بتدریج نشو و نما پاتی ہے اور ہر نتیجہ کے ظہور کے لیے ایک خاص مقدار ایک خاص مدت اور ایک خاص وقت مقرر کر دیا گیا ہے ٹھیک اسی طرح اعمال کے نتائج کے لیے بھی مقدار و اوقات کے احکام مقرر ہیں۔ اور ضروری ہے کہ ہر نتیجہ ایک خاص مدت کے بعد اور ایک خاص مقدار کی نشو و نما کے بعد ظہور میں آئے۔

مثلاً فطرت کا یہ قانون ہے کہ اگر پانی آگ پر رکھا جائے گا تو وہ گرم ہو کر کھولنے لگے گا لیکن پانی کے گرم ہونے اور بالآخر کھولنے کے لیے حرارت کی ایک خاص مقدار ضروری ہے اور اس کے ظہور و تکمیل کے لیے ضروری ہے کہ ایک مقررہ وقت تک انتظام کیا جائے۔ ایسا نہیں ہو سکتا کہ تم پانی چولھے پر رکھو اور فوراً کھولنے لگے۔ وہ یقیناً کھولنے لگے گا لیکن اس وقت جب حرارت کی مقررہ مقدار بتدریج تکمیل تک پہنچ جائے گی۔ ٹھیک اسی طرح یہاں انسانی اعمال کے نتائج بھی اپنے مقررہ اوقات ہی میں ظہور پذیر ہوتے ہیں اور ضروری ہے کہ جب تک اعمال کے اثرات ایک خاص مقررہ مقدار تک نہ پہنچ جائیں نتائج کے ظہور کا انتظار کیا جائے۔

اس صورت حال سے تدریج و امہال کی حالت پیدا ہوگئی اور عمل حق اور عمل باطل دونوں کے نتائج کے ظہور کے لیے تاجیل یعنی ایک معین وقت کا ٹھہراؤ ضروری ہوگیا۔ دونوں کے نتائج فوراً ظاہر نہیں ہوجائیں گے۔ اپنی مقررہ اجل یعنی مقررہ وقت ہی پر ظاہر ہوں گے۔ البتہ حق کے لیے تاجیل اس لیے ہوتی ہے تاکہ اس کی فتح مند قوت نشوونما پائے اور باطل کے لیے اس لیے ہوتی ہے تاکہ اس کی فنا پذیر کمزور تکمیل تک پہنچ جائیے۔ اس تاجیل کے لیے کوئی ایک ہی مقررہ مدت نہیں ہے۔ ہر حالت کا ایک خاصہ ہے اور ہر گردوپیش اپنا ایک خاص مقتضا رکھتا ہے۔ ہوسکتا ہے کہ ایک خاص حالت کے لیے مقررہ مدت کی مقدار بہت تھوڑی ہو اور ہوسکتا ہے کہ بہت زیادہ ہو۔

فان تولوا فقل اذنتکم علی سواء وان ادری اقریب ام بعید ما توعدون۔ انه یعلم الجهر من القول ویعلم ما تکتمون۔ وان ادری لعله فتنة لکم ومتاع الی حین

(پھر اگر یہ لوگ روگردانی کریں تو تو ان سے کہہ دو، میں تم سب کو یکساں طور پر (حقیقت حال کی) خبر دے دی اور میں نہیں جانتا اعمال بد کے جس نتیجہ کا تم سے وعدہ کیا گیا ہے اس کا وقت قریب ہے یا ابھی دیر ہے۔ جو کچھ علانیہ زبان سے کہا جاتا ہے اور جو کچھ تم پوشیدہ رکھتے ہو خدا کو سب کچھ معلوم ہے۔ اور مجھے معلوم، ہوسکتا ہے یہ تاخیر اس لیے ہو تاکہ تمہاری آزمائش کی جائے یا اس لیے کہ ایک خاص وقت تک تمہیں فائدہ اٹھانے کا (مزید) موقع دیا جائے (۱۰۹ : ۲۱)

قوانین فطرت کا معیار اوقات:

قرآن کہتا ہے، تم اپنی اوقات شماری کے پیمانے سے قوانین فطرت کی رفتار عمل کا اندازہ نہ لگاؤ۔ فطرت کا دائرہ عمل تو اتنا وسیع ہے کہ تمہارے معیار حساب کی بڑی سے بڑی مدت اس کے لیے ایک دن کی مدت سے زیادہ نہیں :

ویستعجلونك بالعذاب ولن یخلف الله وعده وان یوم عند ربك كالف سنة مما عدون۔ وكاین من قرية امليت لها وهي ظالمة ثم اخذتها والى المصير

(اور وہ لوگ عذاب کے لیے جلد بازی کر رہے ہیں (یعنی انکار و شرارت کی راہ سے کہتے ہیں اگر سچ مچ کو عذاب آنے والا ہے تو وہ کہاں ہے؟) سو یقین کرو خدا اپنے وعدہ میں کبھی خلاف کرنے والا نہیں لیکن بات یہ ہے کہ تمہارے پروردگار کا ایک دن ایسا ہوتا ہے جیسا

تمہارے حساب کا ہزار برس۔ چنانچہ کتنی ہی بستیاں ہیں جنہیں (عرصہ دراز تک) ڈھیل دی گئی حالانکہ وہ ظالم تھیں پھر (جب ظہور نتائج کا وقت آگیا تو) ہمارا مواخذہ نمودار ہوگیا۔ اور (ظاہر ہے کہ) لوٹ کر ہماری طرف آنا ہے۔ (۲۲: ۴۷،۴۸)

استعجال بالعذاب:

ان آیات میں فکر انسانی کی جس گمراہی کو 'استعجال بالعذاب' سے تعبیر کیا گیا ہے وہ صرف انہی منکرین حق کی گمراہی نہ تھی جو ظہور اسلام کے وقت اس کی مخالفت پر کمر بستہ ہو گئے تھے بلکہ ہر زمانہ میں انسان کی ایک عالمگیر کج اندیشی رہی ہے۔ وہ بسا اوقات فطرت کی اس مہلت بخشی سے فائدہ اٹھانے کی جگہ شر و فساد میں اور زیادہ نڈر اور جری ہو جاتا ہے اور کہتا ہے اگر فی الحقیقت حق و باطل کے لیے ان کے نتائج و عواقب ہیں، تو وہ نتائج کہاں ہیں؟ اور کیوں فوراً ظاہر نہیں ہو جاتے؟ قرآن جا بجا منکرین حق کا یہ خیال نقل کرتا ہے اور کہتا ہے۔ اگر کائنات ہستی میں اس حقیقت اعلیٰ کا ظہور نہ ہوتا جسے 'رحمت' کہتے ہیں تو یقیناً یہ نتائج یکایک اور بیک دفعہ ظاہر ہو جاتے اور انسان اپنی بد عملیوں کے ساتھ کبھی زندگی کا سانس نہ لے سکتا لیکن یہ سارے قانونوں اور حکموں سے بھی بالاتر 'رحمت' کا قانون ہے اور اس کا مقتضا یہی ہے کہ حق کی طرح باطل کو بھی زندگی و معیشت کی مہلتیں دے، اور توبہ و رجوع اور عفوو درگزر کا دروازہ ہر حال میں باز رکھے۔ فطرت کائنات میں اگر یہ 'رحمت' نہ ہوتی تو یقیناً وہ جزائے عمل میں جلد باز ہوتی لیکن اس میں رحمت ہے اس لیے نہ تو اس کی مہلت بخشیوں کی کوئی حد ہے نہ اس کے عفوو درگزر کے لیے کوئی کنارہ۔

ویقولون متی ھذا الوعدہ ان کنتم صدقین قل عسی ان یکون ردف لکم بعض الذی تستعجلون۔ وان ربك لذو فضل علی الناس ولکن اکثرھم لا یشکرون

(اور (اے پیغمبر) یہ (حقیقت فراموش کہتے ہیں) اگر تم (نتائج ظلم وطغیان سے ڈرانے میں) سچے ہو تو وہ بات کب ہونے والی ہے؟ (اور کیوں نہیں ہو چکتی؟) ان سے کہہ دو (گھبراؤ نہیں) جس بات کے لیے تم جلدی مچا رہے ہو عجب نہیں اس کا ایک حصہ بالکل قریب آگیا ہو۔ اور (اے پیغمبر!) تمہارا پروردگار انسان کے لیے بڑا ہی فضل رکھنے والا ہے (کہ ہر حال میں اصلاح و تلافی کی مہلت دیتا ہے) لیکن (افسوس انسان کی غفلت پر بیشتر ایسے ہیں کہ اس کے فضل ورحمت سے فائدہ اٹھانے کی جگہ اس کی ناشکری کرتے ہیں) (۲۷: ۷۱ تا ۷۳)

ویستعجلونك بالعذاب ولولا اجل مسمی لجاءھم العذاب ولیاتینھم بغتة وھم لا یشعرون

(اور یہ لوگ عذاب کے لیے جلدی کرتے ہیں (یعنی انکار و شرارت کی راہ سے کہتے ہیں اگر واقعی عذاب آنے والا ہے تو کیوں نہیں آچکتا؟) اور واقعہ یہ ہے کہ اگر ایک خاص وقت نہ ٹھہرا دیا گیا ہوتا تو کب کا عذاب آچکا ہوتا اور (یقین رکھو جب وہ آئے گا تو اس طرح آئے گا کہ) یکایک ان پر آگرے گا اور انہیں اس کا وہم و گمان بھی نہ ہوگا!)۔ (۲۹ : ۵۳)

'وما نؤخره الا لاجل معدود

(اور (یاد رکھو) اگر ہم اس معاملہ میں تاخیر کرتے ہیں تو صرف اس لیے کہ ایک حساب کی ہوئی مدت کے لیے اسے تاخیر میں ڈال دیں۔ (۱۱ : ۱۰۴)

العاقبة للمتقين:

وہ کہتا ہے : یہاں زندگی و عمل کی مہلتیں سب کے لیے ہیں کیونکہ 'رحمت' کا مقتضا یہی تھا۔ پس اس بات سے دھوکا نہیں کھانا چاہیے اور یہ نہیں سمجھنا چاہیے کہ نتائج اعمال کے قوانین موجود نہیں۔ دیکھنا یہ چاہیے کہ نتیجہ کی کامیابی کس کے حصے میں آتی ہے اور آخر کار کون آبرومند ہوتا ہے۔

قل يقوم اعملوا على مكانتكم انى عامل فسوف تعلمون من تكون له عاقبة الدار انه لا يفلح الظالمون

((اے پیغمبر! تم ان لوگوں سے) کہہ دو کہ دیکھو (اب میرے اور تمہارے معاملہ کا فیصلہ اللہ کے ہاتھ ہے) تم جو کچھ کر رہے ہو اپنی جگہ کیے جاؤ اور میں بھی اپنی جگہ کام میں لگا ہوں۔ عنقریب معلوم ہو جائے گا کہ کون ہے جس کے لیے آخر کار (کامیاب) ٹھکانا ہے۔ بلاشبہ (یہ اس کا قانون ہے کہ) ظلم کرنے والے کبھی فلاح نہیں پا سکتے) (۶ : ۱۳۵)

قرآن کی وہ تمام آیات جن میں ظلم و کفر کے لیے فلاح و کامیابی کی نفی کی گئی ہے:

اس موقع پر یہ قاعدہ بھی معلوم کر لینا چاہیے کہ قرآن نے جہاں کہیں ظلم و فساد اور فسق و کفر وغیرہ اعمال بد کے لیے کامیابی و فلاح کی نفی کی ہے اور نیک عملی کے لیے فتح مندی و کامرانی کا اثبات کیا ہے ان تمام مقامات میں بھی اسی حقیقت کی طرف اشارہ کیا ہے۔ مثلاً

۱۔ انه لا یفلح الظالمون

(تحقیق وہ ظالموں کو فلاح نہیں دیتا) (۶: ۲۱)۔

۲۔ انه لا یفلح المجرمون

(بے شک وہ مجرموں کو کامیابی نہ دے گا) (۱۰: ۱۷)

۳۔ انه لا یفلح الکافرون

(حقیقتاً وہ کافروں کو کامیاب نہیں کرتا) (۲۳: ۱۱۷)

۴۔ لا یصلح عمل المفسدین

(ہاں وہ فسادیوں کی اصلاح نہیں فرماتا) (۱۰: ۸۱)

۵۔ ان الله لا یهدی القوم الکافرین

(تحقیق اللہ منکر قوم کو ہدایت نہیں دیتا) (۹: ۳۷)

۶۔ والله لا یهدی القوم الظالمین

(اور اللہ ظالموں کو ہدایت نہیں دکھلاتا) (۳: ۳۷)۔ وغیرہا من الآیات۔

اللہ ظلم کرنے والوں کو فلاح نہیں دیتا۔ یعنی اس کا قانون ہے کہ ظلم کے لیے کامیابی و فلاح نہیں ہوتی۔ اللہ ظلم کرنے والوں کو فلاح نہیں دیتا۔ یعنی اس کا قانون یہی ہے کہ ظلم کرنے والوں پر کامیابی و سعادت کی راہ نہیں کھلتی۔ یہ مطلب نہیں ہے کہ اللہ ارشاد و ہدایت کا دروازہ ان پر بند کر دیتا ہے۔ اور وہ گمراہی و کوری کی زنگی پر مجبور کر دیے جاتے ہیں۔ افسوس ہے کہ قرآن کے مفسروں نے ان مقامات کا ترجمہ غور و فکر کے ساتھ نہیں کیا اس لیے مطالب اپنی اصلی شکل میں واضح نہ ہو سکے۔

تمتع:

اور پھر اصطلاح قرآنی میں یہی وہ تمتع ہے۔ یعنی زندگی سے فائدہ اٹھانے کی مہلت جس کا وہ بار بار ذکر کرتا ہے اور جو یکساں طور پر سب کو دی گئی ہے:

بل متعنا هؤلاء واباءهم حتى طال عليهم العمر

(بلکہ بات یہ ہے کہ ہم نے ان لوگوں کو اور ان کے آباء و اجداد کو مہلت حیات سے بہرہ مند ہونے کے مواقع دیے یہاں تک کہ (خوشحالی کی) ان پر بڑی بڑی عمریں گزر گئیں) (۲۱:۴۵)

اسی طرح وہ جا بجا 'متعناهم الى حين' (۱۰:۹۸)، 'متاع الى حين' (۳۶:۴۴)، 'فتمتعوا فسوف تعلمون' (۱۶:۵۵) وغیرہ تعبیرات سے بھی اسی حقیقت پر زور دیتا ہے۔

قضاء بالحق اور اقوام و جماعات:

اسی طرح وہ قانون قضاء بالحق کو جماعتوں اور قوموں کے عروج و زوال پر بھی منطبق کرتا ہے اور کہتا ہے: جس طرح فطرت کا قانون انتخاب، افراد و اجسام میں جاری ہے اسی طرح اقوام و جماعات میں بھی جاری ہے۔ جس طرح فطرت نافع اشیاء کو باقی رکھتی ہے غیر نافع کو چھانٹ دیتی ہے ٹھیک اسی طرح جماعتوں میں بھی صرف اسی جماعت کے لیے بقا ہوتی ہے جس میں دنیا کے لیے نفع ہو۔ جو جماعت غیر نافع ہو جاتی ہے وہ چھانٹ دی جاتی ہے۔ وہ کہتا ہے یہ اس کی 'رحمت' ہے۔ کیونکہ اگر ایسا نہ ہوتا تو دنیا میں انسانی ظلم و طغیان کے لیے کوئی روک تھام نظر نہ آتی۔

ولولا دفع الله الناس بعضهم ببعض لفسدت الارض ولکن الله ذو فضل علی العالمین

(اور (دیکھو) اگر اللہ (نے جماعتوں اور قوموں میں باہم دگر تزاحم پیدا نہ کردیا ہوتا اور وہ) بعض آدمیوں کے ذریعے بعض آدمیوں کو راہ سے ہٹاتا نہ رہتا تو یقیناً زمین میں خرابی پھیل جاتی لیکن اللہ کائنات کے لیے فضل و رحمت رکھنے والا ہے۔) (۲: ۲۵۲)

ایک دوسرے موقع پر یہی حقیقت ان لفظوں میں بیان کی گئی ہے:

الَّذِينَ أُخْرِجُوا مِنْ دِيَارِهِمْ بِغَيْرِ حَقٍّ إِلا أَنْ يَقُولُوا رَبُّنَا اللَّهُ وَلَوْلا دَفْعُ اللَّهِ النَّاسَ بَعْضَهُمْ بِبَعْضٍ لَهُدِّمَتْ صَوَامِعُ وَبِيَعٌ وَصَلَوَاتٌ وَمَسَاجِدُ يُذْكَرُ فِيهَا اسْمُ اللَّهِ كَثِيرًا وَلَيَنْصُرَنَّ اللَّهُ مَنْ يَنْصُرُهُ إِنَّ اللَّهَ لَقَوِيٌّ عَزِيزٌ

(اور اگر ایسا نہ ہوتا کہ اللہ بعض جماعتوں کے ذریعے بعض جماعتوں کو ہٹاتا رہتا تو (یقین کرو دنیا میں انسان کے ظلم و فساد کے لیے کوئی روک باقی نہ رہتی اور) یہ تمام خانقاہیں، گرجے، عبادت گاہیں اور مسجدیں جن میں اس کثرت سے اللہ کا ذکر کیا جاتا ہے منہدم ہو کر رہ جاتیں)۔ (۲۲: ۴۰)

قضاء بالحق کے اجتماع نفاذ میں تدریج و امہال اور تاجیل ہے:

لیکن وہ کہتا ہے جس طرح فطرت کائنات کے تمام کاموں میں تدریج و امہال کا قانون کام کر رہا ہے اسی طرح قوموں اور جماعتوں کے معاملہ میں بھی وہ جو کچھ کرتی ہے بتدریج کرتی ہے اور اصلاح حال اور رجوع و انابت کا دروازہ آخر وقت تک کھلا رکھتی ہے۔ کیونکہ رحمت کا مقتضا یہی ہے۔

وَقَطَّعْنَاهُمْ فِي الأَرْضِ أُمَمًا مِنْهُمُ الصَّالِحُونَ وَمِنْهُمْ دُونَ ذَلِكَ وَبَلَوْنَاهُمْ بِالْحَسَنَاتِ وَالسَّيِّئَاتِ لَعَلَّهُمْ يَرْجِعُونَ

(اور ہم نے ایسا کیا کہ ان کے لیے الگ الگ گروہ زمین میں پھیل گئے۔ ان میں سے بعض تو نیک عمل تھے بعض دوسری طرح کے۔ پھر ہم نے انہیں اچھائیوں اور برائیوں دونوں طرح کی حالتوں سے آزمایا تاکہ نافرمانی سے باز آجائیں)۔ (۷: ۱۶۸)

جس طرح اجسام کے ہر تغیر کے لیے فطرت نے اسباب و علل کی ایک خاص مقدار اور مدت مقرر کر دی ہے اسی طرح اقوام کے زوال و ہلاکت کے لیے بھی موجبات ہلاکت کی ایک خاص مقدار اور مدت مقرر ہے اور یہ ان کی 'اجل' ہے۔ جب تک یہ اجل نہیں آ چکتی قانون الٰہی یکے بعد دیگرے تنبیہ و اعتبار کی مہلتیں دیتا رہتا ہے۔

اولا یرون انھم یفتنون فی کل عام مرۃ او مرتین ثم لا یتو بون ولا ھم یذکرون

(کیا یہ لوگ نہیں دیکھتے کہ ان پر کوئی برس ایسا نہیں گزرتا کہ ہم انہیں ایک دو مرتبہ یا دو مرتبہ آزمائشوں میں نہ ڈالتے ہو (یعنی ان کے اعمال بد کے نتائج پیش نہ آتے ہوں) پھر بھی نہ تو توبہ کرتے ہیں نہ حالات سے نصیحت پکڑتے ہیں!) (۹ : ۱۲۶)
لیکن اگر تنبہ و اعتبار کی یہ تمام مہلتیں رائگاں گئیں اور ان سے فائدہ نہ اٹھایا گیا تو پھر فیصلہ امر کا آخری وقت نمودار ہو جاتا ہے اور جب وہ وقت آ جائے تو پھر یہ فطرت کا آخری، اٹل اور بے پناہ فیصلہ ہے۔ نہ تو اس میں ایک لحہ کے لیے تاخیر ہو سکتی ہے نہ یہ اپنے مقررہ وقت سے ایک لحہ پہلے آ سکتا ہے۔

ولکل امۃ اجل فاذا جاء اجلھم لا یستاخرون ساعۃ ولا یستقدمون

(اور (دیکھو) ہر امت کے لیے ایک مقررہ وقت ہے۔ سو جب ان کا مقررہ وقت آ پہنچتا ہے تو اس سے نہ تو ایک گھڑی پیچھے رہ سکتے ہیں نہ ایک گھڑی آگے بڑھ سکتے ہیں) (۷ : ۲۴)

وما اھلکنا من قریۃ الا ولھا کتب معلوم۔ ما تسبق من امۃ اجلھا و ما یستاخرون

(اور ہم نے کسی بستی کو ہلاک نہیں کیا مگر یہ کہ ہمارے ٹھہرائے ہوئے قانون کے مطابق ایک مقررہ میعاد اس کے لیے موجود تھی۔ کوئی امت نہ تو اپنے مقررہ وقت سے آگے بڑھ سکتی ہے، نہ پیچھے رہ سکتی ہے)۔ (۱۵ : ۴۔۵)
اسی طرح بقائے انفع اور قضاء بالحق کا قانون پچھلی قوم کو چھانٹ دیتا ہے اور اس کی جگہ ایک دوسری قوم لا کھڑی کرتا ہے اور یہ سب کچھ اس لیے ہوتا ہے کہ 'رحمت' کا مقتضا یہی ہے۔

ذَٰلِكَ أَن لَّمْ يَكُن رَّبُّكَ مُهْلِكَ الْقُرَىٰ بِظُلْمٍ وَأَهْلُهَا غَافِلُونَ (۱۳۱) وَلِكُلٍّ دَرَجَاتٌ مِّمَّا عَمِلُوا وَمَا رَبُّكَ بِغَافِلٍ عَمَّا يَعْمَلُونَ (۱۳۲) وَرَبُّكَ الْغَنِيُّ ذُو الرَّحْمَةِ إِن يَشَأْ يُذْهِبْكُمْ وَيَسْتَخْلِفْ مِن بَعْدِكُم مَّا يَشَاءُ كَمَا أَنشَأَكُم مِّن ذُرِّيَّةِ قَوْمٍ آخَرِينَ (۱۳۳)

(یہ (تبلیغ و ہدایت کا تمام سلسلہ) اس لیے ہے کہ تمہارے پروردگار کا یہ شیوہ نہیں کہ بستیوں کو ظلم و ستم سے ہلاک کر ڈالے اور ان کے بسنے والے حقیقت حال سے بے خبر ہوں (اس کا قانون تو یہ ہے کہ) جیسا کچھ جس کا عمل ہے اسی کے مطابق اس کا ایک درجہ ہے (اور اسی درجہ کے مطابق اچھے برے نتائج ظاہر ہوتے ہیں) اور یاد رکھو جیسے کچھ لوگوں کے اعمال ہیں تمہارا پروردگار ان سے بے خبر نہیں ہے!

تمہارا پروردگار رحمت والا اور بے نیاز ہے۔ اگر وہ چاہے تو تمہیں راہ سے ہٹا دے اور تمہارے بعد جسے چاہے تمہارا جانشین بنا دے۔ اسی طرح جس طرح ایک دوسری قوم کی نسل سے تمہیں اوروں کا جانشین بنا دیا ہے) (۶۔ ۱۳۱ تا ۱۳۳)

انفرادی زندگی اور مجازات دنیوی:

اسی طرح وہ کہتا ہے: یہ بات کہ انفرادی زندگی کے اعمال کی جزا دنیوی زندگی سے تعلق نہیں رکھتی۔ آخرت پر اٹھا رکھی گئی ہے اور دنیا میں نیک و بد سب کے لیے یکساں طور پر مہلت حیات اور فیضان معیشت ہے۔ اسی حقیقت کا نتیجہ ہے کہ یہاں 'رحمت' کی کارفرمائی ہے۔ 'رحمت' کا مقتضا یہی تھا کہ اس کے فیضان و بخشش میں کسی طرح کا امتیاز نہ ہو اور مہلت حیات سب کو پوری طرح ملے اس نے انسان کی انفرادی زندگی کے دو حصے کر دیے۔ ایک حصہ دنیوی زندگی کا ہے، اور سر تا سر مہلت ہے۔ دوسرا حصہ مرنے کے بعد کا ہے اور جزا کا معاملہ اسی سے تعلق رکھتا ہے۔

و ربك الغفور ذو الرحمة لو يواخذهم بما كسبو لعجل لهم العذاب بل لهم موعد لن يجدو من دونه موئلا

(اور (اے پیغمبر! یقین کرو) تمہارا پروردگار بڑا بخشنے والا صاحب رحمت ہے۔ اگر وہ ان لوگوں سے ان کے اعمال کے مطابق مواخذہ کرتا تو فوراً عذاب نازل ہو جاتا۔ لیکن ان کے لیے ایک میعاد مقرر کر دی گئی ہے اور جب وہ نمودار ہوگی تو اس سے بچنے کے لیے کوئی پناہ کی جگہ انہیں نہیں ملے گی)۔ (۱۸: ۵۸)

هو الذى خلقكم من طين ثم قضى اجلا واجل مسمى عنده

(وہی ہے جس نے تمہیں مٹی سے پیدا کیا پھر تمہاری زندگی کے لیے ایک وقت ٹھہرا دیا اور اسی طرح اس کے پاس ایک اور بھی ٹھہرائی ہوئی میعاد ہے! (یعنی قیامت کا دن)۔) (۶: ۲)

معنوی قوانین کی مہلت بخشی اور توبہ و انابت:

وہ کہتا ہے: جس طرح عالم اجسام میں تم دیکھتے ہو کہ فطرت نے ہر کمزوری و فساد کے لیے ایک لازمی نتیجہ ٹھہرا دیا ہے لیکن پھر بھی اصلاح حال کا دروازہ بند نہیں کرتی اور مہلتوں پر مہلتیں دیتی رہتی ہے۔ نیز اگر بروقت اصلاح ظہور میں آجائے، تو اسے قبول کرلیتی ہے۔ ٹھیک ٹھیک اسی طرح یہاں بھی توبہ و انابت کا دروازہ کھلا رکھا ہے۔ کوئی بد عملی، کوئی گناہ، کوئی جرم، کوئی فساد ہو اور نوعیت میں کتنا ہی سخت اور مقدار میں کتنا ہی عظیم ہو لیکن جونہی توبہ و انابت کا احساس انسان کے اندر جنبش میں آتا ہے تو رحمت الٰہی قبولیت کا دروازہ معاً کھول دیتی ہے اور اشک ندامت کا ایک قطرہ بد عملیوں اور گناہوں کے بے شمار داغ دھبے اس طرح دھو دیتا ہے گویا اس کے دامن عمل پر کوئی دھبہ لگا ہی نہ تھا۔

التائب من الذنب کمن لا ذنب لہ۔

إلا مَنْ تَابَ وَآمَنَ وَعَمِلَ عَمَلًا صَالِحًا فَأُولَئِكَ يُبَدِّلُ اللَّهُ سَيِّئَاتِهِمْ حَسَنَاتٍ وَكَانَ اللَّهُ غَفُورًا رَحِيمًا

(ہاں! مگر جس کسی نے توبہ کی، ایمان لایا اور آئندہ کے لیے نیک عملی اختیار کی تو یہ لوگ ہیں جن کی برائیوں کو اللہ اچھائیوں سے بدل دیتا ہے اور اللہ بڑا بخشنے والا بڑا رحم کرنے والا ہے!) (۲۵: ۷۰)

رحمت الٰہی اور مغفرت و بخشش کی وسعت و فراوانی!

اس بارے میں قرآن نے رحمت الٰہی کی وسعت اور اس کی مغفرت و بخشش کی فراوانی کا جو نقشہ کھینا ہے اس کی کوئی حد و انتہا نہیں ہے۔ کتنے ہی گناہ ہوں، کتنے ہی سخت گناہ ہوں، کتنی ہی مدت کے گناہ ہوں لیکن ہر اس انسان کے لیے جو اس کے دروازہ رحمت پر دستک دے رحمت و قبولیت کے سوا کوئی صدا نہیں ہو سکتی!

قُلْ يَا عِبَادِيَ الَّذِينَ أَسْرَفُوا عَلَى أَنْفُسِهِمْ لا تَقْنَطُوا مِنْ رَحْمَةِ اللَّهِ إِنَّ اللَّهَ يَغْفِرُ الذُّنُوبَ جَمِيعًا إِنَّهُ هُوَ الْغَفُورُ الرَّحِيمُ

(۵۳)

(اے میرے بندو! جنہوں نے (بد عملیاں کرکے) اپنی جانوں پر زیادتی کی ہے (تمہاری بد عملیاں کتنی ہی سخت اور کتنی ہی زیادہ کیوں نہ ہو مگر) اللہ کی رحمت سے مایوس نہ ہو۔ یقیناً اللہ تمہارے تمام گناہ بخش دے گا۔ یقیناً وہ بڑا بخشنے والا بڑی ہی رحمت رکھنے والا ہے!) (۳۹ : ۵۳)

اسلامی عقائد کا دینی تصور اور 'رحمت'

اور پھر یہی وجہ ہے کہ ہم دیکھتے ہیں قرآن نے انسان کے لیے دینی عقائد و اعمال کا جو تصور قائم کیا ہے اس کی بنیاد بھی تمام تر رحمت و محبت ہی پر رکھی ہے کیونکہ وہ انسان کی روحانی زندگی کو کائنات فطرت کے عالمگیر کارخانہ سے کوئی الگ اور غیر متعلق چیز قرار نہیں دیتا۔ بلکہ اسی کا ایک مربوط گوشہ قرار دیتا ہے۔ اور اس لیے کہتا ہے: جس کارساز فطرت نے تمام کارخانہ ہستی کی بنیاد 'رحمت' پر رکھی ہے ضروری تھا کہ اس گوشہ میں بھی اس کے تمام احکام سر تا سر رحمت کی تصویر ہوں۔

خدا اور اس کے بندوں کا رشتہ محبت کا رشتہ ہے:

چنانچہ قرآن نے جابجا یہ حقیقت واضح کی ہے کہ خدا اور اس کے بندوں کا رشتہ محبت کا رشتہ ہے اور سچی عبودیت اسی کی عبودیت ہے جس کے لیے معبود صرف معبود ہی نہ ہو بلکہ محبوب بھی ہو:

و من الناس من یتخذ من دون اللہ اندادا یحبونہم کحب اللہ والذین امنوا اشد حبا للہ

(اور (دیکھو) انسانوں میں سے کچھ انسان ایسے ہیں جو دوسری ہستیوں کو اللہ کا ہم پلہ بنا لیتے ہیں۔ وہ انہیں اس طرح چاہنے لگتے ہیں جس طرح اللہ کو چاہنا ہوتا ہے حالانکہ جو لوگ ایمان رکھنے والے ہیں۔ ان کی زیادہ سے زیادہ محبت صرف اللہ ہی کے لیے ہوتی ہے)۔ (۲: ۱۶۵)

قُلْ إِن كُنتُمْ تُحِبُّونَ اللَّهَ فَاتَّبِعُونِي يُحْبِبْكُمُ اللَّهُ وَيَغْفِرْ لَكُمْ ذُنُوبَكُمْ وَاللَّهُ غَفُورٌ رَّحِيمٌ

((اے پیغمبر! ان لوگوں سے) کہہ دو اگر واقعی تم اللہ سے محبت رکھنے والے ہو تو چاہیے کہ میری پیروی کرو (میں تمہیں محبت الٰہی کی حقیقی راہ دکھا رہا ہوں، اگر تم نے ایسا کیا تو صرف یہی نہیں ہو گا کہ تم اللہ سے محبت کرنے والے ہو جاؤ گے بلکہ خود) اللہ تم سے محبت کرنے لگے گا اور تمہارے گناہ بخش دے گا۔ اور اللہ بخشنے والا رحمت والا ہے)۔ (۳: ۳۱)

وہ جا بجا اس حقیقت پر زور دیتا ہے کہ ایمان باللہ کا نتیجہ اللہ کی محبت اور محبوبیت ہے :

يَا أَيُّهَا الَّذِينَ آمَنُوا مَنْ يَرْتَدَّ مِنْكُمْ عَنْ دِينِهِ فَسَوْفَ يَأْتِي اللَّهُ بِقَوْمٍ يُحِبُّهُمْ وَيُحِبُّونَهُ

(اے پیروان دعوت ایمانی! اگر تم میں سے کوئی شخص اپنے دین کی راہ سے پھر جائے گا تو (وہ یہ نہ سمجھے کہ دعوت حق کو اس سے کچھ نقصان پہنچے گا) عنقریب اللہ ایک گروہ ایسے لوگوں کا پیدا کر دے گا جنہیں اللہ کی محبت حاصل ہوگی اور وہ اللہ کو محبوب رکھنے والے ہوں گے)۔ (۵: ۹۵)

جو خدا سے محبت کرنا چاہے اسے چاہیے اس کے بندوں سے محبت کرے:

لیکن بندے کے لیے خدا کی محبت کی عملی راہ کیا ہے؟ وہ کہتا ہے: خدا کی محبت کی راہ اس کے بندوں کی محبت میں سے ہو کر گزری ہے۔ جو انسان چاہتا ہے خدا سے محبت کرے اسے چاہیے کہ خدا کے بندوں سے محبت کرنا سیکھے:

واتی المال علی حبه

(اور جو اپنا مال اللہ کی محبت میں نکالتے اور خرچ کرتے ہیں) (۲: ۱۰۷)

وَيُطْعِمُونَ الطَّعَامَ عَلَى حُبِّهِ مِسْكِينًا وَيَتِيمًا وَأَسِيرًا (۸) إِنَّمَا نُطْعِمُكُمْ لِوَجْهِ اللَّهِ لَا نُرِيدُ مِنْكُمْ جَزَاءً وَلَا شُكُورًا

(اور اللہ کی محبت میں وہ مسکینوں، یتیموں اور قیدیوں کو کھلاتے ہیں (اور کہتے ہیں) ہمارا یہ کھلانا اس کے سوا کچھ نہیں ہے کہ محض اللہ کے لیے ہے ہم تم سے نہ تو کوئی بدلہ چاہتے ہیں نہ کسی طرح کی شکر گزاری) (۷۶: ۸۔ ۹)

ایک حدیث قدسی میں یہی حقیقت نہایت مؤثر پیرائے میں واضح کی گئی ہے :

یاابان ادم مرضت فلم تعدنی قال کیف اعودك وانت رب العالمین۔ قال اما علمت ان عبدی فلانا مرض فلم تعده؟ اما علمت انك لوعدته لوجدتنی عنده؟ یا ابن ادم ان ستطعمتك فلم تطعمنی قال یا رب کیف اطعمك وانت رب العالمین؟ قال امت انه استطعمك عبدی فلان فلم تطعمه ام اعلمت انك لو اطعمته لوجدت ذلك

عندی؟ یا ابن ادم استسقیتك فلم تسقنی قال کیف اسقیتك وانت رب العالمین، قال استسقاك عبدی فلان فلم تسقه اما انك لوسقیته لوجت ذلك عندی؟ (رواه مسلم عن ابی هریرة)

(قیامت کے دن ایسا ہوگا کہ خدا ایک انسان سے کہے گا۔ اے ابن آدم! میں بیمار ہوگیا تھا مگر تو نے میری بیماری پرسی نہ کی۔ بندہ متعجب ہوکر کہے گا بھلا ایسا کیونکر ہوسکتا ہے اور تو تو رب العالمین ہے۔ خدا فرمائے گا کیا تجھے معلوم نہیں کہ میرا فلاں بندہ تیرے قریب بیمار ہوگیا تھا اور تو نے اس کی خبر نہیں لی تھی۔ اگر تو اس کی بیمار پرسی کے لیے جاتا تو مجھے اس کے پاس پاتا۔ اسی طرح خدا فرمائے گا اے ابن آدم میں تجھ سے کھانا مانگا تھا مگر تو نے نہیں کھلایا۔ بندہ عرض کرے گا بھلا ایسا کیسے ہوسکتا ہے کہ تجھے کسی بات کی احتیاج ہو؟ خدا فرمائے گا کیا تجھے یاد نہیں کہ میرے فلاں بھوکے بندے نے تجھ سے کھانا مانگا تھا اور تو نے انکار کر دیا تھا۔ اگر تو اسے کھلاتا تو تو اسے میرے پاس پاتا ایسے ہی خدا فرمائے گا اے ابن آدم! میں نے تجھ سے پانی مانگا مگر تو نے مجھے پانی نہ پلایا۔ بندہ عرض کرے گا بھلا ایسا کیسے ہوسکتا ہے کہ تجھے پیاس لگے تو تو خود پروردگار ہے؟ خدا فرمائے گا میرے فلاں پیاسے بندے نے تجھ سے پانی مانگا لیکن تو نے اسے پانی نہ پلایا۔ اگر تو اسے پانی پلا دیتا تو اسے میرے پاس پاتا۔)

اعمال و عبادات اور اخلاق و خصائل:

اسی طرح قرآن نے اعمال و عبادات کی جو شکل و نوعیت قرار دی ہے، اخلاق و خصائل میں سے جن جن باتوں پر زور دیا ہے اور اوامر و نواہی میں جو اصول و مبادی ملحوظ رکھے ہیں ان سب میں بھی یہی حقیقت کام کر رہی ہے۔ اور یہ چیز اس درجہ واضح و معلوم ہے کہ بحث و بیان کی ضرورت نہیں۔

قرآن سر تا سر رحمت الٰہی کا پیام ہے:

اور پھر یہی وجہ ہے کہ قرآن نے خدا کی کسی صفت کو بھی اس کثرت کے ساتھ نہیں دہرایا ہے اور نہ کوئی مطلب اس درجہ اس کے صفحات میں نمایاں ہے جس قدر رحمت ہے۔ اگر قرآن کے وہ تمام مقامات جمع کیے جائیں جہاں 'رحمت' کا ذکر کیا گیا ہے تو تین سو سے زیادہ مقامات ہوں گے اور اگر وہ تمام مقامات بھی شامل کر لیے جائیں۔ جہاں اگرچہ لفظ رحمت استعمال نہیں ہوا ہے۔ لیکن ان کا تعلق رحمت

ہی سے ہے۔ مثلاً ربوبیت، مغفرت، رافت کرم، حلم، عفو وغیرہا تو پھر یہ تعداد اس حد تک پہنچ جاتی ہے کہ کہا جا سکتا ہے قرآن اول سے لے کر آخر تک اس کے سوا کچھ نہیں ہے کہ رحمت الٰہی کا پیام ہے!

بعض احادیث:

ہم اس موقع پر وہ تمام تصریحات قصداً چھوڑ رہے ہیں جن کا ذخیرہ احادیث میں موجود ہے کیونکہ یہ مقام زیادہ تفصیل وبحث کا متحمل نہیں۔ پیغمبر اسلام ﷺ نے اپنے قول و عمل سے اسلام کی جو حقیقت ہمیں بتلائی ہے وہ تمام تر یہی ہے کہ خدا کی موحدانہ پرستش اور اس کے بندوں پر شفقت و رحمت۔ ایک مشہور حدیث جو ہر مسلمان واعظ کی زبان پر ہے ہمیں بتلاتی ہے کہ انما یرحم اللہ من عبادہ الرحمان[12]

(خدا کی رحمت انہیں بندوں کے لیے ہے جو ان کے بندوں کے لیے رحمت رکھتے ہیں۔)

حضرت مسیح کا مشہور کلمہ وعظ 'زمین والوں پر رحم کرو تاکہ وہ جو آسمان پر ہے تم پر رحم کرے' بجنسہٖ پیغمبر اسلام (صلی اللہ علیہ وآلہ وسلم) کی زبان پر بھی طاری ہوا ہے)

الرحمن تبارك و تعالى۔ ارحموا من فی الارض یرحمکم من فی السماء[13]

اتنا ہی نہیں بلکہ اسلام نے انسانی رحمت و شفقت کی جو ذہنیت پیدا کرنی چاہی ہے وہ اس قدر وسیع ہے کہ بے زبان جانور بھی اس سے باہر نہیں ہیں۔ ایک سے زیادہ حدیثیں اس مضمون کی موجود ہیں کہ اللہ کی رحمت رحم کرنے والوں کے لیے ہے اگر یہ رحم ایک چڑیا ہی کے لیے کیوں نہ ہو۔ من رحم ولو ذبیحة عصفور رحمه الله یوم القیامة[14]

---

[12] طبرانی وابن جریر بسند صحیح

[13] امام احمد نے مسند میں، ترمذی، اور ابوداود نے صحیح میں اور حاکم نے مستدرک میں ابن عمرؓ سے روایت کی ہے۔ ورو ینا سلسلا من طریق الشیخ محمود شکری الالوسی العراق وایضا عن والدی المرحوم عن الشیخ صدر الدین الدھؤلی من طریق الشیخ احمد ولی اللہ رحمہم اللہ۔

[14] رواه البخاری فی الادب المفرد والطبرانی عن ابي امامة وصححه السیوطی فی الجامع الصغیر

مقام انسانی اور صفات الٰہی سے تخلق و تشبہ:

اصل یہ ہے کہ قرآن نے خدا پرستی کی بنیاد ہی اس جذبہ پر رکھی ہے کہ انسان خدا کی صفتوں کا پرتو اپنے اندر پیدا کرے۔ وہ انسان کے وجود کو ایک ایسی سرحد قرار دیتا ہے جہاں حیوانیت کا درجہ ختم ہوتا اور ایک مافوق حیوانیت درجہ شروع ہو جاتا ہے۔ وہ کہتا ہے: انسان کا جوہر انسانیت جو اسے حیوانات کی سطح سے بلند و ممتاز کرتا ہے اس کے سوا کچھ نہیں کہ صفات الٰہی کا پرتو ہے اور اس لیے انسانیت کی تکمیل یہ ہے کہ اس میں زیادہ سے زیادہ صفات الٰہی سے تخلق و تشبہ پیدا ہو جائے۔ یہی وجہ ہے کہ اس نے جہاں کہیں بھی انسان کی خاص صفات کا ذکر کیا ہے انہیں براہ راست خدا کی طرف نسبت دی ہے۔ حتیٰ کہ جوہر انسانیت کو خدا کی روح پھونک دینے سے تعبیر کیا

ثم سواه ونفخ فيه من روحه وجعل لكم السمع والابصار والافئدة (٣٢: ٨)

یعنی خدا نے آدم میں اپنی روح میں سے کچھ پھونک دیا اور اسی کا نتیجہ یہ نکلا کہ اس کے اندر عقل و حواس کا چراغ روشن ہو گیا۔

درازل پرتو حسنت ز تجلی دم زد

عشق پیدا شد و آتش بہ ہمہ عالم زد بس

اگر وہ خدا کی رحمت کا تصور ہم میں پیدا کرنا چاہتا ہے تو یہ اس لیے کہ وہ چاہتا ہے ہم بھی سر تا پا رحمت و محبت ہو جائیں۔ اگر وہ اس کی ربوبیت کا مرقع بار بار ہماری نگاہوں کے سامنے لاتا ہے تو یہ اس لیے کہ وہ چاہتا ہے ہم بھی اپنے چہرہ اخلاق میں ربوبیت کے سارے خال و خط پیدا کر لیں۔ اگر وہ اس کی رافت و شفقت کا ذکر کرتا ہے، اس کے لطف و کرم کا جلوہ دکھاتا ہے، اس کے جود و احسان کا نقشہ کھینچتا ہے تو اسی لیے کہ وہ چاہتا ہے ہم میں بھی ان الٰہی صفتوں کا جلوہ نمودار ہو جائے۔ وہ بار بار ہمیں سناتا ہے کہ خدا کی بخشش و درگزر کی کوئی انتہا نہیں اور اس طرح ہمیں یاد دلاتا ہے کہ ہم میں بھی اس کے بندوں لیے بخشش و درگزر کا غیر محدود جوش پیدا ہو جانا چاہیے۔ اگر ہم اس کے بندوں کی خطائیں بخش نہیں سکتے تو ہمیں کیا حق ہے اپنی خطاؤں کے لیے اس کی بخشائشوں کا انتظار کریں؟

احکام و شرائع:

جہاں تک احکام و شرائع کا تعلق ہے بلاشبہ اس نے یہ نہیں کہا دشمنوں کو پیار کرو کیونکہ ایسا کہنا حقیقت نہ ہوتی، مجاز ہوتا۔ لیکن اس نے کہا کہ دشمنوں کو بھی بخش دو اور جو دشمن کو بخش دینا سیکھ لے گا اس کا دل خود بخود انسانی بغض و نفرت کی آلودگیوں سے پاک ہو جائے گا۔

الکاظمین الغیظ والعافین عن الناس واللہ یحب المحسنین

(غصہ ضبط کرنے والے، اور انسانوں کے قصور بخش دینے والے اور اللہ کی محبت انہی کے لیے ہے جواحسان کرنے والے ہیں)۔ (۳: ۱۲۴)

وَالَّذِينَ صَبَرُوا ابْتِغَاءَ وَجْهِ رَبِّهِمْ وَأَقَامُوا الصَّلَاةَ وَأَنْفَقُوا مِمَّا رَزَقْنَاهُمْ سِرًّا وَعَلَانِيَةً وَيَدْرَءُونَ بِالْحَسَنَةِ السَّيِّئَةَ أُولَئِكَ لَهُمْ عُقْبَى الدَّارِ

(اور جن لوگوں نے اللہ کی محبت میں (سختی و ناگواری) برداشت کرلی، نماز قائم کی، خدا کی دی ہوئی روزی پوشیدہ و علانیہ (اس کے بندوں کے لیے) کرچ کی اور برائی کا جواب برائی سے نہیں نیکی سے دیا تو (یقین کرو) یہی لوگ ہیں جن کے لیے آخرت کا بہتر ٹھکانا ہے)۔ (۱۳: ۲۲)

ولمن صبر و غفر ان ذلک لمن عزم الامور

(اور (دیکھو) جو کوئی برائی پر صبر کرے اور بخش دے تو یقیناً یہ بڑی ہی اولوالعزمی کی بات ہے)۔ (۴۲: ۴۲)

ولا تستوی الحسنۃ ولا السیئۃ ادفع بالتی ہی احسن فاذ الذی بینک وبینہ عداوۃ کانہ ولی حمیم۔ وما یلقاھا الا الذین صبروا وما یلقاہا الا ذو حظ عظیم

(اور (دیکھو) نیکی اور بدی برابر نہیں ہو سکتی (اگر کوئی برائی کرے تو) برائی کا جواب ایسے طریقے سے دو جو اچھا طریقہ ہو۔ اگر تم نے ایسا کیا تو تم دیکھو گے کہ جس شخص سے تمہاری عداوت تھی یکایک تمہارا دلی دوست ہو گیا ہے البتہ یہ ایسا مقام ہے جو اسی کو مل سکتا ہے جو (بدسلوکی سہہ لینے کی) برداشت رکھتا ہو اور جسے (نیکی و سعادت کا) حصہ وافر ملا ہو۔ (۱: ۳۴، ۳۵)

بلاشبہ اس نے بدلہ لینے سے بالکل روک نہیں دیا اور وہ کیونکر روک سکتا تھا جب کہ طبیعت حیوانی کا یہ فطری خاصہ ہے اور حفاظت نفس اس پر موقوف ہے لیکن جہاں کہیں بھی اس نے اس کی اجازت دی ہے ساتھ ہی عفوو بخشش اور بدی کے بدلے نیکی کرنے کی موثر ترغیب بھی دے دی ہے اور ایسی موثر ترغیب دی ہے کہ ممکن نہیں ایک خداپرست انسان اس سے متاثر نہ ہو:

وان عاقبتم فعاقبوا بمثل ما عوقبتم بہ ولئن صبرتم لھو خیر للصابرین

(اور (دیکھو) اگر تم بدلہ لو، تو چاہیے جتنی اور جیسی کچھ برائی تمہارے ساتھ کی گئی ہے اسی کے مطابق ٹھیک ٹھیک بدلہ بھی لیا جائے (یہ نہ ہو کہ زیادتی کر بیٹھو) لیکن اگر تم برداشت کر جاؤ اور بدلہ نہ لو تو (یاد رکھو) برداشت کرنے والوں کے لیے برداشت کر جانے ہی میں بہتری ہے۔ (۱۶:۲۶)

و جزاء سیئۃ سیئۃ مثلها فمن عفا و اصلح فاجره علی الله

(اور برائی کے لیے ویسا ہی اور اتنا ہی بدلہ ہے جیسی اور جتنی برائی کی گئی ہے۔ لیکن جس کسی نے درگزر کیا اور معاملہ بگاڑنے کی جگہ سنوار لیا تو اس کا اجر اللہ پر ہے)۔ (۴۲:۴۲)

انجیل اور قرآن

ہم نے قرآن کی آیات عفو و بخشش نقل کرتے ہوئے ابھی کہا ہے کہ اس نے یہ نہیں کہا کہ دشمنوں کو پیا کرو کیونکہ ایسا کہنا حقیقت نہ ہوتی، مجاز ہوتا۔ ضروری ہے کہ اس کی مختصر تشریح کر دی جائے :

حضرت مسیحؑ نے یہودیوں کی ظاہر پرستیوں اور اخلاقی محرومیوں کی جگہ رحم و محبت اور عفو و بخشش کی اخلاقی قربانیوں پر زور دیا تھا اور ان کی دعوت کی اصلی روح یہی ہے۔ چنانچہ ہم انجیل کے مواعظ میں جابجا اس طرح کے خطابات پاتے ہیں 'تم نے سنا ہوگا کہ اگلوں سے کہا گیا دانت کے بدلے دانت اور آنکھ کے بدلے آنکھ لیکن میں کہتا ہوں کہ شریر کا مقابلہ نہ کرنا' یا 'اپنے ہمسایوں ہی کو نہیں بلکہ دشمنوں کو بھی پیار کرو' یا مثلاً 'اگر کوئی تمہارے ایک گال پر طمانچہ مارے تو چاہیے دوسرا گال بھی آگے کر دو'

دعوت مسیح اور دنیا کی حقیقت فراموشی:

افسوس ہے کہ انجیل کے معتقدوں اور نکتہ چینوں دونوں نے یہاں ٹھوکر کھائی۔ دونوں اس غلط فہمی میں مبتلا ہو گئے کہ یہ تشریع تھی اور اس لیے دونوں کو تسلیم کر لینا پڑا کہ یہ ناقابل عمل احکام ہیں۔ معتقدوں نے خیال کیا کہ اگرچہ ان احکام پر عمل نہیں کیا جا سکتا تاہم مسیحیت کے احکام یہی ہیں اور عملی نقطہ خیال سے اس قدر کافی ہے کہ اوائل عہد میں چند ولیوں اور شہیدوں نے ان پر عمل کر لیا تھا۔ نکتہ چینوں نے کہا کہ یہ سر تا سر ایک نظری اور ناقابل عمل تعلیم ہے اور کہنے میں کتنی ہی خوشنما ہو لیکن عملی نقطہ خیال سے اس کی کوئی قدر و قیمت نہیں۔ یہ فطرت انسانی کے صریح خلاف ہے۔

فی الحقیقت نوع انسانی کی یہ بڑی ہی دردانگیز ناانصافی ہے جو تاریخ انسانیت کے اس عظیم الشان معلم کے ساتھ جائز رکھی گئی۔ جس طرح بے درد نکتہ چینوں نے اسے سمجھنے کی کوشش نہ کی اسی طرح نادان معتقدوں نے بھی فہم و بصیرت سے انکار کر دیا۔

حضرت مسیح کی تعلیم کو فطرت انسانی کے خلاف سمجھنا تفریق بین الرسل ہے:

لیکن کیا کوئی انسان جو قرآن کی سچائی کا معترف ہو۔ ایسا خیال کر سکتا ہے کہ حضرت مسیحؑ کی تعلیم فطرت انسانی کے خلاف تھی اور اس لیے ناقابل عمل تھی حقیقت یہ ہے کہ قرآن کی تصدیق کے ساتھ ایسا منکرانہ خیال جمع نہیں ہو سکتا۔ گر ہم ایک لحہ کے لیے بھی اسے تسلیم کر لیں تو اس کے معنی یہ ہوں گے کہ ہم حضرت مسیحؑ کی تعلیم کی سچائی سے انکار کر دیں۔ کیونکہ جو تعلیم فطرت انسانی کے خلاف ہے وہ کبھی انسان کے لیے سچی تعلیم نہیں ہو سکتی۔ لیکن ایسا اعتقاد نہ صرف قرآن کی تعلیم کے خلاف ہوگا بلکہ اس کی دعوت کی اصلی بنیاد ہی متزلزل ہو جائے گی۔ اس کی دعوت کی بنیادی اصل یہ ہے کہ وہ دنیا کے تمام رہنماؤں کی یکساں طور پر تصدیق کرتا اور سب کو خدا کی ایک ہی سچائی کا پیامبر قرار دیتا ہے۔ وہ کہتا ہے: پیروان مذہب کی سب سے بڑی گمراہی تفریق بین الرسل ہے۔ یعنی ایمان و تصدیق کے لحاظ سے خدا کے رسولوں میں تفریق کرنا، کسی ایک کو ماننا دوسروں کو جھٹلانا یا سب کو ماننا کسی ایک کا انکار کر دینا۔ اسی لیے اس نے جا بجا اسلام کی راہ یہ بتلائی ہے:

لا نفرق بين احد منهم ونحن له مسلمون

(ہم خدا کے رسولوں میں سے کسی کو بھی دوسروں سے جدا نہیں کرتے (کہ کسی کو مانیں کسی کو نہ مانیں) ہم تو خدا کے آگے جھکے ہوئے (س کی سچائی کہیں بھی آئی ہو اور کسی کی زبانی آئی ہو، ہمارا اس پر ایمان ہے) (۳: ۸۴)

علاوہ بریں خود قرآن نے حضرت مسیحؑ کی دعوت کا یہی پہلو جا بجا نمایاں کیا ہے کہ وہ رحمت و محبت کے پیامبر تھے اور یہودیوں کی اخلاقی خشونت و قساوت کے مقابلہ میں مسیحی اخلاق کی رقت و رافت کی بار بار مدح کی ہے:

ولنجعله اية للناس و رحمة منا و كان امرًا مقضيًا

(اور تاکہ ہم اس کو (یعنی مسیحؑ کے ظہور کو) لوگوں کے لیے ایک الٰہی نشانی اور اپنی رحمت کا فیضان بنائیں اور یہ بات (مشیت الٰہی میں) طے شدہ تھی) (۱۹: ۲۱)۔

وجعلنا فی قلوب الذين اتبعوه رافة ورحمة

(وران لوگوں کے دلوں میں جنھوں نے (مسیح کی) پیروی کی، ہم نے شفقت اور رحمت ڈال دی) (۵۷ : ۲۷)

اس موقع پر یہ بات بھی یاد رکھنی چاہیے کہ قرآن نے جس قدر اوصاف خود اپنی نسبت بیان کیے ہیں پوری فراخ دلی کے ساتھ وہی اوصاف تورات و انجیل کے لیے بھی بیان کیے ہیں۔ مثلاً وہ جس طرح اپنے آپ کو ہدایت کرنے والا، روشنی سے متصف قرار دیتا ہے۔ چنانچہ انجیل کی نسبت ہم جابجا پڑھتے ہیں

واتینه الانجیل فیه هدی ونور و مصدقا لما بین یدیه من التوراة وهدی و موعظة للمتقین (۵: ۴۶)۔

یہ ظاہر ہے کہ جو تعلیم فطرت بشری کے خلاف اور ناقابل عمل ہو، وہ کبھی نور وہدایت اور موعظة للمقتین نہیں ہو سکتی۔

دعوت مسیحی کی حقیقت:

اصل یہ ہے کہ حضرت مسیحؑ کی ان تمام تعلیمات کی وہ نوعیت ہی نہ تھی جو غلطی سے سمجھ لی گئی اور دنیا میں ہمیشہ انسان کی سب سے بڑی گمراہی اس کے انکار سے نہیں بلکہ کج اندیشانہ اعتراف ہی سے پیدا ہوئی ہے۔ حضرت مسیحؑ کا ظہور ایک ایسے عہد میں ہوا تھا جب کہ یہودیوں کا اخلاقی تنزل انتہائی حد تک پہنچ چکا تھا اور دل کی نیکی اور اخلاق کی پاکیزگی کی جگہ محض ظاہر احکام و رسوم کی پرستش دینداری و خدا پرستی سمجھی جاتی تھی۔ یہودیوں کے علاوہ جس قدر متمدن قومیں قرب وجوار میں موجود تھیں۔ مثلاً رومی، مصری، آشوری وہ بھی انسانی رحم و محبت کی روح سے یکسر ناآشنا تھیں۔ لوگوں نے یہ بات تو معلوم کرلی تھی کہ مجرموں کو سزائیں دینی چاہیں لیکن اس حقیقت سے بے بہرہ تھے کہ رحم و محبت اور عفو و بخشش کی چارہ سازیوں سے جرموں اور گناہوں کی پیدائش روک دینی چاہیے۔ انسانی قتل وہ ہلاکت کا تماشا دیکھنا، طرح طرح کے ہولناک طریقوں سے مجرموں کو ہلاک کرنا، زندہ انسانوں کو درندوں کے سامنے ڈال دینا، آباد شہروں کو بلاوجہ جلا کر خاکستر کر دینا، اپنی قوم کے علاوہ تمام انسانوں کو غلام سمجھنا اور غلام بنا کر رکھنا، رحم و محبت اور حلم و شفقت کی جگہ قلبی قساوت و بے رحمی پر فخر کرنا، رومی تمدن کا اخلاق اور مصری اور آشوری دیوتاؤں کا پسندیدہ طریقہ تھا۔

ضرورت تھی کہ نوع انسانی ہدایت کے لیے ایک ایسی ہستی مبعوث ہو جو سر تا سر رحمت و محبت کا پیام ہو، جو انسانی زندگی کے تمام گوشوں سے قطع نظر کر کے صرف اس کی قلبی و معنوی حالت کی اصلاح و تزکیہ پر اپنی تمام پیغمبرانہ ہمت مبذول کر دے۔ چنانچہ حضرت مسیحؑ کی

شخصیت میں وہ ہستی نمودار ہو گئی۔ اس نے جسم کی جگہ روح پر، زبان کی جگہ دل پر، اور ظاہر کی جگہ باطن پر نوع انسانی کی توجہ دلائی اور انسانیت اعلیٰ کا فراموش شدہ سبق تازہ کر دیا۔

مواعظ مسیح کے مجازات کو تشریح و حقیقت سمجھ لینا سخت غلطی ہے۔

معمولی سے معمولی کلام بھی بشرطیکہ بلیغ ہو اپنی بلاغت کے مجازات رکھتا ہے۔ قدرتی طور پر اس الہامی بلاغت کے بھی مجازات تھے جو اس کی تاثیر کا زیور اور اس کی دل نشینی کی خوبروئی ہیں لیکن افسوس کہ وہ دنیا جو اقانیم ثلاثہ اور کفارہ جیسے دور از کار عقائد پیدا کر لینے والی تھی ان کے مواعظ کا مقصد و محل نہ سمجھ سکی اور مجازات کو حقیقت سمجھ کر غلط فہمیوں کا شکار ہو گئی۔ انہوں نے جہاں کہیں یہ کہا ہے کہ 'دشمنوں کو پیار کرو' تو یقیناً اس کا یہ مطلب نہ تھا کہ ہر انسان کو چاہیے کہ اپنے دشمنوں کا عاشق زار ہو جائے بلکہ سیدھا سادھا مطلب یہ تھا کہ تم میں غیظ و غضب اور نفرت و انتقام کی جگہ رحم و محبت کا پر جوش جذبہ ہونا چاہیے اور ایسا ہونا چاہیے کہ دوست تو دوست، دشمن تک کے ساتھ عفوو درگزر سے پیش آؤ۔ اس مطلب کے لیے کہ رحم کرو، بخش دو، انتقام کے پیچھے نہ پڑو، یہ ایک نہایت ہی بلیغ اور موثر پیرایہ بیان ہے کہ 'دشمنوں تک کو پیار کرو' ایک ایسے گردو پیش میں جہاں اپنوں اور عزیزوں کے ساتھ بھی رحم و محبت کا برتاؤ نہ کیا جاتا ہو یہ کہنا کہ اپنے دشمنوں سے بھی نفرت نہ کرو رحم و محبت کی ضرورت کا ایک اعلی اور کامل ترین تخیل پیدا کر دینا تھا۔

شنیدم کہ مردان راہ خدا۔

دل دشمنان ہم نہ کردند تنگ

تراکے یسر شود ایں مقام۔

کہ با دوستانت خلاف ست وجنگ

یا مثلاً اگر انہوں نے کہا 'اگر کوئی تمہارے ایک گال پر طمانچہ مارے تو دوسرا گال بھی آگے کر دو' تو یقیناً اس کا مطلب یہ نہ تھا کہ سچ مچ کو تم اپنا گال آگے کر دیا کرو بلکہ صریح مطلب یہ تھا کہ انتقام کی جگہ عفوو درگزر کی راہ اختیار کرو۔

بلاغت کلام کے یہ وہ مجازات ہیں جو ہر زبان میں یکساں طور پر پائے جاتے ہیں اور یہ ہمیشہ بڑی ہی جہالت کی بات سمجھی جاتی ہے کہ ان کے مقصود و مفہوم کی جگہ ان کے منطوق پر زور دیا جائے۔ اگر ہم اس طرح کے مجازات کو ان کو ظواہر پر محمول کرنے لگیں گے تو نہ صرف تمام الہامی تعلیمات ہی درہم برہم ہو جائیں گی۔ بلکہ انسان کا وہ تمام کلام جو ادب و بلاغت کے ساتھ دنیا کی تمام زبانوں میں کہا گیا ہے یک قلم مختلف ہو جائے گا۔

اعمال انسانی میں اصل رحم و محبت ہے نہ کہ تعزیر و انتقام:

باقی رہی یہ بات کہ حضرت مسیحؑ نے سزا کی جگہ محض رحم و درگزر ہی پر زور دیا تو ان کے مواعظ کی اصلی نوعیت سمجھ لینے کے بعد یہ بات بھی بالکل واضح ہو جاتی ہے۔ بلاشبہ شرائع نے تعزیر و عقوبت کا حکم دیا تھا لیکن اس لیے نہیں کہ تعزیر و عقوبت فی نفسہ کوئی مستحسن عمل ہے بلکہ اس لیے کہ معیشت انسانی کی بعض ناگزیر حالتوں کے لیے یہ ایک ناگزیر علاج ہے۔ دوسرے لفظوں میں یوں کہا جا سکتا کہ ایک کم درجہ کی برائی تھی جو اس لیے گوارا کرلی گئی کہ بڑے درجے کی برائیاں روکی جا سکیں۔ 'لیکن دنیا نے اسے علاج کی جگہ ایک دل پسند مشغلہ بنا لیا اور رفتہ رفتہ انسان کی تعذیب و ہلاکت کا ایک خوفناک آلہ بن گئی۔ 'چنانچہ ہم دیکھتے ہیں کہ انسانی قتل و غارت گری کی کوئی ہولناکی ایسی نہیں ہے جو شریعت اور قانون کے نام سے نہ کی گئی ہو اور جو فی الحقیقت اسی بدلہ لینے اور سزا دینے کے حکم کا ظالمانہ استعمال نہ ہو۔ 'اگر تاریخ سے پوچھا جائے کہ انسانی ہلاکت کی سب سے بڑی قوتیں میدانہائے جنگ سے باہر کون کون سی رہی ہیں؟ تو یقیناً اس کی انگلیاں ان عدالت گاہوں کی طرف اٹھ جائیں گی جو مذہب اور قانون کے ناموں سے قائم کی گئیں اور جنہوں نے ہمیشہ اپنے ہم جنسوں کی تعذیب و ہلاکت کا عمل اس کی ساری وحشت انگیزیوں اور ہولناکیوں کے ساتھ جاری رکھا۔[15]

'پس اگر حضرت مسیحؑ نے تعزیر و عقوبت کی جگہ سر تا سر رحم و درگزر پر زور دیا تو یہ اس لیے نہیں تھا کہ وہ نفس تعزیر و سزا کے خلاف کوئی نئی تشریع کرنی چاہتے تھے بلکہ ان کا مقصد یہ تھا کہ اس ہولناک غلطی سے انسان کو نجات دلائیں جس میں تعزیر و عقوبت کے غلو نے مبتلا کر رکھا ہے۔ 'وہ دنیا کو بتلانا چاہتے تھے کہ اعمال انسانی میں اصل رحمت و محبت ہے، تعزیر و انتقام نہیں ہے۔ اور اگر تعزیر و سیاست جائز

---

[15] شاید انسانی گمراہی کی بوالعجبیوں کی اس سے بہتر مثال نہیں مل سکتی۔ جس انجیل کی تعلیم کا یہ مطلب سمجھ لیا گیا تھا کہ وہ کسی حال میں بدلہ لینے اور سزا دینے کی اجازت نہیں اسی انجیل کے پیرووں نے نوع انسانی کی تعذیب و ہلاکت کا عمل ایسی وحشت و بے رحمی کے ساتھ صدیوں تک جاری رکھا کہ آج ہم اس کا تصور بھی بغیر وحشت و ہراس کے نہیں کر سکتے۔ اور پھر یہ جو کچھ کیا گیا انجیل اور اس کے مقدس معلم کے نام پر کیا گیا!

رکھی گئی ہے تو صرف اس لیے کہ بطور ایک ناگزیر علاج کے عمل میں لائی جائے ۔ اس لیے نہیں کہ تمہارے دل رحم و محبت کی جگہ سر تا سر نفرت وانتقام کا آشیانہ بن جائیں!

شریعت موسوی کے پیرووں نے شریعت کو صرف سزا دینے کا آلہ بنا لیا تھا۔ حضرت مسیحؑ نے بتلایا کہ شریعت سزا دینے کے لیے نہیں بلکہ نجات کی راہ دکھانے آتی ہے اور نجات کی راہ سر تا سر رحمت و محبت کی راہ ہے!

'عمل' اور 'عامل' میں امتیاز:

دراصل اس بارے میں انسان کی بنیادی غلطی یہ رہی ہے کہ عمل میں اور عامل میں امتیاز قائم نہیں رکھتا۔ حالانکہ جہاں تک مذہب کی تعلیم کا تعلق ہے اس بات میں کہ ایک عمل کیسا ہے اور اس بات میں کہ کرنے والا کیسا ہے بہت بڑا فرق ہے اور دونوں کا حکم ایک نہیں۔

بلاشبہ تمام مذاہب کا یہ عالمگیر مقصد رہا ہے کہ بدعملی اور گناہ کی طرف سے انسان کے دل میں نفرت پیدا کردیں لیکن یہ انہوں نے کبھی گوارا نہیں کیا کہ خود انسان کی طرف سے انسان کے اندر نفرت پیدا ہو جائے۔ یقیناً انہوں نے اس بات پر زور دیا ہے کہ گناہ سے نفرت کرو لیکن یہ کبھی نہیں کہا ہے کہ گنہگار سے نفرت کرو۔ اس کی مثال ایسی ہے جیسے ایک طبیب ہمیشہ لوگوں کو بیماریوں سے ڈراتا رہتا ہے اور بسا اوقات ان کے مہلک نتائج کا ایسا ہولناک نقشہ کھینچ دیتا ہے کہ دیکھنے والے سہم کر رہ جاتے ہیں لیکن یہ تو وہ کبھی نہیں کرتا کہ جو لوگ بیماری ہو جائیں ان سے ڈرنے اور نفرت کرنے لگے یا لوگوں سے کہے ڈرو اور نفرت کرو؟ اتنا ہی نہیں بلکہ اس کی تو ساری توجہ اور شفقت کا مرکز بیماری کا وجود ہوتا ہے۔ جو انسان جتنا زیادہ بیمار ہو گا اتنا ہی زیادہ اس کی توجہ اور شفقت کا مستحق ہو جائے گا۔

مرض اور مریض:

پس جس طرح جسم کا طبیب بیماریوں کے لیے نفرت لیکن بیماری کے لیے شفقت و ہمدردی کی تلقین کرتا ہے ٹھیک اسی طرح روح و دل کے طبیب بھی گناہوں کے لیے نفرت لیکن گنہگاروں کے لیے سر تا پا رحمت و شفقت کا پیام ہوتے ہیں یقیناً وہ چاہتے ہیں کہ گناہوں سے (جو روح و دل کی بیماریاں ہیں) ہم میں دہشت و نفرت پیدا کردیں لیکن گنہگار انسانوں سے نہیں، اور یہی وہ نازک مقام ہے جہاں ہمیشہ

پیروان مذاہب نے ٹھوکر کھائی ہے۔ مذاہب نے چاہا تھا انہیں برائی سے نفرت کرنا سکھلائیں۔ لیکن برائی سے نفرت کرنے کی جگہ انہوں نے ان انسانوں سے نفرت کرنا سیکھ لیا جنہیں وہ اپنے خیال میں برائی کا مجرم تصور کرتے ہیں!

گناہوں سے نفرت کرو مگر گناہگاروں پر رحم کرو:

حضرت مسیحؑ کی تعلیم سر تا سر اسی حقیقت کی دعوت تھی۔ گناہوں سے نفرت کرو مگر ان انسانوں سے نفرت نہ کرو جو گناہوں میں مبتلا ہو گئے ہیں۔ اگر ایک انسان گنہگار ہے تو اس کے معنی یہ ہیں کہ اس کی روح و دل کی تندرستی باقی نہ رہی۔ لیکن اگر اس نے بدبختانہ اپنی تندرستی ضائع کر دی ہے تو تم اس سے نفرت کیوں کرو؟ وہ تو اپنی تندرستی کو کھو کر اور زیادہ تمہارے رحم و شفقت کا مستحق ہو گیا ہے۔ تم اپنے بیماری بھائی کی تیمارداری کرو گے یا اسے جلاد کے تازیانے کے حوالے کردو گے؟ وہ موقع یاد کرو جس کی تفصیل ہمیں سینٹ لوقا کی زبانی معلوم ہوئی ہے۔ جب ایک گناہگار عورت حضرت مسیحؑ کی خدمت میں آئی اور اس نے اپنے بالوں کی لٹوں سے ان کے پاؤں پونچھے تو اس پر ریاکار فریسیوں کو (اور اب فریسیت کے معنی ہی ریاکاری کے ہو گئے ہیں (Pharisaism) سخت تعجب ہوا لیکن انہوں نے کہا طبیب بیماروں کے لیے ہوتا ہے نہ کہ تندرستوں کے لیے۔ پھر خدا اور اس کے گناہگار بندوں کا رشتہ رحمت واضح کرنے کرنے کے لیے ایک نہایت ہی موثر اور دلنشین مثال بیان کی۔ فرض کرو، ایک ساہوکار کے دو قرضدار تھے، ایک پچاس روپیہ کا، ایک ہزار روپیہ کا۔ ساہو کار نے دونوں کا قرض معاف کر دیا۔ بتلاؤ کس قرضدار پر اس کا احسان زیادہ ہوا، اور کون اس سے زیادہ محبت کرے گا؟ وہ جسے پچاس معاف کر دیے، یا وہ جسے ہزار؟

نصیب ماست بہشت اے خداشناس برو۔

کہ مستحق کرامت گناہگار انند

یہی حقیقت ہے جس کی طرف بعض ائمہ تابعین نے اشارہ کیا ہے (انکسار العاصیین احب الی الله من صولة المطیعین)۔ خدا کو فرمانبردار بندوں کی تمکنت سے کہیں زیادہ گناہگار بندوں کا عجز و انکسار محبوب ہے۔

گدایاں راازیں معنی خبر نیست۔

کہ سلطان جہاں باماست امروز

قرآن اور گناہگار بندوں کے لیے صدائے تشریف و رحمت:

اور پھر یہی حقیقت ہے کہ ہم قرآن میں دیکھتے ہیں جہاں کہیں خدا نے گناہگار انسانوں کو مخاطب کیا ہے یا ان کا ذکر کیا ہے تو عموماً یائے نسبت کے ساتھ کیا ہے جو تشریف و محبت پر دلالت کرتی ہے۔

قل یاعبادی الذین اسرفوا علی انفسہم (۳۹: ۵۳)۔

ءانتم اضللتم عبادی (۲۵: ۱۷)

اس کی مثال بالکل ایسی ہے جیسے ایک جیسے ایک باپ جوش محبت میں اپنے بیٹے کو پکارتا ہے تو خصوصیت کے ساتھ اپنے رشتہ پدری پر زور دیتا ہے 'اے میرے بیٹے' 'اے میرے فرزند'۔ حضرت امام جعفر صادق رحمہ اللہ نے سورۃ زمر کی آیہ رحمت کی تفسیر کرتے ہوئے کیا خوب فرمایا ہے۔ جب ہم اپنی اولاد کو اپنی طرف نسبت دے کر مخاطب کرتے ہیں تو وہ بے خوف و خطر ہماری طرف دوڑنے لگتے ہیں کیونکہ سمجھ جاتے ہیں ہم ان پر غضبناک نہیں۔ قرآن میں خدا نے بیس سے زیادہ موقعوں پر ہمیں عبادی کہہ کر اپنی طرف نسبت دی ہے اور سخت سے سخت گناہگار انسانوں کو بھی یا عبادی کہہ کر پکارا ہے۔ کیا اس سے بھی بڑے کر اس کی رحمت و آمرزش کا کوئی پیام ہو سکتا ہے؟

صحیح مسلم کی مشہور حدیث کا مطلب کس طرح واضح ہوجاتا ہے۔ جب ہم اس روشنی میں اس کا مطالعہ کرتے ہیں۔

والذی نفسی بیدہ لم لم تذنبوا لذھب اللہ بکم ولجاء بقوم یذنبون فیستغفرون (اس ذات کی قسم جس کے ہاتھ میں میری جان ہے !اگر تم ایسے ہو جاؤ کہ گناہ تم سے سرزد ہی نہ ہو تو خدا تمہیں زمین سے ہٹا دے اور تمہاری جگہ ایک دوسرا گروہ پیدا کردے جس کا شیوہ یہ ہو کہ گناہوں میں بتلا ہو اور پھر خدا سے بخشش و مغفرت کی طلبگاری کرے۔ [16]

---

[16] رواہ مسلم عن ابی ھریرۃؓ و ایضا عن انس قال قال صلی اللہ علیہ والذی نفسی بیدہ، لو اخطاتم حتی تملاء خطایاکم مابین السماء والارض، ثم استغفرتم اللہ یغفر لکم۔ والذی نفسی بیدہ لو لم تخطؤن لجاء اللہ بقوم یخطؤن ثم یستغفرون فیغفر لھم۔ اخرجه واحمد و ابو یعلی باسناد رجالہ ثقات۔ وعن ابن عمر مرفوعا لو لم تذنبوا۔ لخلق اللہ خلقا یذنبون ثم یغفرلھم۔ اخرجه احمد والبزار و رجالھم ثقات۔ واخرج البزار من حدیث ابی سعید نحو حدیث ابی ھریرۃ فی الصحیح و فی اسنادی یحیی بن بکیر وھو ضعیف)

فدائے شیوہ رحمت کہ درلباس بہار۔

بعد از خواہی رندان بادنوش آمد

اصلاً انجیل اور قرآن کی تعلیم میں کوئی اختلاف نہیں:

پس فی الحقیقت حضرت مسیحؑ کی تعلیم میں اور قرآن کی تعلیم میں اصلا کوئی فرق نہیں ہے۔ دونوں کا معیار احکام ایک ہی ہے۔ فرق صرف محل بیان اور پیرایہ بیان کا ہے۔ حضرت مسیحؑ نے صرف اخلاق اور تزکیہ قلب پر زور دیا کیونکہ شریعت موسوی موجود تھی اور وہ اس کا ایک نقطہ بھی بدلنا نہیں چاہتے تھے۔ لیکن قرآن کو اخلاق اور قانون، دونوں کے احکام بیک وقت بیان کرنے تھے اس لیے قدرتی طور پر اس نے پیرایہ بیان ایسا اختیار کیا جو مجازات و متشابہات کی جگہ احکام بیک وقت بیان کرے تھے اس لیے قدرتی طور پر اس نے پیرایہ بیان ایسا اختیار کیا جو مجازات و متشابہات کی جگہ احکام و قوانین کا صاف صاف جچا تلا پیرایہ بیان تھا۔ اس نے سب سے پہلے عفو و درگزر پر زور دیا اور اسے نیکی و فضیلت کی اصل قرار دیا۔ ساتھ ہی بدلہ لینے اور سزا دینے کا دروازہ بھی کھلا رکھا کہ ناگزیر حالتوں میں اس کے بغیر چارہ نہیں۔ لیکن نہایت قطعی اور واضح لفظوں میں بار بار کہہ دیا کہ بدلے اور سزا میں کسی طرح کی ناانصافی اور زیادتی نہیں ہونی چاہیے۔ یقیناً دنیا کے تمام نبیوں اور شریعتوں کے احکام کا ماحصل یہی تین اصول رہے ہیں۔

وَجَزَاءُ سَيِّئَةٍ سَيِّئَةٌ مِثْلُهَا فَمَنْ عَفَا وَأَصْلَحَ فَأَجْرُهُ عَلَى اللَّهِ إِنَّهُ لا يُحِبُّ الظَّالِمِينَ (۴۰) وَلَمَنِ انْتَصَرَ بَعْدَ ظُلْمِهِ فَأُولَئِكَ مَا عَلَيْهِمْ مِنْ سَبِيلٍ (۴۱) إِنَّمَا السَّبِيلُ عَلَى الَّذِينَ يَظْلِمُونَ النَّاسَ وَيَبْغُونَ فِي الأَرْضِ بِغَيْرِ الْحَقِّ أُولَئِكَ لَهُمْ عَذَابٌ أَلِيمٌ (۴۲) وَلَمَنْ صَبَرَ وَغَفَرَ إِنَّ ذَلِكَ لَمِنْ عَزْمِ الأُمُورِ

(اور (دیکھو) برائی کے بدلے ویسی ہی اور اتنی ہی برائی ہے۔ لیکن جو کوئی بخش دے اور بگاڑنے کی جگہ سنوار لے تو (یقین کرو اس کا اجر اللہ کے ذمہ ہے)۔ اللہ ان لوگوں کو دوست نہیں رکھتا جو زیادتی کرنے والے ہیں۔ اور جس کسی پر ظلم کیا گیا ہو اور وہ ظلم کے بعد اس کا بدلہ لے تو اس پر کوئی الزام نہیں۔ الزام ان لوگوں پر ہے جو انسانوں پر ظلم کرتے ہیں اور ناحق ملک میں فساد کا باعث ہوتے ہیں۔ سو یہی لوگ ہیں جن کے لیے عذاب الیم ہے اور جو ظلم کرتے ہیں اور ناحق ملک میں فساد کا باعث ہوتے ہیں۔ سو یہی لوگ ہیں جن کے لیے عذاب الیم ہے! اور جو کوئی بدلہ لینے کی جگہ برائی برداشت کر جائے اور بخش دے تو یقیناً یہ بڑی ہی اولوالعزمی کی بات ہے)۔ (۴۲: ۴۰ تا ۴۳)

اسلوب بیان پر غور کرو اگرچہ ابتدا میں صاف صاف کہہ دیا تھا کہ

فمن عفا و اصلح فاجره علی الله

اور بظاہر عفوودرگزر کے لیے اتنا کہہ دینا کافی تھا لیکن آخر میں پھر دوبارہ اس پر زور دیا۔

ولمن صبر و غفر ان ذلك لمن عزم الامور

یہ تکرار اس لیے ہے کہ عفوودرگزر کی اہمیت واضح ہو جائے۔

یعنی یہ حقیقت اچھی طرح آشکارا ہو جائے کہ اگرچہ بدلہ اور سزا کا دروازہ کھلا رکھا گیا ہے لیکن نیکی و فضیلت کی راہ عفوودرگزر ہی کی راہ ہے!

پھر اس پہلو پر بھی نظر رہے کہ قرآن نے اس سزا کو جو برائی کے بدلے میں دی جائے، برائی ہی کے لفظ سے تعبیر کیا۔ جزاء سیئة سیئة مثلها۔ یعنی سیئہ کے بدلے میں جو کچھ کیا جائے گا وہ بھی سیئہ ہی ہو گا۔ عمل حسن نہیں ہو گا۔ لیکن اس کا دروازہ اس لیے باز رکھا گیا کہ اگر باز نہ رکھا جائے تو اس سے بھی زیادہ برائیاں ظہور میں آنے لگیں گی۔ پھر اس آدمی کی نسبت جو معاف کردے 'اصلح' کا لفظ کہا یعنی سنوارنے والا، اس سے معلوم ہوا کہ یہاں بگاڑ کے اصلی سنوارنے والے وہی ہوئے جو بدلے کی جگہ عفوودرگزر کی راہ اختیار کرتے ہیں۔

قرآن کے زواجر و قوارع

ممکن ہے بعض طبیعتیں یہاں ایک خدشہ محسوس کریں۔ اگر فی الحقیقت قرآن کی تمام تعلیم کا اصل اصول رحمت ہی ہے، تو پھر اس نے اپنے مخالفوں کی نسبت زجر و توبیخ کا سخت پیرایہ کیوں اختیار کیا؟

اس کا مفصل جواب تو اپنے محل میں آئے گا لیکن تکمیل بحث کے لیے ضروری ہے کہ یہاں مختصراً اشارہ کر دیا جائے۔ بلاشبہ قرآن میں ایسے مقامات موجود ہیں جہاں اس نے مخالفوں کے لیے شدت و غلظت کا اظہار کیا ہے۔ لیکن سوال یہ ہے کہ کن مخالفوں کے لیے؟ ان کے لیے جن کی مخالفت محض اختلاف فکر و اعتقاد کی مخالفت تھی؟ یعنی ایسی مخالفت جو معاندانہ اور جارحانہ نوعیت نہیں رکھتی تھی؟ ہمیں اس سے قطعاً انکار ہے۔ ہم پورے وثوق کے ساتھ کہہ سکتے ہیں کہ تمام قرآن میں شدت و غلظت کا ایک لفظ بھی نہیں مل سکتا جو اس کے طرح کے مخالفوں کے لیے استعمال کیا گیا ہو۔

اس نے جہاں کہیں بھی مخالفوں کا ذکر کرتے ہوئے سختی کا اظہار کیا ہے اس کا تمام تر تعلق ان مخالفوں سے ہے جن کی مخالفت بغض و عناد اور ظلم و شرارت کی جارحانہ معاندت تھی اور ظاہر ہے کہ اصلاح و ہدایت کی کوئی تعلیم بھی اس صورت حال سے گریز نہیں کر سکتی۔ اگر ایسے مخالفوں کے ساتھ بھی نرمی و شفقت کا ملحوظ رکھی جائے تو بلاشبہ یہ رحمت کا سلوک تو ہوگا مگر انسانیت کے لیے نہیں ہوگا۔ ظلم و شرارت کے لیے ہوگا اور یقیناً سچی رحمت کا معیار یہ نہیں ہونا چاہیے کہ ظلم و فساد کی پرورش کرے۔ ابھی چند صفحوں کے بعد تمہیں معلوم ہو گا کہ قرآن نے صفات الٰہی میں رحمت کے ساتھ عدالت کو بھی اس کی جگہ دی ہے اور سورۃ فاتحہ میں ربوبیت اور رحمت کے بعد عدالت ہی کی صفت جلوہ گر ہوئی ہے۔ یہ اسی لیے ہے کہ وہ رحمت سے عدالت کو الگ نہیں کرتا بلکہ اسے عین رحمت کا مقتضا قرار دیتا ہے۔

وہ کہتا ہے۔ تم انسانیت کے ساتھ رحم و محبت کا برتاؤ کر ہی نہیں سکتے اگر ظلم و شرارت کے لیے تم میں سختی نہیں ہے۔ انجیل میں ہم دیکھتے ہیں کہ حضرت مسیحؑ بھی اپنے زمانے کے مفسدوں کو سانپ کے بچے اور ڈاکوؤں کا مجمع کہنے پر مجبور ہوئے۔

کفر محض اور کفر جارحانہ:

قرآن نے 'کفر' کا لفظ انکار کے معنی میں استعمال کیا ہے۔ انکار دو طرح کا ہوتا ہے۔ ایک یہ کہ انکار محض ہو، ایک یہ کہ جارحانہ ہو۔ انکار محض سے مقصود یہ ہے کہ ایک شخص تمہاری تعلیم قبول نہیں کرتا۔ اس لیے کہ اس کی سمجھ میں نہیں آتی یا اس لیے کہ اس میں طلب صادق نہیں ہے یا اس لیے کہ جو راہ چل رہا ہے اسی پر قانع ہے۔ بہر حال کوئی وجہ ہو لیکن وہ تم سے متفق نہیں ہے۔

جارحانہ انکار سے مقصود وہ حالت ہے جو صرف اتنے ہی پر قناعت نہیں کرتی بلکہ اس میں تمہارے خلاف ایک طرح کی کد اور ضد پیدا ہو جاتی ہے اور پھر یہ ضد بڑھتے بڑھتے بغض و عناد اور ظلم و شرارت کی سخت سے سخت صورتیں اختیار کر لیتی ہے۔ اس طرح کا مخالف صرف یہی نہیں کرتا کہ تم سے اختلاف رکھتا ہے بلکہ اس کے اندر تمہارے خلاف بغض و عناد کا ایک غیر محدود جوش پیدا ہو جاتا ہے۔ وہ اپنی زندگی اور زندگی کی ساری قوتوں کے ساتھ تمہاری بربادی و ہلاکت کے درپے ہو جائے گا۔ تم کتنی ہی اچھی بات کہو وہ تمہیں جھٹلائے گا۔

تم کتنا ہی اچھا سلوک کرو وہ تمہیں اذیت پہنچائے گا۔ تم کہو روشنی تاریکی سے بہتر ہے تو وہ کہے تاریکی سے بہتر کوئی چیز نہیں۔ تم کہو کڑواہٹ سے مٹھاس اچھی ہے تو وہ کہے نہیں کڑواہٹ ہی میں دنیا کی سب سے بڑی لذت ہے۔

یہی حالت ہے جسے قرآن نے انسانی فکر و بصیرت کے تعطل سے تعبیر کرتا ہے اور اسی نوعیت کے مخالف ہیں جن کے لیے اس کے تمام زواجر و قوارع ظہور میں آئے ہیں:

لهم قلوب لا يفقهون بها ولهم اعين لا يبصرون بها ولهم اذان لا يسمعون بها اولئك كالانعام بل هم اضل اولئك هم الغفلون

(ان کے پاس دل ہیں مگر سوچتے نہیں، ان کے پاس آنکھیں ہیں مگر دیکھتے نہیں۔ ان کے پاس کان ہیں مگر سنتے نہیں۔ وہ ایسے ہو گئے ہیں جیسے چارپائے۔ نہیں بلکہ چارپایوں سے بھی زیادہ کھوئے ہوئے۔ بلاشبہ یہی لوگ ہیں جو غفلت میں ڈوب گئے) (۷: ۱۷۹)

ہمارے مفسر اسی دوسری حالت کو کفر و جحود سے تعبیر کرتے ہیں۔

دنیا میں جب کبھی سچائی کی کوئی دعوت ظاہر ہوئی ہے، تو کچھ لوگوں نے اسے قبول کر لیا ہے کچھ نے انکار کیا ہے لیکن کچھ لوگ ایسے ہوئے ہیں جنہوں نے اس کے خلاف طغیان و جحود اور ظلم و شرارت کی جتھا بندی کر لی ہے۔ 'قرآن کا جب ظہور ہوا تو اس نے بھی یہ تینوں جماعتیں اپنے سامنے پائیں۔' اس نے پہلی جماعت کو اپنی آغوش تربیت میں لے لیا دوسری کو دعوت و تذکیر کا مخاطب بنایا مگر تیسری

کے ظلم وطغیان پر حسب حالت و ضرورت پر زجر و توبیخ کی۔ 'اگر ایسے گروہ کے لیے بھی اس کے لب و لہجہ کی سختی رحمت کے خلاف ہے تو بلاشبہ اس معنی میں قرآن رحمت کا معترف نہیں اور یقیناً اس ترازو سے اس کی سے اس کی رحمت نہیں تولی جا سکتی۔ '

تم بار بار سن چکے ہو کہ وہ دین حق کے معنوی قوانین کو کائنات فطرت کے عام قوانین سے الگ نہیں قرار دیتا بلکہ انہی کا ایک گوشہ قرار دیتا ہے۔ 'فطرت کائنات کا اپنے فعل و ظہور کے ہر گوشے میں کیا حال ہے؟ یہ حال ہے کہ وہ اگرچہ سر تا سر رحمت ہے لیکن رحمت کے ساتھ عدالت اور بخشش کے ساتھ جزا کا قانون بھی رکھتی ہے۔ 'پس قرآن کہتا ہے، میں فطرت سے زیادہ کچھ نہیں دے سکتا۔ 'تمہاری جس مزعومہ رحمت سے فطرت کا خزانہ خالی ہے یقیناً میرے آستین و دامن میں نہیں مل سکتی:

فطرت الله التی فطر الناس علیها لا تبدیل لخلق الله ذلك الدین القیم ولکن اکثر الناس لا یعلمون

(اللہ کی فطرت جس پر اللہ نے انسان کو پیدا کیا ہے۔ 'اللہ کی بناوٹ میں کبھی تبدیلی نہیں ہو سکتی۔ 'یہی (اللہ کی ٹھہرائی ہوئی فطرت) سچا اور ٹھیک دین ہے لیکن اکثر انسان ایسے ہیں جو اس حقیقت سے بے خبر ہیں)۔ (۳۰ : ۲۹)

قرآن کے ان تمام مقامات پر نظر ڈالو جہاں اس نے سختی کے ساتھ منکروں کا ذکر کیا ہے یہ حقیقت بیک نظر واضح ہو جائے گی۔

۵۔ مٰلِكِ يَوْمِ الدِّيْنِ

ربوبیت اور رحمت کے بعد جس صفت کا ذکر کیا گیا ہے، وہ عدالت ہے، اور اس کے لیے 'مٰلِكِ يَوْمِ الدِّيْنِ' کی تعبیر اختیار کی گئی ہے۔

الدین:

سامی زبانوں کا ایک قدیم مادہ 'دان' اور 'دین' ہے جو بدلہ اور مکافات کے معنوں میں بولا جاتا تھا اور پھر آئین و قانون کے معنوں میں بھی بولا جانے لگا۔ چنانچہ عبرانی اور آرامی میں اس کے متعدد مشتقات ملتے ہیں۔ آرامی زبان ہی سے غالباً یہ لفظ قدیم ایران میں بھی پہنچا اور پہلو میں 'دینیہ' نے شریعت وہ قانون کا مفہوم پیدا کر لیا۔ خورد اوستا میں ایک سے زیادہ موقع پر یہ لفظ مستعمل ہوا ہے اور زردشتیوں کی قدیم ادبیات میں انشاء و کتابت کے آئین و قواعد کو بھی 'دین دبیرہ' کے نام سے موسوم کیا ہے۔ علاوہ بریں زردشتیوں کی ایک مذہبی کتاب کا نام 'دین کارت' ہے جو غالباً نویں صدی مسیحی میں عراق کے ایک موجد نے مرتب کی تھی۔

بہر حال عربی میں 'الدین' کے معنی بدلہ اور مکافات کے ہیں۔ خواہ اچھائی کا ہو خواہ برائی کا:

ستعلم ليلى اى دين تداينت

واى غريم في التقاضى غريمها

پس مٰلِكِ يَوْمِ الدِّيْنِ کے معنی ہوئے وہ جو جزا کے دن کا حکمراں ہے یعنی روز قیامت کا۔ اس سلسلے میں کئی باتیں قابل غور ہیں:

'دین' کے لفظ نے جزا کی حقیقت واضح کردی:

اولاً قرآن نے نہ صرف اس موقع پر بلکہ عام طور پر جزا کے لیے 'الدین' کا لفظ اختیار کیا اور اسی لیے وہ قیامت کو بھی عموماً یوم الدین سے تعبیر کرتا ہے۔ یہ تعبیر اس لیے اختیار کی گئی کہ جزا کے بارے میں جو اعتقاد پیدا کرنا چاہتا تھا اس کے لیے یہی تعبیر سب سے زیادہ موزوں اور واقعی تعبیر تھی وہ جزا کو اعمال کا قدرتی نتیجہ اور مکافات قرار دیتا ہے۔

نزول قرآن کے وقت پیروان مذاہب کا عالمگیر اعتقاد یہ تھا کہ جزا محض خدا کی خوشنودی اور اس کے قہر و غضب کا نتیجہ ہے۔ اعمال کے نتائج کو اس میں داخل نہیں۔ الوہیت اور شاہیت کا تشابہ تمام مذہبی تصورات کی طرح اس معاملے میں بھی گمراہی فکر کا موجب ہوا تھا۔ لوگ دیکھتے تھے کہ ایک مطلق العنان بادشاہ کبھی خوش ہوکر انعام واکرام دینے لگتا ہے، کبھی بگڑ کر سزائیں دینے لگتا ہے اس لیے خیال کرتے تھے کہ خدا بھی ایسا ہی حال ہے وہ کبھی ہم سے خوش ہوجاتا ہے کبھی غیظ و غضب میں آجاتا ہے۔ طرح طرح کی قربانیوں اور چڑھاووں کی رسم اسی اعتقاد سے پڑی تھی۔ لوگ دیوتاؤں کا جوش غضب ٹھنڈا کرنے کے لیے قربانیاں کرتے اور ان کی نظر التفات حاصل کرنے کے لیے نذریں چڑھاتے۔ یہودیوں اور عیسائیوں کا عام تصور دیوبانی تصورات سے بلند ہوگیا تھا لیکن جہاں تک اس معاملے کا تعلق ہے ان کے تصور نے بھی کوئی وقیع ترقی نہیں کی تھی۔ یہودی بہت سے دیوتاؤں کی جگہ خاندان اسرائیل کا ایک خدا مانتے تھے لیکن پرانے دیوتاؤں کی طرح یہ خدا بھی شاہی اور مطلق العنانی کا خدا تھا۔ وہ کبھی خوش ہوکر انہیں اپنی چہیتی قوم بنا لیتا۔ کبھی جوش انتقام میں آکر بربادی وہ ہلاکت کے حوالے کردیتا۔ عیسائیوں کا اعتقاد تھا کہ آدم کے گناہ کی وجہ سے اس کی پوری نسل مغضوب ہوگئی اور جب تک خدا نے اپنی صفت ابنیت کو بشکل مسیحؑ قربان نہیں کردیا اس کے نسلی گناہ اور مغضوبیت کا کفارہ نہ ہوسکا۔

مجازات عمل کا معاملہ بھی دنیا کے عالمگیر قانون فطرت کا ایک گوشہ ہے:

لیکن قرآن نے جزاو سزا کا اعتقاد ایک دوسری ہی شکل و نوعیت کا پیش کیا ہے۔ وہ اسے خدا کا کوئی ایسا فعل نہیں قرار دیتا جو کائنات ہستی کے عام قوانین و نظام سے الگ ہو بلکہ اسی کا ایک قدرتی گوشہ قرار دیتا ہے۔ وہ کہتا ہے، کائنات ہستی کا عالمگیر قانون یہ ہے کہ ہر حالت کوئی نہ کوئی اثر رکھتی ہے اور ہر چیز کا کوئی نہ کوئی خاصہ ہے۔ ممکن نہیں یہاں کوئی شئے اپنا وجود رکھتی ہو اور اثرات و نتائج کے سلسلہ سے باہر

ہو۔ پس جس طرح خدا نے اجسام و مواد میں خواص و نتائج رکھتے ہیں اسی طرح اعمال میں بھی خواص و نتائج ہیں اور جس طرح جسم انسانی کے قدرتی انفعالات ہیں اسی طرح روح انسانی کے لیے بھی قدرتی انفعالات ہیں۔ جسمانی موثرات جسم پر مرتب ہوتے ہیں۔ معنوی موثرات سے روح متاثر ہوتی ہے۔ اعمال کے یہی قدرت خواص و نتائج ہیں جنہیں جزا و سزا سے تعبیر کیا گیا ہے۔ اچھے عمل کا نتیجہ اچھائی ہے اور یہ ثواب ہے۔ برے عمل کا نتیجہ برائی ہے۔ اور یہ عذاب ہے۔ ثواب اور عذاب کے ان اثرات کی نوعیت کیا ہوگی؟ وحی الٰہی نے ہماری فہم و استعداد کے مطابق اس کا نقشہ کھینچا ہے۔ اس نقشہ میں ایک مرقع بہشت کا ہے ایک دوزخ کا۔ بہشت کے نعائم ان کے لیے ہیں جن کے اعمال بہشتی ہوں گے۔ دوزخ کی عقوبتیں ان کے لیے ہیں جن کے اعمال دوزخی ہوں گے۔

لایستوی اصحاب النار واصحاب الجنة ہم الفائزون

(اصحاب جنت اور اصحاب دوزخ (اپنے اعمال و نتائج میں) یکساں نہیں ہوسکتے۔ کامیاب انسان وہی ہیں جو اصحاب جنت ہیں) (۵۹ : ۲۰)

جس طرح مادیات میں خواص و نتائج ہیں، اسی طرح معنویات میں بھی ہیں:

وہ کہتا ہے تم دیکھتے ہو کہ فطرت ہر گوشہ وجود میں اپنا قانون مکافات رکھتی ہے۔ ممکن نہیں کہ اس میں تغیر یا تساہل ہو۔ فطرت نے آگ میں یہ خاصہ رکھا ہے کہ جلائے۔ اب سوزش و تپش فطرت کی وہ مکافات ہوگئی جو ہر اس انسان کے لیے ہے جو آگ کے شعلوں میں ہاتھ ڈال دے۔ ممکن نہیں کہ تم آگ میں کود و اور اس فعل کے مکافات سے بچ جاؤ۔ پانی کا خاصہ ٹھنڈک اور رطوبت ہے۔ ٹھنڈک اور رطوبت وہ مکافات ہے جو فطرت نے پانی میں ودیعت کر دی ہے۔ اب ممکن نہیں کہ تم دریا میں اترو اور اس مکافات سے بچ جاؤ۔ پھر جو فطرت کائنات ہستی کی ہر چیز اور ہر حالت میں مکافات رکھتی ہے کیونکر ممکن ہے کہ انسان کے اعمال کے لیے مکافات نہ رکھے؟ یہی مکافات جزا و سزا ہے۔

آگ جلاتی ہے پانی یا ٹھنڈک پیدا کرتا ہے، سنکھیا کھانے سے موت، دودھ سے طاقت آتی ہے۔ کونین سے بخار رک جاتا ہے۔ جب اشیا کی ان تمام مکافات پر تمہیں تعجب نہیں ہوتا کیونکہ یہ تمہاری زندگی کی یقینیات ہیں تو پھر اعمال کے مکافات پر کیوں تعجب ہوتا ہے؟ افسوس تم پر، تم اپنے فیصلوں میں کتنے ناہموار ہو!

تم گیہوں بوتے ہواور تمہارے دل میں کبھی یہ خدشہ نہیں گزرتا کہ گیہوں پیدا نہیں ہوگا۔ اگر کوئی تم سے کہے کہ ممکن ہے گیہوں کی جگہ جوار پیدا ہوجائے، تو تم اسے پاگل سمجھوگے۔ کیوں؟ اس لیے کہ فطرت کے قانون مکافات کا یقین تمہاری طبیعت میں راسخ ہوگیا ہے۔ تمہارے وہم وگمان میں بھی یہ خطرہ نہیں گزر سکتا کہ فطرت گیہوں لے کراس کے بدلے میں جوار دے دے گی۔ اتنا ہی نہیں بلکہ تم یہ بھی نہیں مان سکتے کہ اچھے قسم کا گیہوں لے کر برے قسم کا گیہوں دے گی تم جانتے ہو کہ وہ بدلہ دینے میں قطعی اور شک وشبہ سے بالاتر ہے۔ پھر بتلاؤ کہ جو فطرت گیہوں کے بدلے گیہوں اور جوار کے بدلے جوار دے رہی کیونکر ممکن ہے کہ اچھے عمل کے بدلے اچھا اور برے عمل کے بدلے برا نتیجہ نہ رکھتی ہو؟

أَمْ حَسِبَ الَّذِينَ اجْتَرَحُوا السَّيِّئَاتِ أَن نَّجْعَلَهُمْ كَالَّذِينَ آمَنُوا وَعَمِلُوا الصَّالِحَاتِ سَوَاءً مَّحْيَاهُمْ وَمَمَاتُهُمْ ۚ سَاءَ مَا يَحْكُمُونَ)۲۱) وَخَلَقَ اللَّهُ السَّمَاوَاتِ وَالْأَرْضَ بِالْحَقِّ وَلِتُجْزَىٰ كُلُّ نَفْسٍ بِمَا كَسَبَتْ وَهُمْ لَا يُظْلَمُونَ (۲۲)

(جو لوگ برائیاں کرتے ہیں، کیا وہ سمجھتے ہیں ہم انھیں ان لوگوں جیسا کردیں گے جو ایمان رکھتے ہیں اور جن کے اعمال اچھے ہیں دونوں برابر ہوجائیں، زندگی میں بھی اور موت میں بھی (اگر ان لوگوں کی فہم و دانش کا یہی فیصلہ ہے تو) افسوس ان کے فیصلے پر اور اللہ نے آسمان و زمین کو (بے کار اور عبث نہیں بنایا ہے بلکہ) حکمت و مصلحت کے ساتھ بنایا ہے اور اس لیے بنایا ہے کہ ہر جان کو اس کی کمائی کے مطابق بدلا ملے، اور یہ بدلا ٹھیک ٹھیک ملے گا، کسی پر ظلم نہیں کیا جائے گا۔) (۴۵: ۲۱،۲۲)

چنانچہ یہی وجہ ہے کہ قرآن نے جزا و سزا کے لیے 'الدین' کا لفظ اختیار کیا، کیونکہ مکافات عمل کا مفہوم ادا کرنے کے لیے سب سے موزوں لفظ یہی تھا۔

اصلاح قرآنی میں "کسب"

اور پھر یہی وجہ ہے کہ ہم دیکھتے ہیں اس نے اچھے برے کام کرنے کو جابجا کسب کے لفظ سے تعبیر کیا ہے۔ 'کسب' کے معنی عربی میں ٹھیک ٹھیک وہی ہیں جو اردو میں 'کمائی' کے ہیں یعنی ایسا کام جس کے نتیجے سے تم کوئی فائدہ حاصل کرنا چاہو، اگرچہ فائدے کی جگہ نقصان بھی ہوجائے۔ مطلب یہ ہوا کہ انسان کے لیے جزا و سزا خود انسان ہی کی کمائی ہے۔ جیسی کسی کی کمائی ہوگی ویسا ہی نتیجہ پیش آئے گا۔ اگر

ایک انسان نے اچھے کام کر کے اچھی کمائی کر لی ہے تو اس کے لیے اچھائی ہے۔ اگر کسی نے برائی کر کے برائی کمالی تو اس کے لیے برائی ہے۔

كُلُّ امْرِئٍ بِمَا كَسَبَ رَهِينٌ

(ہر انسان اس نتیجے کے ساتھ جو اس کی کمائی ہے، بندھا ہوا ہے)۔ (۵۱ : ۲۱)

سورۃ بقرہ میں جزا و سزا کا قاعدہ کلیہ بتا دیا۔

لَهَا مَا كَسَبَتْ وَعَلَيْهَا مَا اكْتَسَبَتْ

(ہر انسان کے لیے وہی ہے جیسی کچھ اس کی کمائی ہوگی) (۲ : ۲۶۸)

جو کچھ اسے پانا ہے وہ بھی اس کی کمائی ہے اور جس کے لیے جواب دہ ہوتا ہے وہ بھی اس کی کمائی ہے۔

اسی طرح قوموں اور جماعتوں کی نسبت ایک عام قاعدہ بتا دیا :

تِلْكَ أُمَّةٌ قَدْ خَلَتْ ۖ لَهَا مَا كَسَبَتْ وَلَكُم مَّا كَسَبْتُمْ ۖ وَلَا تُسْأَلُونَ عَمَّا كَانُوا يَعْمَلُونَ

(یہ ایک امت تھی جو گزر چکی۔ اس کے لیے وہ نتیجہ تھا جو اس نے کمایا اور تمہارے لیے وہ نتیجہ ہے جو تم کماؤ گے۔ تم سے اس کی پوچھ کچھ نہیں ہوگی کہ ان لوگوں کے اعمال کیسے تھے؟) (۲ : ۱۳۴)

مَّنْ عَمِلَ صَالِحًا فَلِنَفْسِهِ ۖ وَمَنْ أَسَاءَ فَعَلَيْهَا:

علاوہ بریں صاف صاف لفظوں میں جا بجا یہ حقیقت واضح کر دی کہ اگر دین الٰہی نیک عمل کی ترغیب دیتا ہے اور بد عملی سے روکتا ہے تو یہ صرف اس لیے ہے کہ انسان نقصان و ہلاکت سے بچے اور نجات و سعادت حاصل کرے، یہ بات نہیں ہے کہ خدا کا غضب و قہر سے عذاب دینا چاہتا ہو اور اس سے بچنے کے لیے مذہبی ریاضتوں اور عبادتوں کی ضرورت ہو۔

مَّنْ عَمِلَ صَالِحًا فَلِنَفْسِهِ ۖ وَمَنْ أَسَاءَ فَعَلَيْهَا ۗ وَمَا رَبُّكَ بِظَلَّامٍ لِّلْعَبِيدِ

(جس کسی نے نیک کام کیا اپنے لیے کیا اور جس کسی نے برائی کی تو خود اسی کے آگے آئے گی۔ اور ایسا نہیں ہے کہ تمہارا پروردگار اپنے بندوں کے لیے ظلم کرنے والا ہو)۔ (۴۱ : ۴۶)

ایک مشہور حدیث قدسی میں اسی حقیقت کی طرف اشارہ کیا ہے۔

یا عبادی! لو ان اولکم وآخرکم والسکم وجنکم کانوا علیٰ اتقی قلب رجل واحد منکم، ما زادفی ملکی شینا۔ یا عبادی! لو ان اولکم وآخرکم ووانسکم وجنکم کانو اعلی افجر قلب رجل واھد منکم، مانقص ذالك من ملکی شینا یا عبادی! لو ان اولکم اآکرکم وانسکم وجنکم قاموا فی صعید واحد فسالونی فاعطیت کل انسان مسالته، ما نقص ذلك مما عندی الا کما ینقص المخیط اذا ادخل البحر، یا عبادی! انماھی اعمالکم احسیھالکم ثم اوفیکم ایاھا۔ فمن وجد خیرا فلیحمدالله، ومن وجد غیر ذلك فلا یلومن الا نفسه (مسلم عن ابی)

(اے میرے بندو! اگر تم میں سب انسان جو پہلے گزر چکے اور وہ سب جو بعد کو پیدا ہوں گے اور تمام انس اور تمام جن اس شخص کی طرح نیک ہو جاتے جو تم میں سے سب سے زیادہ متقی ہے۔ تو یاد رکھو! اس سے میری خداوندی میں کچھ بھی اضافہ نہ ہوتا۔ اے میرے بندو! اگر وہ سب جو پہلے گزر چکے اور وہ سب جو بعد کو پیدا ہوں گے اور تمام انس اور تمام جن اس شخص کی طرح بدکار ہو جاتے جو تم میں سب سے بدکار ہے، تو اس سے میری خداوندی میں کچھ نقصان نہیں ہوتا۔ اے میرے بندو! اگر وہ سب جو پہلے گزر چکے اور وہ سب جو بعد کو پیدا ہوں گے ایک مقام پر جمع ہو کر مجھ سے سوال کرتے اور میں ہر انسان کو اس کی منہ مانگی مراد بخش دیتا تو میری رحمت و بخشش کے خزانے میں اس سے زیادہ کمی نہ ہوتی جتنی کہ سوئی کے ناکے جتنا پانی نکل جانے سے سمندر میں ہو سکتی ہے۔ اسے میرے بندو! یاد رکھو! یہ تمہارے اعمال ہی ہیں جنھیں میں تمہارے لیے انضباط اور نگرانی میں رکھتا ہوں اور پھر انہیں کے نتائج بغیر کسی کمی بیشی کے تمہیں واپس دیتا ہوں۔ پس جو کوئی تم میں اچھائی پائے چاہئیے کہ اللہ کی حمد و ثنا کرے۔ اور جس کسی کو برائی پیش آئے تو چاہئیے کہ خود اپنے وجود کے سوا کسی کو ملامت نہ کرے۔)

یہاں یہ خدشہ کسی کے دل میں واقع نہ ہو کہ خود قرآن نے بھی تو جا بجا خدا کی خوش نودی اور رضا مندی کا ذکر کیا ہے۔ بلاشبہ کیا ہے، اتنا ہی نہیں بلکہ وہ انسان کی نیک عملی کا اعلیٰ درجہ یہی قرار دیتا ہے کہ جو کچھ کرے اللہ کہ کوش نودی کے لئے کرے۔ لیکن خدا کے جس رضا اور غضب کا وہ اثبات کرتا ہے وہ جزا و سزا کی علت نہیں ہے بلکہ جزا و سزا کا قدرتی نتیجہ ہے یعنی یہ نہیں کہتا کہ جزا و سزا محض خدا کی خوش نودی

اور ناراضی کا کا نتیجہ ہے، نیک و بد اعمال کا نتیجہ نہیں ہے بلکہ وہ کہتا ہے کہ جزا و سزا تمام تر انسان کے اعمالی کا نتیجہ ہے اور خدا نیک عمل سے خوش نود ہوتا ہے بد عملی ناپسند کرتا ہے۔ ظاہر ہے کہ یہ تعلیم قدیمی اعتقاد سے نہ صرف مختصر ہے بلکہ یکسر متضاد ہے۔

بہر حال جزا و سزا کی اس حقیقت کے لیئے 'الدین' کا لفظ نہایت موزون لفظ ہے اور تمام گمراہوں کی راہ بند کر دیتا ہے جو اس بارے میں پھیلی ہوئی تھیں۔ سورہ فاتحہ میں مجرد اس لفظ کے استعمال نے جزا و سزا کی اصلی حقیقت لوگوں پر آشکارا کر دی۔

الدین بمعنیٰ قانون و مذہب:

ثانیاً یہی وجہ ہے کہ مذہب اور قانون کے لیئے 'الدین' کا لفظ استعمال کیا گیا۔ کیونکہ مذہب کا بنیادی اعتقاد مکافات عمل کا اعتقاد ہے اور قانون کی بنیاد بھی تعزیر و سیاست پر ہے۔ سورہ یوسف میں جہاں یہ واقعہ بیان کیا ہے کہ حضرت یوسف علیہ السلام نے اپنے چھوٹے بھائی کو اپنے پاس روک لیا تھا وہاں فرمایا:

مَا كَانَ لِيَأْخُذَ أَخَاهُ فِي دِينِ الْمَلِكِ إِلَّآ أَن يَشَآءَ اللّٰهُ (۷۶:۱۲)

(وہ بادشاہ (مصر) کے قانون کی رو سے ایسا نہیں کر سکتا تھا کہ اپنے بھائی کو روک لے، مگر وہاں اسی صورت میں کہ اللی کو (اس کی راہ نکال دینا) منظور ہوتا)۔

یہاں بادشاہ مصر کے 'دین' سے مقصود اس کا قانون ہے۔

ملك يوم الدين میں عدالت الٰہی کا اعلان ہے:

ثالثاً یہاں ربوبیت اور رحمت کے بعد صفات قہر و جلال میں کسی صفت کا ذکر نہیں کیا گیا بلکہ 'مالک یوم الدین' کی صفات بیان کی گئی جس عدالت الٰہی کا تصور ہمارے ذہن میں پیدا ہو جاتا ہے اس سے معلوم ہوا کہ قرآن نے خدا کی صفات کا جو تصور قائم کیا ہے اس میں قہر و غضب کے لیئے کوئی جگہ نہیں۔

البتہ عدالت ضرور ہے اور صفات قہر جس قدر بیان کی گئی ہیں دراصل اسی کے مظاہر ہیں۔

فی الحقیقت صفات الٰہی کے تصور کا یہی مقام ہے جہاں فکر انسانی نے ہمیشہ ٹھوکر کھائی۔ یہ ظاہر ہے کہ فطرت کائنات ربوبیت و رحمت کے ساتھ اپنے مجاز بھی رکھتی ہے اور اگر ایک طرف اس میں پرورش و بخشش ہے تو دوسری طرف مواخذہ و مکافات بھی ہے۔ فکر انسانی کے لئے فیصلہ طلب سوال یہ تھا کے فطرت کے مجازات اس کے قہر و غضب کا نتیجہ ہیں یا عدل و قسط کے؟ اس کا فکر نارسا عدل و قسط کی حقیقت معلوم نہ کر سکا۔ اس نے مجازات کو قہر و غضب پر محمول کر لیا اور یہیں سے خدا کی صفات میں خوف و دہشت کا تصور پیدا ہو گیا۔ حالانکہ اگر وہ فطرت کائنات کو زیادہ قریب ہو کر دیکھ سکتا تو معلوم کر لیتا کہ جن مظاہر کو قہر و غضب پر محمول کر رہا ہے وہ قہر و غضب کا نتیجہ نہیں ہیں بلکہ عین مقتضاء رحمت ہیں۔ اگر فطرت کائنات میں مکافات کا مواخذہ نہ ہوتا یا تعمیر کی تحسین و تکمیل کے لئے تخریب نہ ہوتی تو میزان عدل قائم نہ رہتا اور تمام نظام درہم برہم ہو جاتا۔

کارخانہ ہستی کے تین معنوی عناصر: ربوبیت، رحمت، عدالت:

رابعاً جس طرح کارخانہ خلقت اپنے وجود و بقا کے لئے ربوبیت اور رحمت کا محتاج ہے اسی طرح عدالت کا بھی محتاج ہے۔ یہی تین معنوی عناصر ہیں جن سے خلقت و ہستی کا قوام ظہور میں آیا ہے۔ ربوبیت پرورش کرتی ہے رحمت افادہ و فیضان کا سرچشمہ ہے اور عدالت سے بناؤ اور خوبی ظہور میں آتی اور نقصان فساد کا ازالہ ہوتا ہے۔

تعمیر و تحسین کے تمام حقائق دراصل عدل و توازن کا نتیجہ ہیں:

تم نے ابھی ربوبیت اور رحمت کے مقامات کا مشاہدہ کیا ہے۔ اگر ایک قدم آگے بڑھو تو اسی عدالت کا مقام نمودار ہو جائے۔ تم دیکھو گے کہ اس کارخانہ ہستی میں بناؤ سلجھاؤ، خوبی اور جمال میں سے جو کچھ بھی ہے اس کے سوا کچھ نہیں ہے کہ عدل و توازن کی حقیقت کا ظہور ہے۔ ایجاب و تعمیر کو تم اس کی بے شمار شکلوں میں دیکھتے ہو اور اس لئے، بے شمار ناموں سے پکارتے ہو لیکن اگر حقیقت کا سراغ لگاؤ تو دیکھ لو گے کے ایجابی حقیقت یہاں صرف ایک ہی ہے اور وہ عدل و اعتدال ہے۔

'عدل' کے معنی ہیں برابر ہونا زیادہ نہ ہونا۔ اسی لئے معاملات اور قضایا میں فیصلہ کر دینے کو عدالت کہتے ہیں کہ حاکم دو فریقوں کی باہم دگر زیادتیاں دور کر دیتا ہے۔ ترازو کی تول کو بھی معادات کہتے ہیں۔ کیونکہ وہ دونوں پلوں کا وزن برابر کر دیتا ہے۔ یہی عدالت جب اشیاء میں نمودار ہوتی ہے تو ان کی کمیت اور کیفیت میں تناسب پیدا کر دیتی ہے۔ ایک جزو کا دوسرے جزو سے کمیت یا کیفیت میں مناسب و موزوں ہونا عدالت ہے۔

اب غور کرو! کارخانہ ہستی میں بناؤ اور خوبی کے جس قدر مظاہر ہیں کس طرح اسی حقیقت سے ظہور میں آئے ہیں؟ وجود کیا ہے؟ حکیم بتاتا ہے کے عناصر کی ترکیب کا اعتدال ہے۔ اگر اس اعتدالی حالت میں ذرا بھی فتور واقع آ جائے، وجود کی نمود معدوم ہو جائے! جسم کیا ہے؟ جسمانی مواد کی ایک خاص اعتدالی حالت ہے۔ اگر اس کا کوئی ایک جز بھی غیر معتدل ہو جائے، جسم کی حیثیت ترکیبی بگڑ جائے۔ صحت و تندرستی کیا ہے؟ اخلاط کا اعتدال ہے۔ جہاں اس کا قوام بگڑا صحت میں انحراف ہوگیا۔ ۔ حسن و جمال کیا ہے؟ تناسب و اعتدال کی ایک کیفیت ہے۔ اگر انسان میں ہے تو خوب صورت انسان ہے۔ نباتات میں ہے پھول ہے۔ عمارت میں ہے تو تاج محل ہے۔ نغمہ حلاوت کیا ہے؟ سروں کی ترکیب کا تناسب و اعتدال۔ اگر ایک سُر بھی بے میل ہوا نغمے کی کیفیت جاتی رہی۔

پھر کچھ اشیاء و اجسام ہی پر موقوف نہیں، کارخانہ ہستی کا تمام نظام ہی عدل و توازن پر قائم ہے۔ اگر ایک لمحہ کے لئے یہ حقیقت غیر موجود ہو جائے تو تمام نظام عالم درہم برہم ہو جائے۔ یہ کیا بات ہے؟ کہ نظام شمسی کا ہر کرہ اپنی اپنی جگہ پر معلق ہے، اپنے اپنے دائروں میں حرکت کر رہا ہے اور ایسا کبھی نہیں ہوتا کہ ذرا بھی انحراف و میلان واقع ہو؟ یہی عدالت کا قانون ہے جس نے سب کو ایک خاص نظم کے ساتھ جکڑبند کر رکھا ہے۔ تمام کرے اپنی اپنی کشش رکھتے ہیں اور ان کے مجموعی جذب و انجذاب کے توازن سے ایسی حالت پیدا ہو گئی ہے کہ ہر کرہ اپنی جگہ قائم و معلق ہے۔ اگر کوئی کرہ اس قانون عدالت سے باہر ہو جائے تو معاً دوسرے کروں سے ٹکرا جائے اور تمام نظام شمسی مختل ہو جائے۔

اعداد کے تناسب کی عظیم الشان صداقت جس پر ریاضی اور حساب کے تمام حقائق کا دارومدار ہے یہی عدل و تعادل کی حقیقت ہے۔ جس دن یہ حقیقت ذہن انسانی پر کھلی تھی، علوم و معارف کے تمام دروازے باز ہو گئے تھے۔

وضع میزان:

چنانچہ قرآن نے اس حقیقت کی طرف جا بجا اشارات کئے ہیں :

وَالسَّمَاءَ رَفَعَهَا وَوَضَعَ الْمِيزَانَ ۙ أَلَّا تَطْغَوْا فِي الْمِيزَانِ

اور اس نے بلند کر دیا اور (اجرام سماویہ کے قیام کے لئے قانون عدالت کا) میزان بنا دیا تاکہ تم تولنے میں کمی بیشی نہ کرو۔ (۵۵: ۷۔۸)

یہ 'المیزان' یعنی ترازو کیا ہے ؟ تعادل و توازن کا قانون ہے جو تمام اجرام سماویہ کو ان کی مقررہ جگہ میں تھامے ہوئے ہے۔ اور کبھی ایسا نہیں ہو سکتا کہ اس کے توازن کا پلڑا کسی ایک طرف جھک پڑے۔ اجرام سماویہ کا یہ وہ غیر مرئی ستون ہے جس کی نسبت سورہ رعد میں فرمایا :

اللّٰهُ الَّذِي رَفَعَ السَّمَاوَاتِ بِغَيْرِ عَمَدٍ تَرَوْنَهَا

اللہ جس نے آسمانوں کو (اجرام سماویہ کو) بغیر ستون کے بلند کر دیا ہے اور تم اس کی یہ حکمت دیکھ رہے ہو۔ (۱۳: ۲)

اور سورہ لقمان میں بھی اسی کی طرف اشارہ کیا ہے :

خَلَقَ السَّمَاوَاتِ بِغَيْرِ عَمَدٍ تَرَوْنَهَا

اس نے آسمانوں کو (یعنی اجرام سماویہ کو) پیدا کیا اور تم دیکھ رہے ہو کہ کوئی ستون انہیں تھامے ہوئے نہیں ہے۔ (۳۱: ۱۰)

یہ کہنا ضروری نہیں کہ عدل و تعادل کی حقیقت سمجھانے کے لئے میزان یعنی ترازو سے بہتر کوئی عام فہم اور دل نشین تعبیر نہیں ہو سکتی تھی۔

اسی طرح سورۂ آلِ عمران کی مشہور آیت شہادت میں قائمًا بالقسط (۳: ۱۸) کہہ کر اسی حقیقت کی طرف اشارہ کیا ہے یعنی کائنات خلقت میں اس کے تمام کام عدالت کے ساتھ قائم ہیں اور اس نے قیامِ ہستی کے لئے یہی قانون ٹھہرا دیا ہے۔

اعمالِ انسانی کا عدل و قسط پر مبنی ہونا قرآن کی اصطلاح میں عملِ صالح ہے

قرآن کہتا ہے کہ جب عدالت کا یہ قانون کائنات خلقت کے ہر گوشہ میں نافذ ہے تو کیونکر ممکن ہے کے انسان کے افکار و اعمال کیلئے بے اثر ہو جائے۔

پس اس گوشے میں بھی وہی عمل مقبول ہوتا ہے جو افراط و تفریط اور میل و انحراف کی جگہ فطرت کے عدل و قسط پر مبنی ہوتا ہے۔ اگر تعمیر و جمال کے سینکڑوں ناموں سے تمہیں مغالطہ نہیں ہوتا اور یہ بات پالیتے ہو کہ ان سب میں اصل حقیقت ایک ہی ہے اور وہ عدالت ہے تو اس گوشے میں ایک ایمان و عمل کی اصطلاح سے تمہیں کیوں توحش ہو اور کیوں بے تحاشہ انکار کر بیٹھو؟

أَفَغَيْرَ دِينِ اللهِ يَبْغُونَ وَلَه أَسْلَمَ مَن فِي السَّمَاوَاتِ وَالأَرْضِ طَوْعًا وَكَرْهًا وَإِلَيْهِ يُرْجَعُونَ

کیا یہ لوگ چاہتے ہیں کہ اللہ کا ٹھہرایا ہوا دین چھوڑ کر دوسرا دین تلاش کریں؟ حالانکہ آسمان اور زمین میں جو کوئی بھی ہے سب اس کے حکم کی اطاعت کر رہے ہیں خوشی سے ہو یا ناخوشی سے۔ (مگر سب کے لئے چلنا اسی کے ٹھہرائے ہوئے قانون پر ہے) اور بالآخر سب اسی کی طرف لوٹنے والے ہیں۔ (۳:۸۳)

بد عملی کے لئے قرآن کے اختیارات لغویہ

یہی وجہ ہے کہ قرآن نے بد عملی اور برائی کے لئے جتنی تعمیرات اختیار کی ہیں سب ایسی ہیں کہ اگر ان کے معانی پر غور کیا جائے تو عدل و توازن کی ضد اور مخالف ثابت ہوں گی۔ گویا قرآن کے نزدیک برائی کی حقیقت اس کے علاوہ کچھ نہیں ہے کہ حقیقت عدل سے انحراف ہو مثلاً ظلم، طغیان، اسرافِ تبذیر، افساد، اعتداء، عدوان و غیر ذلک ظلم کے معنی وضع الشئی فی غیر موضعہ۔ یعنی جو بات جس جگہ ہونی چاہیے وہاں نہ ہو بے محل ہو" تو لغت میں اس حالت کو ظلم کہیں گے، اسی لیے قرآن نے شرک کو ظلم عظیم کہا ہے۔ کیونکہ اس سے زیادہ کوئی بے محل بات نہیں ہو سکتی۔ اور یہ ظاہر ہے کہ کسی چیز کا اپنی صحیح جگہ میں نہ ہونا، ایک ایسی حالت ہے جو حقیقت عدل کے عین منافی ہے۔

طغیان کے معنی ہیں کسی چیز کا اپنی حد سے گزر جانا، دریا کا پانی اپنی حد سے گزر جانا، دریا کا پانی اپنی حد سے بلند ہو جاتا ہے تو کہتے ہیں 'طغی الماء' ظاہر ہے کہ حد سے تجاوز عین عدالت کی ضد ہے۔

اسراف سرف سے ہے سرف کے معنی یہ ہیں کہ 'جو چیز جتنی مقدار میں جہاں خرچ کرنی چاہیے، اس سے زیادہ خرچ کر دی جائے۔'

تبذیر کے معنی کسی چیز کو ایسی جگہ خرچ کرنا ہے جہاں خرچ نہیں کرنا چاہیے۔ اسراف اور تبذیر میں مقدار اور محل کا فرق ہوا۔ کھانے میں خرچ کرنا خرچ کا صحیح محل ہے لیکن اگر ضرورت سے زیادہ خرچ کیا جائے تو یہ اسراف ہوگا۔ دریا میں روپیہ پھینک دینا روپیہ خرچ کرنے کا صحیح محل نہیں ہے۔ اگر تم روپیہ پانی میں پھینک دو تو یہ فعل تبذیر ہوگا۔ دونوں صورتیں عدالت کے منافی ہیں کیونکہ حقیقت عدل مقدار اور محل دونوں میں تناسب چاہتی ہے۔

فساد کے معنی ہی خروج الشئی عن الاعتدال کے ہیں یعنی کسی چیز کا حالت اعتدال سے باہر ہو جانا۔ 'اعتداء' اور 'عنوان' ایک ہی مادہ سے ہیں اور دونوں کے معنی حد سے گزر جانا ہے۔

قرآن اور صفات الٰہی کا تصور

قرآن نے خدا کی صفات کا جو تصور قائم کیا ہے سورۃ فاتحہ اس کی سب سے پہلی رونمائی ہے۔ ہم اس مرقع میں وہ شبیہ دیکھ سکتے ہیں جو قرآن نے نوع انسانی کے سامنے پیش کی ہے۔ یہ ربوبیت، رحمت اور عدالت کی شبیہ ہے۔ انہی تین صفتوں کے تفکر سے ہم اس کے تصور الٰہی کی معرفت حاصل کرسکتے ہیں۔

خدا کا تصور ہمیشہ انسان کی روحانی و اخلاقی زندگی کا محور رہا ہے۔ یہ بات کہ ایک مذہب کا معنوی اور نفسیاتی مزاج کیسا ہے اور وہ اپنے پیرووں کے لیے کس طرح کے اثرات رکھتا ہے، صرف یہ بات دیکھ کر معلوم کرلی جاسکتی ہے کہ اس کے تصور الٰہی کی نوعیت کیا ہے؟

انسان کا ابتدائی تصور:

جب انسان کے تصورات الوہیت کا ان کے مختلف عہدوں میں مطالعہ کرتے ہیں، تو ہمیں ان کے تغیرات کی رفتار کچھ عجیب طرح کی دکھائی دیت ہے اور تعلیل و توجیہ کے عام اصول کام نہیں دیتے۔ موجودات خلقت کے ہر گوشہ میں تدریجی ارتقا Evolution کا قانون کام کرتا ہے اور انسان کا جسم بتدریج ترقی کرتا ہوا نچلی کڑیوں سے اونچی کڑیوں تک پہنچا۔ اسی طرح اس کے دماغی تصورات بھی نچلے درجوں سے بلند ہوتے ہوئے بتدریج اونچے درجوں تک پہنچے لیکن جہاں تک خدا کی ہستی کے تصورات کا تعلق ہے معلوم ہوتا ہے کہ صورت حال اس سے بالکل برعکس رہی اور ارتقا کی جگہ ایک طرح کے تنزل یا ارتجاع کا قانون یہاں کام کرتا رہا۔ ہم جب ابتدائی عہد کے انسانوں کا سراغ لگاتے ہیں تو ہمیں ان کے قدم آگے بڑھنے کی جگہ پیچھے ہٹتے دکھائی دیتے ہیں۔

انسانی دماغ کا کا سب سے زیادہ پرانا تصور جو قدامت کی تاریکی میں چمکتا ہے وہ توحید کا تصور ہے۔ یعنی صرف ایک ان دیکھی اور اعلی ہستی کا تصور جس نے انسان کو اور ان تمام چیزوں کو جنہیں وہ اپنے چاروں طرف دیکھ رہا تھا پیدا کیا۔ لیکن پھر اس کے بعد ایسا معلوم ہوتا ہے جیسے اس جگہ سے ان کے قدم بتدریج پیچھے ہٹنے لگے اور توحید کی جگہ آہستہ آہستہ اشراک اور تعدد الٰہ کا تصور پیدا ہونے لگا۔ یعنی اب اس ایک ہستی

کے ساتھ جو سب سے بالاتر ہے دوسری قوتیں بھی شریک ہونے لگیں اور ایک معبود کی جگہ بہت سے معبودوں کی چوکھٹوں پر انسان کا سر جھک گیا۔ اگر خدا کے تصور میں وحدت کا تصور انسانی دماغ کا بلند تر تصور ہے اور اشراک اور تعدد کے تصورات نچلے درجے کے تصورات ہیں تو ہمیں اس نتیجہ تک پہنچنا پڑتا ہے کہ یہاں ابتدائی کڑی جو نمایاں ہوئی وہ نچلے درجہ کی نہ تھی۔ اونچے درجے کی تھی اور اس کے بعد جو کڑیاں ابھریں انہوں نے بلندی کی جگہ پستی کی طرف رخ کیا۔ گویا ارتقا کا عام قانون یہاں بے اثر ہوگیا۔ ترقی کی جگہ رجعت کی اصل کام کرنے لگی۔

انیسویں صدی کے نظریے اور ارتقائی مذہب:

انیسویں صدی کے علمائے اجتماعیات کا عام نقطہ خیال یہ تھا کہ انسان کے دینی عقائد کی ابتدا ان اوہامی تصورات سے ہوئی جو اس کی ابتدائی معیشت کے طبعی تقاضوں اور احوال و ظروف کے قدرتی اثرات سے نشو و نما پانے لگے تھے۔ یہ تصورات قانون ارتقا کے ماتحت درجہ بدرجہ مختلف کڑیوں سے گزرتے رہے اور بالآخر انہوں نے اپنی ترقی یافتہ صورت میں ایک اعلی ہستی اور خلاق کل خدا کے عقیدے کی نوعیت پیدا کرلی۔ گویا اس سلسلہ ارتقا کی ابتدائی کڑی اوہامی تصورات تھے جن سے طرح طرح کی الٰہی قوتوں کا تصور پیدا ہوا اور پھر اسی تصور نے ترقی کرتے ہوئے خدا کے ایک توحیدی اعتقاد کی شکل اختیار کرلی۔ بے جا نہ ہوگا اگر اختصار کے ساتھ یہاں ان تمام نظریوں پر ایک اجمالی نظر ڈال لی جائے جو اس سلسلے میں یکے بعد دیگرے نمایاں ہوئے اور وقت کے علمی حلقوں کو متاثر کیا۔

دینی عقائد اور تصورات کی تاریخ بہ حیثیت ایک مستقل شاخ علم کے انیسویں صدی کی پیداوار ہے۔ اٹھارویں صدی کے اواخر میں جب انڈو جرمن قبائل (یعنی وسط ایشیا کے آریائی قبائل) اور ان کی زبانوں کی تاریخ روشنی میں آئی تو ان کے دینی تصورات بھی نمایاں ہوئے اور اس طرح بحث و تنقید کا ایک نیا میدان پیدا ہوگیا۔ یہی میدان تھا جس کے مباحث نے انیسویں صدی کے اوائل میں بحث و نظر کی ایک مستقل شاخ پیدا کردی۔ یعنی دینی عقائد کی پیدائش اور ان کے نشو و نما کی تاریخ کا علم مدون ہونے لگا۔ اسی دور میں عام خیال یہ تھا کہ خدا پرستی کی ابتدا نیچر متھس (Nature-myths) کے تصورات سے ہوئی۔ یعنی ان خرافاتی اساطیر سے ہوئی جو مظاہر فطرت کے متعلق بننا شروع ہو گئے تھے۔ مثلاً روشنی کی ایک مستقل ہستی کا تصور پیدا ہوگیا۔ بارش کی قوت نے ایک دیوتا کی شکل اختیار کرلی۔ قدیم آریائی تصورات سے جو مظاہر فطرت کی پرستش پر مبنی تھے اس خیال کا مواد فراہم ہوا تھا۔

لیکن انیسویں صدی کے نصف ابتدائی دور میں جب افریقہ اور امریکہ کے وحشی قبائل کے حالات روشنی میں آئے تو ان کے دینی تصورات کی تحقیقات نے ایک نئے نظریے کا سامان فراہم کردیا۔ ۱۷۶۰ء میں دہ بروسے (De Brosses) نے انہی وحشی قبائل کے تصورات سے فیتش ورشپ (Fetish Worship) کا استنباط کیا تھا۔ یعنی ایسی اشیاء کی پرستش کا جن سے کسی جنی روح کی وابستگی یقین کی جاتی تھی۔ اب پھر ۱۸۵۱ء میں اسے۔ کامٹ (Comete) نے اسی پرستش سے خدا پرستی کی پیدائش کا نظریہ اختیار کیا اور سر جان لبک نے (جو آگے چل کر لارڈ اویبری کے لقب سے مشہور ہوا) اسے مزید بحث و نظر کا جامہ پہنایا۔ اس نظریے کا اس عہد میں عام طور پر استقبال کیا گیا تھا اور وقت کے علمی حلقوں کی قبولیت اس نے حاصل کرلی تھی۔

تقریباً اسی عہد میں میں ازم (Manism) یعنی اجداد پرستی کے نظریے نے سر اٹھایا۔ ۔ اس نظریے کی بنیاد اس قیاس پر رکھی گئی تھی کہ انسان کو آباء و اجداد کی محبت و عظمت نے پہلے ان کی پرستش کی راہ دکھائی۔ پھر اسی پرستش نے قانون ارتقا کے ماتحت ترقی کرکے خدا پرستی کی نوعیت پیدا کرلی۔ صحرا نشین اور چراگاہوں کی جستجو کرنے والے قبیلوں کے ابتدائی تصورات میں اجداد پرستی کا ذہنی مواد موجود تھا۔ چین کی قدیم تاریخ میں بھی اس پرستش کا سراغ بہت دور تک ملنے لگا تھا۔ اس لیے اس نئے نظریے کے لیے ضروری مواد فراہم ہوگیا اور ۱۸۷۰ء میں جب ہربرٹ اسپنسر اپنے آسیبی نظریے (Ghost theory) کی بنیاد اسی تخیل پر استوار کی تو وقت کے فلسفیوں اور اجتماعیات کے عالموں کے حلقے میں اس نے فوراً مقبولیت پیدا کرلی۔

اسی عہد میں ایک دوسرا نظریہ بھی بروئے کار آیا اور اس نے غیر معمولی مقبولیت حاصل کرلی۔ یہ ای بی ٹیلر اینی مزم (Animism) کا نظریہ تھا۔ ۱۸۷۲ء میں اس نے اپنی مشہور کتاب پری مے ٹیو کلچر شائع کی اور اس میں دینی عقائد کی کم از کم تعریف اینی مزم کے ذریعہ کی۔ اینی مزم سے مقصود یہ ہے کہ انسان کے تصورات میں اس کی جسمانی زندگی کے علاوہ ایک مستقل روحانی زندگی کا تصور بھی پیدا ہوجائے۔ اس 'مستقل روحانی زندگی' کا تصور ٹیلر کے نزدیک خدا پرستی اور دینی عقائد کا بنیادی مادہ تھا۔ اسی مادہ نے نشو و نما پاکر خدا کی ہستی کے عقیدے کی نوعیت پیدا کرلی۔ غالباً دینی عقائد کی پیدائش کے تمام نظریوں میں یہ پہلا نظریہ ہے جو علمی طریقہ پر پوری طرح مرتب کیا گیا اور بحث و نظر کے تمام اطراف و جوانب منظم اور آراستہ کیے گئے۔ چنانچہ ہم دیکھتے ہیں کہ وقت کے تمام علمی حلقوں پر اس نظریے نے ایک خاص اثر ڈالا تھا اور عام طور پر اسے ایک مقررہ اور طے شدہ اصل کی شکل میں پیش کیا جانے لگا تھا۔ انیسویں صدی کے اختتام تک اس نظریے کا یہ اقتدار بلا استثنا قائم رہا۔

اسی اثنا میں مصر، بابل، اور اشوریا کے قدیم آثار و کتبات کے حل سے تاریخ قدیم کا ایک بالکل نیا میدان روشنی میں آنے لگا تھا اور ان آثار کے مباحث نے مستقل علوم کی حیثیت پیدا کرلی تھی۔ اس نئے مواد نے مظاہر فطرت کی پرستش کی اصل کو از سر نو اہمیت دے کر ابھار دیا

کیونکہ وادی نیل اور وادی دجلہ و فرات کے یہ دونوں قدیم تمدن دینی عقائد کے یہی تصورات نمایاں کرتے تھے۔ چنانچہ اب پھر ایک نیا مذہب (اسکول) پیدا ہو گیا جو خدا پرستی کے پیدائش کی ابتدائی بنیاد مظاہر فطرت کے تاثرات کو قرار دیتا تھا۔ اور خصوصیات کے ساتھ اجرام سماوی کے تاثرات پر زور دیتا تھا۔ اس نظریے کے حامیوں نے اینی مزم کی مخالفت کی اور ایسٹرل اینڈ نیچر میتھالوجسٹ (Astral and Nature Mythologists) کے نام سے مشہور ہوئے۔

لیکن انیسویں صدی کے نصف آخری حصے میں جبکہ یہ تمام نظریے سر اٹھا رہے تھے دوسری طرف ایک خاص علمی حلقہ ایک دوسرے نظریے کی بنیادیں بھی چن رہا تھا۔ اس نظریے کا مواد قدیم ترین تمدنی عہد کے شکار پیشہ قبائل کے تصورات نے بہم پہنچایا تھا جن کے حالات اب تاریخ کی دسترس سے باہر نہیں رہے تھے۔ یہ نظریہ ٹوٹمزم (Totemism) کے نام سے مشہور ہوا اور بہت جلد اس نے وقت کے علمی حلقوں کی توجہ اپنی طرف کھینچ لی۔ ٹوٹمزم سے مقصود مختلف اشیاء اور جانوروں کے وہ انتسابات ہیں جو جمعیت بشری کی ابتدائی قبائلی زندگی میں پیدا ہو گئے تھے اور پھر کچھ عرصے کے بعد ان اشیاء اور جانوروں کا غیر معمولی احترام کیا جانے لگا تھا۔ اس نظریے کی رو سے خیال کیا گیا کہ ہندوستان کی گائے، مصر کا مگرمچھ اور وہیل، شمالی خطوں کا ریچھ، اور صحرا نشین قبائل کا سفید بچھڑا اور دراصل ٹوٹمزم ہی کے بقایا ہیں۔ سب سے پہلے ۱۸۸۵ء میں رابرٹسن سمتھ نے اس نظریے کا اعلان کیا تھا۔ پھر وقت کے دوسرے نظار نے بھی اسی رخ پر قدم اٹھایا۔

لیکن کچھ عرصہ کے بعد اس نظریے کی مقبولیت مجروح ہونا شروع ہو گئی۔ پروفیسر جے۔ جی۔ فریزار کا جمع کیا ہوا مواد جب منظر عام پر آیا تو معلوم ہوا کہ ٹوٹمزم کے تصورات نہ تو دینی تصورات کی نوعیت رکھتے تھے نہ دینی تصورات کا مبدء بننے کی ان میں صلاحیت تھی۔ ان کی اصلی نوعیت زیادہ سے زیادہ ایک اجتماعی نظام کی تھی جس کے ساتھ طرح طرح کے تصورات کا ایک سلسلہ وابستہ ہو گیا تھا۔ اس سے زیادہ انہیں اس سلسلہ میں اہمیت نہیں دی جا سکتی۔

مگر اس سلسلہ میں معاملہ کا ایک اور گوشہ بھی نمایاں ہوا تھا۔ فریزر نے ٹوٹمزم کے تصورات میں ایک خاص قسم ایسی بھی پائی تھی جس میں دینی عقائد کا ابتدائی مواد بننے کی زیادہ صلاحیت دکھائی دیتی تھی۔ یعنی وہ قسم جو جادو کے اعتقاد سے تعلق رکھتی ہے۔ بحث و نظر کے اس گوشے نے مفکروں کی ایک بڑی تعداد کو اپنی طرف متوجہ کر لیا اور جادو کا نظریہ علمی حلقوں میں روشناس ہو گیا۔ ۱۸۹۲ء میں ایک امریکی عالم جے۔ ایچ کنگ اس پہلو پر توجہ دلا چکا تھا۔ اب بیسویں صدی کے اابتدائی برسوں بیک وقت جرمنی، انگلینڈ، فرانس اور امریکہ علمی حلقوں سے اس کی بازگشت شروع ہو گئی اور اینمزم کے خلاف رد فعل کام کرنے لگا۔ اب یہ خیال عام طور پر پھیل گیا کہ اینمزم کے تصورات سے

پیشتر بھی انسانی تصورات کا ایک دور رہ چکا ہے اور یہ ماقبل اینمزم (Preanimism) دور، جادو کے تصورات کا دور تھا۔ اسی جادو کے اعمال کے عقیدے نے آگے چل کر روحانی عقائد کی شکل اختیار کرلی اور خدا پرستی اور دینی عقائد کے مبادیات پیدا ہو گئے۔

اب جادو کا نظریہ ایک عام مقبول نظریہ بن گیا اور پچھلے نظریے اپنی جگہ کھونے لگے ۱۸۹۵ء میں آر۔ آر۔ میرٹ نے، ۱۹۰۲ میں ہیوٹ نے، ۱۹۰۴ میں کے۔ پر یوسنے، ۱۹۰۷ میں اے وائر کنڈٹ نے، اور ۱۹۰۸ میں ای۔ ایس۔ ہارٹ لینڈ نے اسی نظریے پر اپنے بحث و فکر کی تمام دیواریں اٹھائیں اور اسے دور تک پھیلاتے چلے گئے۔ سب سے زیادہ حصہ اس میں فرانس کے علمائے اجتماعیات کے اس طبقہ نے لیا جو دورکیم (Durkheim) کے مسلک نظر سے تعلق رکھتا تھا۔ اس طبقہ کا زعیم پہلے ایچ۔ ہیوبرٹ اور ام۔ ماس تھا۔ پھر ۱۹۱۲ء میں خود دورکیم آگے بڑھا اور اس نظریے کا سب سے بڑا علم بردار بن گیا۔ اس گروہ کی رائے میں ٹوٹمزم اور جادو کے تصورات کا مرتب مجموعہ جیسا کہ وسط آسٹریلیا کے قبائل کے اوہام میں پایا جاتا ہے جمعیت بشری کے دینی تصورات کا اصلی مبدء تھا۔ قانون ارتقا کے ماتحت انہی تصورات نے خدا پرستی کے عقائد کی ترقی یافتہ شکل پیدا کرلی۔

اس زمانہ کے چند سال بعد بعض پروٹسٹنٹ علما نے جو دینی عقائد کے نفسیاتی مطالعہ میں مشغول تھے۔ مسئلے پر نفسیاتی نقطہ نگاہ سے نظر ڈالی اور اس نظریے کی حمایت شروع کردی۔ وہ اس طرف گئے کہ خدا پرستی کے عقیدے کا مبدء ہمیں مذہب اور سحر کاری، دونوں کے مرکب تصورات میں ڈھونڈھنا چاہیے۔ اس جماعت کا پیشرو آرچ بشپ سوڈربلوم (Soderblom) تھا جس کے مباحث ۱۹۱۶ء میں شائع ہوئے۔

اس کے بعد کا زمانہ پہلی عالمگیر جنگ کا زمانہ تھا جو بیسویں صدی کا ایک دور ختم کر کے دوسرے دور کا دروازہ کھول رہی تھی۔ اس نئے دور نے جہاں علم و نظر کے بہت سے گوشوں کو انقلابی تغیرات سے آشنا کیا وہاں علم کی اس شاخ میں میں بھی ایک نیا انقلابی دور شروع ہوگیا۔ یہ تمام پچھلے نظریے مادی مذہب ارتقا (Materialistic Evolutionism) کی اصل پر مبنی تھے۔ ان سب کے اندر یہ بنیادی اصل کام کر رہی تھی کہ اجسام و مواد کی طرح انسان کی دینی عقیدہ بھی بتدریج نچلی کڑیوں سے ترقی کرتا ہوا اعلی کڑیوں تک پہنچا ہے اور خدا پرستی کے عقیدہ میں توحید (Monotheism) کا تصور ایک طول طویل سلسلہ ارتقا کا نتیجہ ہے۔ انیسویں صدی کا نصف آخر ڈاروِنزم کے شیوع و احاطہ کا زمانہ تھا اور ہکسلے، ویلز، اسپنسر نے اسے اپنے فلسفیانہ مباحث سے انسانی فکر و عمل کے تمام دائروں میں پھیلا دیا تھا۔ قدرتی طور پر خدا کے اعتقاد کی پیدائش کا مسئلہ بھی اس سے متاثر ہوا اور نظر و بحث کے جتنے قدم اٹھے وہ اسی راہ پر گامزن ہونے۔

مذہب ارتقا کا خاتمہ اور زمانہ حال کی تحقیقات:

لیکن ابھی بیسویں صدی اپنے انقلاب انگیز انکشافوں میں بہت آگے نہیں بڑھی تھی کہ ان تمام نظریوں کی عمارتیں متزلزل ہونا شروع ہو گئیں اور پہلی عالمگیر جنگ کے بعد کے عہد نے تو انہیں یک قلم منہدم کر دیا۔ اب تمام اہل نظر بالاتفاق دیکھنے لگے کہ اس راہ میں جتنے قدم اٹھائے گئے تھے دوسرے سے اپنی بنیاد ہی میں غلط تھے۔ کیونکہ ان سب کی بنیاد قانون اور ارتقا کی اصل پر رکھی گئی تھی اور ارتقائی اصل کی رہنمائی یہاں سود مند ہونے کی جگہ گمراہ کن ثابت ہوئی ہے۔ اب انہیں ٹھوس اور ناقابل انکار تاریخی شواہد کی روشنی میں صاف صاف نظر آ گیا کہ انسان کے دینی عقائد کی جس نوعیت کو انہوں نے اعلی اور ترقی یافتہ قرار دیا تھا وہ بعد کے زمانوں کی پیداوار نہیں ہے بلکہ جمعیت بشری کی سب سے زیادہ پرانی متاع ہے۔ مظاہر فطرت کی پرستش، حیوانی انتسابات کے تصورات، اجداد پرستی کی رسوم، اور جادو کے توہمات کی اشاعت سے بھی بہت پہلے جو تصور انسانی دل و دماغ کے افق پر طلوع ہوا تھا وہ ایک اعلی ترین ہستی کی موجودگی کا بے لاگ تصور تھا۔ یعنی خدا کی ہستی کا توحیدی اعتقاد تھا!

چنانچہ اب بحث و نظر کے اس گوشہ میں ارتقائی مذہب کا یک قلم خاتمہ ہو چکا ہے۔

ڈبلیو شمٹ (Schmidt) پروفیسر وائنا یونیورسٹی جنہوں نے اس موضوع پر زمانہ حال کی سب سے بہتر کتاب لکھی ہے لکھتے ہیں:

'علم شعوب و قبائل انسانی کے پورے میدان میں اب پرانا ارتقائی مذہب یکسر دیوالیہ ثابت ہو چکا ہے۔ نشو و نما کی مرتب کڑیوں کا وہ خوشنما سلسلہ جو اس مذہب نے پوری آمادگی کے ساتھ تیار کر دیا تھا اب ٹکڑے ٹکڑے ہو گیا اور نئے تاریخی رجحانوں نے اسے اٹھا کر پھینک دیا ہے'۔[17]

ایک دوسری جگہ لکھتے ہیں:

''اب یہ بات واضح ہو چکی ہے کہ انسان کے ابتدائی عمران و تمدن کے تصور کی 'اعلی ترین ہستی' فی الحقیقت توحیدی اعتقاد کا خدائے واحد تھا اور انسان کا دینی عقیدہ جو اس سے ظہور پذیر ہوا وہ پوری طرح ایک توحیدی دین تھا۔ یہ حقیقت اب اس درجہ نمایاں ہو چکی ہے کہ ایک سرسری نظر تحقیق بھی اس کے لیے کفایت کرے گی۔ نسل انسانی کے قدیم پستہ قد قبائل میں سے اکثروں کی نسبت یہ بات وثوق کے ساتھ کہی جا سکتی ہے۔ اسی طرح ابتدائی عہد کے جنگلی قبیلوں کے جو حالات روشنی میں آئے ہیں اور کرنائی، کلین، اور جنوب مشرقی،

---

[17] دی اریجین اینڈ گروتھ آف ریلیجن۔ صفحہ ۸۔

آسٹریلیا کے پائن قبیلوں کی نسبت جس قدر تاریخی مواد مہیا ہوا ہے ان سب کی تحقیقات ہمیں اس نتیجہ تک پہنچاتی ہے ۔ ارکٹیک تہذیب کے قبیلوں کے روایتی آثار اور شمالی امریکہ کے قبائل کے دینی تصورات کی چھان بین نے بھی بالآخر اسی نتیجہ کو نمایاں کیا'[18]

زمانہ حال کے نظارے نے اب اس مسئلہ کا موسوعاتی (Pantologic) طریق نظر سے مطالعہ کیا ہے اور قدیم معلومات و مباحث کی تمام شاخیں جمع کر کے مجموعی نتائج نکالے ہیں۔ ضروری ہے کہ اس سلسلہ کی بعض جدید تحقیقات پر ایک سرسری نظر ڈال لی جائے کیونکہ ابھی وہ اس درجہ شائع نہیں ہوئی ہیں کہ عام طور پر نظر و مطالعہ میں آچکی ہوں۔

آسٹریلیا اور جزائر کے وحشی قبائل اور مصر کے قدیم ترین آثار کی جدید تحقیقات:

آسٹریلیا اور جزائر بحر محیط کے وحشی قبائل ایک غیر معین قدامت سے اپنی ابتدائی ذہنی طفولیت کی زندگی بسر کرتے رہے ۔ زندگی وہ معیشت کی وہ تمام ترقی یافتہ کڑیاں جو عام طور پر انسانی جماعتوں کے ذہنی ارتقا کا سلسلہ مربوط کرتی ہیں یہاں یکسر مفقود رہیں۔ ابتدائی عہد کی بشری جمعیت کے تمام جسمانی اور دماغی خصائص ان کی قبائلی زندگی میں دیکھے جاسکتے تھے۔ ان کے تصور اس درجہ محدود تھے کہ اوہام وخرافات میں کسی طرح کا ارتقائی نظم نہیں پایا جاتا۔ تاہم ان کا ایک اعتقادی تصور بالکل واضح تھا۔ ایک بالاتر ہستی ہے جس نے ان کی زمین اور ان کا آسمان پیدا کیا اور ان کا مرنا اور جینا اسی کے قبضۂ تصرف میں ہے۔ مصر کے قدیم باشندوں کی صدائیں آٹھ ہزار برس پیشتر تک کی ہمارے کانوں سے ٹکرا چکی ہیں۔ قدیم مصر تصورات کا پورا سلسلہ اپنی عہد بعہد کی تبدیلیوں کے ساتھ ہمارے سامنے ابھر آیا ہے۔ ہمیں صاف نظر آ رہا ہے کہ ایک خدا کی پرستش کا تصور اس سلسلہ میں بعد کو نہیں ابھرا بلکہ سلسلہ کی سب سے زیادہ پرانی کڑی ہے۔ مصر کے وہ تمام معبود جن کے مرقعوں سے اس کے مشہور عالم ہیکلوں اور مناروں کی دیواریں منقش کی گئی ہیں اس قدیم ترین عہد میں اپنی کوئی نمود نہیں رکھتے تھے۔ جب صرف ایک 'اوسیریز' کی ان دیکھی ہستی کا اعتقاد دریائے نیل کی تمام آبادوادیوں پر چھایا ہوا تھا۔[19]

---

[18] دی اوریجین اینڈ گروتھ آف ریلیجین صفحہ ۲۶۲

[19] مردہ کی کتاب قدیم مصری تصورات کا سب سے زیادہ مرتب اور منضبط نوشتہ ہے۔ مصریات کے مشہور محقق ڈاکٹر بج (Budge) کی رائے میں یہ سب سے زیادہ قدیم فکر مواد ہے جو مصری آثار نے ہمارے حوالہ کیا ہے۔ یہ خود اتنی ہی پرانی ہے جتنا پرانا مصری تمدن ہے ، ۔ لیکن جو تصورات اس میں جمع کیے گئے ہیں۔ وہ مصری تمدن سے بھی زیادہ قدیم ہیں۔ وہ اتنے قدیم ہیں کہ ہم ان کی قدامت کی کوئی تاریخ معین نہیں کرسکتے۔ اس نوشتہ میں 'اوسیریز' کے یہ صفات ہمیں ملتے ہیں : معبود اعظم ۔ الخیر۔ ازلی پادشاہ۔ آخرت کا مالک

دجلہ و فرات کی وادیوں کی قدیم آبادیوں اور خدا کی ہستی کا توحیدی تصور:

پہلی عالمگیر جنگ کے بعد عراق کے مختلف حصوں میں کھدائی کی جو نئی مہمیں شروع کی گئی تھیں۔ اور موجودہ جنگ کی وجہ سے ناتمام رہ گئیں ان کے انکشافات نے اس مسئلہ کے لیے نئی روشنیاں بہم پہنچائی ہیں۔ اب اس بارے میں کوئی شبہ نہیں کیا جاتا کہ دریائے نیل کی طرح دجلہ ورفرات کی وادیوں میں بھی جب انسان پہلے پہل اپنے خدا کو پکارا وہ بہت سی ہستیوں میں بٹا ہوا نہیں تھا بلکہ ایک ہی ان دیکھی ہستی کی صورت میں نمایاں ہوا تھا۔ کالڈیا کے سومیری اور اکادی قبائل جن انسانی نسلوں کے وارث ہوئے تھے وہ شمس یعنی سورج اور نانعار یعنی چاند کی پرستش نہیں کرتے تھے بلکہ اس ایک ہی لازوال ہستی کی 'جس نے سورج اور چاند اور تمام چمکدار ستاروں کو بنایا ہے'۔

مہنجودارو کا خدائے واحد 'اون'

ہندوستان میں 'مہنجودارو' کے آثار ہمیں آریاؤں کے عہد ورود سے بھی آگے لے جاتے ہیں۔ ان کے مطالعہ و تحقیق کا کام ابھی پورا نہیں ہوا ہے۔ تاہم ایک حقیقت بالکل واضح ہو گئی ہے۔ اس قدیم ترین انسانی بستی کے باشندوں کا بنیادی تصور توحید الٰہی کا تصور تھا۔ اصنام پرستانہ تصور نہ تھا۔ وہ اپنے یگانہ خدا کو 'اون' کے نام سے پکارتے تھے۔ جس کی مشابہت ہمیں سنسکرت کے لفظ 'اندوان' میں مل جاتی ہے۔ اس یگانہ ہستی کی حکومت سب پر چھائی ہوئی ہے۔ طاقت کی تمام ہستیاں اسی کے ٹھہرائے ہوئے قانون کے ماتحت کام کر رہی ہیں اس کی صفت 'ویدوکن' ہے۔ یعنی ایسی ہستی جس کی آنکھیں کبھی غافل نہیں ہو سکتیں

لاتاخذہ سنۃ ولا نوم

اللہ کی یگانہ اور ان دیکھی ہستی کا قدیم سامی تصور:

سامی قبائل کا اصلی چشمہ صحرائے عرب کے بعض شاداب علاقے تھے۔ ،جب اس چشمہ میں نسل انسانی کا پانی بہت بڑھ جاتا تو اطراف میں پھیلنے لگتا۔ یعنی قبائل کے جتھے عرب سے نکل کر اطراف و جوانب کے ملکوں میں منتشر ہونے لگتے اور پھر چند صدیوں کے بعد نیا رنگ روپ اور نئے نام اختیار کر لیتے۔ شاید انسانی قبائل کا انشعاب کرہ ارضی کے دو مختلف حصوں میں بیک وقت جاری رہا اور زمانہ مابعد کی مختلف قوموں اور تمدنوں کا بنیادی مبدء بنا۔ صحرائے گوبی کے سرچشمے سے وہ قبائل نکلے جو ہندی۔ یورپی (اندویورپین) آریاؤں کے نام سے پکارے گئے۔ صحرائے عرب سے وہ قبائل نکلے جن کا پہلا نام سامی پڑا اور پھر یہ نام بے شمار ناموں کے ہجوم میں گم ہو گیا۔ تاریخ کی موجودہ معلوام اس حد تک پہنچ کر رک گئی ہیں اور آگے کی خبر نہیں رکھتیں۔ عرب قبائل کا یہ انشعاب بتدریج مغربی ایشیا اور قریبی افریقہ کے تمام دور دراز حصوں تک پھیل گیا تھا۔ فلسطین (شام) مصر، نوبیا، عراق، اور سواحل خلیج فارس سب ان کے دائرہ انشعاب میں آ گئے تھے۔ عاد، ثمود، عمالقہ، ہِکسوس، موابی، آشوری، آکادی، سومیری، عیلامی، آرامی، اور عبرانی وغیرہم مختلف مقاموں اور مختلف عہدوں کی قوموں کے نام ہیں مگر دراصل سب ایک ہی قبائلی سرچشمہ سے نکلے ہوئے ہیں یعنی عرب سے۔ اب جدید سامی اثریات کے مطالعہ سے جو ان تمام قوموں سے تعلق رکھتی ہیں ایک حقیقت بالکل واضح ہو گئی ہے۔ یعنی ان تمام قوموں میں ایک ان دیکھے خدا کی ہستی کا اعتقاد موجود تھا۔ اور وہ 'ال۔ الاہ' یا 'اللہ' کے نام سے پکارا جاتا تھا۔ یہی 'الاہ' ہے جس نے کہیں 'ایل' کی صورت اختیار کی، کہیں 'الوہ' کی اور کہیں 'الاہیا' کی۔ سرحد حجاز کی وادی عقبہ اور شمالی شام کے راس شمر کے جو آثار گزشتہ جنگ کے بعد منکشف ہوئے ان سے یہ حقیقت اور زیادہ آشکارا ہو گئی ہے مگر یہ موقع تفصیل کا نہیں۔ انسان کی پہلی راہ ہدایت کی تھی، گمراہی بعد کو آئی۔

بہر حال بیسویں صدی کی علمی جستجو اب ہمیں جس کی طرف لے جا رہی ہے وہ انسان کا قدیم ترین توحیدی اور غیر اصنامی اعتقاد ہے۔ اس سے زیادہ اس کے تصورات کی کوئی بات پرانی نہیں۔ اس نے اپنے عہد طفولیت میں ہوش و خرد کی آنکھیں جونہی کھولی تھیں ایک یگانہ ہستی کا اعتقاد اپنے اندر موجود پایا تھا۔ پھر آہستہ آہستہ اس کے قدم بھٹکنے لگے اور بیرونی اثرات کی جولانیاں اسے نئی نئی صورتوں اور نئے نئے ڈھنگوں سے آشنا کرنے لگیں۔ اب ایک سے زیادہ مافوق الفطرت طاقتوں کا تصور نشو و نما پانے لگا اور مظاہر فطرت کے بے شمار جلوے اسے اپنی طرف کھینچنے لگے۔ یہاں تک کہ پرستش کی ایسی چوکھٹیں بننا شروع ہو گئیں جنہیں اس کی جبین نیاز چھو سکتی تھی اور تصورات کی ایسی صورتیں ابھرنے لگیں جو اس کے دیدہ صورت پرست کے سامنے نمایاں ہو سکتی تھیں۔ یہیں اسے ٹھوکر لگی لیکن راہ ایسی تھی کہ ٹھوکر سے بچ بھی نہیں سکتا تھا۔

کمند کوتہ و بازوئے سست و بام بلند

بمن حوالہ و نومیدیم گنہ گیرند

پس معلوم ہوا کہ اس راہ میں ٹھوکر بعد کو لگی۔ پہلی حالت ٹھوکر کی نہ تھی۔

راہ راست پر گام فرسائیوں کی تھی:

من ملک بودم و فردوس بریں جائم بود

آدم آورد دریں خانہ خراب آبادم

اگر اس صورت حال کو گمراہی سے تعبیر کیا جا سکتا ہے تو ماننا پڑے گا کہ پہلی حالت جو انسان کو پیش آئی تھی وہ گمراہی کی نہ تھی، ہدایت کی تھی۔ اس نے آنکھیں روشنی میں کھولی تھیں۔ پھر آہستہ آہستہ تاریکی پھیلنے لگی!

دینی نوشتوں کی شہادت اور قرآن کا اعلان:

زمانہ حال کی علمی تحقیقات کا یہ نتیجہ ادیان عالم کے مقدس نوشتوں کی تصریحات کے عین مطابق ہے۔ مصر، یونان، کالڈیا، ہندوستان، چین، ایران، سب کی مذہبی روایتیں ایک ایسے ابتدائی عہد کی خبر دیتی ہیں جب نوع انسانی گمراہی اور غمناکی سے آشنا نہیں ہوئی تھی اور فطری ہدایت کی زندگی بسر کرتی تھی۔ افلاطون نے کریطیاس (Critias) میں آبادی عالم کی جو حکایت درج کی ہے اس میں اس اعتقاد کی پوری جھلک موجود ہے اور طیماوس (Timaeus) کی حکایت جو ایک مصری پجاری کی زبانی ہے مصری روایت کی خبر دیتی ہے۔ تورات کی کتاب پیدائش نے آدم کا قصہ بیان کیا ہے۔ اس قصہ میں آدم کی پہلی زندگی ہدایت کی بہشتی زندگی تھی پھر لغزش ہوئی اور بہشتی زندگی مفقود ہو گئی اس قصہ میں بھی یہ اصل کام کر رہی ہے کہ یہاں پہلا دور فطری ہدایت کا تھا۔ انحراف و گمراہی کی راہیں بعد کو کھلیں۔ قرآن نے تو صاف صاف اعلان کر دیا ہے:

وما كان الناس الا امة واحدة فاختلفوا

(ابتدا میں تمام انسان ایک ہی گروہ تھے (یعنی الگ الگ راہوں میں بھٹکے ہوئے نہ تھے) پھر اختلاف میں پڑ گئے) (۱۰: ۱۹)

دوسری جگہ مزید تشریح کی:

كان الناس امة واحدة فبعث الله النبيين مبشرين و منذرين وانزل معهم الكتاب بالحق ليحكم بين الناس فيما اختلفوا فيه

(ابتدا میں تمام انسانوں کا ایک ہی گروہ تھا (یعنی فطری ہدایت کی ایک ہی راہ پر تھے۔ پھر اس کے بعد اختلاف پیدا ہو گئے) پس اللہ نے ایک کے بعد ایک نبی مبعوث کیے۔ وہ نیک عملی کے نتیجوں کی خوشخبری دیتے تھے۔ بد عملی کے نتیجوں سے متنبہ کرتے تھے۔ نیز ان کے ساتھ نوشتے نازل کیے۔ تاکہ جن باتوں میں لوگ اختلاف کرنے لگے ہیں ان کا فیصلہ کر دیں۔ (۲ : ۲۱۳)

ارتقائی نظریہ خدا کی ہستی کے اعتقاد میں نہیں، مگر اس کی صفات کے تصورات کے مطالعہ میں مدد دیتا ہے:

پس خدا کی ہستی کے عقیدے کے بارے میں انیسویں صدی کا ارتقائی نظریہ اب اپنی علمی اہمیت کھو چکا ہے اور بحث و نظر میں بہت کم مدد دے سکتا ہے۔ البتہ جہاں تک انسان کے ان تصوروں کا تعلق ہے جو خدا کی صفات کی نقش آرائیاں کرتے رہے ہمیں ارتقائی نقطہ خیال سے ضرور مدد ملتی ہے۔ کیونکہ بلاشبہ یہاں تصورات کے نشوو ارتقا کا ایک ایسا سلسلہ موجود ہے جس کی ارتقائی کڑیاں ایک دوسرے سے الگ کی جا سکتی ہیں اور نچلے درجوں سے اونچے درجہ کی طرف ہم بڑھ سکتے ہیں۔ خدا کی ہستی کا اعتقاد انسان کے ذہن کی پیداوار نہ تھا کہ ذہنی تبدیلیوں کے ساتھ وہ بھی بدلتا رہتا۔ وہ اس کی فطرت کا ایک وجدانی احساس تھا اور وجدانی احساسات میں نہ تو ذہن و فکر کے مؤثرات مداخلت کر سکتے ہیں نہ باہر کے اثرات سے ان میں تبدیلی ہو سکتی ہے۔

لیکن انسان کی عقل، ذات مطلق کے تصور سے عاجز ہے۔ وہ جب کسی چیز کا تصور کرنا چاہتی ہے تو گو تصور ذات کا کرنا چاہے لیکن تصور میں صفات و عوارض ہی آتے ہیں اور صفات ہی کے جمع و تفرقہ سے وہ ہر چیز کا تصور آراستہ کرتی ہے۔ پس جب فطرت کے اندرونی جذبہ نے ایک بالاتر ہستی کے اعتراف کا ولولہ پیدا کیا تو ذہن نے چاہا، اس کا تصور آراستہ کرے۔ لیکن جب تصور کیا تو یہ اس کی ذات کا تصور نہ تھا یہیں سے خدا پرستی کے فطری جذبہ میں ذہن و کفر کی مداخلت شروع ہو گئی۔

عقل انسانی کی درماندگی اور صفات الٰہی کی صورت آرائی:

عقل انسانی کا ادراک محسوسات کے دائرے میں محدود ہے۔ اس لیے اس کا تصور اس دائرے سے باہر قدم نہیں نکال سکتا۔ وہ جب کسی ان دیکھی اور غیر محسوس چیز کا تصور کرے گی تو ناگزیر ہے کہ تصور میں وہی صفات آئیں جنہیں وہ دیکھتی اور سنتی ہے اور جو اس کے حاسہ ذوق ولمس کی دسترس سے باہر نہیں ہیں۔ پھر اس کے ذہن و تفکر کی جتنی بھی رسائی ہے بیک دفعہ ظہور میں نہیں آئی ہے بلکہ ایک طول طویل عرصہ کے نشوو ارتقا کا نتیجہ ہے۔ ابتدا میں اس کا ذہن عہد طفولیت میں تھا۔ اس لیے اس کے تصورات بھی اسی نوعیت کے ہوتے تھے۔ پھر جوں جوں اس میں اور اس کے ماحول میں ترقی ہوتی گئی اس کا ذہن بھی ترقی کرتا گیا اور ذہن کی ترقی و تزکیہ کے ساتھ اس کے تصورات میں بھی شائستگی اور بلندی آتی گئی۔

اس صورت حال کا نتیجہ یہ تھا کہ جب کبھی ذہن انسانی نے خدا کی صورت بنانی چاہی تو ہمیشہ ویسی ہی بنائی جیسی صورت خود اس نے اور اس کے احوال و ظروف نے پیدا کرلی تھی۔ جوں جوں اس کا معیار فکر بدلتا گیا وہ اپنے معبود کی شکل و شباہت بھی بدلتا گیا۔ اسے اپنے آئینہ تفکر میں ایک صورت نظر آتی تھی۔ وہ سمجھتا تھا یہ اس کے معبود کی صورت ہے۔ حالانکہ وہ اس کے معبود کی صورت نہ تھی خود اسی کے ذہن و صفات کا عکس تھا۔

فکر انسانی کی سب سے پہلی درماندگی یہی ہے جو اس راہ میں پیش آئی!

حرم جویاں درے را می پرستند\
فقیہاں دفترے را می پرستند\
برافگن پردہ تا معلوم گردد\
کہ یاراں دیگرے را می پرستند

یہی درماندگی ہے۔جس سے نجات دلانے کے لیے وحی الٰہی کی ہدایت ہمیشہ نمودار ہوتی رہی۔

انبیائے کرام (علیہم السلام) کی دعوت کی ایک بنیادی اصل یہ رہی ہے کہ انہوں نے ہمیشہ خدا پرستی کی تعلیم ویسی ہی شکل و اسلوب میں دی جیسی شکل و اسلوب کے فہم و تحمل کی استعداد مخاطبوں میں پیدا ہوگئی تھی۔ وہ مجمع انسانی کے معلوم و مربی تھے اور معلم کا فرض ہے کہ متعلموں میں جس درجہ کی استعداد پائی جائے اسی درجہ کا سبق بھی دے۔ پس انبیائے کرام نے بھی وقتاً فوقتاً خدا کی صفات کے لیے جو پیرایہ تعلیم اختیار کیا وہ اس سلسلہ ارتقا سے باہر نہ تھا۔ بلکہ اسی کی مختلف کڑیاں مہیا کرتا ہے۔

ارتقائے تصور کے نقاط ثلاثہ:

اس سلسلہ کی تمام کڑیوں پر جب ہم نظر ڈالتے ہیں اور ان کے فکری عناصر کی تحلیل کرتے ہیں تو ہمیں معلوم ہوتا ہے کہ اگرچہ ان کی بے شمار نوعیتیں قرار دی جا سکتی ہیں لیکن ارتقائی نقطے ہمیشہ تین ہی رہے اور انہی سے اس سلسلہ کی ہدایت و نہایت معلوم کی جا سکتی ہے :

(۱)۔ تجسم[20] سے تنزیہہ کی طرف :

(۲)۔ تعدد و اشراک (Polytheism) سے توحید (Monotheism) کی طرف۔

(۳) صفات قہر و جلال سے صفات رحمت و جمال کی طرف۔

یعنی تجسیم اور صفات قہریہ کا تصور اس کا ابتدائی درجہ ہے اور تنزہ اور صفات رحمت و جمال سے اتصاف اعلی و کامل درجہ۔ جو تصور جس قدر ابتدائی اور ادنی درجہ کا ہے، اتنا ہی تجسم اور صفات قہریہ کا عنصر اس میں زیادہ ہے۔ جو تصور جس قدر زیادہ ترقی یافتہ ہے۔ اتنا ہی زیادہ منزہ اور صفات رحمت و جلال سے متصف ہے۔

انسان کا تصور صفات قہریہ کے تاثر سے کیوں شروع ہوا؟

انسان کا تصور صفات قہریہ کے تخیل سے کیوں شروع ہوا؟ اس کی علت واضح ہے۔ فطرت کائنات کی عمیر، تخریب کے نقاب میں پوشیدہ ہے۔ انسانی فکر کی طفولیت تعمیر کا حسن نہ دیکھ سکی۔ تخریب کی ہولنا کیوں سے ہم گئی۔ تعمیر کا حسن و جمال دیکھنے کے لیے فہم و بصیرت کی دور رس نگاہ مطلوب تھی اور وہ ابھی اس کی آنکھوں نے پیدا نہیں کی تھی۔

دنیا میں ہر چیز کی طرح ہر فعل کی نوعیت بھی اپنا مزاج رکھتی ہے۔ بناؤ ایک ایسی حالت ہے جس کا مزاج سر تا سر سکون اور خاموشی ہے اور بگاڑ ایک ایسی حالت ہے کہ اس کا مزاج سر تا سر شورش اور ہولناکی ہے۔ بناؤ ایجاب ہے، نظم ہے، جمع و ترتیب ہے اور بگاڑ سلب ہے، برہمی ہے، تفرقہ و اختلال ہے۔ جمع و نظم کی حالت ہی سکون کی حالت ہوتی ہے اور تفرقہ و برہمی کی حالت ہی شورش و انفجار کی حالت ہے۔ دیوار جب بنتی ہے تو تمہیں کوئی شورش محسوس نہیں ہوتی لیکن جب گرتی ہے تو دھما کا ہوتا ہے اور تم بے اختیار چونک اٹھتے

---

20 تجسم سے مقصود یہ ہے کہ خدا کی نسبت ایس اتصور قائم کرنا کہ وہ مخلوق کی طرح جسم و صورت رکھتا ہے۔ تشبہ سے مقصود یہ ہے کہ ایسی صفات تجویز کر لیں جو مخلوقات کی صفات سے مشابہ ہوں۔ تنزیہہ سے مقصود یہ ہے کہ ان تمام باتوں سے جو اسے مخلوقات سے مشابہ کرتی ہوں اسے مبرا یقین کرنا۔ انگریزی میں تجسم کے لیے ان تھروپومارفزم (Anthroporphism) اور تشبہ کے لیے ان تھراپوافیوازم (Anthropophuism) کی مصطلحات استعمال کرتے ہیں۔

ہو۔ اس صورت حال کا قدرتی نتیجہ یہ ہے کہ حیوانی طبیعت سلبی افعال سے فوراً متاثر ہو جاتی ہے کیونکہ ان کی نمود میں شورش اور ہولناکی ہے لیکن ایجابی افعال سے متاثر ہونے میں دیر لگاتی ہے کیونکہ ان کا حسن و جمال یکایک مشاہدہ میں نہیں آ جاتا اور ان کا مزاج شورش کی جگہ خاموشی اور سکون ہے۔

فطرت کے سلبی مظاہر کی قہرمانی اور ایجابی مظاہر کا حسن و جمال:

اسی بنا پر عقل انسانی نے جب صفات الٰہی کی صورت آرائی کرنی چاہی تو فطرت کائنات کے سلبی مظاہر کی دہشت سے فوراً متاثر ہو گئی کیونکہ زیادہ نمایاں اور پر شور تھے اور ایجابی و تعمیری حقیقت سے متاثر ہونے میں بہت دیر لگ گئی کیونکہ ان میں شورش اور ہنگامہ نہ تھا۔ بادلوں کی گرج، بجلی کی کڑک، آتش فشاں پہاڑوں کا انفجار، زمین کا زلزلہ، آسمان کی ژالہ بار، دریا کا سیلاب، سمندر کا تلاطم، ان تمام سلبی مظاہر میں اس کے لیے رعب و ہیبت تھی اور اسی ہیبت کے اندر وہ ایک غضبناک خدا کی ڈراؤنی صورت دیکھنے لگا تھا۔ اسے بجلی کی کڑک میں کوئی حسن محسوس نہیں ہو سکتا تھا۔ وہ بادلوں کی گرج میں کوئی شان محبوبیت نہیں پا سکتا تھا۔ وہ آتش فشاں پہاڑوں کی سنگ باری سے پیار نہیں کر سکتا تھا اور اس کی عقل ابھی خدا کے انہی کاموں سے آشنا ہوئی تھی۔

انسان پر شیفتگی سے پہلی دہشت طاری ہوئی:

خود اس کی ابتدائی معیشت کی نوعیت بھی ایسی ہی تھی کہ انس و محبت کی جگہ خوف و وحشت کے جذبات برانگیختہ ہوتے۔ وہ کمزور اور نہتا تھا اور دنیا کی ہر چیز اسے دشمنی اور ہلاکت پر تلی نظر آتی تھی۔ دلدل کے مچھروں کے جھنڈ چاروں طرف منڈلا رہے تھے۔ زہریلے جانور ہر طرف رینگ رہے تھے اور درندوں کے حملوں سے ہر وقت مقابل رہنا پڑتا تھا۔ سر پر سورج کی تپش بے پناہ تھی اور چاروں طرف موسم کے اثرات ہولناک تھے۔ غرض کہ اس کی زندگی سر تا سر جنگ اور محنت تھی اور اس ماحول کا قدرتی نتیجہ تھا کہ اس کا ذہن خدا کا تصور کرتے ہوئے خدا کی ہلاکت آفرینیوں کی طرف جاتا رحمت و فیضان کا ادراک نہ کر سکتا۔

بالآخر صفات رحمت و جمال کا اشتمال:

لیکن جوں جوں اس میں اور اس کے ماحول میں تبدیلی ہوتی گئی اس کے تصور میں بھی یاس و دہشت کی جگہ امید و رحمت کا عنصر شامل ہوتا گیا۔ یہاں تک کہ معبودیت کے تصور میں صفات و رحمت و جمال نے بھی ویسی ہی جگہ پالی جیسی صفات قہر و جلال کے لیے تھی۔ چنانچہ اگر قدیم اقوام کے اصنام پرستانہ تصورات کا مطالعہ کریں تو ہم دیکھیں گے کہ ان کی ابتدا ہر جگہ صفات قہر و غضب کے تصور ہی سے ہوئی ہے اور پھر آہستہ آہستہ رحمت و جمال کی طرف قدم اٹھا ہے۔ آخری کڑیاں وہ نظر آئیں گی جن میں قہر و غضب کے ساتھ رحمت و جمال کا تصور بھی مساویانہ حیثیت سے قائم ہوگیا ہے۔ مثلاً قہر و ہلاکت کے دیوتاؤں اور قوتوں کے ساتھ زندگی، رزق، دولت اور حسن و علم کے دیوتاؤں کی بھی پرستش شروع ہوگئی ہے۔ یونان کا علم الاصنام اپنے لطافت تخیل کے لحاظ سے تمام اصنامی تخیلات میں اپنی خاص جگہ رکھتا ہے لیکن اس کی پرستش کے بھی قدیم معبود وہی تھے جو قہر و غضب کی خوفناک قوتیں سمجھی جاتی تھیں۔ ہندوستان میں اس وقت تک زندگی اور بخشش کے دیوتاؤں سے کہیں زیادہ ہلاکت کے دیوتاؤں کی پرستش ہوتی ہے۔

ظہور قرآن کے وقت دنیا کے عام تصورات:

بہرحال ہمیں غور کرنا چاہیے کہ قرآن کے ظہور کے وقت صفات الٰہی کے عام تصورات کی نوعیت کیا تھی اور قرآن نے جو تصور پیش کیا اس کی حیثیت کیا ہے؟ ظہور قرآن کے وقت پانچ دینی تصور فکر انسانی پر چھائے ہوئے تھے:

چینی، ہندوستانی، مجوسی، یہودی اور مسیحی۔

(ا)۔ چینی تصور:

دنیا کی تمام قدیم قوموں میں چینیوں کی یہ خصوصیت تسلیم کرنی پڑتی ہے کہ ان کے تصور الوہیت نے ابتدا میں جو ایک سادہ اور مبہم نوعیت اختیار کرلی تھی وہ بہت حد تک برابر قائم رہی اور زمانہ مابعد کی ذہنی وسعت پذیریاں اس میں زیادہ مداخلت نہ کرسکیں۔ تاہم تصور کا کوئی مرقع بغیر رنگ و روغن کے بن نہیں سکتا۔ اس لیے آہستہ آہستہ اس سادہ خاکے میں بھی مختلف رنگیں نمایاں ہونے لگیں اور بالآخر ایک رنگین تصویر متشکل ہوگئی۔

چین میں قدیم زمانے میں سے مقامی خداؤں کے ساتھ ایک 'آسمانی' ہستی کا اعتقاد بھی موجود تھا۔ ایک ایسی بلند اور عظیم ہستی جس کی علویت کے تصور کے لیے ہم آسمان کے سوااور کسی طرف نظر نہیں اٹھا سکتے۔ آسمان حسن و بخشائش کا بھی مظہر ہے۔ قہر و غضب کی بھی ہولناکی ہے۔ اس کا سورج روشنی اور حرارت بخشتا ہے، اس کے ستارے اندھیری راتوں میں قندیلیں روشن کر دیتے ہیں، اس کی بارش زمین کو طرح طرح کی روئیدگیوں سے معمور کر دیتی ہے، لیکن اس کی بجلیاں ہلاکت کا بھی پیام ہیں اور اس کی گرج دلوں کو دہلا بھی دیتی ہے۔ اس لیے آسمانی خدا کے تصور میں بھی دونوں صفتیں نمودار ہوئیں۔ ایک طرف اس کی جود و بخشائش ہے، دوسری طرف اس کا قہر و غضب ہے۔ چینی شاعری کی قدیم کتاب میں ہم قدیم ترین چینی تصورات کی جھلک دیکھ سکتے ہیں۔ ان میں جابجا ہمیں ایسے مخاطبات ملتے ہیں جن میں آسمانی اعمال کی، ان متضاد نمودوں پر حیرانی و سرگشتگی کا اظہار کیا گیا ہے۔ یہ کیا بات ہے کہ تیرے کاموں میں یکسانی اور ہم آہنگی نہیں؟ تو زندگی بھی بخشتا ہے اور تیرے پاس ہلاکت کی بجلیاں بھی ہیں۔

یہ 'آسمان' چینی تصور کا ایک ایسا بنیادی عنصر بن گیا کہ چینی جمعیت آسمانی جمعیت اور چینی مملکت آسمانی مملکت کے نام سے پکاری جانے لگی۔ رومی جب پہلے پہل چین سے آشنا ہوئے تو انہیں ایک 'آسمانی مملکت' ہی کی خبر ملی تھی۔ اس وقت سے (Coelum) کے مشتقات کا چین کے لیے استعمال ہونے لگا۔ یعنی آسمان والے اور 'آسمانی' اب بھی انگریزی میں چین کے باشندوں کے لیے مجازاً سلسٹیل (Celestial) کا لفظ استعمال کیا جاتا ہے۔ یعنی آسمانی ملک کے باشندے۔

اس آسمانی ہستی کے علاوہ گزرے ہوئے انسانوں کی روحیں بھی تھیں۔ جنہیں دوسرے عالم میں پہنچ کر تدبیر و تصرف کی طاقتیں حاصل ہو گئی تھیں اور اس لیے پرستش کی مستحق سمجھی گئی تھیں۔ ہر خاندان اپنی معبود روحیں رکھتا تھا اور ہر علاقہ اپنا مقامی خدا۔

لاؤتزو اور کنگ فوزی کی تعلیم:

سنہ مسیحی سے پانچ سو برس پہلے لاؤ۔ تزو (Lao-Tzu) اور کنگ فوزی[21] (King-fu-Tse) کا ظہور ہوا۔ کنگ فوزی نے ملک کو عملی زندگی کی سعادتوں کی راہ دکھائی اور معاشرتی حقوق و فرائض کی ادائیگی کا ایک قانون مہیا کر دیا لیکن جہاں تک خدا کی ہستی کا تعلق ہے۔ 'آسمان' کا

[21] 'کنگ فوزی' فارسی تلفظ ہے۔ صحیح چینی لفظ 'کونگ۔ فو۔ تسی' ہے۔ ایرانیوں نے اسے زیادہ صحت کے ساتھ نقل کیا۔ یعنی صرف اتنی تبدیلی کی کہ 'فوتسی' کو 'فوزی' کر دیا۔ لیکن یورپ کی زبانوں نے اسے یک قلم مسخ کر کے 'کنفیوشیس' (Confucius) بنا دیا اور اس کی آواز اصل آواز سے اس درجہ مختلف ہو گئی کہ ایک چینی سن کر حیران رہ جاتا ہے کہ یہ کس چیز کا نام ہے اور کس ملک کی بولی ہیں؟

قدیمی تصور بدستور قائم رہا اور اجداد پرستی کے عقائد نے اس کے ساتھ مل کر ایک ایسی نوعیت پیدا کر لی گویا آسمانی خدا تک پہنچنے کا ذریعہ گزری ہوئی روحوں کا وسیلہ اور تشفع ہے۔ روحانی تصورات میں وسیلہ کا اعتقاد ہمیشہ عابدانہ پرستش کی نوعیت پیدا کر لیتا ہے چنانچہ یہ توسل بھی عملاً تعبد تھا اور ہر طرح کے دینی اعمال و رسوم کا مرکزی نقطہ بن گیا تھا۔

ہندوستان اور یونان میں دیوتاؤں کے تصور نے نشوونما پائی تھی جو خدائی کی ایک بالاتر ہستی کے ساتھ کارخانہ عالم کے تصرفات میں شرکت رکھتے تھے۔ چینی تصور میں یہ خانہ بزرگوں کی روحوں نے بھرا اور اس طرح اشراک اور تعدد کے تصور کی پوری نقش آرائی ہوگئی۔

کنگ فوزی کے ظہور سے پہلے قربانیوں کی رسم عام طور پر رائج تھی۔ کنگ فوزی نے اگرچہ ان پر زور نہیں دیا لیکن ان سے تعرض بھی نہیں کیا۔ چنانچہ وہ چینی مندروں کا تقاضا برابر پورا کرتی رہیں۔ قربانیوں کے عمل کے پیچھے طلب بخشش اور جلب تحفظ دونوں کے تصور کام کرتے تھے۔ قربانیوں کے ذریعہ ہم اپنے مقاصد بھی حاصل کر سکتے ہیں اور خدا کے قہر و غضب سے محفوظ بھی ہو جا سکتے ہیں۔ پہلی غرض کے لیے وہ نذر ہیں۔ دوسری غرض کے لیے فدیہ!

لاؤ۔ تزو نے 'تاؤ' یعنی طریقت کے مسلک کی بنیاد ڈالی۔ اسے چین کا تصوار اور ویدانت سمجھنا چاہیے۔ تاؤ نے چینی زندگی کو روحانی استغراق اور داخلی مراقبہ کی راہوں سے آشنا کیا اور مذہبی اور اخلاقی تصورات میں ایک طرف گہرائی اور وقت آفرینی پیدا ہوئی دوسری طرف لطافت فکر اور رقت خیال کے نئے نئے دروازے کھلے۔ لیکن تصوف ملک کا عام دینی تصور نہیں بن سکتا تھا۔ اس کی محدود جگہ چین میں بھی وہی رہی جو ویدانت کی ہندوؤں میں اور تصوف کی مسلمانوں میں رہی ہے۔

چین کا شمنی تصور:

اس کے بعد وہ زمانہ آیا جب ہندوستان کے شمنی[22] مذہب یعنی بدھ مذہب کی چین میں اشاعت ہوئی۔

---

[22] سنسکرت میں 'شمن' زاہد اور تارک الدنیا کو کہتے ہیں۔ بدھ مذہب کے تارک الدنیا بھکشو اس لقب سے پکارے جاتے تھے۔ رفتہ رفتہ تمام پیروان بدھ کو 'شمنی' کہنے لگے۔ اسی شمنی کو عربوں نے 'سمنی' بنا لیا اور وسط ایشیا کے باشندوں کو 'شامانی'۔ چنانچہ زکریا رازی، البیرونی، اور ابن الندیم وغیرہم نے بدھ مذہب کا ذکر سمنیہ ہی کے نام سے کیا ہے۔ البیرونی بدھ مذہب کی عالمگیر اشاعت کی تاریخ کی بھی خبر رکھتا تھا۔ چنانچہ کتاب الہند کی پہلی فصل میں اس طرف اشارات کیے ہیں۔

چنگیز خاں کی نسبت یہ تصریح ملتی ہے کہ وہ شامانی مذہب کا پیرو تھا۔ یعنی بدھ مذہب کا۔ چونکہ شامانی اور بدھ مذہب کا ترادف واضح نہیں ہوا تھا اس لیے انیسویں صدی کے بعض یورپی مؤرخوں کو طرح طرح کی غلط فہمیاں ہوئیں اور وہ اس کا صحیح مفہوم متعین نہ کر سکے۔

یہ غلط فہمی یورپ کے عام اہل قلم میں آج بھی موجود ہے۔ شمالی سائبیریا اور چینی ترکستان کے ہم سایہ علاقوں کے تورانی قبائل اپنے مذہبی پیشواؤں کو (جو تبت کے لاماؤں کی طرح ملکی پیشوائی بھی رکھتے ہیں) شامان کہتے ہیں۔ سوویت روس کی حکومت آج کل ان کی تعلیم و تربیت کا سر و سامان کر رہی ہے۔ یہ لوگ بھی بلاشبہ بدھ مذہب کے پیرو ہیں لیکن ان کا بدھ مذہب منگولیوں کے محرف

یہ مہایانا بدھ مذہب تھا جو مذہب کے اصلی مبادیات سے بہت دور جا چکا تھا اور جس نے تبدل پذیری کی ایسی بے روک لچک پیدا کرلی تھی کہ جس شکل و قطع کا خانہ ملتا تھا ویسا ہی جسم بنا کر اس میں سما جاتا تھا۔ یہ جب چین، کوریا اور جاپان میں پہنچا تو اسے ہندوستان اور سیلون سے مختلف قسم کی فضا ملی اور اس نے فوراً مقامی وضع و قطع اختیار کرلی۔ بدھ مذہب کی نسبت یقین کیا جاتا ہے کہ خدا کی ہستی کے تصور سے خالی ہے۔ لیکن پیروان بدھ نے خود بدھ کو خدا کی جگہ دے دی اور اس کی پرستش کا ایک ایسا عالمگیر نظام قائم کر دیا جس کی کوئی دوسری نظیر اصنامی مذاہب کی تاریخ میں نہیں ملتی۔ چنانچہ چین، کوریا، اور جاپان کی عبادت گاہیں بھی اب اس نئے معبود کے بتوں سے معمور ہوگئیں۔

(۲)۔ ہندوستانی تصور:

ہندوستان کے تصور الوہیت کی تاریخ متضاد تصوروں کا ایک حیرت انگیز منظر ہے۔ ایک طرف اس کا توحیدی فلسفہ ہے، دوسری طرف اس کا عملی مذہب ہے۔ توحیدی فلسفہ نے استغراق فکر و عمل کے نہایت گہرے اور دقیق مرحلے طے کیے اور معاملہ کو فکری بلندیوں کی ایک ایسی اونچی سطح تک پہنچا دیا جس کی کوئی دوسری مثال ہمیں قدیم قوموں کے مذہبی تصورات میں نہیں ملتی۔ عملی مذہب نے اشراک اور تعدد الٰہ کی بے روک راہ اختیار کی اور اصنامی تصوروں کو اتنی دور تک پھیلنے دیا کہ ہر پتھر معبود ہوگیا، ہر درخت خدائی کرنے لگا، اور ہر چوکھٹ سجدہ گاہ بن گئی۔ وہ بیک وقت زیادہ سے زیادہ بلندی کی طرف بھی اڑا اور زیادہ سے زیادہ پستی میں بھی گرا۔ اس کے خواص نے اپنے لیے توحید کی جگہ پسند کی اور عوام کے لیے اشراک اور اصنام پرستی کی راہ مناسب سمجھی۔

اوپانی شد کا توحیدی اور وحدۃ الوجودی تصور:

رگ وید کے زمزموں میں ہمیں ایک طرف مظاہر قدرت کی پرستش کا ابتدائی تصور بتدریج پھیلتا اور متجسم ہوتا دکھائی دیتا ہے۔ دوسری طرف ایک بالاتر اور خالق کل ہستی کا توحیدی تصور بھی آہستہ آہستہ ابھرتا نظر آتا ہے۔ خصوصاً دسویں حصے کے زمزموں میں تو اس کی نمود

مذہب کی بھی ایک مسخ شدہ صورت ہے اس لیے اصلیت کی بہت کم جھلک باقی رہ گئی ہے اور اسی لیے ان کی مذہبی اصلیت کے بارے میں آج کل کے مصنف حیرانی ظاہر کر رہے ہیں۔ انگریزی میں انہی تورانی قبائل کے مذہب کی نسبت شے منزم (Shamanism) کی ترکیب رائج ہوگئی ہے اور جادوگری کے اعمال و اثرات کو (Shamanic) اور (Shamanistic) وغیرہ سے تعبیر کرنے لگے ہیں۔ یہ 'شمین' بھی وہی 'شامانی' ہی کی ایک محرف صورت ہے چونکہ ان قبائل میں جادوگری کا اعتقاد عام ہے اور وہ اپنے شامانوں سے بیماریوں میں جادو کے ٹوٹکے کراتے ہیں اس لیے جادوگری کے لیے یہ لفظ مستعمل ہوگیا ہے۔

صاف صاف دکھائی دینے لگتی ہے۔ یہ توحیدی تصور کسی بہت پرانے گذشتہ عہد کے بنیادی تصور کا بقیہ تھا یا مظاہر قدرت کی کثرت آرائیوں کا تصوراب خود بخثرت سے وحدت کی طرف ارتقائی قدم اٹھانے لگا تھا؟ اس کا فیصلہ مشکل ہے لیکن بہر حال ایک ایسے قدیم عہد میں بھی جبکہ رگ وید کے تصوروں نے نظم و سخن کا جامہ پہننا شروع کیا تھا توحیدی تصور کی جھلک صاف صاف دیکھی جا سکتی ہے۔ خداؤں کا وہ ہجوم جس کی تعداد تین سو تینتیس یا اسی طرح کی ثلاثی کثرت تک پہنچ گئی تھی، ا بالآخر تین دائروں میں سمٹنے لگا یعنی زمین، فضا، اور آسمان میں اور پھر اس نے ایک رب الاربابی تصور[23] (Henotheism[24]) کی نوعیت پیدا کرلی۔

پھر یہ رب الاربابی تصور اور زیادہ سمٹنے لگتا ہے اور ایک سب سے بڑی اور سب پر چھائی ہوئی ہستی نمایاں ہونے لگتی ہے۔ یہ ہستی کبھی 'درون' میں نظر آتی ہے، کبھی 'اندر' میں اور کبھی 'اگنی' میں لیکن بالآخر ایک خالق کل ہستی کا تصور پیدا ہو جاتا ہے جو 'پرجاپتی' (پروردگار عالم) اور 'وشواکرمن' (خالق کل) کے نام سے پکاری جانے لگتی ہے اور جو تمام کائنات کی اصل و حقیقت ہے۔ 'وہ ایک ہے مگر علم والے اسے مختلف ناموں سے پکارتے ہیں: اگنی، یم، ماتری شوان' (۱۶۴ - ۴۶)۔ 'وہ ایک نہ تو آسمان ہے نہ زمین ہے۔ نہ سورج کی روشنی ہے نہ ہوا کا طوفان ہے۔ وہ کائنات کی روح ہے۔ تمام قوتوں کا سرچشمہ۔ ہمیشگی۔ لازوالی۔ وہ کیا ہے؟ وہ شاید رٹ ہے جو ہر کے روپ میں۔ ادیتی ہے روحانیت کے بھیس میں۔ وہ بغیر سانس کے سانس لینے والی ہستی' (حصہ دہم۔ ۱۲۱ - ۲)۔ 'ہم اسے دیکھ نہیں سکتے۔ ہم اسے پوری طرح بتلا نہیں سکتے' (ایضاً۔ ۱۲۱)۔ 'وہ ایکم ست' ہے۔ یعنی حقیقت یگانہ۔ الحق۔ یہی وحدت ہے جو کائنات کی تمام کثرت کے اندر دیکھی جا سکتی ہے۔[25]

یہی مبادیات ہیں جنھوں نے اوپانی شدوں میں توحید وجودی (Pantheism) کے تصور کی نوعیت پیدا کرلی اور پھر ویدانت کے مابعد الطبیعات (Metaphysics) نے انہی بنیادوں پر استغراق فکر و نظر کی بڑی عمارتیں تیار کردیں۔

وحدۃ الوجودی اعتقاد ذات مطلق کے کشفی مشاہدات پر مبنی تھا۔ نظری عقائد کو اس میں دخل نہ تھا۔ اس لیے اصلاً یہاں صفات آرائیوں کی گنجائش ہی نہ تھی اور اگر تھی بھی تو صرف سلبی صفات (Negative Attributes) ہی ابھر سکتی تھیں۔ ایجابی (Positive) صفات کی صورت آرائی نہیں کی جا سکتی تھی۔ یعنی یہ تو کہا جا سکتا تھا کہ وہ ایسا نہیں ہے۔ ایسا نہیں ہے۔ لیکن یہ نہیں کہا جا سکتا تھا کہ وہ ایسا ہے اور

---

[23] رب الاربابی تصور سے مقصود تصور کی وہ نوعیت ہے جب خیال کیا جاتا ہے کہ بہت سے خداؤں میں ایک خدا سب سے بڑا ہے اور چھوٹے خداؤں کو اس کے ماتحت رہنا پڑتا ہے۔ جیسا کہ یونانیوں اور رومیوں کا عقیدہ مشتری کی نسبت تھا۔

[24] رگ وید حصہ سوم ۹ - ۹

[25] رگ وید اور اوپانی شد کے مطالب کے لیے ہم نے حسب ذیل مصادر سے مدد لی ہے: دی ویدک ہیمز: (Maxmuller)، دی ریلیجن آف دی وید: (Bloomfield)، دی رگ وید: (Kaeigi)، لیکچرز آن دی رگ وید: (Ghate)، دی فلاسفی آف اوپانی شد: (Deussen)، دی تھرٹین پرنسپل اوپانی شد: (Hume)

ایسا ہے۔ کیونکہ ایجابی صفات کا جو نقشہ بھی بنایا جائے گا وہ ہمارے ذہن و فکر ہی کا بنایا ہوا نقشہ ہوگا اور ہمارا ذہن و فکر امکان و اضافت کی چار دیواری میں اس طرح مقید ہے کہ مطلق اور غیر محدود حقیقت کا تصور کر ہی نہیں سکتا۔ وہ جب تصور کرے گا تو ناگزیر ہے کہ مطلق کو مشخص بنا کر سامنے لائے، اور جب تشخص آیا تو طلاق باقی نہیں رہا۔ بابا افغانی نے دو مصرعوں کے اندر معاملہ کی پوری تصویر کھینچ دی تھی :

مشکل حکایتیست کہ ہر ذرہ عین اوست۔

اما نمی تواں کہ اشارت بہ او کنند۔

یہی وجہ ہے کہ اوپانی شد نے پہلے ذات مطلق (برہمان) کو ذات مشخص (ایشور) کے مرتبہ میں اتارا اور جب اطلاق نے تشخص کا نقاب چہرہ پر ڈال لیا تو پھر اس نقاب چہرہ کی صفتوں کی نقش آرائیاں کی گئیں اور اس طرح وحدۃ الوجودی عقیدہ نے ذات مشخص و متصف (ساگون) کے تصور کا مقام بھی مہیا کر دیا۔[26]

جب ان صفات کا ہم مطالعہ کرتے ہیں تو بلا شبہ ایک نہایت بلند تصور سامنے آ جاتا ہے جس میں سلبی اور ایجابی دونوں طرح کی صفتیں اپنی پوری نموداریاں رکھتی ہیں۔ اس کی ذات یگانہ ہے۔ اس ایک کے لیے دوسرا نہیں۔ وہ بے ہمتا ہے۔ بے مثال ہے۔ ظرف و زمان اور مکان کے قیود سے بالاتر۔ ازلی و ابدی۔ ناممکن الادراک۔ واجب الوجود۔ وہی پیدا کرنے والا ہے، وہی حفاظت کرنے والا، اور وہی فنا کر دینے والا۔ وہ علۃ العلل اور علت مطلقۃ ('اپادنا' اور 'نیمتنا کارنا') ہے۔ تمام موجودات اسی سے بنیں، اسی سے قائم رہتی ہیں اور پھر اسی کی طرف لوٹنے والی ہیں۔ وہ نور ہے۔ کمال ہے حسن ہے۔ سر تا سر پاکی ہے۔ سب سے زیادہ طاقتور، سب سے زیادہ رحم و محبت والا، ساری عبادتوں اور عاشقیوں کا مقصود حقیقی!

لیکن ساتھ ہی دوسری طرف یہ حقیقت بھی ہمیں صاف صاف دکھائی دیتی ہے کہ توحیدی تصور کی یہ بلندی بھی اشراک اور تعدد کی آمیزش سے خالی نہیں رہی، اور توحید فی الذات کے ساتھ توحید فی الصفات کا بے میل عقیدہ جلوہ گر نہ ہو سکا۔ زمانہ حال کے ایک قابل ہندو مصنف کے لفظوں میں دراصل اشراکی اور تعددی تصور (Polytheistic) ہندوستانی دل و دماغ میں اس درجہ جڑ پکڑ چکا تھا کہ اب اسے یک قلم

---

26 ہمارے صوفیائے کرام نے اسی صورت حال کو یوں تعبیر کیا ہے۔ کہ 'احدیت' نے مرتبہ 'واحدیت' کی تجلی میں نزول کیا۔ 'احدیت' یعنی یگانہ ہونا۔ 'واحدیت' یعنی اول ہونا۔ یگانہ ہستی کو ہم اول نہیں کہہ سکتے۔ کیونکہ اول جبھی ہوگا جب دوسرا، تیسرا اور چوتھا بھی ہو اور یگانگی بحت کے مرتبہ میں دوسرے اور تیسرے کی گنجائش ہی نہیں۔ لیکن جب 'احدیت' نے 'واحدیت' کے مرتبہ میں نزول کیا تو اب 'ہو الاول' کا مرتبہ ظہور میں آ گیا۔ اور جب اول ہوا تو دوسرے، تیسرے اور چوتھے کے تعینات بھی ظہور میں آنے لگے۔ وما ملح قوال الشاعر العارف : دریائے کہن چو برزند موجہ نو، مش خوانند وفی الحقیقت دریاست

اکھاڑ کے پھینک دینا آسان نہ تھا۔ اس لیے ایک یگانہ ہستی کی جلوہ طرازی کے بعد بھی دوسرے خدا نابود نہیں ہو گئے۔ البتہ اس یگانہ ہستی کا قبضہ اقتدار ان سب پر چھا گیا اور سب اس کی ماتحتی میں آ گئے۔ [27]

اب اس طرح کی تصریحات بھی ہمیں ملنے لگتی ہیں کہ بغیر اس بالاتر ہستی (برہماں) کے 'اگنی' دیبی کچھ نہیں کر سکتی 'یہ اسی (برہماں) کا خوف ہے جو تمام دیوتاؤں سے ان کے فرائض منصبی انجام دلاتا ہے۔

(یتترا او پانی شد) ''راجہ اشواپتی نے جب پانچ گھر والوں سے پوچھا۔ 'تم اپنے دھیان میں کسی کی پرستش کرتے ہو؟' تو ان میں سے ہر ایک نے ایک ایک دیوتا کا نام لیا۔ اس پر اشوایتی نے کہا 'تم میں سے ہر نے حقیقت کے صرف ایک ہی حصہ کی پرستش کی حالانکہ وہ سب کے ملنے سے شکل پذیر ہوتی ہے۔ 'اندر' اس کا سر ہے۔ 'سوریہ' (سورج) اس کی آنکھیں ہیں۔ 'وایو' سانس ہے۔ 'آکاش' (ایتھر) جسم ہے۔ 'دھرتی' (زمین) اس کا پاؤں ہے'' (ایضاً) [28]

لیکن پھر ساتھ ہی یہ بھی ہے کہ جب حقیقت کی قیومیت اور احاطہ پر زور دیا جاتا ہے تو تمام موجودات کے ساتھ دیوتاؤں کی ہستی بھی غائب ہو جاتی ہے کیونکہ تمام موجودات اسی پر موقوف ہیں۔ وہ کسی پر موقوف نہیں۔ ''جس طرح رگھ کے پہیے کی تمام شاخیں ایک دائرہ کے اندر اپنا وجود رکھتی ہیں اسی طرح تمام چیزیں، تمام دیوتا، تمام دنیائیں اور تمام آلات اسی ایک وجود کے اندر ہیں'' (برہادریناک او پانی شد باب ۲۔ ۵)۔ یہاں وہ درخت موجود ہے جس کی جڑ اوپر کی طرف چلی گئی ہے اور شاخیں نیچے کی طرف پھیلی ہوئی ہیں۔ یہ برہماں ہے لافانی۔ تمام کائنات اس میں ہے۔ کوئی اس سے باہر نہیں'' (تیتترا۔ ا۔ ۱۰)

یہاں ہم مصنف موصوف کے الفاظ پھر مستعار لیتے ہیں ''یہ دراصل ایک سمجھوتا تھا جو چند خاص دماغوں کے فلسفیانہ تصور نے انسانی بھیڑ کے وہم پرستانہ ولولوں کے ساتھ کر لیا تھا۔ اس کا نتیجہ یہ نکلا کہ خواص اور عوام کی فکر موافقت کی ایک آب و ہوا پیدا ہو گئی اور وہ برابر قائم رہی''۔ [29]

---

[27] پروفیسر اس۔ رادھا کرشنن : انڈین فلاسفی جلد اول صفحہ ۱۴۴۔ طبع ثانی

[28] اگر او پانی شد کی اشرا کی لچک کے دوسرے صریح شواہد موجود نہ ہوتے تو اس طرح کی تصریحات بآسانی مجازات پر محمول کی جا سکتی تھیں۔ یہ بات پیش نظر رکھنی چاہیے کہ او پانی شد ایک سو آٹھ ہیں اور مختلف عہدوں میں مرتب ہوئے ہیں۔ ہر او پانی شد اپنے عہد کے تدریجی تصورات و مباحث کے اثرات پیش کرتا ہے اور یہاں جو کچھ لکھا گیا ہے وہ ان نتائج پر مبنی ہے جو مجموعی حیثیت سے نکالے گئے ہیں

[29] ویدانت پاری جات سورابھ جلد سوم صفحہ ۲۵۔ اس کا انگریزی ترجمہ مترجمہ ڈاکٹر روما بوس، رائل ایشیاٹک سوسائٹی بنگال نے حال میں شائع کیا ہے۔

آگے چل کر ویدانت کے فلسفہ نے بڑی وسعتیں اور گہرائیاں پیدا کیں لیکن خواص کے توحیدی تصور میں عوام کے اشراکی تصور سے مفاہمت کا جو میلان پیدا ہو گیا تھا وہ متزلزل نہ ہو سکا۔ بلکہ اور زیادہ مضبوط اور وسیع ہوتا گیا۔ یہ بات عام طور پر تسلیم کرلی گئی کہ سالک جب عرفان حقیقت کی منزلیں طے کرلیتا ہے تو پھر ماسویٰ کی تمام ہستیاں معدوم ہوجاتی ہیں اور ماسویٰ میں دیوتاؤں کی ہستیاں بھی داخل ہیں۔ گویا دیوتاؤں کی ہستیاں مظاہرہ وجود کی ابتدائی تعینات ہوئیں۔ لیکن ساتھ ہی یہ بنیاد بھی برابر قائم رکھی گئی کہ جب تک اس آخری مقام عرفان تک رسائی حاصل نہ ہوجائے دیوتاؤں کی پرستش کے بغیر چارہ نہیں اور ان کی پرستش کا جو نظام قائم ہو گیا ہے اسے چھیڑنا نہیں چاہیے۔ اس طرح گویا ایک طرح کے توحیدی، اشراکی تصور (Monotheistic-Polytheism) کا مخلوط مزاج پیدا ہو گیا جو بیک وقت فکر و نظر کا توحیدی تقاضا بھی پورا کرنا چاہتا تھا اور ساتھ ہی اصنامی عقائد کا نظام عمل بھی سنبھالے رکھنا چاہتا تھا۔ ویدانت کے بعض مذہبوں میں تو یہ مخلوط نوعیت بنیادی تصوروں تک سرایت کرگئی۔ مثلاً نیمبارک اور اس کا شاگرد سری نواس برہم سوتر کی شرح کرتے ہوئے ہمیں بتلاتے ہیں کہ 'اگرچہ برہام یا کرشن کی طرح کوئی نہیں مگر اس سے ظہور میں آئی ہوئی دوسری قوتیں بھی ہیں جو اس کے ساتھ اپنی نمود رکھتی ہیں اسی طرح کی کارفرمائی میں شریک ہیں۔ چنانچہ کرشن کے بائیں طرف رادھا ہے۔ یہ بخشش و نوال کی ہستی ہے۔ تمام نتائج و ثمرات بخشنے والی۔ ہمیں چاہیے کہ برہما کے ساتھ رادھا کی بھی پرستش کریں۔

اس موقع پر یہ حقیقت بھی پیش نظر رکھنی چاہیے کہ فطرت کائنات کے جن قوائے مدبرہ کو سامی تصور نے 'ملاک' اور 'ملائکہ' سے تعبیر کیا تھا، اسی کو آریائی تصور نے 'دیو' اور 'یزتا' سے تعبیر کیا۔ یونانیوں کا 'تھیوس' رومیوں کا ڈےیوس (Deus) پارسیوں کا 'یزتا' (یزداں) سب کے اندر وہی ایک بنیادی مادہ اور وہی ایک بنیادی تصور کرم کرتا رہا۔ سنسکرت میں 'دیو' ایک لچکدار لفظ ہے جو متعدد معنوں میں مستعمل ہوا ہے لیکن جب مافوق الفطرت ہستیوں کے لیے بولا جاتا ہے تو اس کے معنی ایک ایسی غیر مادی اور روحانی ہستی کے ہوجاتے ہیں جو اپنے وجود میں روشن اور درخشاں ہو۔ سامی ادیان نے ان روحانی ہستیوں کی حیثیت اس سے زیادہ نہیں دیکھی کہ وہ خدا کی پیدا کی ہوئی کارکن ہستیاں ہیں لیکن آریائی تصور نے ان میں تدبیر و تصرف کی بالاستقلال طاقتیں دیکھیں اور جب توحیدی تصوری کے قیام سے وہ استقلال باقی نہیں رہا تو توسل اور تصرف کا درمیانی مقام انہوں نے پیدا کرلیا۔ یعنی اگرچہ وہ خود خدا نہیں ہیں لیکن خدا تک پہنچنے کے لیے ان کی پرستش ضروری ہوئی۔ ایک پرستار کی پرستش اگرچہ ہوگی معبود حقیقی کے لیے مگر ہوگی انہی کے آستانوں پر۔ ہم براہ راست خدا کے آستانے تک پہنچ نہیں سکتے ہمیں پہلے دیوتاؤں کے آستانوں کا وسیلہ پکڑنا چاہیے۔ دراصل یہی توسل و تصرف کا عقیدہ جس نے ہر جگہ توحیدی اعتقاد و عمل کی تکمیل میں خلل ڈالا۔ ورنہ ایک خدا کی یگانگی اور بالاتری سے تو کسی کو بھی انکار نہ تھا۔ عرب جاہلیت کے بت پرستوں کا بھی یہی عقیدہ قرآن نے نقل کیا ہے کہ

'ما نعبدھم الا لقربونا الی اللہ زلفی' (۳۹۔ ۳)

بہر حال شرک فی الصفات اور شرک فی العبادت کا یہی وہ عنصری مادہ تھا جس نے ہندوستان کے عملی مذہب کو سر تا سر اشراک اور اصنام پرستی کے عقائد سے معمور کر دیا اور بالآخر یہ صورت حال اس درجہ گہری اور عام ہو گئی کہ جب تک ایک سراغ رساں جستجو اور تفحص کی دور دراز مسافتیں طے نہ کر لے ہندو عقیدہ کے توحیدی تصور کا کوئی نشان نہیں پا سکتا۔

توحیدی تصور نے یہاں ایک ایسے راز کی نوعیت پیدا کر لی جس تک صرف خاص خاص عارفوں ہی کی رسائی ہو سکتی ہے۔ ہم اس کا سراغ پہاڑوں کے غاروں میں پا سکتے ہیں لیکن کوچہ و بازار میں نہیں پا سکتے۔ گیارھویں صدی مسیحی میں جب ابوریحان البیرونی ہندوستان کے علوم و عقائد کے سراغ میں نکلا تھا تو یہ متضاد صورت حال دیکھ کر حیران رہ گیا تھا۔ سولہویں صدی میں ویسی ہی حیرانی ابوالفضل کو پیش آئی، اور پھر اٹھارہویں صدی میں سر ولیم جونس کو۔

بہترین معذرت جو اس صورت حال کی کی جا سکتی ہے وہ وہی ہے جس کا اشارہ گیتا کے شہرۂ آفاق ترانوں میں ہمیں ملتا ہے اور جس نے البیرونی کے فلسفیانہ دماغ کو بھی اپنی طرف متوجہ کر لیا تھا۔ یعنی یہاں پہلے دن سے عقائد و عمل کی مختلف راہیں مصلحتاً کھلی رکھی گئیں تاکہ خواص اور عوام دونوں کی فہم و استعداد کی رعایت ملحوظ رہے۔ توحیدی تصور خواص کے لیے تھا کیونکہ وہی اس بلند مقام کے متحمل ہو سکتے تھے۔ اصنامی تصور عوام کے لیے تھا کیونکہ ان کی طفلانہ عقول کے لیے یہی راہ موزوں تھی۔ اور پھر چونکہ خواص بھی جمعیت و معاشرت کے عام ضبط و نظم سے باہر نہیں رہ سکتے، اس لیے عملی زندگی میں انہیں بھی اصنام پرستی کے تقاضے پورے کرنے ہی پڑتے تھے۔ اور اس طرح ہندو زندگی کی بیرونی وضع و قطع بلا استثنا اشراک اور اصنام پرستی ہی کی رہتی آئی۔

البیرونی نے حکمائے یونان کے اقوال نقل کر کے دکھایا ہے کہ اس بارے میں ہندوستان اور یونان دونوں کا حال ایک ہی طرح کا رہا۔ پھر گیتا کا یہ قول نقل کیا ہے کہ ''بہت سے لوگ مجھ تک (یعنی خدا تک) اس طرح پہنچنا چاہتے ہیں کہ میرے سوا دوسروں کی عبادت کرتے ہیں لیکن میں ان کی مرادیں بھی پوری کر دیتا ہوں۔ کیونکہ میں ان سے اور ان کی عبادت سے بے نیاز ہوں''[30]

---

[30] البیرونی نے کتاب الہند ص ۵۹ میں بعض سنسکرت کتابوں سے بتوں کے بنانے کے احکام و قواعد نقل کیے ہیں اس کے بعد لکھتا ہے: وکان الفرض فی حکایة هذا الهذیان ان تعرف الصورة من صنمها اذا شوهد، ولیتحقق ما قلنا من ان هذه الصنام للعوام الذین سفلت مراتبهم وقصرت معارفهم، فما عمل صنم قط باسلم من علا المادة فضلا عن الله تعالیٰ ولیعرف کیف بعید السف

آج کل کے تمام ہندو اہل نظر جو ہندو عقائد و تصورات کی فلسفیانہ تعبیر کرنی چاہتے ہیں عموماً یہی توجیہ پیش کرتے ہیں جو البیرونی نے پیش کی تھی۔ ابو الفضل اور دارا شکوہ نے بھی یہی خیال ظاہر کیا ہے)۔

بے محل نہ ہوگا اگر اس موقع پر زمانہ حال کے ایک ہندو مصنف کی رائے پر بھی نظر ڈال لی جائے۔ گوتم بدھ کے ظہور سے پہلے ہندو مذہب کے تصور الوہیت نے جو عام و شکل و صورت پیدا کر لی تھی اس پر بحث کرتے ہوئے یہ قابل مصنف لکھتا ہے:

"گوتم بدھ کے عہد میں جو مذہب ملک پر چھایا ہوا تھا اس کے نمایاں خط و خال یہ تھے کہ لین دین کا ایک سودا تھا جو خدا اور انسانوں کے درمیان ٹھہر گیا تھا۔ جب کہ ایک طرف اوپانی شد کا برہمان تھا جو ذات الوہیت کا ایک اعلیٰ اور شائستہ تصور پیش کرتا تھا تو دوسری طرف ان گنت خداؤں کا ہجوم تھا جن کے لیے کوئی حد بندی نہیں ٹھہرائی جا سکتی تھی۔ آسمان کے سیارے، مادہ کے عناصر، زمین کے درخت، جنگل کے حیوان، پہاڑوں کی چٹانیں، دریاؤں کی جدولیں، غرض کہ موجودات خلقت کی کوئی قسم ایسی نہ تھی جو خدائی حکومت میں شریک نہ کر لی گئی ہو۔ گویا ایک بے لگام اور خودرو تخیل کو پروانہ مل گیا تھا کہ دنیا کی جتنی چیزوں خدائی مسند پر بٹھا سکتا ہے بے روک ٹوک بٹھاتا رہے۔ پھر جیسے خداؤں کی یہ بے شمار بھیڑیں بھی اس کے ذوق خدا سازی کے لیے کافی نہ ہوئی ہوں۔ طرح طرح کے عفریتوں اور عجیب الخلقت جسموں کی متخیلہ صورتوں کا بھی ان پر اضافہ ہوتا رہا۔ اس میں شبہ نہیں کہ اوپانی شدوں نے فکر و نظر کی دنیا میں ان متخیلہ صورتوں کا بھی ان پر اضافہ ہوتا رہا۔ اس میں شبہ نہیں کہ اوپانی شدوں نے فکر و نظر کی دنیا میں ان خداؤں کی سلطانی برہم کر دی تھی۔ لیکن عمل کی زندگی میں انہیں نہیں چھیڑا گیا۔ وہ بدستور اپنی خدائی مسندوں پر جمے رہے"[31]

شمنی مذہب اور اس کے تصورات:

قدیم برہمنی مذہب کے بعد شمنی مذہب (یعنی بدھ مذہب) کا ظہور ہوا۔ اسلام کے ظہور سے پہلے ہندوستان کا عام مذہب یہی تھا۔ شمنی مذہب کی اعتقادی مبادیات کی مختلف تفسیریں کی گئی ہیں۔ انیسویں صدی کے مستشرقوں کے ایک گروہ نے اسے اوپانی شدوں کی تعلیم ہی کا ایک عملی استغراق قرار دیا تھا اور خیال کیا تھا کہ 'نروان' میں جذب و انفصال کی روحانی اصل پوشیدہ ہے۔ یعنی جس سرچشمہ سے انسانی

بالتمویهات، وکذلك قیل فی کتاب گیتا ان کثیرا من الناس یتقربون می مباغیهم الی بغیری، یتوسلون بالصدقات والتسیح والصلوة لسوای فاقویهم علیها، واوفقهم لها، واوصلهم الی ارادتهم لا استغنائی عنهم۔

[31] پروفیسر اس۔ رادھا کرشنن۔ انڈین فلاسفی جلد اول صفحہ ۴۵۳۔ طبع ثانی

ہستی نکلی ہے۔ پھر اسی میں واصل ہوجانا 'نروان' یعنی نجات کامل ہے۔ لیکن اب عام طور پر تسلیم کرلیا گیا ہے کہ شمنی مذہب خدا اور روح کی ہستی کا کوئی تصور نہیں رکھتا۔ اس کا دائرہ اعتقاد و عمل صرف زندگی کی سعادت اور نجات کے مسئلہ میں محدود ہے۔ وہ صرف پرکرتی یعنی مادہ ازلی کا حوالہ دیتا ہے جسے کائناتی طبیعت حرکت میں لاتی ہے۔ 'نروان' سے مقصود یہ ہے کہ ہستی کی انانیت فنا ہوجائے اور زندگی کے چکر سے نجات مل جائے۔ اس میں شک نہیں کہ جہاں تک مابعد زمانے کے شمنی مکروں کی تصریحات کا تعلق ہے یہی تفسیر صحیح معلوم ہوتی ہے۔ اگر ان کا ایک گروہ لاادریت (Agnosticism) تک پہنچ کر رک گیا ہے تو دوسرا گروہ اس سے بھی آگے نکل گیا ہے اور مدعیانہ انکار کی راہ اختیار کی ہے۔ موکشا آکر گپتا نے 'ترک بھاشا'[32] میں ان تمام دلائل کا رد کیا۔ جو نیائے[33] اور ویشیشیک طریق نظر کے نظار خدا کی ہستی کے اثبات میں پیش کرتے تھے[34]، تاہم یہ بات بھی قطعی طور پر نہیں کہی جاسکتی کہ خود گوتم بدھ کا سکوت و توقف بھی انکار ہی پر مبنی تھا۔ اس کے سکوتی تحفظات متعدد مسئلوں میں ثابت ہیں اور اس کے متعدد محمل قرار دیے جاسکتے ہیں۔ اگر ان تمام اقوال پر جو براہ راست اس کی طرف منسوب ہیں غور کیا جائے تو ایسا محسوس ہوتا ہے کہ اس کا مسلک نفی ذات کا نہ تھا۔ نفی صفات کا تھا۔ اور نفی صفات کا مقام ایسا ہے کہ انسانی فکر و زبان کی تمام تعبیرات معطل ہوجاتی ہیں اور سکوت کے سوا چارہ کار باقی نہیں رہتا۔

علاوہ بریں یہ حقیقت بھی فراموش نہیں کرنی چاہیے کہ اس کے ظہور کے وقت اصنامی خدا پرستی کے مفاسد بہت گہرے ہوچکے تھے اور اصنامی خدا پرستی بجائے خود راہ حقیقت کی سب سے بڑی روک بن گئی تھی۔ اس نے اس روک سے راستہ صاف کردینا چاہا اور تمام توجہ زندگی کی عملی سعادت کے مسئلہ پر مرکوز کردی۔ اس صورت حال کا لازمی نتیجہ یہ تھا کہ برہمنی خدا پرستی کے عقائد سے انکار کیا جائے اور اس پر زور دیا جائے کہ نجات کی راہ ان معبودوں کی پرستش میں نہیں ہے بلکہ علم حق اور عمل حق میں ہے۔ یعنی 'اشٹانگ مارگ'[35] میں ہے۔ آگے چل کر اس اصنافی انکار نے مطلق انکار کی شکل پیدا کرلی اور پھر برہمنی مذہب کی مخالفت کے غلو نے معاملہ کو دور تک پہنچا دیا۔

---

[32] یہ قدیم کتاب جس کا صرف تبتی نسخہ دنیا کے علم میں آیا تھا اب اصل سنسکرت میں نکل آئی ہے اور گائیکواڑ اورینٹیل سیریز کے ادارے نے حال میں شائع کردی ہے۔ یسور کا مشرقی کتب خانہ بھی اس کا ایک دوسرا نسخہ اشاعت کے لیے مرتب کررہا ہے۔

[33] 'نیائے' یعنی منطق 'ویشیسک' طریق نظر سے مقصود منطقی نقد و تحلیل کا ایک خاص مسلک ہے۔

[34] گوتم بدھ کی تعلیم میں 'اشٹانگ مارگ' یعنی آٹھ باتوں کا طریقہ ایک بنیادی اصل ہے۔ آٹھ باتوں سے مقصود علم و عمل کا تزکیہ و طہارت ہے۔ علم حق، رحم و شفقت، قربانی، ہوا و ہوس سے آزادی خودی کو مٹانا وغیرہ۔

[35] میں تسلیم کرتا ہوں کہ یہ میرا ذاتی استنباط ہے اور مجھے حق نہیں کہ اپنی رائے کو وثوق کے ساتھ ان محققوں کے مقابلہ میں پیش کروں جنہوں نے اس موضوع کے مطالعہ میں زندگیاں بسر کردی ہیں۔ تاہم میں مجبور ہوں کہ اپنی محدود و معلومات کی روشنی میں جن نتائج تک پہنچا ہوں ان سے دست بردار نہ ہوں۔ یورپ کے محققوں نے بدھ مذہب کے مصادر کی جستجو و فراہمی میں بڑی کد و کاوش کی ہے اور پالی زبان کے تمام اہم مصادر فرنچ یا انگریزی میں منتقل کرلیے ہیں۔ میں نے حتی الامکان اس تمام مواد کے مطالعہ کی کوشش کی اور بالآخر اسی نتیجہ تک پہنچا۔

بہرحال خود گوتم بدھ اور اس کی تعلیم کے شارحوں کی تصریحات اس بارے میں کچھ ہی رہی ہوں مگر یہ واقعہ ہے کہ اس کے پیرووں نے خدا کے تصور کی خالی مسند بہت جلد بھر دی۔ انہوں نے اس مسند کو خالی دیکھا تو خود گوتم بدھ کو وہاں لا کر بٹھا دیا اور پھر اس نئے معبود کی پرستش اس جوش و خروش کے ساتھ شروع کر دی کہ آدھی سے زیادہ دنیا اس کے بتوں سے معمور ہو گئی!

آوارہ غربت نہ تواں دید صنم را۔

وقتست کہ دگر بتکدہ سازند حرم را!

گوتم بدھ کی وفات پر ابھی زیادہ زمانہ نہیں گزرا تھا کہ پیروان بدھ کی اکثریت نے اس کی شخصیت کو عام انسانی سطح سے بالاتر دیکھنا شروع کر دیا تھا اور اس کے آثار و تبرکات کی پرستش کا میلان بڑھنے لگا تھا۔ اس کی وفات کے کچھ عرصہ بعد جب مذہب کی پہلی مجلس اعظم راج گیری میں منعقد ہوئی اور اس کے شاگرد خاص آنند نے اس کی آخری وصایا بیان کیں تو بیان کیا جاتا ہے کہ لوگ اس کی روایت پر مطمئن نہ ہوئے اور اس کے مخالف ہو گئے کیونکہ اس کی روایتوں میں انہیں وہ ماورائے انسانیت عظمت نظر نہیں آئی جسے اب ان کی طبیعت ڈھونڈنے لگی تھی۔ تقریباً سو برس بعد جب دوسری مجلس ویسالی (مظفر پور حالی) میں منعقد ہوئی تو اب مذہب کی بنیادی سادگی اپنی جگہ کھو چکی تھی اور اس کی جگہ نئے نئے تصوروں اور مخلوط عقیدوں نے لے لی تھی۔ اب مسیحی مذہب کے اقانیم ثلاثہ کی طرح جو پانچ سو برس بعد ظہور میں آنے والا تھا ایک ثمنی اقانیم کا عقیدہ بدھ کی شخصیت کے گرد ہالے کی طرح چمکنے لگا اور عام انسانی سطح سے وہ ماورا تسلیم کر لی گئی۔ یعنی بدھ کی ایک شخصیت کے اندر تین وجودوں کی نمود ہو گئی۔ اس کی تعلیم کی شخصیت، اس کے دنیاوی وجود کی شخصیت اور اس کے حقیقی وجود کی شخصیت۔ یہ آخری شخصیت لوک (بہشت) میں رہتی ہے۔ دنیا میں جب کبھی بدھ کا ظہور ہوتا ہے تو یہ اس حقیقی وجود کا ایک پرتو ہوتا ہے۔ نجات پانے کے معنی یہ ہوئے کہ آدمی حقیقی بدھ کے اسی ماورائے عالم مسکن میں پہنچ جائے۔

پہلی صدی مسیحی میں بعہد کوشان جب چوتھی مجلس برشاور (پشاور حالی) میں منعقد ہوئی تو اب بنیادی مذہب کی جگہ ایک طرح کا کلیسائی مذہب قائم ہو چکا تھا اور بدھ کے اشٹانگ مارگ (طریق ثمانیہ) کی عملی روح طرح طرح کی رسوم پرستیوں اور قواعد آرائیوں میں معدوم ہو چکی تھی۔

بالآخر پیروان بدھ دو بڑے فرقوں میں بٹ گئے۔ 'ہینیان' اور 'مہایان' پہلا فرقہ بدھ کی شخصیت میں ایک رہنما اور معلم کی انسانی شخصیت دیکھنا چاہتا تاھ لیکن دوسرے نے اسے پوری طرح ماورائے انسانیت کی ربانی سطح پر متمکن کر دیا تھا اور پیروان بدھ کی عام راہ وہی ہو گئی تھی۔ افغانستان، بامیان، وسط ایشیا، چین، کوریا، جاپان اور تبت سب میں مہایان مذہب ہی کی تبلیغ و اشاعت ہوئی۔ چینی سیاح فاہین جب چوتھی صدی مسیح میں ہندوستان آیا تھا تو اس نے پورب کے ہینیان ثمنیوں سے مباحثہ کیا تھا اور مہایان طریقہ کی صداقت کے دلائل پیش

کیے تھے۔ موجودہ زمانے میں سیلون کے سواجہاں ہینیان طریقے کا ایک محرف بقیہ 'تھیراواد' کے نام سے پایا جاتا ہے تمام پیروان بدھ کا مذہب مہایان ہے۔

موجودہ زمانے کے بعض محققین شمنیہ کا خیال ہے کہ اشوک کے زمانہ تک بدھ مذہب میں بت پرستی کا عام رواج نہیں ہوا تھا۔ کیونکہ اس عہد تک کے جو بدھ آثار ملتے ہیں ان میں بدھ کی شخصیت کسی بت کے ذریعہ نہیں بلکہ صرف ایک کنول کے پھول یا ایک خالی کرسی کی شکل میں دکھائی گئی ہے۔ پھر کنول اور خالی کرسی کی جگہ دو قدم نمودار ہونے لگے اور پھر بتدریج قدموں کی جگہ خود بدھ کا پورا مجسمہ نمودار ہو گیا۔ اگر یہ استنباط صحیح تسلیم کر لیا جائے جب بھی ماننا پڑے گا کہ اشوک کے زمانے کے بعد سے بدھ کے بتوں کی عام پرستش جاری ہو گئی تھی۔ اشوک کا عہد ۲۵۰ قبل از مسیح تھا۔

(۳)۔ ایرانی مجوسی تصور:

زردشت کے ظہور سے پہلے مادا (میڈیا) اور پارس میں ایک قدیم ایرانی[36] طریق پرستش رائج تھا۔ ہندوستان کے ویدوں میں دیوتاؤں کی پرستش اور قربانیوں کے اعمال و رسوم جس طرح کے پائے جاتے ہیں قریب قریب ویسے ہی عقائد و رسوم پارس اور ماد میں بھی پھیلے ہوئے تھے۔ دیوتائی طاقتوں کو ان کے دو بڑے مظہروں میں تقسیم کر دیا تھا۔ ایک طاقت روشن ہستیوں کی تھی جو انسان کو زندگی کی تمام خوشیاں بخشتی تھی۔ دوسری برائی کے تاریک عفریتوں کی تھی جو ہر طرح کی مصیبتوں اور ہلاکتوں کا سرچشمہ تھی۔ آگ کی پرستش کے لیے قربان گاہیں بنائی جاتی تھیں اور ان کے پجاریوں کو 'موگوش' کے نام سے پکارا جاتا تھا۔ اوستا کے گاتھا میں انہیں 'کارپان' اور 'کاوی' کے نام سے بھی پکارا گیا ہے۔ آگے چل کر اسی 'موگوش' نے آتش پرستی کا مفہوم پیدا کر لیا اور غیر قومیں ایرانیوں کو 'مگ' اور 'مگوش' کے نام سے پکارنے لگیں۔ عربوں نے اسی 'موگوش' کا 'مجوس' کر دیا۔

---

[36] 'ایرایان' وہی لفظ ہے جو ہندوستان میں 'آریا' ہو گیا۔ اوستا میں چوبیس ملکوں کی پیدائش کا ذکر کیا گیا ہے۔ جس میں سب سے پہلا اور سب سے بہتر 'ایریاناویج' ہے اور غالباً اس سے شمالی ایران مقصود ہے (وینیداد۔ فرگرد اول۔ فقرہ ۲) ہر مزدیشت کے فقرہ ۲۱ میں 'ایریاناویج' کا ذکر کیا ہے اور اس پر درود بھیجا ہے۔ 'ویج' جرمن مستشرق اسپیگل کی قرأت ہے۔ آنک تیل نے اسے 'ویجو' پڑھا تھا۔ 'ویج' یا 'ویجو' کے معنی پہلو میں مبارک کے ہیں۔ یعنی مبارک ایریانی کی سرزمین۔

مزدیسنا:

زردشت کا جب ظہور ہوا تو اس نے ایرانیوں کو ان قدیم عقائد سے نجات دلائی اور 'مزدیسنا' کی تعلیم دی۔ یعنی دیوتاؤں کی جگہ ایک خدائے واحد 'اہورامزد' کی پرستش کی۔ یہ اہورامزد یگانہ ہے، بے ہمتا ہے، بے مثال ہے، نور ہے، پاکی ہے، سرتاسر حکمت اور خیر ہے، اور تمام کائنات کا خالق ہے۔ اس نے انسان کے لیے دو عالم بنائے ایک عالم دنیوی زندگی کا ہے دوسرا مرنے کے بعد کی زندگی کا۔ مرنے کے بعد جسم فنا ہوجاتا ہے مگر روح باقی رہتی ہے اور اپنے اعمال کے مطابق جزا پاتی ہے۔

دیوتاؤں کی جگہ اس نے 'امش سپدن' اور 'یزتا' کا تصور پیدا کیا۔ یعنی فرشتوں کا، یہ فرشتے اہورامزد کے احکام کی تعمیل کرتے ہیں۔ برائی اور تاریکی کی طاقتوں کی جگہ 'انگرامے نیوش' کی ہستی کی خبر دی۔ یعنی شیطان کی۔ یہی 'انگرامے نیوش' پاژند کی زبان میں 'اہرمن' ہوگیا۔

زردشت کی تعلیم میں ہندوستانی آریاؤں کے ویدی عقائد کا رد صاف صاف نمایاں ہے۔ ایک ہی نام ایران اور ہندوستان دونوں جگہ ابھرتا ہے اور متضاد معنی پیدا کرلیتا ہے۔ اوستا کا 'اہورا' سام اور یجروید میں 'اسورا' ہے اور اگرچہ رگ وید میں اس کا اطلاق اچھے معنوں پر ہوا تھا مگر اب وہ برائی کی شیطانی روح بن گیا ہے۔ ویدوں کا 'اندرا' اوستا کا 'انگرا' ہوگیا۔ ویدوں میں وہ آسمان کا خدا تھا۔ اوستا میں زمین کا شیطان ہے۔ ہندوستان اور یورپ میں 'دیو' اور 'ڈےیوس' اور 'تھیوس' خدا کے لیے بولا گیا ہے لیکن ایران میں 'دیو' کے معنی عفریتوں کے ہو گئے۔ گویا دونوں عقیدے ایک دوسرے سے لڑ رہے تھے۔ ایک کا خدا دوسرے کا شیطان ہوجاتا تھا اور دوسرے کا شیطان پہلے کے لیے خدا کا کام دیتا تھا۔ اسی طرح ہندوستان میں 'یم' موت کی طاقت ہے۔ اوستا کی روایتوں میں 'یم' زندگی اور انسانیت کی سب سے بڑی نمود ہوئی اور پھر یہی 'جم' 'جم' ہوکر جمشید ہوگیا۔

فسانہا کہ بہ بازیچہ روزگار سرود

کنوں بہ مسند جمشید و تاج کے بستند

لیکن معلوم ہوتا ہے کہ چند صدیوں کے بعد ایران کے قدیم تصورات اور بیرونی اثرات پھر غالب آ گئے اور ساسانی عہد میں جب 'مزدیسنا' کی تعلیم کی از سر نو تدوین ہوئی تو یہ قدیم مجوسی، یونانی اور زردشتی عقائد کا ایک مخلوط مرکب تھا اور اس کا بیرونی رنگ و روغن تو تمام تر مجوسی تصور ہی نے فراہم کیا تھا اسلام کا جب ظہور ہوا تو یہی مخلوط تصور ایران کا قومی مذہبی تصور تھا۔ مغربی ہند کے پارسی مہاجر یہی تصور اپنے ساتھ ہندوستان لائے اور پھر یہاں کے مقامی اثرات کی ایک تہہ اس پر اور چڑھ گئی۔

مجوسی تصور کی بنیاد ثنویت (Dualism) کے عقیدہ پر تھی۔ یعنی خیر اور شر کی دو الگ الگ قوتیں ہیں۔ اہورا مزد جو کچھ کرتا ہے خیر اور روشنی ہے۔ انگرامے نیوش یعنی اہرمن جو کچھ کرتا ہے شر اور تاریکی ہے۔ عبادت کی بنیاد سورج اور آگ کی پرستش پر رکھی گئی کہ روشنی یزدانی صفات کی سب سے بڑی مظہر ہے۔ کہا جا سکتا ہے کہ مجوسی تصور نے خیر اور شر کی گتھی یوں سلجھانی چاہی کہ کارخانہ ہستی کی سربراہی دو متقابل اور متعارض قوتوں میں تقسیم کر دی۔

(۴)۔ یہودی تصور:

یہودی تصور ابتدا میں ایک محدود نسلی تصور تھا۔ یعنی کتاب پیدائش کا یہودا خاندان اسرائیل کے نسلی خدا کی حیثیت سے نمایاں ہوا تھا۔ لیکن پھر یہ تصور بتدریج وسیع ہوتا گیا۔ یہاں تک کہ یشعیا دوم[37] کے صحیفہ میں تمام قوموں کا خدا اور تمام قوموں کا ہیکل نمایاں ہوگیا۔ تاہم اسرائیلی خدا کا نسلی اختصاص کسی نہ کسی شکل میں برابر کام کرتا ہی رہا اور ظہور اسلام کے وقت اس کے نمایاں خال وخط نسل اور جغرافیہ ہی کے خال وخط تھے۔

تجسم اور تنزیہہ کے اعتبار سے وہ ایک درمیانی درجہ رکھتا تھا اور اس میں غالب عنصر قہر و غضب اور انتقام و تعذیب کا تھا۔ خدا کا بار بار متشکل ہو کر نمودار ہونا، مخاطبات کا تمام تر انسانی اوصاف و جذبات سے آلودہ ہونا، قہر و انتقام کی شدت اور ابتدائی درجہ کا تمثیلی اسلوب، تورات کے صحیفوں کا عام تصور رہے۔

خدا کا انسان سے رشتہ اس نوعیت کا رشتہ ہوا جیسے ایک شوہر کا اپنی بیوی سے ہوتا ہے۔ شوہر نہایت غیور ہوتا ہے۔ وہ اپنی بیوی کی ساری خطائیں معاف کر دے گا لیکن یہ جرم معاف نہیں کرے گا کہ اس کی محبت میں کسی دوسرے مرد کو بھی شریک کرے۔ اسی طرح خاندان اسرائیل کا خدا بھی بہت غیور ہے اس نے اسرائیل کے گھرانے کو اپنی چہیتی بیوی بنایا اور چونکہ چہیتی بیوی بنایا اس لیے خاندان اسرائیل کی بے وفائی اور غیر قوموں سے آشنائی اس پر بہت ہی شاق گزرتی ہے۔ اور ضروری ہے کہ وہ اس جرم کے بدلے سخت سزائیں

---

[37] عہد عتیق میں یشعیا نبی کی طرف جو کتاب منسوب ہے اس کی زبان اور مطالب کا آیت ۵۱ تک ایک خاص انداز ہے اور پھر اس کے بعد بالکل دوسرا ہو جاتا ہے۔ ابتدائی حصہ ایک ایسے شخص کا کلام معلوم ہوتا ہے جو قید بابل سے پہلے تھا۔ لیکن بعد کے قصہ میں قید بابل کے زمانے کے اثرات صاف صاف نمایاں ہیں۔ اس لیے انیسویں صدی کے نقادوں نے اسے دو شخصوں کے کلام میں تقسیم کر دیا۔ ایک کو یشعیا اول اور دوسرے کو دوم سے تعبیر کرتے ہیں۔

دے۔ چنانچہ احکام عشرہ (Ten Commandments) میں ایک حکم یہ بھی تھا ''تو کسی چیز کی صورت نہ بنائیو اور نہ اس کے آگے جھکیو۔ کیونکہ میں خداوند تیرا خدا رشک کرنے والا ایک بہت ہی غیور خدا ہوں'' (خروج ۔ ۲۱)
شوہر کے رشتہ کی یہ تمثیل جو مصر سے خروج کے بعد متشکل ہونا شروع ہو گئی تھی آخر عہد تک کم و بیش قائم رہی ۔ یہودیوں کی ہر گمراہی پر خدا کے غضب کا اظہار ایک غضبناک شوہر کا پر جوش اظہار ہوتا ہے جو اپنی چہیتی بیوی کو اس کی ایک ایک بے وفائی یاد دلا رہا ہو۔ یہ اسلوب تمثیل بظاہر کتنا ہی موثر اور شاعرانہ دکھائی دیتا ہو لیکن اس میں شک نہیں کہ خدا کے تصور کے لیے ایک ابتدائی درجہ کا غیر ترقی یافتہ تصور تھا۔

(۵)۔ مسیحی تصور:

لیکن یشعیا دوم کے زمانے سے اس صورت حال میں تبدیلی شروع ہوئی اور یہودی تصور میں بیک وقت وسعت اور لطافت دونوں طرح کے عناصر نمایاں ہونے لگے ۔ گویا اب ایک نئی تصوری فضا کے لیے زمانے کا مزاج تیار ہونے لگا تھا۔ چنانچہ مسیحیت آئی تو رحم و محبت اور عفوو بخشش کا ایک نیا تصور لے کر آئی ۔ اب خدا کا تصور نہ تو جابر بادشاہ کی طرح قہر آلود تھا۔ نہ رشک و غیرت میں ڈوبے ہوئے شوہر کی طرح سخت گیر تھا بلکہ باپ کی محبت و شفقت کی مثال نمایاں کرتا تھا اور اس میں شک نہیں کہ یہودی تصور کی شدت و غلظت کے مقابلے میں رحم و محبت کی رقت کا یہ ایک انقلابی تصور تھا۔ انسانی زندگی کے سارے رشتوں میں ماں اور باپ کا رشتہ سب سے بلند تر رشتہ ہے اس میں شوہر کے رشتہ کی طرح جذبوں اور خواہشوں کی غرضوں کو دخل نہیں ہوتا۔ یہ سر تا سر رحم و شفقت اور پرورش و چارہ سازی ہوتی ہے ۔ اولاد بار بار قصور کرے گی لیکن ماں کی محبت پھر بھی گردن نہیں موڑے گی اور باپ کی شفقت پھر بھی معافی سے انکار نہیں کرے گی ۔ پس اگر خدا کے تصور کے لیے انسانی رشتوں کی مشابہتوں سے کام لیے بغیر چارہ نہ ہو تو بلاشبہ شوہر کی تمثیل کے مقابلہ میں باپ کی تمثیل کہیں زیادہ شائستہ اور ترقی یافتہ تمثیل ہے ۔[38]
تجسم اور تنزہ کے لحاظ سے مسیحی تصور کی سطح اصلاً وہی تھی جہاں تک یہودی تصور پہنچ چکا تھا مگر جب مسیحی عقائد کا ردی اصنام پرستی کے تصوروں سے امتزاج ہو تو اقانیم ثلاثہ، کفارہ اور مسیح پرستی کے تصورات چھا گئے اور اسکندریہ کے فلسفہ آمیز اصنامی تصور سراپیز

---

38 اسی لیے ہندو تصور نے ماں کی تشبیہ سے کام لیا کیونکہ ماں کی تشبیہ میں اگرچہ نسائیت آجاتی ہے لیکن تشبیہ باپ سے بھی زیادہ پر اثر ہوجاتی ہے ۔ باپ کی شفقت کبھی کبھی جواب دے دے گی لیکن ماں کی محبت کی گہرائیوں کے لیے کوئی تھاہ نہیں ۔

(Serapis) نے مسیحی اصنامی تصور کی شکل اختیار کر لی۔ اب مسیحیت کو بت پرستوں کی بت پرستی سے تو انکار تھا لیکن خود اپنی بت پرستی پر کوئی اعتراض نہ تھا۔ میڈونا کے قدیم بت کی جگہ اب ایک نئی مسیحی میڈونا کا بت تیار ہو گیا۔ یہ خدا کے فرزند کو گود میں لیے ہوئے تھی اور ہر راسخ الاعتقاد مسیحی کی جبین نیاز کا سجدہ طلب کرتی تھی! غرض کہ قرآن کا جب نزول ہوا تو مسیحی تصور رحم و محبت کی پدری تمثیل کے ساتھ اقانیم ثلاثہ، کفارہ، اور تجسم کا ایک مخلوط اشراکی۔ توحیدی تصور تھا۔

(۲)۔ فلاسفہ یونان و اسکندریہ کا تصور:

ان تصوروں کے علاوہ ایک تصور فلاسفہ یونان کا بھی ہے جو اگرچہ مذاہب کے تصوروں کی طرح اقوام عالم کا تصور نہ ہو سکا تاہم انسان کی فکری نشوونما کی تاریخ میں اس نے بہت بڑا حصہ لیا اور اس لیے اسے نظرانداز نہیں کیا جا سکتا۔

تقریباً پانچ سو برس قبل از مسیح یونان میں توحید کا تصور نشوونما پانے لگا تھا۔ اس کی سب سے بڑی معلم شخصیت سقراط (Socrates) کی حکمت میں نمایاں ہوئی جسے افلاطون (Plato) نے تدوین و انضباط کے جامے سے آراستہ کیا۔

جس طرح ہندوستان میں رگ وید کے دیوہانی تصورات نے بالآخر ایک رب الاربابی تصور کی نوعیت پیدا کر لی تھی اور پھر اسی رب الاربابی تصور نے بتدریج توحیدی تصور کی طرف قدم بڑھایا تھا ٹھیک اسی طرح یونان میں بھی المپس کے دیوتاؤں کو بالآخر ایک رب الارباب ہستی کے آگے جھکنا پڑا اور پھر یہ رب الاربابی تصور بتدریج کثرت سے وحدت کی طرف قدم بڑھانے لگا۔ یونان کے قدیم ترین تصوروں کے معلوم کرنے کا تنہا ذریعہ اس کی پرانی شاعری ہے۔ جب ہم اس کا مطالعہ کرتے ہیں تو دو عقیدے برابر پس پردہ کام کرتے دکھائی دیتے ہیں: مرنے کے بعد کی زندگی اور ایک سب سے بڑی اور سب پر چھائی ہوئی الوہیت۔

آ یونی (Ionie) فلسفہ نے جو یونانی مذاہب فلسفہ میں سب سے زیادہ پرانا ہے اجرام سماوی کی ان دیکھی روحوں کا اعتراف کیا تھا اور پھر ان روحوں کے اوپر کسی ایسی روح کا سراغ لگانا چاہتا تھا جسے اصل کائنات قرار دیا جا سکے۔ پانچویں صدی قبل از مسیح میں فیثا غورس (Pythagoras) کا ظہور ہوا اور اس نے نئے نئے فکری عنصروں سے فلسفہ کو آشنا کیا۔ فیثا غورث کے سفر ہند کی روایت صحیح ہو یا نہ ہو لیکن اس میں شک نہیں کہ اس کے فلسفیانہ تصوروں میں ہندوستانی طریق فکر کی مشابہتیں پوری طرح نمایاں ہیں۔ تناسخ کا غیر مشتبہ عقیدہ، پانچویں آسمانی عنصر (Quintaessesntia) کا اعتراف، نفس انسانی کی انفرادیت کا تصور، مکاشفاتی طریق ادراک کی جھلک اور سب سے زیادہ یہ کہ ایک 'طریق زندگی' کے ضابطہ کا اہتمام، ایسے مبادیات ہیں جو ہمیں اوپانی شد کے دائرہ فکر و نظر سے سے بہت قریب کر دیتے

ہیں۔ فیثا غورس کے بعد انکسا غورس (Anaxagoras) نے ان مبادیات کو کلیاتی (Abstracts) تصورات کی نوعیت کا جامہ پہنایا اور اس طرح یونانی فلسفے کی وہ بنیاد استوار ہو گئی جس پر آگے چل کر سقراط اور افلاطون اپنی کلیاتی تصوریت کی عمارتیں کھڑی کرنے والے تھے۔

سقراط کی شخصیت میں یونان کے توحیدی اور تنزیہی اعتقاد کی سب سے بڑی نمود ہوئی۔ سقراط سے پہلے جو فلسفی گزرے تھے انہوں نے قومی پرستش گاہوں کے دیوتاؤں سے کوئی تعرض نہیں کیا تھا۔ کیونکہ خود ان کے دل و دماغ بھی ان کے اثرات سے خالی نہیں ہوئے تھے۔ نفوس فلکی کے تصورات کی اگر اصل حقیقت معلوم کی جائے تو اس سے زیادہ نہیں نکلے گی کہ یونان کے کواکبی دیوتاؤں نے علم و نظر کے حلقوں سے روشناس ہونے کے لیے ایک نیا فلسفیانہ نقاب اپنے چہروں پر ڈال لیا تھا اور اب ان کی ہستی صرف عوام کو ہی نہیں بلکہ فلسفیوں کو بھی تسکین دینے کے قابل بنا دی گئی تھی۔ یہ تقریباً ویسی ہی صورت حال تھی جو ابھی تھوڑی دیر ہوئی ہم ہندوستان کی قدیم تاریخ کے صفحوں پر دیکھ رہے تھے۔ یعنی فکری غور و خوض کے نتائج ایک ایسی لچکدار صورت میں ابھرنے لگے کہ ایک طرف فلسفیانہ دماغوں کے تقاضوں کا بھی جواب دیا جا سکے، دوسری طرف عوام کے قومی عقائد سے بھی تصادم نہ ہو۔ ہندوستان کی طرح یونان میں بھی خواص اور عوام کے فکر و عمل نے باہم دگر سمجھوتا کر لیا تھا۔ یعنی توحید اور اصنامی عقیدے ساتھ ساتھ چلنے لگے تھے۔

لیکن سقراط کا معنوی علو فکر اس عام سطح سے بہت بلند جا چکا تھا۔ وہ وقت کے اصنامی عقائد سے کوئی سمجھوتا نہیں کر سکا۔ اس کا توحیدی تصور تجسم اور تشبہ کی تمام آلودگیوں سے پاک ہو کر ابھرا۔ اس کی بے لوث خدا پرستی کا تصور اس درجہ بلند تھا کہ وقت کے عام مذہبی تصورات اسے سر اونچا کر کے بھی دیکھ نہیں سکتے تھے۔ اس کی حقیقت شناس نگاہ میں یونان کی اصنامی خدا پرستی اس سے زیادہ کوئی اخلاقی بنیاد نہیں رکھتی تھی کہ ایک طرح کا دکاندارانہ لین دین تھا جو اپنے خود ساختہ معبودوں کے ساتھ چکایا جاتا تھا۔ افلاطون یوثی فرا (Euthyphro) کے مکالمہ میں ہمیں صاف صاف بتلاتا ہے کہ یونان کے دینی تصورات و اعمال کی نسبت سقراط کے بے لاگ فیصلے کیا تھے؟ سقراط پر مذہبی بے احترامی کا الزام لگایا گیا تھا۔ وہ پوچھتا ہے کہ 'مذہبی احترام' کی حقیقت کیا ہے؟ پھر جو جواب ملتا ہے وہ اسے اس نتیجہ پر پہنچاتا ہے کہ ''مذہبی احترام گویا مانگنے اور دینے کا ایک فن ہوا۔ دیوتاؤں سے وہ چیز مانگنی جس کی ہمیں خواہش ہے، اور انہیں وہ چیز دے دینی جس کی انہیں احتیاج ہے۔ مختصراً یہ کہ تجارتی کاروبار کا ایک خاص ڈھنگ''۔

ایسی بے پردہ تعلیم، وقت کے دارو گیر سے بچ نہیں سکتی تھی اور نہ بچی لیکن سقراط کی اولوالعزم روح وقت کی کوتاہ اندیشیوں سے مغلوب نہیں ہو سکتی تھی۔ اس نے ایک ایسے صبر و استقامت حق کے ساتھ جو صرف نبیوں اور شہیدوں ہی کے اندر گھر بنا سکتا ہے زہر کا جام اٹھایا اور بغیر کسی تلخ کامی کے پی لیا۔

تمنت سلیمی ان نموت بجبها۔

واھون شیء عندنا ماتمنت

اس نے مرنے سے پہلے آخری بات جو کہی تھی وہ یہ تھی : ''وہ ایک کمزور دنیا سے ایک بہتر دنیا کی طرف جا رہا ہے''۔

افلاطون نے سقراط کے باحثانہ (Dialectic) افکار کو جو ایک معلم کے درس و املا کی نوعیت رکھتے تھے ایک مکمل ضابطہ کی شکل دے دی اور منطقی تحلیل کے ذریعہ انہیں وجوامع کی صورت میں مرتب کیا۔

اس نے اپنے فلسفیانہ بحث و نظر کی بنیاد کلیات (Abstracts) پر رکھی اور حکومت سے لے کر خدا کی ہستی تک سب کو تصوریت (Idea) کا جامہ پہنا دیا۔

اگر تصوریت محسوسات سے الگ ہستی رکھتی ہے تو ناؤس[39] (Nause) یعنی نفس ناطقہ بھی مادہ سے الگ اپنی ہستی رکھتا ہے اور اگر نفس[40] مادہ سے الگ ہستی رکھتا ہے تو خدا کی ہستی بھی مادیات سے الگ اپنی نمود رکھتی ہے۔

اس نے انکسا غورس کے مسلک کے خلاف دو نفسوں میں امتیاز کیا۔ ایک کو فانی قرار دیا۔ دوسرے کو لافانی۔ فانی نفس خواہشیں رکھتا ہے۔ اور وہی مجسم ایگو (Ego) ہے۔ لیکن لافانی نفس کائنات کی اصل عاقلہ ہے اور جسمانی زندگی کی تمام آلائشوں سے یک قلم منزہ یہی نفس کلی کی وہ الٰہی چنگاری ہے جس نے انسان کے اندر قوت مدرکہ کی روشنی کا چراغ روشن کر دیا ہے یہاں پہنچ کر نفس کلی کا تصور بھی ایک طرح سے وحدۃ الوجودی تصور کی نوعیت پیدا کر لیتا ہے۔ دراصل ہندو فلسفے کا 'آتما' اور یونانی فلسفے کا 'نفس' ایک ہی مسمی کے دو نام ہیں۔ یہاں 'آتما' کے بعد 'پرم آتما' نمودار ہوا تھا۔ وہاں نفس کے بعد نفس کلی نمودار ہو۔

سقراط نے خدا کی ہستی کے لیے 'اگاتھوس' یعنی 'الخیر' کا تصور قائم کیا تھا۔ وہ سر تا سر اچھائی اور حسن ہے۔ افلاطون وجود کی دنیاؤں سے بھی اوپر اڑا اور اس نے خیر بحث کا سراغ لگانا چاہا لیکن سقراط کے صفاتی تصور پر کوئی اضافہ نہ کر سکا۔

---

39 'ناؤس' جس کا تلفظ 'ناوز' کیا جاتا ہے عربی کے 'نفس' سے اس درجہ صوتی مشابہت رکھتا ہے کہ معلوم ہوتا ہے 'ناوز' تعریب کا جامہ پہن کر 'نفس' ہو گیا۔ اسی طرح 'نوئٹک' (Noetic) اور 'ناطق' اس درجہ قریب ہیں کہ دوسرے کو پہلے کی تعریب سمجھا جا سکتا ہے۔ چنانچہ رینان اور دوزی نے نفس ناطقہ کو 'نوئٹک ناوز' کا معرب قرار دیا ہے۔ وہ کہتے ہیں یہ 'ناط' نطق سے نہیں ہے بلکہ 'نوئٹک' کی تعریب ہے جس کے معنی ادراک کے ہیں۔ بعض عربی مصادر سے بھی اس کی تصدیق ہوتی ہے کہ اصل یونانی الفاظ پیش نظر رکھے گئے تھے۔

40 'نفس' عربی لغت میں ذات اور خود کے معنی میں بولا جاتا تھا اور ارسطو نے عاقلانہ نطق کو انسان کی فصل قرار دیا تھا۔ اس لیے ایسا معلوم ہوتا ہے کہ عرب مترجموں نے یونانی تعبیر سامنے رکھ کر نفس ناطقہ کی ترکیب اختیار کر لی اور یہ تعریب خود عربی الفاظ کے مدلول سے بھی ملتی جلتی ہوئی بن گئی۔

ارسطو (Aristotle) جس نے فلسفے کو روحانی تصوروں سے خالص کر کے صرف مشاہدۂ و احساسات کے دائرہ میں دیکھنا چاہا تھا اس سقراطی تصور کا ساتھ نہیں دے سکتا تھا۔ اس نے عقل اول اور عقل فعال کا تصور قائم کیا جو ایک ابدی، غیر متجزی، اور بسیط بحث ہستی ہے۔ پس گویا سقراط اور افلاطون نے جس ذات کی صفت 'الخیر' میں دیکھی تھی ارسطو نے اسے 'العقل' میں دیکھا اور اس منزل پر پہنچ کر رک گیا۔ اس سے زیادہ جو کچھ مشائی فلسفے (Peripatetic) میں ہمیں ملتا ہے وہ خود ارسطو کی تصریحات نہیں ہیں۔ اس کے یونانی اور عرب شارحوں کے اضافے ہیں۔

اس تمام تفصیل سے معلوم ہوا کہ ''الخیر' اور 'العقل' یونانی فلسفے کے تصور الوہیت کا ماحصل ہے۔

سقراط کے صفاتی تصور کو وضاحت کے ساتھ سمجھنے کے لیے ضروری کہ افلاطون کی جمہور (Republic) کا حسب ذیل مکالمہ پیش نظر رکھا جائے۔ اس مکالمہ میں اس نے تعلیم کے مسئلہ پر بحث کی ہے اور واضح کیا ہے کہ اس کے بنیادی اصول کیا ہونے چاہییں۔

''اڈمنٹس نے سوال کیا کہ شاعروں کو خدا کا ذکر کرتے ہوئے کیا پیرایہ بیان اختیار کرنا چاہیے''۔

سقراط: ہر حال میں خدا کی توصیف ایسی کرنی چاہیے جیسا کہ وہ اپنی ذات میں ہے۔ خواہ رزمی (Epic) شعر ہو خواہ غنائی (Lyric)۔ علاوہ بریں اس میں کوئی شبہ نہیں کہ خدا کی ذات صالح ہے۔ پس ضروری ہے کہ اس کی صفات بھی صلاح پر مبنی ہوں۔

اڈمنٹس: درست ہے۔

سقراط: اور یہ بھی ظاہر ہے کہ جو وجود صالح ہوگا اس سے کوئی بات مضر صادر نہیں ہو سکتی اور جو ہستی غیر مضر ہوگی وہ کبھی شر کی صانع نہیں ہو سکتی۔ اسی طرح یہ بات بھی ظاہر ہے کہ جو ذات صالح ہوگی ضروری ہے کہ نافع بھی ہو۔ پس معلوم ہوا کہ خدا صرف خیر کی علت ہے۔ شر کی علت نہیں ہو سکتا۔

اڈمنٹس: درست ہے۔

سقراط: اور یہیں سے یہ بات بھی واضح ہو گئی کہ خدا کا تمام حوادث کی علت ہونا ممکن نہیں جیسا کہ عام طور پر خیال کیا جاتا ہے۔ بلکہ وہ انسانی حالات کے بہت ہی تھوڑے حصے کی علت ہے۔ کیونکہ ہم دیکھتے ہیں ہماری برائیاں بھلائیوں سے کہیں زیادہ ہیں اور برائیوں کی علت خدا کی صالح اور نافع ذات نہیں ہو سکتی۔ پس چاہیے کہ صرف اچھائی ہی کو اس کی طرف نسبت دیں اور برائی کی علت کسی دوسری جگہ ڈھونڈھیں۔

اڈمنٹس: میں محسوس کرتا ہوں کہ یہ بات بالکل واضح ہے۔

سقراط : تو اب ضروری ہو کہ ہم شاعروں کے ایسے خیالات سے متفق نہ ہوں جیسے ہومر کے حسب ذیل شعروں میں ظاہر کیے گئے ہیں ''مشتری[41] کی ڈیوڑھی میں دو دو پیالے رکھے ہیں۔ ایک خیر کا ہے۔ ایک شر کا۔ اور یہی انسان کی بھلائی اور برائی کی تمام تر علت ہیں۔ جس انسان کے حصے میں خیر کے پیالے کی شراب آگئی اس کے لیے تمام تر خیر ہے۔ جس کے حصے میں شر کی آئی۔ اس کے لیے تمام تر شر ہے۔ اور پھر جس کسی کو دونوں پیالوں کا ملا جلا گھونٹ مل گیا اس کے حصے میں اچھائی بھی آگئی اور برائی بھی''[42]

پھر اس کے بعد تجسم کے عقیدہ پر بحث کی ہے اور اس سے انکار کیا ہے کہ ''خدا ایک بازیگر اور بہروپیے کی طرح کبھی ایک بھیج میں نمودار ہوتا ہے کبھی دوسرے بھیس میں''[43]

اسکندریہ کا مذہب افلاطون جدید:

تیسری صدی مسیحی میں اسکندریہ کے فلسفہ تصوف نے ''مذہب افلاطون جدید'' (Neo-Platonic) کے نام سے ظہور کیا جس کا بانی امونیس سکاس (Ammonius Saccas)۔ امونیس کا جانشین فلاطینس (Platinus) ہوا فلاطینس کا شاگرد فورفوریوس (Porphyry) تھا

---

[41] مشتری یعنی 'زیوس' (Zeus) یونان کے اصنامی عقائد میں رب الارباب یعنی دیوتاؤں میں سب سے بڑا اور حکمراں دیوتا تھا۔ ہومر نے ایلیڈ میں دیوتاؤں کی جو مجلس آراستہ کی ہے۔ اس میں تخت نشین ہستی مشتری ہی کی ہے۔

[42] یہ اشعار ایلیڈ کے ہیں۔ سلیمان بستانی نے اپنے بے نظیر ترجمہ عربی میں ان کا ترجمہ حسب ذیل شعروں میں کیا ہے :

فباعتا رف قارورتان

ذی لخیر و ذی لشر الهوان

فیهما کل قسمة الانسان

فالذی منهما مزیجا انالا

زفس یلقی خیرا و یلقی وبالا

والذی لا ینال الا من الشر

فتنتابه الخطوب انتیابا

بطواه یطوی البلاد کلیلا

تائها فی عرض الفلاة ذلیلا

من بنی الخلد والوری مخذولا

(الیاذه۔ نشید ۲۴۔ صفحه ۱۱۳۱) ان اشعار میں 'زفس' یونانی 'زیوس' کی تعریب ہے۔

[43] دی پبلک ترجمہ ٹیلر۔ باب ۲

جو اسکندر افرودوسی کے بعد ارسطو کا سب سے بڑا شارح تسلیم کیا گیا ہے اور جس نے افلاطونیۂ جدیدہ کی مبادیات مشائی فلسفے میں مخلوط کر دیں۔ فلاطینس اور فورفوریوس کی تعلیم سر تا سر اسی اصل پر مبنی تھی جو ہندوستان میں اوپانی شد کے مذہب نے اختیار کی ہے۔ یعنی عام حق کا اصلی ذریعہ کشف ہے۔ نہ کہ استدلال، اور معرفت کا کمال مرتبہ یہ ہے کہ جذب وفنا کا مقام حاصل ہو جائے۔

خدا کی ہستی کے بارے میں فلاطینس بھی اس نتیجہ پر پہنچا جس پر اوپانی شد کے مصنف اس سے بہت پہلے پہنچ چکے تھے۔ یعنی نفی صفات کا مسلک اس نے بھی اختیار کیا۔ ذات مطلق ہمارے تصور ادراک کی تمام تعبیرات سے ماورا ہے۔ اس لیے ہم اس بارے میں کوئی حکم نہیں لگا سکتے۔ ذات مطلق ان چیزوں میں سے کوئی چیز بھی نہیں جو اس سے ظہور میں آئیں۔ ہم اس کی نسبت کوئی حکم نہیں لگا سکتے۔ ہم نہ تو اسے موجودیت سے تعبیر کر سکتے ہیں نہ جوہر سے۔ نہ یہ کہہ سکتے ہیں کہ وہ زندگی ہے۔ حقیقت ان تمام تعبیروں سے وراء الوراء ہے''[44]

سقراط اور افلاطون نے حقیقت کو 'الخیر' سے تعبیر کیا تھا۔ اس لیے فلاطینس وہاں تک بڑھنے سے انکار نہ کر سکا لیکن اس سے آگے کی تمام راہیں بند کر دیں۔ جب تم نے کہا الخیر، تو بس یہ کہہ کر رک جاؤ اور اس پر اور کچھ نہ بڑھاؤ۔ اگر تم کسی دوسرے خیال کا اضافہ کرو گے تو ہر اضافہ کے ساتھ ایک نئے نقص کی اس سے تقریب کرتے جاؤ گے۔[45] ارسطو نے حقیقت کا سراغ عقول مجردہ کی راہ سے لگایا تھا اور علۃ العلل کو عقل اول سے تعبیر کیا تھا مگر فلاطینس کا مطلق اس تعبیر کی گرانی بھی برداشت نہیں کر سکتا۔ ''یہ بھی مت کہو کہ وہ عقل ہے۔ تم اس طرح اسے منقسم کرنے لگو گے''۔[46]

لیکن اگر ہم 'عقل' کا اطلاق اس پر نہیں کر سکتے تو پھر 'الوجود' اور 'الخیر' کیونکر کہہ سکتے ہیں؟ اگر ہم اپنی متصورہ صفتوں میں سے کوئی صفت بھی اس کے لیے نہیں بول سکتے تو پھر وجودیت اور خیریت کی صفات بھی کیوں ممنوع نہ ہوں؟ اس اعتراض کا وہ خود جواب دیتا ہے۔

''ہم نے اگر اسے 'الخیر' کہا تو اس کا یہ مطلب نہیں ہے کہ ہم کوئی باقاعدہ تصدیق کسی خاص وصف کی کرنی چاہتے ہیں کہ وہ ایک مقصد اور منتہی ہے جس پر تمام سلسلے جا کر ختم ہو جاتے ہیں۔ یہ گویا ایک اصطلاح ہوئی جو ایک خاص غرض کے لیے کام میں لائی گئی ہے۔ اسی طرح اگر ہم اس کی نسبت وجود کا حکم لگاتے ہیں تو صرف اس لیے کہ عدم کے دائرہ سے اسے باہر رکھیں۔ وہ تو ہر چیز سے ماورا ہے۔ حتیٰ کہ وجود کے اوصاف و خواص سے بھی''۔[47]

---

[44] E.T.Mekenna جلد ۲۔ صفحہ ۱۳۴

[45] ایضاً

[46] ایضاً

[47] E.T. Mekenna جلد اول صفحہ ۱۱۸۔ مذہب افلاطون جدید افلاطون کی طرف اس لیے منسوب ہوا کہ اس کی بنیاد بعض افلاطونی مبادیات پر رکھی گئی تھی۔ مگر پھر اپنی بحث و نظر میں اس نے جو راہ اختیار کی اور جن نتائج تک پہنچا انہیں افلاطون سے کوئی تعلق نہیں۔ لیکن عرب فلاسفہ کا ایک بڑا طبقہ اس غلط فہمی میں پڑ گیا کہ فی الحقیقت یہ افلاطون ہی کا مذہب ہے۔ اس مذہب کے بعض

اسکندریہ کے کلیمنٹ (Clement) نے اس مسلک کا خلاصہ چند لفظوں میں کہہ دیا۔

''اس کی شناخت اس سے نہیں کی جا سکتی کہ وہ کیا ہے؟ صرف اس سے کی جا سکتی ہے کہ وہ کیا کچھ نہیں ہے'' یعنی یہاں صف سلب و نفی کی راہ ملتی ہے۔ ایجاب واثبات کی راہیں بند ہیں۔

سر لسان النطق عنه اخرس

باب صفات میں یہ وہی بات ہوئی جو اوپانی شد کی 'نیتی نیت' میں ہم سن چکے ہیں اور جس پر شنکر نے اپنے مذہب کی مبادیات کی تمام عمارتیں استوار کی ہیں۔

ازمنہ وسطیٰ کے یہودی فلاسفہ نے بھی یہی مسلک اختیار کیا تھا۔ موسیٰ بن میمون (المتوفی ۶۰۵ھ) خدا کو 'الموجود' کہنے سے بھی انکار کرتا ہے اور کہتا ہے ہم جونہی 'موجود' کا وصف بولتے ہیں ہمارے تصور پر مخلوق کے اوصاف وخواص کی پرچھائیں پڑنے لگتی ہے اور خدا ان اوصاف سے منزہ ہے۔ اس نے اس سے بھی انکار کیا کہ خدا کو وحدہ لاشریک کہا جائے۔ کیونکہ اور اور عدم شرکت کے تصورات بھی اضافی نسبتوں سے خالی نہیں۔ ابن میمون کا یہ مسلک دراصل فلسفہ اسکندریہ ہی کی بازگشت تھی۔

قرآنی تصور:

بہرحال چھٹی صدی مسیحی میں دنیا کی خدا پرستانہ زندگی کے تصورات اس حد تک پہنچ تھے کہ قرآن کا نزول ہوا۔

اب غور کرو کہ قرآن کے تصور الٰہی کا کیا حال ہے؟ جب ہم ان تمام تصورات کے مطالعہ کے بعد قرآن کے تصور پر نظر ڈالتے ہیں تو صاف نظر آجاتا ہے کہ تصور الٰہی کی تمام تصویروں میں اس کی تصویر جامع اور بلند تر ہے۔ اس سلسلہ میں حسب ذیل امور قابل غور ہیں:

فلسفیوں مثلاً فورفوریوس نے ارسطو کی شرح کرتے ہوئے اس کے مذہب میں جو اضافے کیے تھے اسے بھی عرب حکما اصل سے ممتاز نہ کر سکے۔ چنانچہ ابو نصر فارابی نے الجمع بین الرائین میں ارسطو کا جو مذہب ظاہر کیا ہے اس سے یہ حقیقت واضح ہو جاتی ہے۔ ابن رشد پہلا عرب فلسفی ہے جس نے یہ غلط فہمی محسوس کی اور ارسطو کے مذہب کو شارحوں کے اضافے سے خالص کر کے دیکھنا چاہا۔ ۵۲۹ء میں جب شہنشاہ جسٹینین کے حکم سے اسکندریہ کے فلاسفہ جلاوطن کیے گئے تو ان میں سے بعض نے ایران میں پناہ لی۔ چنانچہ سیمپٹس اور ڈیماسیس خسرو کے دربار میں معزز جگہ رکھتے تھے۔ ان فلاسفہ کی وجہ سے پہلوی زبان بھی مذہب افلاطون جدید سے آشنا ہوگئی اور ایرانی حکمانے اسے قومی رنگ دینے کے لیے زردشت اور جاماسپ کی طرف منسوب کر دیا۔ عربی میں جب پہلوی ادبیات منتقل ہوئیں تو یہ فلسفیانہ مقالات بھی ترجمہ ہوئے اور عام طور پر یہ خیال پیدا ہوگیا کہ یہ زردشت اور جاماسپ کا ایک پراسرار فلسفہ ہے۔ چنانچہ شیخ شہاب الدین نے حکمۃ الاشراق میں اور شیرازی نے اس کی شرح میں دونوں غلطیاں جمع کر دی ہیں۔ وہ مذہب افلاطون جدید کو افلاطون کا مذہب سمجھتے ہیں اور زردشت اور جاماسپ کا بھی حوالہ دیتے ہیں!

(ا)۔ تنزیہ کی تکمیل:

اولاً : تجسم اور تنزیہ کے لحاظ سے قرآن کا تصور تنزیہ کی ایسی تکمیل ہے جس کی کوئی نمود اس وقت دنیا میں موجود نہیں تھی۔ قرآن سے پہلے تنزیہ کا بڑے سے بڑا مرتبہ جس کا ذہن انسانی متحمل ہو سکا تھا یہ تھا کہ اصنام پرستی کی جگہ ایک ان دیکھے خدا کی پرستش کی جائے۔ لیکن جہاں تک صفات الٰہی کا تعلق ہے انسانی اوصاف و جذبات کی مشابہت اور جسم و ہیئت کے تمثل سے کوئی تصور بھی خالی نہ تھا۔ ہندوستان اور یونان کا حال ہم دیکھ چکے ہیں۔ یہودی تصور جس نے اصنام پرستی کی کوئی شکل بھی جائز نہیں رکھی تھی وہ بھی اس طرح کے تشبہ و تمثل سے یکسر آلودہ ہے۔ حضرت ابراہیمؑ کا خدا کو ممرے کے بلوطوں میں دیکھنا، خدا کا حضرت یعقوبؑ سے کشتی لڑنا، کوہ طور پر شعلوں کے اندر نمودار ہونا، حضرت موسیٰ کا خدا کو پیچھے سے دیکھنا، خدا کا جوش غضب میں آکر کوئی کام کر بیٹھنا اور پھر پچھتانا، بنی اسرائیل کو اپنی چہیتی بیوی بنا لینا اور پھر اس کی بد چلنی پر ماتم کرنا، ہیکل کی تباہی پر اس کا نوحہ، اس کی انتڑیوں میں درد کا اٹھنا اور کلیجے میں سوراخ پڑ جانا، تورات کا عام اسلوب بیان ہے۔

اصل یہ ہے کہ قرآن سے پہلے فکر انسانی اس درجہ بلند نہیں ہوا تھا کہ تمثیل کا پردہ ہٹا کر صفات الٰہی کا جلوہ دیکھ لیتا۔ اس لیے ہر تصور کی بنیاد تمام تر تمثیل و تشبیہ ہی پر رکھنی پڑی۔ مثلاً تورات میں ہم دیکھتے ہیں کہ ایک طرف زبور کے ترانوں اور یشعیا کی کتاب میں خدا کے لیے شائستہ صفات کا تخیل موجود ہے لیکن دوسری طرف خدا کا کوئی مخاطبہ ایسا نہیں جو سر تا سر انسانی اوصاف و جذبات کی تشبیہ سے مملو نہ ہو۔ حضرت مسیحؑ نے جب چاہا کہ رحمت الٰہی کا عالمگیر تصور پیدا کریں تو وہ بھی مجبور ہوئے کہ خدا کے لیے باپ کی تشبیہ سے کام لیں۔ اسی تشبیہ سے ظاہر پرستوں نے ٹھوکر کھائی اور ابنیت مسیحؑ کا عقیدہ پیدا کر لیا۔ لیکن ان تمام تصورات کے بعد جب ہم قرآن کی طرف رخ کرتے ہیں تو ایسا معلوم ہوتا ہے گویا اچانک فکر و تصور کی ایک بالکل نئی دنیا سامنے آگئی۔ یہاں تمثیل و تشبیہ کے تمام پردے بیک دفعہ اٹھ جاتے ہیں، انسانی اوصاف و جذبات کی مشابہت مفقود ہو جاتی ہے، ہر گوشہ میں مجاز کی جگہ حقیقت کا جلوہ نمایاں ہوتا ہے اور تجسم کا شائبہ تک باقی نہیں رہتا۔ تنزیہ اس مرتبہ کمال تک پہنچ جاتی ہے کہ :

لیس کمثلہ شیء

(اس کے مثل کوئی شے نہیں کسی چیز سے بھی تم اسے مشابہ نہیں ٹھہرا سکتے) (۴۲۔۱۱)

لا تُدْرِكُهُ الأَبْصَارُ وَهُوَ يُدْرِكُ الأَبْصَارَ وَهُوَ اللَّطِيفُ الْخَبِيرُ

(انسان کی نگاہیں اسے نہیں پا سکتیں لیکن وہ انسان کی نگاہوں کو دیکھ رہا ہے) (۶۔۱۰۳)

'قُلْ ہُوَ اللّٰہُ أَحَدٌ (۱) اللّٰہُ الصَّمَدُ (۲) لَمْ یَلِدْ وَلَمْ یُولَدْ (۳) وَلَمْ یَکُنْ لَہُ کُفُوًا أَحَدٌ (۴)

(اللہ کی ذات یگانہ ہے، بے نیاز ہے اسے کسی کی احتیاج نہیں۔) نہ تو اس سے کوئی پیدا ہوا، نہ وہ کسی سے پیدا ہوا، اور نہ کوئی ہستی اس کے درجے اور برابری کی ہوئی (۱۱۲: ۱۔۴)

تورات اور قرآن کے جو مقامات مشترک ہیں دقت نظر کے ساتھ ان کا مطالعہ کرو۔ تورات میں جہاں کہیں خدا کی براہ راست نمود کا ذکر کیا گیا ہے۔ قرآن وہاں خدا کی تجلی کا ذکر کرتا ہے۔ تورات میں جہاں یہ پاؤ گے کہ خدا متشکل ہو کر اترا قرآن اس موقع کی یوں تعبیر کرے گا کہ خدا کا فرشتہ متشکل ہو کر نمودار ہوا۔ بطور مثال کے صرف ایک مقام پر نظر ڈال لی جائے۔ تورات میں ہے:

''خداوند نے کہا اے موسیٰ دیکھ، یہ جگہ میرے پاس ہے، تو اس چٹان پر کھڑا رہ، اور یوں ہو گا کہ جب میرے جلال کا گزر ہو گا تو میں تجھے اس چٹان کی دراڑ میں رکھوں گا، اور جب تک نہ گزر لوں گا تجھے اپنی ہتھیلی سے ڈھانپے رہوں گا۔ پھر ایسا ہو گا کہ میں ہتھیلی اٹھا لوں گا اور تو میرا پیچھا دیکھ لے گا۔ لیکن تو میرا چہرہ نہیں دیکھ سکتا'' (خروج ۳۳۔۲۰)

''تب خداوند بدلی کے ستون میں ہو کر اترا اور خیمہ کے دروازے پر کھڑا رہا۔ ۔ ۔ ۔ اس نے کہا کہ میرا بندہ موسیٰ اپنے خداوند کی شبیہ دیکھے گا'' (گنتی ۱۲: ۵)

اسی معاملہ کی تعبیر قرآن نے یوں کی ہے:

قال رب ارنی انظر الیک قال لن ترانی ولکن انظر الی الجبل

(موسیٰ نے کہا اے پروردگار! مجھے اپنا جلوہ دکھا تاکہ میں تیری طرف نگاہ کر سکوں فرمایا نہیں۔ تو کبھی مجھے نہیں دیکھے گا لیکن ہاں اس پہاڑ کی طرف دیکھ) (۷۔۱۳۹)

تنزیہہ اور تعطیل کا فرق

البتہ یاد رہے کہ تنزیہہ اور تعطیل میں فرق ہے۔ تنزیہہ سے مقصود یہ ہے کہ جہاں تک عقل بشری کی پہنچ ہے صفات الٰہی کو مخلوقات کی مشابہت سے پاک اور بلند رکھا جائے۔ تعطیل کے معنی یہ ہیں تنزیہہ کے منع و نفی کو اس حد تک پہنچا دیا جائے کہ فکر انسانی کے تصور کے لیے کوئی بات باقی ہی نہ رہے۔ قرآن کا تصور تنزیہہ کی تکمیل ہے۔ تعطیل کی ابتدا نہیں ہے۔

بلا شبہ اوپانی شد تنزیہہ کی 'نیتی نیتی'' [48] کو بہت دور تک لے گئے لیکن عملاً نتیجہ کیا نکلا؟ یہی نا کہ ذات مطلق (برہماں) کو ذات مشخص (ایشور) میں اتارے بغیر کام نہ چل سکا: بنتی نہیں ہے بادہ و ساغر کہے بغیر۔

جس طرح اثبات صفات میں غلو تشبہ کی طرف لے جاتا ہے اسی طرح نفی صفات میں غلو تعطیل تک پہنچا دیتا ہے اور دونوں میں تصور انسانی کے لیے ٹھوکر ہوئی اگر تشبہ اسے حقیقت سے ناآشنا کر دیتا ہے تو تعطل اسے عقیدہ کی روح سے محروم کر دیتا ہے۔ پس یہاں ضروری ہوا کہ افراط اور تفریط دونوں سے قدم روکے جائیں اور تشبہ اور تعطیل دونوں کے درمیان راہ نکالی جائے۔ چنانچہ قرآن نے جو راہ اختیار کی ہے وہ دونوں راہوں کے درمیان جاتی ہے اور دونوں انتہائی سمتوں کے میلان سے بچتی ہوئی نکل گئی ہے۔

اگر خدا کے تصور کے لیے صفات و افعال کی کوئی صورت ایسی باقی نہ رہے جو فکر انسانی کی پکڑ میں آ سکتی ہے تو کیا نتیجہ نکلے گا؟ یہی نکلے گا کہ تنزیہہ کے معنی نفی وجود کے ہو جائیں گے۔ یعنی اگر کہا جائے، ہم خدا کے لیے کوئی ایجابی صفت قرار نہیں دے سکتے۔ کیونکہ جو صفت بھی قرار دیں گے اس میں مخلوق کے اوصاف سے مشابہت کی جھلک آ جائے گی، تو ظاہر ہے کہ ایسی صورت میں فکر انسانی کے لیے کوئی سر رشتہ تصور باقی نہیں رہے گا اور وہ کسی ایسی ذات کا تصور ہی نہیں کر سکے گا، اور جب تصور نہیں کر سکے گا تو ایسا عقیدہ اس کے اندر کوئی پکڑ اور لگاؤ بھی پیدا نہیں کر سکے گا۔ ایسا تصور اگرچہ اثبات وجود کی کوشش کرے لیکن فی الحقیقت وہ نفی وجود کا تصور ہو گا۔ کیونکہ صرف سلبی تصور کے ذریعہ ہم ہستی کو نیستی سے جدا نہیں کر سکتے۔

خدا کی ہستی کا اعتقاد انسانی فطرت کے اندرونی تقاضوں کا جواب ہے۔ اسے حیوانی سطح سے بلند ہونے اور انسانیت اعلیٰ کے درجہ تک پہنچنے کے لیے بلندی کے ایک نصب العین کی ضرورت ہے اور اس نصب العین کی طلب بغیر کسی ایسے تصور کے پوری نہیں ہو سکتی جو کسی نہ

---

[48] نیتی 'یعنی کلمۂ نفی۔ وہ ایسا بھی نہیں ہے۔ ایسا بھی نہیں۔ برہدرِیناک اوپانی شد میں یہ نفی دور تک چلی گئی ہے۔ وہ کثیف ہے؟ نہیں۔ وہ لطیف ہے؟ نہیں۔ وہ کوتاہ ہے؟ نہیں۔ وہ دراز ہے؟ نہیں۔ غرض کی ہر مشابہت کے جواب میں ''نہیں'' دہرایا جاتا ہے۔ نہ وہ ایسا ہے۔ نہ ویسا ہے۔ نہ یہ ہے۔ نہ وہ ہے۔

اے بروں از وہم وقال وقیل من
خاک بر فرق من و تمثیل من!

کسی شکل میں اس کے سامنے آئے ۔ لیکن مشکل یہ ہے کہ مطلق کا تصور سامنے آ نہیں سکتا۔ وہ جبھی آئے گا کہ لامحالہ صفتوں کے تشخص کا کوئی نہ کوئی نقاب چہرے پر ڈال لے ۔ چنانچہ ہمیشہ اس نقاب ہی کے ذریعہ جمال حقیقت کو دیکھنا پڑا۔ یہ کبھی بھاری ہوا کبھی ہلکا۔ کبھی پر خوف رہا کبھی دلآویز، مگر اترا کبھی نہیں :

آہ ازاں حوصلہ تنگ وازاں حسن بلند

کہ دلم راگلہ ازحسرت دیدار تو نیست!

جمال حقیقت بے نقاب ہے مگر ہماری نگاہوں میں یارائے دید نہیں ۔

ہم اپنی نگاہوں پر نقاب ڈال کر اسے دیکھنا چاہتے ہیں اور سمجھتے ہیں کہ اس کے چہرے پر نقاب پڑ گیا :

ہر چہ ہست ازقامت ناسازو بے اندام ست

ورنہ تشریف تو بر بالائے کس دشوار نیست!

غیر صفاتی تصور کو انسان پکڑ نہیں سکتا اور طلب اسے ایسے مطلوب کی ہوئی جو اس کی پکڑ میں آ سکے ۔

وہ ایک ایسا جلوہ محبوبی چاہتا ہے جس کے عشق میں اس کا دل اٹک سکے ، جس کے حسن گریزاں کے پیچھے وہ والہانہ دوڑ سکے ، جس کا دامن کبریائی پکڑنے کے لیے ہمیشہ اپنا دست عجز و نیاز بڑھاتا رہے ۔

جو اگرچہ زیادہ سے زیادہ بلندی پر ہو لیکن پھر بھی اسے ہر دم جھانک لگائے تاک رہا ہو کہ

ان ربك لبالمرصاد

(یقیناً تمہارا پروردگار تمہیں گھات لگائے تاک رہا ہے)

اور

واذا سالك عبادی عنی فانی قریب اجیب دعوۃ الداع اذا دعان[49]

در پردہ و بر ہمہ کس پردہ می دری

با ہر کسی و با تو کسے را وصال نیست

---

[49] (اور جب میرا بندہ تجھ سے میری نسبت سوال کرتا ہے تو اس سے کہہ دے کہ میں اس سے دور کب ہوں؟ میں تو بالکل اس کے پاس ہوں' (۲۔۱۸۶)۔)

غیر صفاتی تصور محض نفی و سلب ہوتا ہے اور اس سے انسانی طلب کی پیاس نہیں بجھ سکتی۔ ایسا تصور ایک فلسفیانہ تخیل ضرور پیدا کردے گا لیکن دلوں کا زندہ اور سرگرم عقیدہ نہیں بن سکے گا۔

یہی وجہ ہے کہ قرآن نے جو راہ اختیار کی وہ ایک طرف تو تنزیہہ کو اس کے کمال درجہ پر پہنچا دیتی ہے۔ دوسری طرف تعطیل سے بھی تصور کو بچالے جاتی ہے۔ وہ فرداً فرداً تمام صفات و افعال کا اثبات کرتا ہے مگر ساتھ ہی مشابہت کی قطعی نفی بھی کرتا جاتا ہے۔ وہ کہتا ہے: خدا حسن و خوبی کی ان تمام صفتوں سے جو انسانی فکر میں آسکتی ہیں متصف ہے۔ وہ زندہ ہے قدرت والا ہے، پالنے والا ہے، رحمت والا ہے، دیکھنے والا، سننے والا، سب کچھ جاننے والا ہے۔ اور پھر اتنا ہی نہیں بلکہ انسان کی بول چال میں قدرت و اختیار اور ارادہ و فعل کی جتنی شائستہ تعبیرات ہیں انہیں بھی بلا تامل استعمال کرتا ہے۔ مثلاً خدا کے ہاتھ تنگ نہیں

بل یداہ مبسوطتان

اس کے تخت حکومت و کبریائی کے احاطہ سے کوئی گوشہ باہر نہیں۔ (۵۔ ۴۶)۔

وسع کرسیہ السموات والارض (۲۔ ۲۵۵)۔

لیکن یہ بھی صاف صاف اور بے لچک لفظوں میں کہہ دیتا ہے کہ اس سے مشابہ کوئی چیز نہیں جو تمہارے تصور میں آسکتی۔ وہ عدیم المثال ہے

لیس کمثلہ شیء (۴۲۔ ۱۱)۔

تمہاری نگاہ اسے پا ہی نہیں سکتی

لا تدرکہ الابصار (۶۔ ۱۰۳)۔

تم اس کے لیے اپنے تخیل سے مثالیں نہ گھڑو

فلا تضربوا للہ الامثال (۱۶۔ ۷)۔

پس ظاہر ہے کہ اس کا زندہ ہونا ہمارے زندہ ہونے کی طرح نہیں ہو سکتا۔ اس کی پروردگاری ہماری پروردگاری کی طرح نہیں ہو سکتی۔ اس کا دیکھنا، سننا، جاننا ویسا نہیں ہو سکتا جس طرح کے دیکھنے، سننے اور جاننے کا ہم تصور کر سکتے ہیں۔ اس کی قدرت و بخشش کا ہاتھ اور جلال واحاطہ کا عرش ضرور ہے لیکن یقیناً اس کا مطلب وہ نہیں ہو سکتا جو ان الفاظ کے مدلولات سے ہمارے ذہن میں متشکل ہونے لگتا ہے۔

قرآن کے تصور الٰہی کا یہ پہلو فی الحقیقت اس راہ کی تمام درماندگیوں کا ایک ہی حل اور ساری عمر کی سرگردانیوں کے بعد بالآخر اسی منزل پر پہنچ کر دم لینا پڑتا ہے۔ انسانی فکر جتنی بھی کاوشیں کرے اس کے سوا اور کوئی حل پیدا نہیں کر سکے گا۔ یہاں ایک طرف بام حقیقت کی بلندی اور فکر کوتاہ کی نارسائیاں ہوئیں۔ دوسری طرف ہماری فطرت کا اضطراب طلب اور ہمارے دل کا تقاضائے دید ہوا۔ بام اتنا بلند کہ نگاہ تصور تھک کے رہ جاتی ہے۔ تقاضائے دید اتنا سخت کہ بغیر کسی کا جلوہ سامنے لائے چین نہیں پا سکتا:

نہ بہ اندازہ بازوست کمندم ہیہات

ورنہ با گوشہ بامیم سر و کارے ہست!

ایک طرف راہ کی اتنی دشواریاں دوسری طرف طلب کی اتنی سہل اندیشیاں!

ولنعم ماقیل

ملنا ترا اگر نہیں آساں تو سہل ہے

دشوار تو یہی ہے کہ دشوار بھی نہیں

اگر تنزیہہ کی طرف زیادہ جھکتے ہیں تو تعطیل میں جا گرتے ہیں۔ اگر اثبات صفات کی صورت آرائیوں میں دور نکل جاتے ہیں تو تشبہ اور تجسم میں کھوئے جاتے ہیں۔ پس نجات کی راہ صرف یہی ہوئی کہ دونوں کے درمیان قدم سنبھالے رکھیں۔ اثبات کا دامن بھی ہاتھ سے نہ چھوٹے، تنزیہہ کی باگ بھی ڈھیلی نہ پڑنے پائے۔ اثبات اس کی دلآویز صفتوں کا مرقع کھینچے گا۔ تنزیہہ تشبہ کی پرچھائیں سے بچاتی رہے گی۔ ایک کا ہاتھ حسن مطلق کو صورت صفات میں جلوہ آرا کر دے گا۔ دوسرے کا ہاتھ اسے اتنی بلندی پر تھامے رہے گا کہ تشبہ کا گرد و غبار اسے چھونے کی جرات نہیں کر سکے گا۔

بر چہرۂ حقیقت اگر ماند پردۂ

جرم نگاہ دیدۂ صورت پرست ماست!

اوپانی شد کے مصنفوں کا نفی صفات میں غلو تو معلوم ہے لیکن مسلمانوں میں جب علم کلام کے مختلف مذاہب و آرا پیدا ہوئے تو ان کی نظری کاوشیں اس میدان میں ان سے بھی آگے نکل گئیں اور صفات باری کا مسئلہ بحث و نظر کا ایک معرکۃ الآرا مسئلہ بن گیا۔ جہمیہ اور باطنیہ قطعی انکار کی طرف گئے۔ معتزلہ نے انکار نہیں لیکن ان کا رخ رہا اسی طرح امام ابوالحسن اشعری نے گو خود معتدل راہ اختیار کی تھی (جیسا کہ کتاب الابانہ سے ظاہر ہے) لیکن ان کے پیرووں کی کاوشیں تاویل صفات میں دور تک چلی گئیں اور بحث و نزاع سے غلو کا رنگ پیدا ہو گیا۔ لیکن ان میں سے کوئی بھی معاملہ کی گتھی نہ سلجھا سکا۔ اگر گتھی سلجھی تو اسی طریقہ سلجھی جو قرآن نے اختیار کیا ہے۔

امام جوینی یہ اقرار کرتے ہوئے دنیا سے گئے کہ

وھا انا ذا اموت علی عقیدۃ امی

(میری ماں نے جو عقیدہ سکھلایا تھا اس پر دنیا سے جا رہا ہوں)

اشاعرہ میں امام فخرالدین رازی سب سے زیادہ ان کاوشوں میں سرگرم رہے ہیں لیکن بالآخر اپنی زندگی کی آخری تصنیف میں انہیں بھی اقرار کرنا پڑا تھا کہ

لقد تاملت الطرق الکلامیۃ و المناھج الفلسفیۃ، فما رایتھا تشفی علیلا ولا تروی غلیلا ورایت اقرب الطرق طریق القران. اقرا فی الاثبات 'الرحمن علی العرش استوی' وفی النفی 'لیس کمثلہ شیء' ومن جرب مثل تجربتی عرف مثل معرفتی (نقلہ ملا علی القاری فی شرح الفقہ الاکبر)

(میں نے علم کلام اور فلسفہ کے تمام طریقوں کو خوب دیکھا بھالا لیکن بالآخر معلوم ہوا کہ نہ تو ان میں کسی بیماری دل کے لیے شفا ہے نہ کسی پیاسے کے لیے سیرابی۔ سب سے بہتر اور حقیقت سے نزدیک تر راہ وہی ہے جو قرآن کی راہ ہے۔ اثبات صفات میں پڑھو 'الرحمن علی العرش استوی' اور نفی تشبہ میں پڑھو 'لیس کمثلہ شیء' یعنی اثبات اور نفی دونوں کا دامن تھامے رہو۔ اور جس کسی کو میری طرح اس معاملہ کے تجربے کا موقع ملا ہوگا اسے میری طرح یہ حقیقت معلوم ہو گئی ہو گی)

یہی وجہ ہے کہ اصحاب حدیث اور سلفیہ نے اس باب میں تفویض کا مسلک اختیار کیا تھا اور تاویل صفات میں کاوشیں کرنا پسند نہیں کرتے تھے اور اسی بنا پر انہوں نے جہمیہ کے انکار صفات کو تعطیل سے تعبیر کیا اور معتزلہ و اشاعرہ کی تاویلوں میں بھی تعطل کی بو سونگھنے لگے۔ متکلمین نے ان پر تجسم اور تشبہ کا الزام لگایا لیکن وہ کہتے تھے کہ تمہارے سلب و نفی کی کاوشوں کے بعد تو کچھ بھی باقی نہیں رہتا۔ متاخرین

اصحاب حدیث میں امام ابن تیمیہ اور ان کے شاگرد امام ابن قیم نے اس مسئلہ کی گہرائیوں کو خوب سمجھا اور اسی لیے سلف کے مسلک سے ادھر ادھر ہونا گوارا نہیں کیا۔

آریائی اور سامی نقطۂ خیال کا اختلاف:

آریائی اور سامی تعلیموں کے نقطہ خیال کا اختلاف ہم اس معاملہ میں پوری طرح دیکھ سکتے ہیں۔ آریائی حکمت نے فطرت انسانی کی جس صورت پرستی کے تقاضے کا جواب مورتی پوجا کا دروازہ کھول کر دیا قرآن نے اسے صرف صفات کی صورت آرائی سے پورا کر دیا اور پھر اس سے نیچے اترنے کی تمام راہیں بند کر دیں۔ نتیجہ یہ نکلا کہ ان تمام مفاسد کے کھلنے کے دروازے بند ہو گئے جو بت پرستی کی غیر عقلی زندگی سے پیدا ہو سکتے تھے اور ہندوستان میں پیدا ہوئے۔

محکمات اور متشابہات:

قرآن نے اپنے مطالب کی دو بنیادی قسمیں قرار دی ہیں۔ ایک کو 'محکمات' سے تعبیر کیا ہے دوسری کو 'متشابہات' سے۔ 'محکمات' سے وہ باتیں مقصود ہیں جو صاف صاف انسان کی سمجھ میں آجاتی ہیں اور اس کی عملی زندگی سے تعلق رکھتی ہیں اور اس لیے ایک سے زیادہ معانی کا ان میں احتمال نہیں۔ 'متشابہات' وہ ہیں جن کی حقیقت وہ پا نہیں سکتا اور اس کے سوا چارہ نہیں کہ ایک خاص حد تک جا کر رک جائے اور بے نتیجہ باریک بینیاں نہ کرے:

هُوَ الَّذِي أَنْزَلَ عَلَيْكَ الْكِتَابَ مِنْهُ آيَاتٌ مُحْكَمَاتٌ هُنَّ أُمُّ الْكِتَابِ وَأُخَرُ مُتَشَابِهَاتٌ فَأَمَّا الَّذِينَ فِي قُلُوبِهِمْ زَيْغٌ فَيَتَّبِعُونَ مَا تَشَابَهَ مِنْهُ ابْتِغَاءَ الْفِتْنَةِ وَابْتِغَاءَ تَأْوِيلِهِ وَمَا يَعْلَمُ تَأْوِيلَهُ إِلا اللَّهُ وَالرَّاسِخُونَ فِي الْعِلْمِ يَقُولُونَ آمَنَّا بِهِ كُلٌّ مِنْ عِنْدِ رَبِّنَا وَمَا يَذَّكَّرُ إِلا أُولُو الألْبَابِ (بقرہ: ۷)۔

صفات الٰہی کی حقیقت متشابہات میں داخل ہے۔ اس لیے قرآن کہتا ہے کہ اس باب میں فکری کاوشیں کچھ سود مند نہیں ہو سکتیں۔ بلکہ طرح طرح کی کج اندیشیوں کا دروازہ کھول دیتی ہیں۔ یہاں بجز تفویض[50] کے چارہ کار نہیں پس وہ تمام فلسفیانہ کاوشیں جو ہمارے متکلموں نے کی ہیں فی الحقیقت قرآن کے معیار تعلیم کا ساتھ نہیں دے سکتیں۔

اپانی شد کا مرتبہ اطلاق اور مرتبہ تشخص:

اس موقعے پر یہ بات بھی صاف ہو جانی چاہیے کہ ویدانت سوتر اور اس کے سب سے بڑے شارح شنکر اچاریا نے نفی صفات پر جتنا زور دیا ہے وہ حقیقت کے اس مرتبہ اطلاق سے تعلق رکھتا ہے جسے وہ 'برہماں' سے تعبیر کرتے ہیں۔ یعنی ذات مطلق سے۔ لیکن سے انہیں بھی انکار نہیں کہ مرتبہ اطلاق کے نیچے ایک اور مرتبہ بھی ہے جہاں تمام صفات ایجابی کی نقش آرائی ظہور میں آ جاتی ہے اور انسان کے تمام عابدانہ تصورات کا معبود وہی ذات متصف ہوتی ہے۔

اوپانی شد کے نزدیک ذات مطلق 'نیر و پادھیک ست' اور 'نرگن' ہے۔ یعنی تمام مظاہرات سے منزہ اور عدیم التوصیف ہے۔ اگر کوئی ایجابی صفت اس کی نسبت سے کہی بھی جا سکتی ہے تو وہ اسی سلب کا ایجاب ہے۔ یعنی وہ 'نرگنوگنی' ہے۔ عدیم الوصفی صفت سے متصف۔ ہم اس کی نسبت کچھ نہیں کہہ سکتے۔ کیونکہ ہم جو کچھ کہیں گے اس کا لازمی نتیجہ یہ نکلے گا کہ لامحدود کو محدود بنا دیں گے۔ اگر محدود لا محدود کا تصور کر سکتا ہے تو پھر یا تو محدود کو لامحدود ماننا پڑے گا۔ یا لامحدود کو محدود بن جانا پڑے گا'' (شنکر بھاشیا برہم سوتر۔ باب ۳)۔ ''ہم کسی چیز کی طرف اشارہ کرتے ہوئے جو الفاظ بولتے ہیں وہ یا تو اس چیز کا تعلق کسی خاص نوع سے ظاہر کرتے ہیں یا اس کے فعلی خواص بتلاتے ہیں یا اس کی قسم کی خبر دیتے ہیں یا کسی اور اضافی نوعیت کی وضاحت کرتے ہیں۔ لیکن برہمن کے لیے کوئی نوع نہیں ٹھہرائی جا سکتی۔ اس کی کوئی قسم نہیں۔ اس کے فعلی خواص بتلائے نہیں جا سکتے۔ اس کے لیے کوئی اضافت نہیں۔ ہم نہیں کہہ سکتے کہ وہ ایسا ہے۔ یہ بھی نہیں کہہ سکتے کہ وہ اس طرح کا نہیں ہے۔ کیونکہ اس کے لیے کوئی مشابہت نہیں اور چونکہ مشابہت نہیں اس لیے اس کی عدم مشابہت اور غیریت بھی انسانی تصور میں نہیں لائی جا سکتی۔ مشابہت کی طرح ہماری نفی مشابہت بھی اضافی رشتے رکھتی ہے' (ایضاً باب اول و ثانی)

---

[50] تفویض کے مسلک سے مقصود یہ ہے کہ جو حقائق ہمارے دائرہ علم و ادراک سے باہر ہیں ان میں رد و کد اور باریک بینی نہ کرنا اور اپنے عجز و نارسائی کا اعتراف کر لینا تفویض کہلاتا ہے۔

غرض کہ حقیقت اپنے مرتبہ اطلاق میں ناممکن التعریف ہے اور منطقی ماورائیت سے بھی ماوراہے۔ اسی لیے ویدانت سوتر نے بنیادی طور پر ہستی کے دو دائرے ٹھہرا دیے۔ ایک کو ممکن التصور کہا ہے، دوسرے کو ناممکن التصور، ممکن التصور دائرہ پر کرتی، عناصر، ذہن، تعقل اور خودی کا ہے۔ ناممکن التصور دائرہ برہمن (ذات مطلق) کا۔ یہی مذہب اسکندریہ کے افلاطونیہ جدیدہ کا بھی تھا اور حکما اسلام اور صوفیہ نے بھی یہی مسلک اختیار کیا۔ صوفیہ مرتبہ اطلاق کو مرتبہ 'احدیت' سے تعبیر کرتے ہیں اور کہتے ہیں ''احدیت'' ناممکن التصور، ناممکن التعبیر اور تمام منطقی ماورائیوں سے بھی وراء الوراہے:

بنام آں کہ آں نامے نہ دارد

بہ ہر نامے کہ خوانی سر برآرد!

لیکن پھر مرتبہ اطلاق ایک ایسے مرتبہ میں نزول کرتا ہے جس میں تمام ایجابی صفات کی صورت آرائی کا تشخص نمودار ہو جاتا ہے۔ اوپانی شد نے اسے ''ایشور'' سے اور صوفیہ نے ''واحدیت'' سے تعبیر کیا ہے۔ ویدانت سوتر کے شارحوں میں شنکر نے سب سے زیادہ اوپانی شد کے نفی صفات کے مسلک کو قائم رکھنا چاہا ہے۔ اور اس باب میں بڑی کاوش کی۔ تاہم اسے بھی ''سگن برہمن'' یعنی ذات مشخص و متصف کے مرتبہ کا اعتراف کرنا پڑا اور گو اس مرتبہ کے عرفان کو وہ ''اپرم'' یعنی فروتر مرتبہ کا عرفان قرار دیتا ہے مگر ساتھ ہی تسلیم کرتا ہے کہ ایک معبود ہستی کا تصور بغیر اس کے ممکن نہیں۔ اور انسانی ذہن و ادراک کے لیے زیادہ سے زیادہ بلند پروازی جو یہاں ہو سکتی ہے، وہ یہی ہے۔[51]

(۲)۔ صفات رحمت و جمال:

ثانیاً تنزیہہ کی طرح صفات رحمت و جمال کے لحاظ سے بھی قرآن کے تصور پر نظر ڈالی جائے تو اس کی شان تکمیل نمایاں ہے۔ نزول قرآن کے وقت یہودی تصور میں قہر و غضب کا عنصر غالب تھا۔ مجوسی تصور نے نور و ظلمت کی دو مساویانہ قوتیں الگ الگ بنالی تھیں۔ مسیحی تصور نے رحم و محبت پر زور دیا تھا۔ لیکن جزا کی حقیقت مستور ہو گئی تھی۔ اسی طرح پیروان بدھ نے بھی صرف رحم و محبت پر زور دیا۔ عدالت نمایاں نہیں ہوئی۔ گویا جہاں تک رحمت و جمال کا تعلق ہے یا تو قہر و غضب کا عنصر غالب تھا یا مساوی تھا یا پھر رحمت و محبت آئی تھی تو اس طرح آئی تھی کہ عدالت کے لیے کوئی جگہ باقی نہیں رہی تھی۔

51شنکر بھاشیا۔ ا۔ ۲۔ اور شند گیا اوپانی شد قسم ۸

لیکن قرآن نے ایک طرف تو رحمت و جمال کا ایسا کامل تصور پیدا کر دیا کہ قہر و غضب کے لیے کوئی جگہ ہی نہ رہی دوسری طرف جزائے عمل کا سر رشتہ بھی ہاتھ سے نہیں دیا کیونکہ جزا کا اعتقاد قہر و غضب کی بنا پر نہیں بلکہ عدالت کی بنا پر قائم کر دیا۔ چنانچہ صفات الٰہی کے بارے میں اس کا عام اعلان یہ ہے :

قل ادعوا الله اوادعوا الرحمن ایاما تدعوا فله الاسماء الحسنی

(اے پیغمبر، ان سے کہہ دو، تم خدا کو اللہ کے نام سے پکارو یا رحمن کہہ کر پکارو جس صفت سے بھی پکارو اس کی ساری صفتیں حسن و خوبی کی صفتیں ہیں) (۱۷ : ۱۱)

یعنی وہ خدا کی تمام صفتوں کو 'اسمائے حسنیٰ' قرار دیتا ہے۔ اس سے معلوم ہوا کہ خدا کی کوئی صفت نہیں جو حسن و خوبی کی صفت نہ ہو۔ یہ صفتیں کیا کیا ہیں؟ قرآن نے پوری وسعت کے ساتھ انہیں جا بجا بیان کیا ہے۔ ان میں ایسی صفتیں بھی ہیں جو بظاہر قہر و جلال کی صفتیں ہیں۔ مثلاً جبار، قہار، لیکن قرآن کہتا ہے، وہ بھی ''اسمائے حسنیٰ'' ہیں۔ کیونکہ ان میں قدرت و عدالت کا ظہور ہوا ہے اور قدرت و عدالت حسن و خوبی ہے۔ خونخواری و خوفناکی نہیں ہے۔ چنانچہ سورۃ حشر میں صفات رحمت و جمال کے ساتھ قہر و جلال کا بھی ذکر کیا ہے اور پھر متصلاً ان سب کو 'اسمائے حسنیٰ' قرار دیا ہے۔

ہُوَ اللَّهُ الَّذِی لا إِلَهَ إِلا ہُوَ الْمَلِكُ الْقُدُّوسُ السَّلامُ الْمُؤْمِنُ الْمُهَيْمِنُ الْعَزِيزُ الْجَبَّارُ الْمُتَكَبِّرُ سُبْحَانَ اللَّهِ عَمَّا يُشْرِكُونَ (۲۳) ہُوَ اللَّهُ الْخَالِقُ الْبَارِئُ الْمُصَوِّرُ لَهُ الأَسْمَاءُ الْحُسْنَى يُسَبِّحُ لَهُ مَا فِي السَّمَاوَاتِ وَالأَرْضِ وَہُوَ الْعَزِيزُ الْحَكِيمُ

(وہ اللہ ہے، اس کے سوا کوئی معبود نہیں۔ والملک ہے۔ القدوس ہے۔ السلام ہے۔ المومن ہے۔ المہیمن ہے۔ العزیز ہے۔ الجبار ہے۔ المتکبر ہے۔ اور اس ساجھے سے پاک ہے جو لوگوں نے اس کی معبودیت میں بنا رکھے ہیں، وہ الخالق ہے۔ الباری ہے۔ المصور ہے (غرض کہ) اس کے لیے حسن و خوبی کی صفتیں ہیں۔ آسمان و زمین میں جتنی بھی مخلوقات ہیں سب اس کی پاکی اور عظمت کی شہادت دے رہی ہیں اور بلاشبہ وہی ہے جو حکمت کے ساتھ غلبہ و توانائی بھی رکھنے والا ہے) (۵۹ : ۲۴)

اسی طرح سورۃ اعراف میں ہے :

وللہ الاسماء الحسنی فادعوہ بہا وذروا الذین یلحدون فی اسمائہ[52]

(اور اللہ کے لیے حسن و خوبی کی صفتیں ہیں۔ سو چاہیے کہ ان صفتوں سے اسے پکارو۔ اور جن لوگوں کا شیوہ یہ ہے کہ اس کی صفتوں میں کج اندیشیاں کرتے ہیں، انہیں ان کے حال پر چھوڑ دو) (۷ : ۱۸۰)

چنانچہ اسی لیے سورۃ فاتحہ میں صرف تین صفتیں نمایاں ہوئیں :

ربوبیت، رحمت اور عدالت۔ اور قہر و غضب کی کسی صفت کو یہاں جگہ نہ دی گئی۔

(۳)۔ اشراکی تصورات کا کلی انسداد:

ثالثاً : جہاں تک توحید و اشراک کا تعلق ہے قرآن کا تصور اس درجہ کامل اور بے لچک ہے کہ اس کی کوئی نظیر پچھلے تصورات میں نہیں مل سکتی۔

اگر خدا اپنی ذات میں یگانہ ہے تو ضروری ہے کہ وہ اپنی صفات میں بھی یگانہ ہو۔ کیونکہ اس کی یگانگت کی عظمت قائم نہیں رہ سکتی اگر کوئی دوسری ہستی اس کی صفات میں شریک و سہیم مان لی جائے۔ قرآن سے پہلے توحید کے ایجابی پہلو پر تو تمام مذاہب نے زور دیا تھا لیکن سلبی پہلو نمایاں نہیں ہو سکا تھا۔ ایجابی پہلو یہ ہے کہ خدا ایک ہے۔ سلبی یہ ہے کہ اس کی طرح کوئی نہیں۔ اور جب اس کی طرح کوئی نہیں تو ضروری ہے کہ جو صفتیں اس کے لیے ٹھہرا دی گئی ہیں ان میں کوئی دوسری ہستی شریک نہ ہو۔ پہلی بات توحید فی الذات سے اور دوسری توحید فی الصفات سے تعبیر کی گئی ہے۔ قرآن سے پہلے اقوام عالم کی استعداد اس درجہ بلند نہیں ہوئی تھی کہ توحید فی الصفات کی نزاکتوں اور بندشوں کی متحمل ہو سکتی اس لیے مذاہب نے تمام تر زور توحید فی الذات ہی پر دیا۔ توحید فی الصفات اپنی ابتدائی اور سادہ حالت میں چھوڑ دی گئی۔

---

[52] اس آیت میں ''الحاد فی الاسماء'' سے مقصد کیا ہے؟ ''الحاد'' لحد سے ہے۔ ''لحد'' کے معنی میلان عن الوسط کے ہیں۔ یعنی درمیان سے کسی ایک طرف کو ہٹا ہوا ہونا۔ اسی لیے ایسی قبر کو جس میں نعش کی جگہ ایک طرف کو ہٹی ہوئی ہوتی ہے۔ لحد کہتے ہیں۔ جب یہ لفظ انسانی افعال کے لیے بولا جاتا ہے تو اس کے معنی راہ حق سے ہٹ جانے کے ہوتے ہیں۔ کیونکہ وسط حق ہے اور جو اس سے منحرف ہو باطل ہے۔ الحد فلان۔ ای مال عن الحق۔ پس یہاں الحاد فی الاسماء کا مطلب یہ ہوا کہ خدا کی صفات کے بارے میں جو راہ حق ہے اس سے منحرف ہو جانا۔ امام راغب اصفہانی نے اس کی تشریح حسب ذیل لفظوں میں کی ہے 'ان یوصف بما لا یصح وصفہ بہ او ان یتاول اوصافہ علی ما لا یلیق بہ' (مفردات ۴۶۴)۔ یعنی خدا کے لیے کوئی ایسا وصف قرار دینا جو اس کا وصف نہیں ہونا چاہیے یا اس کی صفتوں کا ایسا مطلب ٹھہرانا جو اس کی شان کے لائق نہیں۔

چنانچہ یہی وجہ ہے کہ ہم دیکھتے ہیں باوجودیکہ تمام مذاہب قبل از قرآن میں عقیدہ توحید کی تعلیم موجود تھی لیکن کسی نہ کسی صورت میں شخصیت پرستی، عظمت پرستی، اور اصنام پرستی نمودار ہوتی رہی اور رہنمایان مذاہب اس کا دروازہ بند نہ کر سکے۔ ہندوستان میں تو غالباً اول روز ہی سے یہ بات تسلیم کرلی گئی تھی کہ عوام کی تشفی کے لیے دیوتاؤں اور انسانی عظمتوں کی پرستاری ناگزیر ہے اور اس لیے توحید کا مقام صرف خواص کے لیے مخصوص ہونا چاہیے۔ فلاسفہ یونان کا بھی یہی خیال تھا۔ یقیناً وہ اس بات سے بے خبر نہ تھے کہ کوہ ایلمپس کے دیوتاؤں کی کوئی اصلیت نہیں، تاہم سقراط کے علاوہ کسی نے بھی اس کی ضرورت محسوس نہیں کی کہ عوام کے اصنامی عقائد میں خلل انداز ہو۔ وہ کہتے تھے اگر دیوتاؤں کی پرستش کا نظام قائم نہ رہا تو عوام کی مذہبی زندگی درہم برہم ہوجائے گی۔ فیثاغورس کی نسبت بیان کیا گیا ہے کہ جب اس نے اپنا مشہور حسابی قاعدہ معلوم کیا تھا تو اس کے شکرانے میں سو بچھڑوں کی قربانی دیوتاؤں کے نذر کی تھی۔

اس بارے میں سب سے زیادہ نازک معاملہ معلم و رہنما کی شخصیت کا تھا۔ یہ ظاہر ہے کہ کوئی تعلیم عظمت و رفعت حاصل نہیں کر سکتی جب تک معلم کی شخصیت میں بھی عظمت کی شان پیدا نہ ہوجائے۔ لیکن شخصیت کی عظمت کے حدود کیا ہیں؟ یہیں آ کر سب کے قدموں نے ٹھوکر کھائی۔ وہ اس کی ٹھیک حد بندی نہ کر سکے۔ نتیجہ یہ نکلا کہ کبھی شخصیت کو خدا کا اوتار بنا دیا، کبھی ابن اللہ سمجھ لیا، کبھی شریک و سہیم ٹھہرا دیا اور اگر یہ نہیں کیا تو کم از کم اس کی تعظیم میں بندگی و نیاز کی سی شان پیدا کر دی۔ یہودیوں اپنے ابتدائی عہد کی گمراہیوں کے بعد کبھی ایسا نہیں کیا کہ پتھر کے بت تراش کر ان کی پوجا کی ہو۔ لیکن اس بات سے وہ بھی نہ بچ سکے کہ اپنے نبیوں کی قبروں پر ہیکل تعمیر کر کے انہیں عبادت گاہوں کی سی شان و تقدیس دے دیتے تھے۔ گوتم بدھ کی نسبت معلوم ہے کہ اس کی تعلیم میں اصنام پرستی کے لیے کوئی جگہ نہ تھی۔ اس کی آخری وصیت جو ہم تک پہنچی ہے یہ ہے 'ایسا نہ کرنا کہ میری نعش کی راکھ کی پوجا شروع کر دو۔ اگر تم نے ایسا کیا تو یقین کر و نجات کی راہ تم پر بند ہو جائے گی'[53]

لیکن اس وصیت پر جیسا کچھ عمل کیا گیا، وہ دنیا کے سامنے ہے۔ نہ صرف بدھ کی خاک اور یادگاروں پر معبد تعمیر کیے گئے۔ بلکہ مذہب کی اشاعت کا ذریعہ ہی یہ سمجھا گیا کہ اس کے مجسموں سے زمین کا کوئی گوشہ خالی نہ رہے۔ و یہ واقعہ ہے کہ دنیا میں معبود کے بھی اتنے مجسمے نہیں بنائے گئے جتنے گوتم بدھ کے بنائے گئے ہیں۔ اسی طرح ہمیں معلوم ہے کہ مسیحیت کی حقیقی تعلیم سر تا سر توحید کی تعلیم تھی لیکن ابھی اس کے ظہور پر پورے سو برس بھی نہیں گزرے تھے کہ الوہیت مسیح کا عقیدہ نشو نما پا چکا تھا۔

---

[53] آرلی بودھ ازم

توحید فی الصفات:

لیکن قرآن نے توحید فی الصفات کا ایسا کامل نقشہ کھینچ دیا کہ اس طرح کی لغزشوں کے تمام دروازے بند ہو گئے۔ اس نے صرف توحید ہی پر زور نہیں دیا بلکہ شرک کی بھی راہیں بند کر دیں اور یہی اس باب میں اس کی خصوصیت ہے۔

وہ کہتا ہے ہر طرح کی عبادت اور نیاز کی مستحق صرف خدا ہی کی ذات ہے۔ پس اگر تم نے عابدانہ عجز و نیاز کے ساتھ کسی دوسری ہستی کے سامنے سر جھکایا تو توحید الٰہی کا اعتقاد باقی نہ رہا۔ وہ کہتا ہے یہ اسی کی ذات ہے جو انسانی کی پکار سنتی اور ان کی دعائیں قبول کرتی ہے۔ پس اگر تم نے اپنی دعاؤں اور طلبگاریوں میں کسی دوسری ہستی کو بھی شریک کر لیا تو گویا تم نے اسے خدا کی خدائی میں شریک کر لیا۔ وہ کہتا ہے کہ دعا، استعانت، رکوع و سجود، عجز و نیاز، اعتماد و توکل اور اس طرح کے تمام عبادت گزارانہ اور نیاز مندانہ اعمال وہ اعمال ہیں جو خدا اور اس کے بندوں کا باہمی رشتہ قائم کرتے ہیں۔ پس اگر ان اعمال میں تم نے کسی دوسری ہستی کو بھی شریک کر لیا تو خدا کے رشتہ معبودیت کی یگانگی باقی نہ رہی۔ اسی طرح عظمتوں، کبریائیوں، کارسازیوں اور بے نیازیوں کا جو اعتقاد تمہارے اندر خدا کی ہستی کا تصور پیدا کرتا ہے وہ صرف خدا ہی کے لیے مخصوص ہونا چاہیے۔ اگر تم نے ویسا ہی اعتقاد کسی دوسری ہستی کے لیے بھی پیدا کر لیا تو تم نے اسے خدا کا نِد یعنی شریک ٹھہرا لیا اور توحید کا اعتقاد درہم برہم ہو گیا!۔

یہی وجہ ہے کہ سورۃ فاتحہ میں ایاك نعبد و ایاك نستعین کی تلقین کی گئی۔ اس میں اول تو عبادت کے ساتھ استعانت کا بھی ذکر کیا گیا پھر دونوں جگہ مفعول کو مقدم کیا جو مفید حصر ہے۔ یعنی 'صرف تیری ہی عبادت کرتے ہیں اور صرف تجھی سے مدد طلب کرتے ہیں' اس کے علاوہ تمام قرآن میں اس کثرت کے ساتھ توحید فی الصفات اور رد اشراک پر زور دیا گیا ہے کہ شاید ہی کوئی سورت بلکہ کوئی صفحہ اس سے خالی ہو۔

مقام نبوت کی حد بندی:

سب سے زیادہ اہم مسئلہ مقام نبوت کی حد بندی کا تھا۔ یعنی معلم کی شخصیت کو اس کی اصلی جگہ میں محدود کر دینا تاکہ شخصیت پرستی کا ہمیشہ کے لیے سد باب ہو جائے۔ اس بارے میں قرآن نے جس طرح صاف اور قطعی لفظوں میں جا بجا پیغمبر اسلام کی بشریت اور بندگی پر زور

دیا ہے محتاج بیان نہیں۔ ہم یہاں صرف ایک بات کی طرف توجہ دلائیں گے۔ اسلام نے اپنی تعلیم کا بنیادی کلمہ جو قرار دیا ہے وہ سب کو معلوم ہے

اشھد ان لا الہ الا اللہ و اشھد ان محمد عبدہ و رسولہ

(یعنی میں اقرار کرتا ہوں کہ خدا کے سوا کوئی معبود نہیں اور میں اقرار کرتا ہوں کہ محمد ﷺ خدا کا بندہ اور اس کا رسول ہے)
اس اقرار میں جس طرح خدا کی توحید کا اعتراف کیا گیا ہے ٹھیک اسی طرح پیغمبر اسلام کی بندگی اور درجہ رسالت کا اعتقاد اسلام کی اصل و اساس بن جائے اور اس کا کوئی موقع ہی باقی نہ رہے کہ عبدیت کی جگہ معبودیت کا اور رسالت کی جگہ اوتار کا تخیل پیدا ہو۔ ظاہر ہے کہ اس سے زیادہ اس معاملہ کا تحفظ کیا جا سکتا تھا؟ کوئی شخص دائرہ اسلام میں داخل ہی نہیں ہو سکتا جب تک کہ وہ خدا کی توحید کی طرح پیغمبر اسلام کی بندگی کا بھی اقرار نہ کر لے!
یہی وجہ ہے کہ ہم دیکھتے ہیں، پیغمبر اسلام کی وفات کے بعد مسلمانوں میں بہت سے اختلافات پیدا ہوئے لیکن ان کی شخصیت کے بارے میں کبھی کوئی سوال پیدا نہیں ہوا۔ ابھی ان کی وفات پر چند گھنٹے بھی نہیں گزرے تھے کہ حضرت ابو بکرؓ نے بر سر منبر اعلان کر دیا تھا:

من کان منکم یعبد محمدا فان محمدا قد مات و من کان منکم یعبد اللہ فان اللہ حی لا یموت'

(جو کوئی تم میں محمد ﷺ کی پرستش کرتا تھا۔ سو اسے معلوم ہونا چاہیے کہ محمد نے وفات پائی۔ اور جو کوئی تم میں سے اللہ کی عبادت کرتا تھا تو اسے معلوم ہونا چاہیے کہ اللہ کی ذات ہمیشہ زندہ ہے اس لیے موت نہیں) (بخاری شریف)

(۴)۔ عوام اور خواص دونوں کے لیے ایک تصور:

رابعاً قرآن سے پہلے علوم و فنون کی طرح مذہبی عقائد میں بھی خاص و عام کا امتیاز ملحوظ رکھا جاتا تھا اور خیال کیا جاتا تھا کہ خدا کا ایک تصور تو حقیقی ہے اور خواص کے لیے ہے۔ ایک تصور مجازی ہے اور عوام کے لیے ہے۔ چنانچہ ہندوستان میں خدا شناسی کے تین درجے قرار دیے گئے:
عوام کے لیے دیوتاؤں کی پرستش، خواص کے لیے براہ راست خدا کی پرستش اور اخص الخواص کے لیے وحدۃ الوجود کا مشاہدہ۔

یہی حال فلاسفہ یونان کا تھا۔ وہ خیال کرتے تھے کہ ایک غیر مرئی اور غیر مجسم خدا کا تصور صرف اہل علم و حکمت ہی کر سکتے ہیں۔ عوام کے لیے اسی میں امن ہے کہ دیوتاؤں کی پرستاری میں مشغول رہیں۔

لیکن قرآن نے حقیقت و مجاز یا خاص و عام کا کوئی امتیاز باقی نہ رکھا۔ اس نے سب کو خدا پرستی کی ایک ہی راہ دکھائی اور سب کے لیے صفات الٰہی کا ایک ہی تصور پیش کر دیا۔ وہ حکما و عرفا سے لے کر جہاد و عوام تک سب کو حقیقت کا ایک ہی جلوہ دکھاتا ہے اور سب پر اعتقاد و ایمان کا ایک ہی دروازہ کھولتا ہے۔ اس کا تصور جس طرح ایک حکیم و عارف کے لیے سرمایہ تفکر ہے اسی طرح ایک چرواہے اور دہقان کے لیے سرمایہ تسکین!

اس سلسلہ میں معاملہ کا ایک اور پہلو بھی قابل غور ہے۔ ہندوستان میں خواص اور عوام کے خدا پرستانہ تصوروں میں جو فرق مراتب ملحوظ رکھا گیا وہ معاملہ کو اس رنگ میں بھی نمایاں کرتا ہے کہ یہاں کا مذہبی نقطہ خیال ابتدا سے فکر و عمل کی رواداری پر مبنی رہا ہے۔ یعنی کسی دائرہ فکر کو بھی اتنا تنگ اور بے لچک نہیں رکھا گیا کہ کسی دوسرے دائرہ کی اس میں گنجائش ہی نہ نکل سکے۔ یہاں خواص توحید کی راہ پر گامزن ہوئے لیکن عوام کے لیے دیوتاؤں کی پرستش اور مورتیوں کی معبودیت کی راہیں بھی کھلی چھوڑ دی گئیں۔ گویا ہر عقیدہ کو جگہ دی گئی۔ ، ہر عمل کے لیے گنجائش نکالی گئی اور ہر طور طریقہ کو آزادانہ نشو و نما کا موقع مل گیا۔ مذہبی اختلاف جو دوسری قوموں میں باہمی جنگ و جدال کا ذریعہ رہا ہے یہاں آپس کے سمجھوتوں کا ذریعہ بنا اور ہمیشہ متعارض اصول باہم دگر ٹکرانے کی جگہ ایک دوسرے کے لیے جگہیں نکالتے رہے۔ تخالف کی حالت میں تفاہم اور تعارض کی حالت میں تطابق گویا یہاں کے ذہنی مزاج کی عام خصوصیت تھی۔ ایک ویدانتی جانتا ہے کہ اصل حقیقت اشراک اور بت پرستی کے عقائد سے بالاتر ہے تاہم یہ جاننے پر بھی وہ بت پرستی کا منکر و مخالف نہیں ہو جاتا۔ کیونکہ وہ سمجھتا ہے کہ پس ماندگان راہ کے لیے یہ بھی ایک ابتدائی منزل ہوئی اور راہرو کوئی راہ اختیار کرے مگر مقصود اصلی ہر حال میں سب کا ایک ہی ہے :

خواہ از طریق میکدہ خواہ از رہ حرم

از ہر جہت کہ شاد شوی فتح باب گیر!

چنانچہ چند سال ہوئے پروفیسر سی۔ ای۔ ام جوڈ (Joad) ہندوستان کے تاریخی خصائص پر نظر ڈالتے ہوئے اس خصوصیت کو سب سے زیادہ نمایاں جگہ دی تے ہی اور اس سے پہلے دوسرے اہل قلم بھی اس پہلو پر زور دے چکے ہیں۔ ہمیں چاہیے معاملے کے اس پہلو پر بھی ایک نظر ڈال لیں۔

بلاشبہ فکر و عمل کی اس روادارانہ سوچ کا جو ہندوستان کی تاریخ میں برابر ابھرتی رہی ہے ہمیں اعتراف کرنا چاہیے لیکن معاملہ صرف اتنے ہی پر ختم نہیں ہو جاتا۔ زندگی کے حقائق کے تقاضوں کا یہاں کچھ عجیب حال ہے۔ یہاں ہم کسی ایک گوشے ہی کے ہو کر نہیں رہ جا سکتے۔

دوسرے گوشوں کی بھی خبر رکھنی پڑتی ہے۔ اور فکر و عمل کی ہر راہ اتنی دور تک چلی گئی ہے کہ کہیں کہیں جا کر حد بندی کی لکیریں کھینچنی پڑتی ہیں۔ اگر ایسا نہ کریں تو علم واخلاق کے تمام احکام متزلزل ہو جائیں اور اخلاق اقدار کی کوئی مستقل حیثیت باقی نہ رہے۔ رواداری یقیناً ایک خوبی کی بات ہے لیکن ساتھ ہی عقیدہ کی مضبوطی، رائے کی پختگی اور فکر کی استقامت کی خوبیوں سے بھی انکار نہیں کیا جا سکتا۔ پس یہاں کوئی نہ کوئی حد بندی کا خط ضرور ہونا چاہیے جو ان تمام خوبیوں کو اپنی اپنی جگہ قائم رکھے۔ اخلاق کے تمام احکام انہی حد بندیوں کے خطوط سے بنتے اور ابھرتے ہیں۔ جونہی یہ ملنے لگتے ہیں اخلاق کی پوری دیوار ہل جاتی ہے۔ عفوو درگزر بڑی ہی حسن و خوبی کی بات ہے لیکن یہ عفوو درگزر جب اپنی حد بندی کے خط سے آگے بڑھ جاتا ہے تو عفوو درگزر نہیں رہتا اسے بزدلی اور بے ہمتی کے نام سے پکارنے لگتے ہیں۔ شجاعت انسانی سیرت کا سب سے بڑا وصف ہے۔ لیکن یہی وصف جب اپنی حد سے گزر جائے گا تو نہ صرف اس کا حکم ہی بدل جائے گا بلکہ صورت بھی بدل جائے گی۔ اب اسے دیکھیے تو وہ شجاعت نہیں ہے قہر و غضب اور ظلم و تشدد ہو گیا!۔

دو حالتیں ہیں اور دونوں کا حکم ایک نہیں ہو سکتا۔ ایک حالت یہ ہے کہ کسی خاص اعتقاد اور عمل کی روشنی ہمارے سامنے آ گئی ہے اور ہم ایک خاص نتیجہ تک پہنچ گئے ہیں اب اس کی نسبت ہمارا طرز عمل کیا ہونا چاہیے؟ ہم اس پر مضبوطی کے ساتھ جمے رہیں یا متزلزل رہیں؟ دوسرے حالت یہ ہے کہ جس طرح ہم کسی خاص نتیجے تک پہنچے ہیں اسی طرح ایک دوسری شخص بھی ایک دوسرے نتیجے تک پہنچ گیا ہے اور یہاں فکر و عمل کی ایک ہی راہ سب کے آگے نہیں کھلتی۔ اب ہمارا طرز عمل اس شخص کی نسبت کیا ہونا چاہیے؟ ہماری طرح اسے بھی اپنی راہ چلنے کا حق ہے یا نہیں؟ رواداری کا صحیح محل دوسری حالت ہے۔ پہلی نہیں ہے۔ اگر پہلی حالت میں وہ آئے گی تو یہ رواداری نہ ہو گی۔ اعتقاد کی کمزوری اور یقین کا فقدان ہو گا۔

رواداری یہ ہے کہ اپنے حق اعتقاد و عمل کے ساتھ دوسرے حق اعتقاد و عمل کا بھی اعتراف کیجیے۔ اور اگر دوسرے کی راہ آپ کی صریح غلط دکھائی دے رہی ہے جب بھی اس کے اس کے حق سے انکار نہ کیجیے کہ وہ اپنی غلط راہ پر بھی چل سکتا ہے۔ لیکن اگر رواداری کے حدود یہاں تک بڑھا دیے گئے کہ وہ آپ عقیدوں میں بھی مداخلت کر سکتی ہے اور آپ کے فیصلوں کو بھی نرم کر سکتی ہے پھر یہ رواداری نہ ہوئی استقامت فکر کی نفی ہو گئی۔

مفاہمت زندگی کی ایک بنیادی ضرورت ہے اور ہماری زندگی ہی سر تا سر مفاہمت ہے۔ لیکن ہر راہ کی طرح یہاں بھی حد بندی کی کوئی لکیر کھینچنی پڑے گی اور جس حد پر بھی جا کر لکیر کھینچی گئی معاً عقیدہ پیدا ہو گیا۔ اب جب تک عقیدہ کی تبدیلی کی کوئی روشنی سامنے نہیں آتی آپ مجبور ہیں کہ اس پر جمے رہیں اور اس میں کاٹ چھانٹ نہ کریں۔ آپ دوسروں کے عقائد کا احترام ضرور کریں گے لیکن اپنے عقیدہ کو بھی کمزوری کے حوالہ نہیں ہونے دیں گے۔

کتنی ہی مصیبتیں ہیں جو اعتقاد اور عمل کے تمام گوشوں میں اسی دروازہ سے آئیں کہ ان دو مختلف حالتوں کا امتیازی خط اپنی جگہ سے ہل گیا۔ اگر اعتقاد کی مضبوطی آئی تو اتنی دور تک چلی گئی کہ رواداری کے تمام تقاضے بھلا دیے گئے اور دوسروں کے اعتقاد و عمل میں جبراً مداخلت کی جانے لگی۔ اگر رواداری آئی تو اس بے اعتدالی کے ساتھ آئی کہ استقامت فکر و رائے کے لیے کوئی جگہ نہ رہی، ہر عقیدہ لچک گیا ہر یقین ملنے لگا۔ پہلی بے اعتدالی کی مثالیں ہمیں ان مذہبی تنگ نظریوں اور سخت گیریوں میں ملتی ہیں جن کی خونچکاں داستانوں سے تاریخ کے اوراق رنگین ہو چکے ہیں۔ دوسری بے اعتدالی کے نتائج کی مثال ہمیں ہندوستان کی تاریخ مہیا کر دیتی ہے۔ یہاں فکر و عقیدہ کی کوئی بلندی بھی وہم وجہالت کی گراوٹ سے اپنے آپ کو محفوظ نہ رکھ سکی اور علم و عقل اور وہم و جہل میں ہمیشہ سمجھوتوں کا سلسلہ جاری رہا۔ ان سمجھوتوں نے ہندوستانی دماغ کی شکل و صورت بگاڑ دی۔ اس کی فکری ترقیوں کا تمام حسن اصنامی عقیدوں اور وہم پرستیوں کے گرد و غبار میں چھپ گیا۔

زمانہ حال کے مورخوں نے اس صورت حال کا اعتراف کیا ہے۔ ہمارے زمانے کا ایک قابل ہندو مصنف اس عہد کی فکری حالت پر نظر ڈالتے ہوئے جب آریائی تصورات ہندوستان کے مقامی مذاہب سے مخلوط ہونے لگے تھے تسلیم کرتا ہے کہ 'ہندو مذہب کی مخلوط نوعیت کی توضیح ہمیں اس صورت حال میں مل جاتی ہے۔ صحرا نورد قبائل کے وحشیانہ توہمات سے لے کر اونچے سے اونچے درجہ کے تہ رس غور و خوض تک ہر درجہ اور ہر دائرہ فکر کے خیالات یہاں باہم دگر ملتے اور مخلوط ہوتے رہے۔ آریائی مذہب اول روز سے کشادہ دل، خود رو اور روادار تھا۔ وہ جب کبھی کسی نئے موثر سے دوچار ہوا تو خود سمٹتا گیا اور جگہیں نکالتا رہا۔ اس کی اس مزاجی حالت میں ہم ایک سچے انکسار طبع اور ہمدردانہ مفاہمت کا شائستہ رجحان محسوس کرتے ہیں۔ ہندو دماغ اس کے لیے تیار نہیں ہوا کہ نچلے درجہ کے مذہبوں کو نظر انداز کر دے یا لڑا کر ان کی ہستی مٹا دے۔ اس کے اندر ایک مذہبی مجنون کا غرور نہیں تھا کہ صرف اسی کا مذہب سچا مذہب ہے۔ اگر انسانوں کے ایک گروہ کو کسی ایک معبود کی پرستش اس کے طور طریقے پر تسکین قلب مہیا کر دیتی ہے تو تسلیم کر لینا چاہیے کہ یہ بھی سچائی کی ایک راہ ہے۔ مکمل سچائی پر کوئی بیک دفعہ قابض نہیں ہو سکتا۔ وہ صرف بتدریج اور بہ تفریق ہی حاصل کی جا سکتی ہے اور یہاں ابتدائی اور عارضی درجوں کو بھی ان کی ایک جگہ دینی پڑتی ہے۔ ہندو دماغ نے رواداری اور باہمی مفاہمتوں کی یہ راہ اختیار کر لی لیکن وہ یہ بات بھول گیا کہ بعض حالات ایسے بھی ہوتے ہیں جب رواداری کی جگہ ناروا داری ایک فضیلت کا حکم پیدا کر لیتی ہے اور مذہبی معاملات میں بھی گریشم [54] کے

[54] گریشم کے قانون سے مقصود اقتصادیات کی یہ اصل ہے کہ اگر کھرے سکوں کے ساتھ کھوٹے سکے ملا دیے جائیں گے تو کھرے سکوں کی قیمت باقی نہیں رہے گی۔

قانون کی طرح کا ایک قانون کام کرتا رہتا ہے۔ جب آریائی اور غیر آریائی مذاہب باہم دگر ملے۔ ایک شائستہ، دوسرا ناشائستہ، ایک اچھی قسم کا، دوسرا نکما۔ تو غیر شائستہ اور نکمے اجزا میں قدرتی طور پر یہ میلان پیدا ہو گیا کہ شائستہ اور اچھے اجزا کو دبا کر معطل کر دے۔[55]

بہر حال قرآن کے تصور الٰہی کی ایک بنیادی خصوصیت یہ ہے کہ اس نے کسی طرح کی اعتقادی مفاہمت اس بارے میں جائز نہیں رکھی۔ وہ اپنے توحید اور تنزیہی تصور میں سر تا سر بے میل اور بے لچک رہا۔ اس کی یہ مضبوط جگہ کسی طرح بھی ہمیں رواداراانہ طرز عمل سے روکنا نہیں چاہتی۔ البتہ اعتقادی مفاہمتوں کے تمام دروازے بند کر دیتی ہے۔

خامساً: قرآن نے تصور الٰہی کی بنیاد انسان کے عالمگیر وجدانی احساس پر رکھی ہے۔ یہ نہیں کیا ہے کہ اسے نظر و کفر کی کاوشوں کا ایک ایسا معمہ بنا دیا ہو جسے کسی خاص طبقہ کا ذہن ہی حل کر سکے۔ انسان کا عالمگیر وجدانی احساس کیا ہے؟ یہ ہے کہ کائنات ہستی خود بخود پیدا نہیں ہو گئی ہے اور اس لیے ضروری ہے کہ ایک صانع ہستی موجود ہو۔ پس قرآن بھی اس بارے میں عام طور پر جو کچھ تلاتا ہے وہ اتنا ہی ہے اس سے زیادہ جو کچھ ہے وہ مذہبی عقیدہ کا معاملہ نہیں ہے۔ انفرادی اور ذاتی تجربہ و احوال کا معاملہ ہے۔ اس لیے وہ اس کا بوجھ جماعت کے افکار پر نہیں ڈالتا۔ اسے اصحاب جہد و طلب کے لیے چھوڑ دیتا ہے۔

والذین جاھدوا فینا لنھدینھم سبلنا وان اللہ لمع المحسنین

(اور جو لوگ ہم تک پہنچنے کے لیے کوشش کریں گے تو ہم بھی ضرور ان پر راہ کھول دیں گے اور اللہ نیک کرداروں سے الگ کب ہے؟ وہ تو ان کے ساتھ ہے!) (۲۹ : ۶۹)

وفی الارض ایات للموقنین۔ وفی انفسکم افلا تبصرون

(اور ان لوگوں کے لیے جو یقین رکھتے ہیں زمین میں کتنی ہی حقیقت کی نشانیاں ہیں اور خود تمہارے اندر بھی، پھر کیا تم دیکھتے نہیں؟) (۵۱ : ۲۱)

سادساً: اسی مقام سے وہ فرق مراتب بھی نمایاں ہو جاتا ہے جو اسلام نے بالکل ایک دوسری شکل و نوعیت میں عوام و خواص کا ملحوظ رکھا ہے۔ ہندو مفکروں نے عوام اور خواص میں الگ الگ تصور اور عقیدے تقسیم کیے۔ اسلام نے تصور اور عقیدے کے اعتبار سے کوئی امتیاز جائز نہیں رکھا۔ وہ حقیقت کا ایک ہی عقیدہ ہر انسانی دل و دماغ کے آگے پیش کرتا ہے۔ لیکن یہ ظاہر ہے کہ طلب وجہد کے لحاظ سے

---

[55] پروفیسر اس رادھا کرشنن۔ انڈین فلاسفی۔ جلد اول صفحہ ۱۱۹۔ طبع ثانی

سب کے مراتب یکساں نہیں ہو سکتے۔ اور یہاں ایک ہی درجہ کی پیاس لے کر ہر طالب حقیقت نہیں آتا۔ عامۃ الناس بحیثیت جماعت کے اپنا ایک خاص مزاج اور اپنی خاص احتیاج رکھتے ہیں۔ خاص افراد بحیثیت فرد کے اپنی طلب و استعداد کا الگ الگ درجہ و مقام رکھتے ہیں۔ پس اس نے جس امتیاز سے پہلی صورت میں انکار کر دیا تھا اس سے دوسری صورت میں انکار نہیں کیا اور مختلف مدارج طلب کے لیے عرفان و یقین کی مختلف راہیں کھلی چھوڑ دیں۔

صحیح بخاری اور صحیح مسلم کی ایک متفق علیہ روایت میں جو حدیث جبریل کے نام سے مشہور ہے، نہایت جامع و مانع لفظوں میں یہ فرق مراتب واضح کر دیا گیا ہے۔ یہ حدیث تین مرتبوں کا ذکر کرتی ہے۔ اسلام، ایمان اور احسان۔ اسلام یہ ہے کہ اسلامی عقیدے کا اقرار کرنا اور عمل کے چاروں رکن یعنی نماز روزہ، حج اور زکوٰۃ انجام دینا۔ ایمان یہ ہے کہ اقرار کے مرتبہ سے آگے بڑھنا اور اسلام کے بنیادی عقائد کے حق الیقین کا مرتبہ خاص کرنا۔ احسان یہ ہے کہ:

ان تعبدالله كانك تراه وان لم تكن تراه فانه يراك

(تو اللہ کی اس طرح عبادت کرے گویا اسے اپنے سامنے دیکھ رہا ہے اور اگر تو اسے نہیں دیکھ رہا تو وہ تجھے دیکھ رہا ہے) (صحیحین)

پس گویا عرفان حقیقت کے لحاظ سے یہاں تین مرتبے ہوئے۔ پہلا مرتبہ اسلامی دائرہ کے عام اعتقاد و عمل کا ہے۔ یہ اسلام ہے۔ یعنی جس نے اسلامی عقیدہ کا اقرار کر لیا اور اس کے اعمال کی زندگی اختیار کر لی وہ اس دائرہ میں آ گیا۔ لیکن دائرہ میں داخل ہو جانے سے یہ لازم نہیں آ جاتا کہ علم و یقین کے جو مقامات ہیں وہ بھی ہر وردو داخل کو حاصل ہو گئے۔ پس اب دوسرا مرتبہ نمایاں ہوا جسے ایمان سے تعبیر کیا ہے۔ اسلام ظاہر کا اقرار و عمل تھا۔ ایمان دل و دماغ کا یقین و اذعان ہے۔ یہ مرتبہ جس نے حاصل کر لیا وہ عوام سے نکل کر خواص کے زمرہ میں داخل ہو گیا۔ لیکن معاملہ اتنے ہی پر ختم نہیں ہو جاتا۔ عرفان حقیقت اور عین الیقین ایقان کا ایک اور مرتبہ ابھی باقی رہ جاتا ہے۔ اسے احسان سے تعبیر کیا گیا۔ لیکن یہ مقام محض اعتقاد اور یقین پیدا کر لینے کا نہیں ہے جو ایک گروہ کو بحیثیت گروہ کے حاصل ہو سکتا ہے۔ یہ ذاتی تجربہ کا مقام ہے۔ جو یہاں تک پہنچتا ہے وہ اپنے ذات تجربہ و کشف سے یہ درجہ حاصل کر لیتا ہے۔ تعلیمی اور احکامی عقائد کو اس میں دخل نہیں۔ بحث و نظر کی اس میں گنجائش نہیں۔ یہ خود کرنے اور پانے کا معاملہ ہے۔ بتلانے اور سمجھانے کا معاملہ نہیں۔ جو یہاں تک پہنچ گیا وہ اگر کچھ بتلائے گا بھی تو یہی بتلائے گا کہ، میری طرح بن جاؤ۔ پھر جو کچھ دکھائی دیتا ہے دیکھ لو:

پرسید یکے کہ عاشقی چیست؟
گفتم کہ چو من شوی بدانی

اسلام نے اس طرح طلب وجد کی پیاس کے لیے درجہ بدرجہ سیرابی کا سامان کر دیا۔ عوام کے لیے پہلا مرتبہ کافی ہے۔ خواص کے لیے دوسرا مرتبہ ضروری ہے اور اخص الخواص کی پیاس بغیر تیسرے جام کے تسکین پانے والی نہیں۔ اس کے تصور الٰہی اور عقیدہ کا میخانہ ایک ہے لیکن جام الگ الگ ہوئے۔ ہر طالب کے حصے میں اس کے ظرف کے مطابق ایک جام آجاتا ہے اور اس کی سرشاری کی کیفیتیں مہیا کر دیتا ہے۔

وللہ در ما قال

ساقی بہ ہمہ بادہ زیک خم دہد، اما
در مجلس او مستی ہر کس زشرابے ست!

یہاں یہ امر بھی واضح کر دینا بے محل نہ ہوگا کہ قرآن کی متعدد تصریحات ہیں جنہیں اگر وحدۃ الوجودہ تصور کی طرف لے جایا جائے تو بلا تکلف دور تک جا سکتی ہیں۔ مثلاً ہو الاول والآخر والظاھر والباطن۔ اور اینما تولوا فثم وجہ اللہ اور ونحن اقرب الیہ من حبل الورید۔ اور کل یوم ھو فی شان۔ یا تمام اس طرح کی تصریحات جن میں تمام موجودات کا بالآخر اللہ کی طرف لوٹنا بیان کیا گیا ہے۔ توحید وجودی کے قائل ان تمام آیات سے مسئلہ وحدۃ الوجود پر استدلال کرتے ہیں اور شاہ ولی اللہ نے تو یہاں تک لکھ دیا ہے کہ اگر ''میں مسئلہ وحدۃ الوجود کو ثابت کرنا چاہوں تو قرآن و حدیث کے تمام نصوص و ظواہر سے اس کا اثبات کر سکتا ہوں ''لیکن صاف بات جو اس بارے میں معلوم ہوتی ہے وہ یہی ہے کہ ان تمام تصریحات کو ان کے قریبی محامل سے دور نہیں لے جانا چاہیے اور ان معانی سے آگے نہیں بڑھنا چاہیے جو صدر اول کے مخاطبوں نے سمجھے تھے۔ باقی رہا حقیقت کے کشف و عرفان کا وہ مقام جو عرفائے طریق کو پیش آتا ہے۔ تو وہ کسی طرح بھی قرآن کے تصور الٰہی کے عقیدے کے خلاف نہیں۔ اس کا تصور ایک جامع تصور ہے اور ہر توحیدی تصور کی اس میں گنجائش موجود ہے۔ جو افرادِ خاصہ مقام احسان تک رسائی حاصل کرتے ہیں وہ حقیقت کو اس کی سب پردہ جلوہ طرازیوں میں دیکھ لیتے ہیں اور عرفان کا وہ منتہی مرتبہ جو فکر انسانی کی دسترس میں ہے انہیں حاصل ہو جاتا ہے۔

ومن لم یذق، لم یدر

تو نظر باز نہ ورنہ تغافل نگہ ست
تو زبان فہم نہ ورنہ خموشی سخن ست!

سابعاً : جس ترتیب کے ساتھ سورة فاتحہ میں یہ تینوں صفتیں بیان کی گئی ہیں دراصل فکر انسانی کی طلب و معرفت کی قدرتی منزلیں ہیں اور اگر غور کیا جائے تو اسی ترتیب سے پیش آتی ہیں۔ سب سے پہلے ربوبیت کا ذکر کیا گیا۔ کیونکہ کائنات ہستی میں سب سے زیادہ ظاہر نمود اسی صفت کی ہے اور ہر وجود کو سب سے زیادہ اسی کی احتیاج ہے۔ ربوبیت کے بعد رحمت کا ذکر کیا کیونکہ اس کی حقیقت بمقابلہ ربوبیت کے مطالعہ و تفکر کی محتاج تھی اور ربوبیت کے مشاہدات سے جب نظر آگے بڑھتی ہے تب رحمت کا جلوہ نمودار ہوتا ہے۔ پھر رحمت کے بعد عدالت کی صفت جلوہ افروز ہوئی کیونکہ یہ سفر کی آخری منزل ہے۔ رحمت کے مشاہدات کی منزل سے جب قدم آگے بڑھتے ہیں تو معلوم ہوتا ہے یہاں عدالت کی نمود بھی ہر جگہ موجود ہے اور اس لیے موجود ہے کہ ربوبیت اور رحمت کا مقتضا یہی ہے۔

اهدنا الصراط المستقیم

ہدایت

''ہدایت'' کے معنی رہنمائی کرنے، راہ دکھانے، راہ پر لگا دینے کے ہیں۔ اجمالاً اس کا ذکر اوپر گزر چکا ہے۔ یہاں ہم چاہتے ہیں ہدایت کے مختلف مراتب واقسام پر نظر ڈالیں جن کا قرآن حکیم نے ذکر کیا ہے اور جن میں سے ایک خاص مرتبہ وحی و نبوت کی ہدایت کا ہے۔

تکوین وجود کے مراتب اربعہ

تم ابھی پڑھ چکے ہو کہ خدا کی ربوبیت نے جس طرح مخلوقات کو ان کے مناسب حال جسم و قویٰ دیے ہیں، اسی طرح ان کی ہدایت کا فطری سامان بھی مہیا کر دیا ہے۔ فطرت کی یہی ہدایت ہے جو ہر وجود کو زندگی و معیشت کی راہ پر لگاتی اور ضروریات زندگی کی جستجو میں رہنما ہوتی ہے۔ اگر فطرت کی یہ ہدایت موجود نہ ہوتی تو ممکن نہ تھا کہ کوئی مخلوق بھی زندگی کو بقا کا سامان بہم پہنچا سکتی۔ چنانچہ قرآن نے جا بجا اس حقیقت پر توجہ دلائی ہے۔ وہ کہتا ہے: ہر وجود کے بننے اور درجہ تکمیل تک پہنچنے کے مختلف مراتب ہیں اور ان میں آخری مرتبہ ہدایت کا مرتبہ ہے۔ سورۃ الاعلیٰ میں بالترتیب چار مرتبوں کا ذکر کیا گیا ہے:

الَّذِی خَلَقَ فَسَوّٰیۙ ۔ وَالَّذِی قَدَّرَ فَهَدٰیۙ

(وہ پروردگار جس نے ہر چیز پیدا کی، پھر اسے درست کیا، پھر ایک اندازہ ٹھہرا دیا، پھر اس پر راہ (عمل) کھول دی۔) (۸۷: ۲،۳)

یعنی تکوین وجود کے چار مرتبے ہوئے، تخلیق، تسویہ، تقدیر، ہدایت

''تخلیق'' کے معنی پیدا کرنے کے ہیں۔ یہ بات کہ کائنات خلقت اور اس کے ہر وجود کا مواد عدم سے وجود میں آ گیا ہے، تخلیق ہے۔

''تسویہ'' کے معنی یہ ہیں کہ ایک چیز کو جس طرح ہونا چاہیے، ٹھیک اسی طرح درست اور آراستہ کر دینا۔

''تقدیر'' کے معنی اندازہ ٹھہرا دینے کے ہیں اور اس کی تشریح اوپر گزر چکی ہے۔

''ہدایت'' سے مقصود یہ ہے کہ ہر وجود پر اس کی زندگی و معیشت کی راہ کھول دی جائے اور اس کی تشریح بھی ربوبیت کے مبحث میں گزر چکی ہے۔

مثلاً مخلوقات میں ایک خاص قسم پرندکی ہے :

۱) یہ بات کہ ان کا مادہ خلقت ظہور میں آ گیا تخلیق ہے۔

۲) یہ بات کہ ان کے تمام ظاہری و باطنی قویٰ اس طرح بنا دیئے گئے کہ ٹھیک ٹھیک قوام و اعتدال کی حالت پیدا ہو گئی، تسویہ ہے۔

۳) یہ بات کہ ان کے ظاہری و باطنی قویٰ کے اعمال کے لیے ایک خاص طرح کا اندازہ ٹھہر دیا گیا ہے جس سے وہ باہر نہیں جا سکتے، تقدیر ہے۔ مثلاً یہ کہ ہوا میں اڑیں گے، مچھلیوں کی طرح پانی میں تیریں گے نہیں۔

۴) یہ بات کہ ان کے اندر وجدان و حواس کی روشنی پیدا ہو گئی جو انہیں زندگی و بقا کی راہیں دکھاتی اور سامان حیات کے طلب و حصول میں رہنمائی کرتی ہے، ہدایت ہے۔

قرآن کہتا ہے خدا کی ربوبیت کا مقتضی یہی تھا کہ جس طرح اس نے ہر وجود کو اس کا جامہ ہستی عطا فرمایا اور اس کے ظاہری و باطنی قوی درست کر دیے اور اس کے اعمال کے لیے ایک مناسب حال اندازہ ٹھہر دیا، اسی طرح اس کی ہدایت کا بھی سامان کر دیا :

قَالَ رَبُّنَا الَّذِي أَعْطَىٰ كُلَّ شَيْءٍ خَلْقَهُ ثُمَّ هَدَىٰ

((موسیٰ نے) کہا : ہمارا پروردگار وہ ہے جس نے ہر چیز کو اس کی بناوٹ دی پھر اس پر راہ عمل کھول دی۔)(۲۰ : ۵۰)

قرآن نے حضرت ابراہیم (علیہ السلام) اور ان کی قوم کا جو مکالمہ جا بجا نقل کیا ہے، اس میں حضرت ابراہیم اپنے عقیدے کا اعلان کرتے ہوئے کہتے ہیں :

وَإِذْ قَالَ إِبْرَاهِيمُ لِأَبِيهِ وَقَوْمِهِ إِنَّنِي بَرَاءٌ مِّمَّا تَعْبُدُونَ ۔ إِلَّا الَّذِي فَطَرَنِي فَإِنَّهُ سَيَهْدِينِ

(۴۳:۲۷، ۴۴)

(اور جب ابراہیم نے اپنے باپ اور قوم سے کہا تھا : تم جن (دیوتاؤں) کی پرستش کرتے ہو، مجھے ان سے کوئی سروکار نہیں، میرا اگر رشتہ ہے تو اس ذات سے جس نے مجھے پیدا کیا ہے اور وہی میری رہنمائی کرے گی۔

الَّذِی فَطَرَنِی فَإِنَّهُ سَیَهۡدِینِ

(یعنی جس خالق نے مجھے جسم و وجود عطا فرمایا ہے، ضروری ہے کہ اس نے میری ہدایت کا بھی سامان کر دیا ہو۔) (۴۳:۲۷)

سورۃ شعراء میں یہی بات زیادہ وضاحت کے ساتھ بیان کی گئی ہے:

الَّذِی خَلَقَنِی فَهُوَ یَهۡدِینِ۔ وَالَّذِی هُوَ یُطۡعِمُنِی وَیَسۡقِینِ ۔ وَإِذَا مَرِضۡتُ فَهُوَ یَشۡفِینِ

(جس پروردگار نے مجھے پیدا کیا ہے، وہی میری ہدایت کرے گا، اور پھر وہی ہے جو مجھے کھلاتا ہے اور پلاتا ہے، اور جب بیمار ہو جاتا ہوں تو شفا بخشتا ہے۔) (۸۰-۲۷:۷۸)

یعنی جس پروردگار کی پروردگاری نے میری تمام ضروریات زندگی کا سامان کر دیا ہے، جو مجھے بھوک کے لیے غذا، پیاس کے لیے پانی اور بیماری میں شفا عطا فرماتا ہے، کیونکہ ممکن ہے کہ اس نے مجھے پیدا تو کر دیا ہو، لیکن میری ہدایت کا سامان نہ کیا ہو؟ اگر اس نے مجھے پیدا کیا ہے تو یقیناً وہی ہے جو طلب و سعی میں میری رہنمائی بھی کرے۔

سورۃ صفّت میں یہی مطلب ان لفظوں میں ادا کیا گیا ہے:

وَقَالَ إِنِّی ذَاهِبٌ إِلَىٰ رَبِّی سَیَهۡدِینِ

(اور (ابراہیم نے) کہا: میں (ہر طرف سے کٹ کر) اپنے پروردگار کا رخ کرتا ہوں، وہ میری ہدایت کرے گا۔) (۳۷:۹۹)

''ربی'' کے لفظ پر غور کرو! وہ میرا ''رب'' ہے اور جب وہ ''رب'' ہے تو ضروری ہے کہ وہی مجھ پر راہ عمل بھی کھول دے۔

ہدایت کے ابتدائی تین مرتبے:

پھر ہدایت کے بھی مختلف مراتب ہیں جو ہم حیوانات میں محسوس کرتے ہیں:

سب سے پہلا مرتبہ وجدان کی ہدایت کا ہے۔ وجدان طبیعت حیوانی کا فطری اور اندرونی الہام ہے۔ ہم دیکھتے ہیں کہ ایک بچہ پیدا ہوتے ہی غذا کے لیے رونے لگتا ہے اور پھر بغیر اس کے کہ خارج کی کوئی رہنمائی اسے ملی، ماں کی چھاتی منہ میں لیتے ہی اسے چوستا اور اپنی غذا حاصل کر لیتا ہے۔

وجدان کے بعد حواس کی ہدایت کا مرتبہ ہے اور وہ اس سے بلند تر ہے۔ یہ ہمیں دیکھنے، سننے، چکھنے، چھونے اور سونگھنے کی قوتیں بخشتی ہے اور انہیں کے ذریعے ہم خارج کا علم حاصل کرتے ہیں۔

ہدایت فطرت کے یہ دونوں مرتبے انسان اور حیوان سب کے لیے ہیں، لیکن جہاں تک انسان کا تعلق ہے ہم دیکھتے ہیں کہ ایک تیسرا مرتبہ ہدایت بھی موجود ہے اور وہ عقل کی ہدایت ہے۔ فطرت کی یہی ہدایت ہے جس نے انسان کے آگے غیر محدود ترقیات کا دروازہ کھول دیا ہے اور اسے کائنات ارضی کی تمام مخلوقات کا حاصل و خلاصہ بنا دیا ہے۔

وجدان کی ہدایت اس میں سعی و طلب کا ولولہ پیدا کرتی ہے، حواس اس کے لیے معلومات بہم پہنچاتے ہیں اور عقل نتائج و احکام مرتب کرتی ہے۔ حیوانات کو اس آخری مرتبے کی ضرورت نہ تھی، اس لیے ان کا قدم وجدان اور حواس سے آگے نہیں بڑھا، لیکن انسان میں یہ تینوں مرتبے جمع ہو گئے۔

جوہر عقل کیا ہے؟ دراصل اسی قوت کی ایک ترقی یافتہ حالت ہے جس نے حیوانات میں وجدان اور حواس کی روشنی پیدا کر دی ہے۔ جس طرح انسان کا جسم اجسام ارضی کی سب سے اعلیٰ کڑی ہے۔ اسی طرح اس کی معنوی قوت بھی تمام معنوی قوتوں کا بدترین جوہر ہے۔ روح حیوانی کا وہ جوہر ادراک جو نباتات میں مخفی اور حیوانات کے وجدان و مشاعر میں نمایاں تھا، انسان کے مرتبے میں پہنچ کر درجہ کمال تک پہنچ گیا اور جوہر عقل کے نام سے پکارا گیا۔

ہر مرتبہ ہدایت ایک خاص حد سے آگے رہنمائی نہیں کر سکتا:

پھر ہم دیکھتے ہیں کہ ہدایت فطرت کے ان تینوں مرتبوں میں ہر مرتبہ اپنی قوت و عمل کا ایک خاص دائرہ رکھتا ہے، اس سے آگے نہیں بڑھ سکتا، اور اگر اس مرتبے سے ایک دوسرا بلند تر مرتبہ موجود نہ ہوتا تو ہماری معنوی قوتیں اس حد تک ترقی نہ کر سکتیں جس حد تک فطرت کی رہنمائی سے ترقی کر رہی ہیں۔

وجدان کی ہدایت ہم میں طلب و سعی کا جوش پیدا کرتی ہے اور مطلوبات زندگی کی راہ پر لگاتی ہے، لیکن ہمارے وجود سے باہر جو کچھ موجود ہے اس کا ادراک حاصل نہیں کر سکتی، یہ کام مرتبہ حواس کی ہدایت کا ہے۔ وجدان کی رہنمائی جب درماندہ ہو جاتی ہے تو حواس کی دستگیری نمایاں ہوتی ہے، آنکھ دیکھتی ہے، کان سنتا ہے، زبان چکھتی ہے، ہاتھ چھوتا ہے، ناک سونگھتی ہے، اور اس طرح ہم اپنے وجود سے باہر کی تمام محسوس اشیاء کا ادراک حاصل کر لیتے ہیں۔

لیکن حواس کی ہدایت بھی ایک خاص حد تک ہی کام دے سکتی ہے، اس سے آگے نہیں بڑھ سکتی۔ آنکھ دیکھتی ہے، مگر صرف اسی حالت میں جب کہ دیکھنے کی تمام شرطیں موجود ہوں۔ اگر کوئی ایک شرط بھی نہ پائی جائے مثلاً روشنی نہ ہو یا فاصلہ زیادہ ہو تو ہم آنکھ رکھتے ہوئے بھی ایک موجود چیز کو براہ راست نہیں دیکھ سکتے۔ علاوہ بریں حواس کی ہدایت صرف اتنا ہی کر سکتی ہے کہ اشیاء کی احساس پیدا کر دے۔ لیکن مجرد احساس کافی نہیں ہے۔ ہمیں استنباط و استنتاج کی ضرورت ہے، احکام کی ضرورت ہے، کلیات کی ضرورت ہے اور یہ کام عقل کی ہدایت کا ہے۔ وہ ان تمام مدرکات کو جو حواس کے ذریعے حاصل ہوتی ہیں، ترتیب دیتی ہے اور ان سے احکام و کلیات کا استنباط کرتی ہے۔

ہر مرتبہ ہدایت اپنی تصحیح و نگرانی میں بالاتر مرتبہ ہدایت کا محتاج ہے۔

علاوہ بریں جس طرح وجدان کی نگرانی کے لیے حواس و مشاعر کا ضرورت تھی، اسی طرح حواس کی تصحیح و نگرانی کے لیے عقل کی ضرورت ہوئی۔ حواس کا ذریعہ ادراک نہ صرف محدود ہی ہے، بلکہ بسا اوقات غلطی و گمراہی سے بھی محفوظ نہیں۔ ہم دور سے ایک چیز دیکھتے ہیں اور محسوس کرتے ہیں کہ ایک سیاہ نقطے سے زیادہ حجم نہیں رکھتی، حالانکہ وہ ایک عظیم الشان گنبد ہوتا ہے۔ ہم بیماری کی حالت میں شہد جیسی میٹھی چیز چکھتے ہیں، لیکن ہمارا حاسۂ ذوق یقین دلاتا ہے کہ مزہ کڑوا ہے۔ ہم تالاب میں ایک لکڑی کا عکس دیکھتے ہیں، لکڑی مستقیم ہوتی ہے، لیکن عکس میں ٹیڑھی دکھائی دیتی ہے۔ بارہا ایسا ہوتا ہے کہ کسی عارضے کی وجہ سے کان بجنے لگتے ہیں اور ہمیں ایسی صدائیں سنائی دیتی ہیں جن کا خارج میں کوئی وجود نہیں۔ اگر مرتبۂ حواس سے ایک بلند مرتبہ ہدایت کا وجود نہ ہوتا تو ممکن نہ تھا کہ ہم حواس کی ان درماندگیوں میں حقیقت کا سراغ پاسکتے۔ لیکن ان تمام حالتوں میں عقل کی ہدایت نمودار ہوتی ہے، وہ حواس کی درماندگیوں میں ہماری رہنمائی کرتی ہے، وہ ہمیں بتاتی ہے کہ سورج ایک عظیم الشان کرہ ہے، اگرچہ ہماری آنکھ اسے ایک سنہری تھال سے زیادہ محسوس نہیں کرتی۔ وہ ہمیں بتلاتی ہے کہ شہد کا مزہ ہر حال میں میٹھا ہے اور اگر ہمیں کڑوا محسوس ہوا ہے تو یہ اس لیے ہے کہ ہمارے منہ کا مزہ بگڑ گیا ہے۔ اسی طرح وہ ہمیں بتلاتی ہے کہ بعض اوقات خشکی بڑھ جانے سے کان بجنے لگتے ہیں اور اس حالت میں جو صدائیں سنائی دیتی ہیں وہ خارج کی صدائیں نہیں ہوتیں، خود ہمارے ہی دماغ کی گونج ہوتی ہے۔

ہدایت فطرت کا چوتھا مرتبہ:

لیکن جس طرح وجدان کے بعد حواس کی ہدایت نمودار ہوئی، کیونکہ وجدان کی ہدایت ایک خاص حد سے آگے نہیں بڑھ سکتی تھی، اور جس طرح حواس کے بعد عقل کی ہدایت نمودار ہوئی، کیونکہ حواس کی ہدایت بھی ایک خاص حد سے آگے نہیں بڑھ سکتی تھی، ٹھیک اسی طرح ہم محسوس کرتے ہیں کہ عقل کی ہدایت کے بعد بھی ہدایت کا کوئی مزید مرتبہ ہونا چاہیے، کیونکہ عقل کی ہدایت بھی ایک خاص حد سے آگے نہیں بڑھ سکتی اور اس کے دائرہ عمل کے بعد بھی ایک دائرہ باقی رہ جاتا ہے۔ عقل کی کارفرمائی جیسی کچھ اور جتنی کچھ بھی ہے محسوسات کے دائرے میں محدود ہے، یعنی وہ صرف اسی حد تک کام دے سکتی ہے جس حد تک ہمارے حواس خمسہ معلومات بہم پہنچاتے رہتے ہیں۔ لیکن محسوسات کی سرحد سے آگے کیا ہے؟ اس پردے کے پیچھے کیا ہے جس سے آگے ہماری چشم حواس نہیں بڑھ سکتی؟ یہاں پہنچ کر عقل یک قلم درماندہ ہو جاتی ہے، اس کی ہدایت ہمیں کوئی روشنی نہیں دے سکتی۔

علاوہ بریں جہاں تک انسان کی عملی زندگی کا تعلق ہے، عقل کی ہدایت نہ تو ہر حال میں کافی ہے، نہ ہر حال میں موثر۔ نفس انسانی طرح طرح کی خواہشوں اور جذبوں سے کچھ اس طرح مقہور واقع ہوا ہے کہ جب کبھی عقل اور جذبات میں کش مکش ہوتی ہے تو اکثر حالتوں میں فتح جذبات ہی کے لیے ہوتی ہے۔ بسا اوقات عقل ہمیں یقین دلاتی ہے کہ فلاں فعل مضر اور مہلک ہے۔ لیکن جذبات ہمیں ترغیب دیتے ہیں اور ہم اس کے ارتکاب سے اپنے آپ کو نہیں روک سکتے۔ عقل کی بڑی سے بڑی دلیل بھی ہمیں ایسا نہیں بنا دے سکتی کہ غصے کی حالت میں بے قابو نہ ہو جائیں اور بھوک کی حالت میں مضر غذا کی طرف ہاتھ نہ بڑھائیں۔

اچھا! اگر خدا کی ربوبیت کے لیے ضروری تھا کہ وہ ہمیں وجدان کے ساتھ حواس بھی دے، کیونکہ وجدان کی ہدایت ایک خاص حد سے آگے نہیں بڑھ سکتی، اور اگر ضروری تھا کہ حواس کے ساتھ عقل بھی دے، کیوں کہ حواس کی ہدایت بھی ایک خاص حد سے آگے نہیں بڑھ سکتی تو کیا ضروری نہ تھا کہ عقل کے ساتھ کچھ اور بھی دے؟ کیوں کہ عقل کی ہدایت بھی ایک خاص حد سے آگے نہیں بڑھ سکتی اور اعمال کی درستگی و انضباط کے لیے کافی نہیں اگر اس نے وجدان کے ساتھ حواس بھی دیے تاکہ وجدان کی لغزشوں میں نگرانی کریں، اور حواس کے ساتھ عقل بھی دی تاکہ حواس کی غلطیوں میں قاضی و حاکم ہو تو کیا ضروری نہ تھا کہ عقل کے ساتھ کچھ اور بھی دیتا؟ تاکہ عقل کی درماندگیوں میں رہنما ہوتا اور فیصلہ کن ہوتا۔

قرآن کہتا ہے کہ ضروری تھا، اور اسی لیے اللہ کی ربوبیت نے انسان کے لیے ایک چوتھے مرتبہ ہدایت کا بھی سامان کر دیا۔ یہی مرتبہ ہدایت ہے جسے وہ وحی و نبوت کی ہدایت سے تعبیر کرتا ہے۔

چنانچہ ہم دیکھتے ہیں اس نے جابجا ان مراتب ہدایت کا ذکر کیا ہے اور انہیں ربوبیت الٰہی کی سب سے بڑی بخشش و مرحمت قرار دیا ہے :

إِنَّا خَلَقْنَا الْإِنسَانَ مِن نُّطْفَةٍ أَمْشَاجٍ نَّبْتَلِيهِ فَجَعَلْنَاهُ سَمِيعًا بَصِيرًا ۔ إِنَّا هَدَيْنَاهُ السَّبِيلَ إِمَّا شَاكِرًا وَإِمَّا كَفُورًا

(ہم نے انسانوں کو ملے جلے نطفے سے پیدا کیا جسے (ایک کے بعد ایک) مختلف حالتوں میں پلٹتے ہیں، پھر اسے ایسا بنا دیا کہ سننے والا اور دیکھنے والا وجود ہو گیا۔ ہم نے اس پر راہ عمل کھول دی۔ اب یہ اس کا کام ہے کہ یا تو شکر کرنے والا ہو یا ناشکرا (یعنی یا تو خدا کی دی ہوئی قوتیں ٹھیک ٹھیک کام میں لائے اور فلاح و سعادت کی راہ اختیار کرے یا ان سے کام نہ لے اور گمراہ ہو جائے)۔ (۷۶ : ۲، ۳)

أَلَمْ نَجْعَل لَّهُ عَيْنَيْنِ ۔ ۔ وَلِسَانًا وَشَفَتَيْنِ ۔ وَهَدَيْنَاهُ النَّجْدَيْنِ

(کیا ہم نے اسے ایک چھوڑ دو دو آنکھیں نہیں دے دی ہیں (جن سے وہ دیکھتا ہے)۔ اور زبان اور ہونٹ نہیں دیے ہیں (جو گویائی کا ذریعہ ہیں) اور کیا اس کو ہم نے (سعادت و شقاوت کی) دونوں راہیں نہیں دکھا دیں؟ (۹۰ : ۱۰-۸)

وَجَعَلَ لَكُمُ السَّمْعَ وَالْأَبْصَارَ وَالْأَفْئِدَةَ لَعَلَّكُمْ تَشْكُرُونَ

(اور اللہ نے تمہارے لیے سننے اور دیکھنے کے حواس پیدا کر دیے اور سوچنے کے لیے دل (یعنی عقل[56]) تاکہ تم شکر گزار ہو (یعنی خدا کی دی ہوئی قوتیں ٹھیک طریقے پر کام میں لاؤ)۔ (۷۸ : ۱۶)

ان آیات اور ان کی ہم معنی آیات میں حواس اور مشاعر اور عقل و فکر کی ہدایت کی اشارات کیے گئے ہیں، لیکن وہ تمام مقامات جہاں انسان کی روحانی سعادت کا ذکر کیا گیا ہے، وحی و نبوت کی ہدایت سے متعلق ہیں، مثلاً:

إِنَّ عَلَيْنَا لَلْهُدَىٰ ۔ وَإِنَّ لَنَا لَلْآخِرَةَ وَالْأُولَىٰ

(بلاشبہ یہ ہمارا کام ہے کہ ہم رہنمائی کریں اور یقیناً آخرت اور دنیا دونوں ہمارے ہی لیے ہیں۔) (۹۲ : ۱۳-۱۲)

---

[56] یاد رہے کہ عربی میں قلب اور فواد کے معنی محض اس عضو ہی کے نہیں ہیں جسے اردو میں دل کہتے ہیں۔ بلکہ اس کا اطلاق عقل و فکر پر بھی ہوتا ہے۔ قرآن میں جہاں کہیں سمع و بصر وغیرہ کے ساتھ قلب اور فواد کہا گیا ہے اس سے مقصود جوہر عقل ہے۔

وَأَمَّا ثَمُودُ فَهَدَيْنَاهُمْ فَاسْتَحَبُّوا الْعَمَىٰ عَلَى الْهُدَىٰ

(اور باقی رہی قوم ثمود تو اسے بھی ہم نے راہ (حق) دکھلا دی تھی، لیکن اس نے ہدایت کی راہ چھوڑ کر اندھے پن کا شیوہ پسند کیا۔)
(۴۱:۱۷)

وَالَّذِينَ جَاهَدُوا فِينَا لَنَهْدِيَنَّهُمْ سُبُلَنَا ۚ وَإِنَّ اللَّهَ لَمَعَ الْمُحْسِنِينَ

(اور جن لوگوں نے ہماری راہ میں جاں فشانی کی تو ضروری ہے کہ ہم بھی ان پر اپنی راہیں کھول دیں۔ اور بلاشبہ اللہ ان لوگوں کا ساتھی ہے جو نیک عمل ہیں۔) (۲۹:۶۹)

الھُدیٰ

چنانچہ اس سلسلے میں وہ اللہ کی ایک خاص ہدایت کا ذکر کرتا ہے اور اسے ''الھدی'' کے نام سے پکارتا ہے، یعنی الف لام تعریف کے ساتھ:

قُلْ إِنَّ هُدَى اللَّهِ هُوَ الْهُدَىٰ ۖ وَأُمِرْنَا لِنُسْلِمَ لِرَبِّ الْعَالَمِينَ

(اے پیغمبر ان سے) کہہ دو! یقیناً اللہ کی ہدایت تو ''الھدی'' ہے۔ اور ہم سب کو (اسی بات کا) حکم دیا گیا ہے کہ تمام جہانوں کے پروردگار کے آگے سر عبودیت جھکا دیں۔) (۶:۷۱)

وَلَن تَرْضَىٰ عَنكَ الْيَهُودُ وَلَا النَّصَارَىٰ حَتَّىٰ تَتَّبِعَ مِلَّتَهُمْ ۗ قُلْ إِنَّ هُدَى اللَّهِ هُوَ الْهُدَىٰ ؕ

(اور (یاد رکھو!) یہودی تم سے خوش ہونے والے نہیں جب تک کہ تم ان کی ملت کی پیروی نہ کرو اور یہی حال نصاریٰ کا ہے۔ (اے پیغمبر! تم ان سے) کہہ دو اللہ کی ہدایت کی راہ تو وہی ہے جو ''الھدی'' ہے (یعنی ہدایت کی حقیقی اور عالم گیر راہ) یہ ''الھدی'' یعنی ہدایت کی ایک ہی اور حقیقی راہ کون سی ہے؟) (۲:۱۲۰)

قرآن کہتا ہے: وحی الٰہی کی عالم گیر ہدایت ہے جو اول دن سے دنیا میں موجود ہے اور بلا تفریق و امتیاز تمام نوع انسان کے لیے ہے۔ وہ کہتا ہے: جس طرح خدا نے وجدان، حواس اور عقل کی ہدایت میں نہ تو نسل و قوم کا امتیاز رکھا نہ زمان و مکان کا، اسی طرح اس کی ہدایت وحی بھی ہر طرح کے تفرقے و امتیاز سے پاک ہے۔ وہ سب کے لیے ہے اور سب کو دی گئی ہے۔ اور اس ایک ہدایت کے سوا اور جتنی ہدایتیں بھی انسانوں نے سمجھ رکھی ہیں، سب انسانی بناوٹ کی راہیں ہیں۔ خدا کی ٹھہرائی ہوئی راہ صرف یہی ایک راہ ہے۔

اسی لیے وہ ہدایت کی ان تمام صورتوں سے یک قلم انکار کرتا ہے جو اس اصل سے منحرف ہو کر طرح طرح کی مذہبی گروہ بندیوں اور مخالف ٹولیوں میں بٹ گئی ہیں اور سعادت و نجات کی عالم گیر حقیقت خاص خاص گروہوں اور حلقوں کی میراث بنا لی گئی ہے۔ وہ کہتا ہے: انسانی

بناوٹ کی یہ الگ الگ راہیں ہدایت کی راہ نہیں ہو سکتیں۔ ہدایت کی راہ تو وہی عالم گیر ہدایت کی راہ ہے۔ اسی عالم گیر ہدایت وحی کو وہ ''الدین'' کے نام سے پکارتا ہے، یعنی نوع انسانی کے لیے حقیقی دین، اور اسی کا نام اس کی زبان میں ''الاسلام'' ہے۔

وحدت دین کی اصل عظیم اور قرآن حکیم

یہ اصل عظیم قرآن کی دعوت کی سب سے پہلی بنیاد ہے۔ وہ جو کچھ بھی بتانا چاہتا ہے تمام تر اسی اصل پر مبنی ہے۔ اگر اس اصل سے قطع نظر کرلی جائے تو اس کا تمام کارخانہ دعوت درہم برہم ہو جائے۔ لیکن تاریخ عالم کی عجائب تصرفات میں سے یہ واقعہ بھی سمجھنا چاہیے کہ جس درجہ قرآن نے اس اصل پر زور دیا تھا، اتنا ہی زیادہ دنیا کی نگاہوں نے اس سے اعراض کیا حتی کہ کہا جا سکتا ہے: آج قرآن کی کوئی بات بھی دنیا کی نظروں سر سے اس درجہ پوشیدہ نہیں ہے جس قدر کہ یہ اصل عظیم۔ اگر ایک شخص ہر طرح کے خارجی اثرات سے خالی الذہن ہو کر قرآن کا مطالعہ کرے اور اس کے صفحات میں جا بجا اس اصل عظیم کے قطعی اور واضح اعلانات پڑھے اور پھر دنیا کی طرف نظر اٹھائے جو قرآن کی حقیقت اس سے زیادہ نہیں سمجھتی کہ بہت سی مذہبی گروہ بندیوں کی طرح وہ بھی ایک مذہبی گروہ بندی ہے تو یقیناً وہ حیران ہو کر پکار اٹھے گا: یا تو اس کی نگاہیں اسے دھوکا دے رہی ہیں یا دنیا ہمیشہ آنکھیں کھولے بغیر ہی اپنے فیصلے صادر کیا کرتی ہے۔

دین کی حقیقت اور قرآن کی تصریحات

اس حقیقت کی توضیح کے لیے ضروری ہے کہ ایک مرتبہ تفصیل کے ساتھ یہ بات واضح کر دی جائے کہ جہاں تک وحی و نبوت کا یعنی دین کا تعلق ہے، قرآن کی دعوت کیا ہے اور کس راہ کی طرف نوع انسانی کو لے جانا چاہتی ہے؟

جمعیت بشری کی ابتدائی وحدت، پھر اختلاف اور ہدایت وحی کا ظہور:

اس باب میں قرآن نے جو کچھ بیان کیا ہے اس کا خلاصہ حسب ذیل ہے۔

وہ کہتا ہے: ابتدا میں انسانی جمعیت کا یہ حال تھا کہ لوگ قدرتی زندگی بسر کرتے تھے اور ان میں نہ تو کسی طرح کا باہمی اختلاف تھا نہ کسی طرح کی مخاصمت۔ سب کی زندگی ایک ہی طرح کی تھی اور سب اپنی قدرتی یگانگت پر قانع تھے۔ پھر ایسا ہوا کہ نسل انسانی کی کثرت اور

ضروریات معیشت کی وسعت سے طرح طرح کی اختلافات پیدا ہو گئے اور اختلافات نے تفرقہ و انقطاع اور ظلم و فساد کی صورت اختیار کر لی۔ ہر گروہ دوسرے گروہ سے نفرت کرنے لگا اور ہر زبردست زیردست کے حقوق پامال کرنے لگا۔ جب یہ صورت حال پیدا ہوئی تو ضروری ہوا کہ نوع انسانی کی ہدایت اور عدل و صداقت کے قیام کے لیے وحی الٰہی کی روشنی نمودار ہو۔ چنانچہ یہ روشنی نمودار ہوئی اور خدا کی رسولوں کی دعوت و تبلیغ کا سلسلہ قائم ہو گیا۔ وہ ان تمام رہنماؤں کو جن کے ذریعے اس ہدایت کا سلسلہ قائم ہوا ''رسول'' سے تعبیر کرتا ہے، کیونکہ وہ خدا کی سچائی کا پیغام پہنچانے والے تھے اور ''رسول'' کے معنی پیغام پہنچانے والے ہیں:

وَمَا كَانَ النَّاسُ إِلَّا أُمَّةً وَاحِدَةً فَاخْتَلَفُوا وَلَوْلَا كَلِمَةٌ سَبَقَتْ مِن رَّبِّكَ لَقُضِيَ بَيْنَهُمْ فِيمَا فِيهِ يَخْتَلِفُونَ

(اور ابتدا میں تمام انسانوں کا ایک ہی گروہ تھا (الگ الگ گروہوں میں متفرق نہ تھے) پھر ایسا ہوا کہ وہ باہم دگر مختلف ہو گئے۔ اور اگر اس بارے میں تمہارے پروردگار نے پہلے سے ایک فیصلہ نہ کر دیا ہوتا (یعنی یہ کہ انسانوں میں اختلاف ہو گا اور مختلف راہیں لوگ اختیار کریں گے) تو جن باتوں میں لوگ اختلاف کرتے ہیں، ان کا (یہیں دنیا میں) فیصلہ صادر کر دیا جاتا۔) (۱۰:۱۹)

كَانَ النَّاسُ أُمَّةً وَاحِدَةً فَبَعَثَ اللَّهُ النَّبِيِّينَ مُبَشِّرِينَ وَمُنذِرِينَ وَأَنزَلَ مَعَهُمُ الْكِتَابَ بِالْحَقِّ لِيَحْكُمَ بَيْنَ النَّاسِ فِيمَا اخْتَلَفُوا فِيهِ ۚ

(ابتدا میں تمام انسان ایک ہی گروہ تھے (پھر ان میں اختلاف پیدا ہوا) پس اللہ نے (یکے بعد دیگرے) نبیوں کو مبعوث کیا۔ وہ (نیک عملی کے نتائج) بشارت دیتے اور (بد عملی کے نتائج سے) متنبہ کرتے۔ میزان کے ساتھ ''الکتاب'' (یعنی وحی الٰہی سے لکھی جانے والی تعلیم) نازل کی، تاکہ جن باتوں میں لوگ اختلاف کرنے لگے تھے، ان میں وہ فیصلہ کر دینے والی ہو) (۲:۲۱۳)

عمومِ ہدایت:

یہ ہدایت کسی خاص ملک و قوم یا عہد کے لئے مخصوص نہ تھی، بلکہ تمام نوع انسانی کے لیے تھی۔ چنانچہ ہر زمانے اور ہر ملک میں یکساں طور پر اس کا ظہور ہوا۔ قرآن کہتا ہے: دنیا کا کوئی گوشہ نہیں جہاں نسل انسانی آباد ہوئی ہو اور خدا کا کوئی رسول مبعوث نہ ہوا ہو:

وَإِن مِّنْ أُمَّةٍ إِلَّا خَلَا فِيهَا نَذِيرٌ

(اور کوئی قوم دنیا کی ایسی نہیں جس میں (بد عملیوں کے نتائج سے) متنبہ کرنے والا (خدا کا کوئی رسول) نہ گزرا ہو۔) (۲۴ : ۳۵)

إِنَّمَا أَنتَ مُنذِرٌ وَلِكُلِّ قَوْمٍ هَادٍ

((اے پیغمبر!) بلاشبہ تم اس کے سوا اور کیا ہو کہ (بد عملیوں کے نتائج سے) متنبہ کرنے والے ہو اور دنیا میں ہر قوم کے لیے ایک ہدایت کرنے والا ہوا ہے۔) (۷ : ۱۳)

وَلِكُلِّ أُمَّةٍ رَّسُولٌ فَإِذَا جَاءَ رَسُولُهُمْ قُضِيَ بَيْنَهُم بِالْقِسْطِ وَهُمْ لَا يُظْلَمُونَ

(اور ہر قوم کے لیے ایک رسول ہے۔ پس جب رسول ظاہر ہوتا ہے تو تمام باتوں کا انصاف کے ساتھ فیصلہ کر دیا جاتا ہے۔) (۱۰ : ۴۸)

نسل انسانی کے ابتدائی عہد اور خدا کے رسول:

وہ کہتا ہے: نسل انسانی کے ابتدائی عہدوں میں کتنے ہی پیغمبر گزرے ہیں جو یکے بعد دیگرے مبعوث ہوئے اور قوموں کو پیغام حق پہنچایا:

وَكَمْ أَرْسَلْنَا مِن نَّبِيٍّ فِي الْأَوَّلِينَ

(اور کتنے ہی نبی ہیں جو ہم نے پہلوں میں (یعنی ابتدائی عہد کی قوموں میں) مبعوث کیے۔) (۵ : ۴۳)

عدل الٰہی اور بعثت رسول:

وہ کہتا ہے: یہ بات عدل الٰہی کے خلاف ہے کہ ایک گروہ اپنے اعمال بد کے لیے جواب دہ ٹھہرایا جائے، حالانکہ اس کی ہدایت کے لیے کوئی رسول نہ بھیجا گیا ہو:

وَمَا كُنَّا مُعَذِّبِينَ حَتَّىٰ نَبْعَثَ رَسُولًا

(اور (ہمارا قانون یہ ہے کہ) جب تک ہم ایک پیغمبر مبعوث کر کے راہ ہدایت دکھا نہ دیں، اس وقت تک (پاداش عمل میں) عذاب دینے والے نہیں۔) (۱۷:۱۶)

وَمَا كَانَ رَبُّكَ مُهْلِكَ الْقُرَىٰ حَتَّىٰ يَبْعَثَ فِي أُمِّهَا رَسُولًا يَتْلُو عَلَيْهِمْ آيَاتِنَا ۚ وَمَا كُنَّا مُهْلِكِي الْقُرَىٰ إِلَّا وَأَهْلُهَا ظَالِمُونَ

(اور (یاد رکھو!) تمہارے پروردگار کا قانون یہ ہے کہ وہ کبھی انسان کی بستیوں کو (پاداش عمل میں) ہلاک نہیں کرتا، جب تک کہ ان میں ایک پیغمبر مبعوث نہ کر دے اور وہ خدا کی آیتیں پڑھ کر نہ سنا دے، اور ہم کبھی بستیوں کو ہلاک کرنے والے نہیں، مگر صرف اسی حالت میں کہ ان کے باشندوں نے ظلم کا شیوہ اختیار کر لیا ہو۔) (۲۸:۵۹)

بعض رسولوں کا ذکر کیا گیا، بعض کا نہیں کیا گیا:

خدا کے ان رسولوں اور دین الٰہی کے داعیوں میں سے بعض کا ذکر قرآن میں کیا گیا ہے، بعض کا نہیں کیا گیا:

وَلَقَدْ أَرْسَلْنَا رُسُلًا مِّن قَبْلِكَ مِنْهُم مَّن قَصَصْنَا عَلَيْكَ وَمِنْهُم مَّن لَّمْ نَقْصُصْ عَلَيْكَ

اور (اے پیغمبر!) ہم نے تم سے پہلے کتنے ہی پیغمبر مبعوث کیے۔ ان میں سے کچھ ایسے ہیں جن کے حالات تمہیں سنائے ہیں اور کچھ ایسے ہیں جن کے حالات نہیں سنائے (یعنی قرآن میں ان کا ذکر نہیں کیا گیا) (۴۰:۷۸)

بے شمار قومیں اور بے شمار رسول:

قوم نوح اور عاد و ثمود کے بعد کتنی ہی قومیں گزر چکی ہیں جن کا ٹھیک حال اللہ کو معلوم ہے:

أَلَمْ يَأْتِكُمْ نَبَأُ الَّذِينَ مِن قَبْلِكُمْ قَوْمِ نُوحٍ وَعَادٍ وَثَمُودَ ۛ وَالَّذِينَ مِن بَعْدِهِمْ ۛ لَا يَعْلَمُهُمْ إِلَّا اللَّهُ ۚ جَاءَتْهُمْ رُسُلُهُم بِالْبَيِّنَاتِ فَرَدُّوا أَيْدِيَهُمْ فِي أَفْوَاهِهِمْ

(تم سے پہلے جو قومیں گزر چکی ہیں، کیا تم تک ان کی خبر نہیں پہنچی؟ قوم نوح، قوم عاد، قوم ثمود اور وہ قومیں جو ان کے بعد ہوئیں۔ جن کی ٹھیک ٹھیک تعداد اللہ ہی کو معلوم ہے۔ ان سب میں ان کے پیغمبر سچائی کی روشنیوں کے ساتھ مبعوث ہوئے، مگر انہوں نے جہل اور سرکشی سے ان کی تعلم انہیں پر لوٹا دی اور کان دھرنے سے انکار کر دیا)۔ (۱۴:۹)

ہدایت ہمیشہ ایک ہی رہی اور وہ ایمان اور عمل صالح کی دعوت کے سوا کچھ نہ تھی:

فطرت الٰہی کی راہ کائنات ہستی کے ہر گوشے میں ایک ہی ہے۔ وہ نہ تو ایک سے زیادہ ہو سکتی ہے نہ باہم دگر مختلف۔ پس ضروری تھا کہ یہ ہدایت بھی اول دن سے ایک ہی ہوتی اور ایک ہی طرح پر تمام انسانوں کو مخاطب کرتی۔ چنانچہ قرآن کہتا ہے: خدا کے جتنے پیغامبر پیدا ہوئے، خواہ کسی زمانے اور کسی گوشے میں ہوئے ہوں، سب کی راہ ایک ہی تھی اور سب خدا کے ایک ہی عالم گیر قانون سعادت کی تعلیم دینے والے تھے۔ یہ عالم گیر قانون سعادت کیا ہے؟ ایمان اور عمل صالح کا قانون ہے۔ یعنی ایک پروردگار عالم کی پرستش کرنی اور نیک عملی کی زندگی بسر کرنی۔ اس کے علاوہ اور اس کے خلاف جو کچھ بھی دین کے نام سے کہا جاتا ہے، دین حقیقی کی تعلیم نہیں ہے:

وَلَقَدْ بَعَثْنَا فِي كُلِّ أُمَّةٍ رَّسُولًا أَنِ اعْبُدُوا اللَّهَ وَاجْتَنِبُوا الطَّاغُوتَ ۖ

(اور بلاشبہ ہم نے دنیا کی ہر قوم میں ایک پیغمبر مبعوث کیا (جس کی تعلیم یہ تھی) کہ اللہ کی عبادت کرو اور طاغوت سے (یعنی سرکش اور شریر قوتوں کے اغوا سے) اجتناب کرو)۔ (۱۶:۳۶)

وَمَا أَرْسَلْنَا مِن قَبْلِكَ مِن رَّسُولٍ إِلَّا نُوحِي إِلَيْهِ أَنَّهُ لَا إِلَٰهَ إِلَّا أَنَا فَاعْبُدُونِ

"اور (اے پیغمبر!) ہم نے تم سے پہلے کوئی رسول دنیا میں نہیں بھیجا مگر اس وحی کے ساتھ کہ میرے سوا کوئی معبود نہیں، پس میری ہی عبادت کرو۔) (۲۵ : ۲۱)

سب نے ایک ہی دین پر اکٹھے رہنے اور تفرقہ و اختلاف سے بچنے کی تعلیم دی:

وہ کہتا ہے: دنیا میں کوئی بانی مذہب بھی ایسا نہیں ہوا ہے جس نے ایک ہی دین پر اکٹھے رہنے اور تفرقہ و اختلاف سے بچنے کی تعلیم نہ دی ہو۔ سب کی تعلیم یہی تھی کہ خدا کا دین بچھڑے ہوئے انسانوں کو جمع کر دینے کے لیے ہے۔ الگ الگ کر دینے کے لیے نہیں ہے۔ پس ایک پروردگار عالم کی بندگی و نیاز میں سب متحد ہو جاؤ اور تفرقہ و مخاصمت کی جگہ باہمی محبت و یک جہتی کی راہ اختیار کرو۔

وَإِنَّ هَٰذِهِ أُمَّتُكُمْ أُمَّةً وَاحِدَةً وَأَنَا رَبُّكُمْ فَاتَّقُونِ

(اور (دیکھو!) یہ تمہاری امت فی الحقیقت ایک ہی امت ہے اور میں تم سب کا پروردگار ہوں، پس (میری عبودیت و نیاز کی راہ میں تم سب ایک ہو جاؤ اور) نافرمانی سے بچو)۔ (۲۳ : ۵۲)

وہ کہتا ہے: خدا نے تمہیں ایک ہی جامہ انسانیت دیا تھا، لیکن تم نے طرح طرح کے بھیس اور نام اختیار کر لیے اور رشتہ انسانیت کی وحدت سینکڑوں ٹکڑوں میں بکھر گئی۔ تمہاری نسلیں بہت سی ہیں، اس لیے تم نسل کے نام پر ایک دوسرے سے الگ ہو گئے ہو۔ تمہارے وطن بہت سے بن گئے ہیں۔ اس لیے اختلاف وطن کے نام پر ایک دوسرے سے لڑ رہے ہو۔ تمہاری قومیتیں بیشمار ہیں، اس لیے ہر قوم دوسری قوم سے دست و گریباں ہو رہی ہے۔ تمہارے رنگ یکساں نہیں اور یہ بھی باہمی نفرت و عناد کا ایک بڑا ذریعہ بن گیا ہے۔ تمہاری بولیاں مختلف ہیں اور یہ بھی ایک دوسرے سے جدا رہنے کی بہت بڑی حجت بن گئی ہے۔ پھر ان کے علاوہ امیر و فقیر، نوکر و آقا، وضیع و شریف، ضعیف و قوی، ادنیٰ و اعلیٰ بے شمار اختلاف پیدا کر لیے گئے ہیں اور سب کا منشا یہی ہے کہ ایک دوسرے سے جدا ہو جاؤ اور ایک دوسرے سے نفرت کرتے رہو۔ ایسی حالت میں بتلاؤ وہ رشتہ کون سا رشتہ ہے جو اتنے اختلافات رکھنے پر بھی انسانوں کو ایک دوسرے سے جوڑ دے اور انسانیت کا بچھڑا ہوا گھرانا پھر از سر نو آباد ہو جائے؟ وہ کہتا ہے: صرف ایک رشتہ ہے۔ تم کتنے ہی الگ الگ ہو گئے ہو، لیکن تمہارے خدا الگ الگ نہیں ہو سکتے۔ تم سب ایک ہی پروردگار کے بندے ہو۔ تم بیشمار اختلافات رکھنے پر بھی ایک ہی

رشتہ عبودیت میں جکڑے ہوئے ہو۔ تمہاری کوئی نسل ہو، تمہارا کوئی وطن ہو، تمہاری کوئی قومیت ہو، تم کسی درجے میں اور کسی حلقے کے انسان ہو، لیکن جب ایک ہی پروردگار کے آگے سر نیاز جھکادو گے تو یہ آسمانی رشتہ تمہارے تمام ارضی اختلافات مٹادے گا۔ تم سب کے بچھڑے ہوئے دل ایک دوسرے سے جڑجائیں گے۔ تم محسوس کرو گے کہ تمام دنیا تمہارا وطن ہے، تمام نسل انسانی تمہارا گھرانا ہے اور تم سب ایک ہی ''رب العٰلمین'' کی عیال ہو۔

چنانچہ وہ کہتا ہے: خدا کے جتنے رسول بھی پیدا ہوئے، سب کی تعلیم یہی تھی کہ ''الدین'' پر یعنی بنی نوع انسانی کے ایک ہی عالم گیر دین پر قائم رہو اور اس راہ میں ایک دوسرے سے الگ الگ نہ ہوجاؤ:

شَرَعَ لَكُم مِّنَ الدِّينِ مَا وَصَّىٰ بِهِ نُوحًا وَالَّذِي أَوْحَيْنَا إِلَيْكَ وَمَا وَصَّيْنَا بِهِ إِبْرَاهِيمَ وَمُوسَىٰ وَعِيسَىٰ أَنْ أَقِيمُوا الدِّينَ وَلَا تَتَفَرَّقُوا فِيهِ ۚ

(اور (دیکھو!) اس نے تمہارے لیے دین کی وہی راہ قرار دی ہے جس کی وصیت نوح کو کی گئی تھی اور جس پر چلنے کا حکم ابراہیم، موسیٰ اور عیسیٰ کو دیا تھا۔ (ان سب کی تعلیم یہی تھی) کہ الدین (یعنی خدا کا ایک ہی دین) قائم رکھو اور اس راہ میں الگ الگ نہ ہوجاؤ)۔ (۴۲ : ۱۳)

قرآن کی تحدی، کہ اس حقیقت کے خلاف کوئی مذہبی تعلیم اور روایت نہیں پیش کی جا سکتی ہے:

اسی بنا پر وہ بطور ایک دلیل کے اس بات پر زور دیتا ہے کہ اگر تمہیں میری تعلیم کی سچائی سے انکار ہے تو کسی مذہب کی الہامی کتاب سے بھی ثابت کر دکھاؤ کہ دین حقیقی کی راہ اس کے سوا کچھ اور بھی ہو سکتی ہے۔ تم جس مذہب کی بھی حقیقی تعلیم دیکھو گے، اصل و بنیاد یہی ملے گی۔

قُلْ هَاتُوا بُرْهَانَكُمْ ۖ هَٰذَا ذِكْرُ مَن مَّعِيَ وَذِكْرُ مَن قَبْلِي ۗ بَلْ أَكْثَرُهُمْ لَا يَعْلَمُونَ الْحَقَّ ۖ فَهُم مُّعْرِضُونَ ۔ وَمَا أَرْسَلْنَا مِن قَبْلِكَ مِن رَّسُولٍ إِلَّا نُوحِي إِلَيْهِ أَنَّهُ لَا إِلَٰهَ إِلَّا أَنَا فَاعْبُدُونِ

(اے پیغمبر! ان سے) کہہ دو: (اگر تمہیں میری تعلیم سے انکار ہے تو) اپنی دلیل پیش کرو۔ یہ تعلیم موجود ہے جس پر میرے ساتھ یقین رکھتے ہیں اور اسی طرح وہ تمام تعلیمیں بھی موجود ہیں جو مجھ سے پہلے قوموں کو دی گئیں (تم ثابت کر دکھاؤ کسی نے بھی میری تعلیم کے خلاف تعلیم دی ہو)۔ اصل یہ ہے کہ ان (منکرین حق) میں اکثر آدمی ایسے ہیں جنہیں سرے سے امر حق کی خبر ہی نہیں اور اس لیے حقیقت کی طرف منہ موڑے ہوئے ہیں۔ (اے پیغمبر! یقین کر) ہم نے تجھ سے پہلے کوئی پیغمبر بھی ایسا نہیں بھیجا جسے اس بات کے سوا کوئی دوسری بات بتلائی گئی ہو کہ میرے سوا کوئی معبود نہیں، پس میری ہی عبادت کرو)۔ (۲۱: ۲۵-۲۴)

اتنا ہی نہیں، بلکہ وہ کہتا ہے: علم و بصیرت کے کسی قول اور روایت سے تم ثابت کر دکھاؤ کہ جو کچھ میں بتلا رہا ہوں، یہی تمام پچھلی دعوتوں کی تعلیم نہیں رہی ہے۔

ائْتُونِي بِكِتَابٍ مِّن قَبْلِ هَٰذَا أَوْ أَثَارَةٍ مِّنْ عِلْمٍ إِن كُنتُمْ صَادِقِينَ

(اگر تم (اپنے انکار میں) سچے ہو تو (ثبوت میں) کوئی کتاب پیش کرو جو اس سے پہلے نازل ہوئی ہو یا (کم از کم) علم و بصیرت کی کوئی پچھلی روایت ہی لا دکھاؤ جو تمہارے پاس موجود ہو)۔ (۴۶: ۴)

تمام مقدس کتابوں کی باہم دگر تصدیق اور اس سے قرآن کا استدلال:

اسی بناء پر وہ تمام مذاہب عالم کی باہم دگر تصدیق کو بھی بطور ایک دلیل کے پیش کرتا ہے۔ یعنی وہ کہتا ہے: ان میں سے ہر تعلیم دوسری تعلیم کی تصدیق کرتی ہے، جھٹلاتی نہیں۔ اور جب ہر تعلیم دوسری تعلیم کی تصدیق کرتی ہے تو اس سے معلوم ہوا ان تمام تعلیمات کے اندر کوئی ایک ہی ثابت و قائم حقیقت ضرور کام کر رہی ہے، کیونکہ اگر مختلف وقتوں، مختلف گوشوں، مختلف قوموں، مختلف ناموں، مختلف پیرایوں اور مختلف زبانوں سے کوئی بات کہی گئی ہو اور باوجود ان تمام اختلافات کے بات ہمیشہ ایک ہی ہو اور ایک ہی مقصد پر زور دیتی ہو قدرتی طور پر تمہیں ماننا پڑے گا کہ ایسی بات اصلیت سے خالی نہیں ہو سکتی:

نَزَّلَ عَلَيْكَ الْكِتَابَ بِالْحَقِّ مُصَدِّقًا لِّمَا بَيْنَ يَدَيْهِ وَأَنزَلَ التَّوْرَاةَ وَالْإِنجِيلَ ۔ مِن قَبْلُ هُدًى لِّلنَّاسِ

(اے پیغمبر!) اللہ نے تم پر یہ کتاب سچائی کے ساتھ نازل کی ہے جو ان کتابوں کی تصدیق کرتی ہے جو اس سے پہلے نازل ہو چکی ہیں۔ اور اسی طرح لوگوں کی ہدایت کے لیے اس نے تورات اور انجیل نازل کی تھی)۔ (۳:۴-۳)

وَآتَيْنَاهُ الْإِنجِيلَ فِيهِ هُدًى وَنُورٌ وَمُصَدِّقًا لِّمَا بَيْنَ يَدَيْهِ مِنَ التَّوْرَاةِ

(اور ہم نے عیسیٰ کو انجیل عطا کی، اس میں انسان کے لیے ہدایت اور روشنی ہے، اور اس سے پہلے جو تورات نازل ہو چکی تھی وہ اس کی تصدیق کرتی ہے)۔ (۵:۴۷)

یہی وجہ ہے کہ ہم دیکھتے ہیں اس کے بیان و موعظت کا ایک بڑا موضوع پچھلے عہدوں کی ہدایتوں اور رسالتوں کا تذکرہ ہے۔ وہ ان کی یکسانی، ہم آہنگی اور وحدت تعلیم سے مذہبی صداقت کے تمام مقاصد پر استشہاد کرتا ہے۔

''الدین'' اور ''الشرع''

ادیان کا اختلاف:

اچھا! اگر تمام نوع انسانی کے لیے دین ایک ہی ہے اور تمام بانیان مذاہب نے ایک ہی اصل و قانون کی تعلیم دی ہے تو پھر مذاہب کا اختلاف کیوں ہوا؟ کیوں تمام مذہبوں میں ایک ہی طرح کے احکام، ایک ہی طرح کے اعمال، ایک ہی طرح کے رسوم و ظواہر نہ ہوتے؟ کسی مذہب میں عبادت کی ایک خاص شکل اختیار کی گئی ہے۔ کسی میں دوسری، کسی مذہب کے ماننے والے دوسری طرف۔ کسی کے ہاں احکام و قوانین ایک خاص طرح کی نوعیت کے ہیں، کسی کے ہاں دوسری طرح کے۔

اختلاف دین میں نہیں ہوا، شرع و منہاج میں ہوا اور یہ ناگزیر تھا:

قرآن کہتا ہے: مذاہب کا اختلاف دو طرح کا ہے۔ ایک اختلاف تو وہ ہے جو پیروان مذاہب نے مذہب کی حقیقی تعلیم سے منحرف ہو کر پیدا کرلیا ہے۔ یہ اختلاف مذاہب کا اختلاف نہیں ہے، پیروان مذہب کی گم راہی کا نتیجہ ہے۔ دوسرا اختلاف وہ ہے جو فی الحقیقت مذاہب کے احکام و اعمال میں پایا جاتا ہے۔ مثلاً ایک مذہب میں عبادت کی کوئی خاص شکل اختیار کی گئی ہے، دوسرے میں کوئی دوسری شکل تو یہ اختلاف اصل و حقیقت کا اختلاف نہیں ہے، محض فروع و ظواہر کا اختلاف ہے اور ضروری تھا کہ ظہور میں آتا۔

وہ کہتا ہے: مذاہب کی تعلیم دو قسم کی باتوں سے مرکب ہے۔ ایک قسم تو وہ ہے جو ان کی روح و حقیقت ہے، دوسری وہ ہے جن سے ان کی ظاہری شکل و صورت آراستہ کی گئی ہے۔ پہلی چیز اصل ہے، دوسری فرع ہے۔ پہلی چیز کو وہ ''دین'' سے تعبیر کرتا ہے، دوسری کو ''شرع'' اور ''نسک'' سے اور اس کے لیے ''منہاج'' کا لفظ بھی استعمال کیا گیا ہے۔ ''شرع'' اور ''منہاج'' کے معنے راہ کے ہیں اور ''نسک'' سے مقصود عبادت کا طور طریقہ ہے۔ پھر اصطلاح میں ''شرع'' قانون مذہب کو کہنے لگے اور ''نسک'' عبادت کو۔

وہ کہتا ہے: مذاہب میں جس قدر بھی اختلاف ان کا اصلی اختلاف ہے، وہ ''دین'' کا اختلاف نہیں، محض شرع و منہاج کا اختلاف ہے، یعنی

اصل کا نہیں فرع کا ہے، حقیقت کا نہیں ہے ظواہر کا ہے، روح کا نہیں ہے صورت کا ہے اور ضروری تھا کہ یہ اختلاف ظہور میں آتا۔ مذہب کا مقصود انسانی جمعیت کی سعادت و اصلاح ہے، لیکن انسانی جمعیت کے احوال و ظروف ہر عہد اور ہر ملک میں یکساں نہیں رہے ہیں اور نہ یکساں رہ سکتے تھے۔ کسی زمانے کی معاشرتی اور ذہنی استعداد ایک خاص طرح کی نوعیت رکھتی تھی، کسی زمانے میں ایک خاص طرح کی۔ کسی ملک کے حالات ایک خاص طرح کی معیشت چاہتے تھے، کسی دوسرے ملک کے حالات دوسری طرح کی۔ پس جب مذہب کا ظہور جیسے زمانے میں اور جیسی استعداد و طبیعت کے لوگوں میں ہوا، اسی کے مطابق شرع و منہاج کی صورت بھی اختیار کی گئی۔ جس عہد اور جس ملک میں جو صورت اختیار کی گئی وہی اس کے لیے موزوں تھی۔ اس لیے ہر صورت اپنی جگہ بہتر اور حق ہے۔ اور یہ اختلاف اس سے زیادہ اہمیت نہیں رکھتا جتنی اہمیت نوع بشری کے تمام معاشرتی اور طبعی اختلافات کو دی جا سکتی ہے :

لِّكُلِّ أُمَّةٍ جَعَلْنَا مَنسَكًا هُمْ نَاسِكُوهُ ۖ فَلَا يُنَازِعُنَّكَ فِي الْأَمْرِ ۚ وَادْعُ إِلَىٰ رَبِّكَ ۖ إِنَّكَ لَعَلَىٰ هُدًى مُّسْتَقِيمٍ

(اے پیغمبر!) ہم نے ہر گروہ کے لیے عبادت کا ایک خاص طور طریقہ ٹھہرا دیا ہے جس پر وہ چلتا ہے۔ پس لوگوں کو چاہیے اس معاملے میں تم سے جھگڑا نہ کریں۔ تم لوگوں کو اپنے پروردگار کی طرف دعوت دو، یقیناً تم ہدایت کے سیدھے راستے پر گامزن ہو)۔ (۲۲ : ۶۷)

تحویل قبلہ کا معاملہ اور قرآن کا اعلان حقیقت:

جب تحویل قبلہ کا معاملہ پیش آیا، یعنی پیغمبر اسلام صلی اللہ علیہ وسلم بیت المقدس کی جگہ خانہ کعبہ کی طرف منہ کر کے نماز پڑھنے لگے تو یہ بات یہودیوں اور عیسائیوں پر بہت شاق گزری، ان کے نزدیک مذہب کا تمام دارومدار اسی طرح کی ظاہری اور فروعی باتوں پر تھا اور انہیں کو وہ حق و باطل کا معیار سمجھتے تھے۔ لیکن ہم دیکھتے ہیں قرآن نے اس معاملے کو بالکل دوسری ہی نظر سے دیکھتا ہے۔ وہ کہتا ہے : تم اس طرح کی باتوں کو اس قدر اہمیت کیوں دیتے ہو؟ یہ نہ تو حق و باطل کا معیار ہیں نہ مذہب کی اصل حقیقت میں انہیں کوئی دخل ہے، ہر مذہب نے اپنے اپنے حالات و مقتضیات کے مطابق کوئی ایک طریقہ عبادت کا اختیار کر لیا تھا اور اس پر لوگ کاربند ہو گئے۔ مقصود اصلی سب کا ایک ہی ہے اور وہ خدا پرستی اور نیک عملی ہے۔ پس جو شخص سچائی کا طلب گار ہے، اسے چاہیے کہ اصل مقصود پر نظر رکھے اور اسی کے لحاظ سے ہر بات کو جانچے پرکھے، ان باتوں کو حق و باطل کا معیار نہ بنا لے :

وَلِكُلٍّ وِجْهَةٌ هُوَ مُوَلِّيهَا فَاسْتَبِقُوا الْخَيْرَاتِ أَيْنَ مَا تَكُونُوا يَأْتِ بِكُمُ اللَّهُ جَمِيعًا إِنَّ اللَّهَ عَلَىٰ كُلِّ شَيْءٍ قَدِيرٌ

(اور (دیکھو!) ہر گروہ کے لیے کوئی نہ کوئی سمت ہے جس کی طرف عبادت کرتے ہوئے وہ اپنا منہ کر لیتا ہے، پس (اس معاملے کو اس قدر طول نہ دو) نیکی کی راہ میں ایک دوسرے سے آگے بڑھ جانے کی کوشش کرو (کہ اصلی کام یہی ہے)۔ تم کسی جگہ بھی ہو اللہ تم سب کو پالے گا، یقیناً اللہ کی قدرت سے کوئی چیز باہر نہیں)۔ (۱۴۸ : ۲)

قرآن کے نزدیک دین کے اعتقاد و عمل کی اصلی باتیں کیا کیا ہیں؟:

پھر اسی سورت میں آگے چل کر صاف صاف لفظوں میں واضح کر دیا ہے کہ اصل دین کیا ہے اور کن باتوں سے ایک انسان دین کی سعادت و فلاح حاصل کر سکتا ہے؟ وہ کہتا ہے: دین محض اس طرح کی باتوں میں نہیں دھرا ہے کہ ایک شخص نے عبادت کے وقت پچھم کی طرف منہ کر لیا یا پورب کی طرف۔ اصل دین تو یہ ہے کہ دیکھا جائے خدا پرستی اور نیک عملی کے لحاظ سے ایک انسان کا کیا حال ہے۔ پھر تفصیل کے ساتھ بتلایا ہے کہ خدا پرستی اور نیک عملی کی باتیں کیا کیا ہیں:

لَيْسَ الْبِرَّ أَنْ تُوَلُّوا وُجُوهَكُمْ قِبَلَ الْمَشْرِقِ وَ الْمَغْرِبِ وَ لٰكِنَّ الْبِرَّ مَنْ آمَنَ بِاللّٰهِ وَ الْيَوْمِ الْآخِرِ وَ الْمَلٰٓئِكَةِ وَ الْكِتٰبِ وَ النَّبِيّٖنَ ۚ وَ آتَى الْمَالَ عَلٰى حُبِّهٖ ذَوِي الْقُرْبٰى وَ الْيَتٰمٰى وَ الْمَسٰكِيْنَ وَ ابْنَ السَّبِيْلِ ۙ وَ السَّآئِلِيْنَ وَ فِي الرِّقَابِ ۚ وَ اَقَامَ الصَّلٰوةَ وَ آتَى الزَّكٰوةَ ۚ وَ الْمُوْفُوْنَ بِعَهْدِهِمْ اِذَا عٰهَدُوْا ۚ وَ الصّٰبِرِيْنَ فِي الْبَاْسَآءِ وَ الضَّرَّآءِ وَ حِيْنَ الْبَاْسِ ۗ اُولٰٓئِكَ الَّذِيْنَ صَدَقُوْا ۖ وَ اُولٰٓئِكَ هُمُ الْمُتَّقُوْنَ

(اور (دیکھو!) نیکی یہ نہیں ہے کہ تم نے (عبادت کے وقت) اپنا منہ پورب کی طرف اور پچھم کی طرف کر لیا (یا اسی طرح کی کوئی دوسری بات ظاہری رسم اور ڈھنگ کی کر لی)، نیکی کی راہ تو اس کی راہ ہے جو اللہ پر، آخرت کے دن پر، ملائکہ پر، تمام کتابوں پر اور تمام نبیوں پر

ایمان لاتا ہے، اور اپنا مال خدا کی محبت کی راہ میں رشتے داروں، یتیموں، مسکینوں، مسافروں اور سائلوں کو دیتا ہے اور غلاموں کے آزاد کرانے میں خرچ کرتا ہے، نماز قائم کرتا ہے، زکوٰۃ ادا کرتا ہے، قول و قرار کا پکا ہوتا ہے، تنگی اور مصیبت کی گھڑی ہو یا خوف و ہراس کا وقت۔ ہر حال میں ثابت قدم رہتا ہے۔ (سو یاد رکھو!) ایسے ہی لوگ ہیں (جو اپنی دینداری میں) سچے ہیں اور یہی ہیں جو برائیوں سے بچنے والے ہیں)۔ (۲:۱۷۷)

جس کتاب میں تیرہ سو برس سے یہ آیت موجود ہے، اگر دنیا اس کی دعوت کا مقصد اصلی نہیں سمجھ سکتی تو پھر کون سی بات ہے جسے دنیا سمجھ سکتی ہے؟

خدا کی حکمت اسی کی مقتضی ہوئی کہ اختلاف شرائع ظہور میں آئے:

سورۃ مائدہ میں ہم دیکھتے ہیں کہ ایک خاص ترتیب کے مختلف دعوتوں کا ذکر کیا گیا ہے۔ ذکر حضرت موسیٰ اور تورات سے شروع ہوتا ہے:

اِنَّآ اَنۡزَلۡنَا التَّوۡرٰىةَ فِيۡهَا هُدًى وَّنُوۡرٌ ا(۵:۴۴)

پھر حضرت مسیح کے ظہور کا ذکر کیا جاتا ہے:

وَ قَفَّيۡنَا عَلٰٓى آثَارِهِمۡ بِعِيۡسَى ابۡنِ مَرۡيَمَ (۵:۴۶)

حضرت مسیح کے بعد پیغمبر اسلام کا ظہور ہوا:

وَ اَنۡزَلۡنَآ اِلَيۡكَ الۡكِتٰبَ بِالۡحَـقِّ مُصَدِّقًا لِّمَا بَيۡنَ يَدَيۡهِ (۵:۴۸)

پھر ان مختلف دعوتوں کے ذکر کے بعد وہ لوگوں کو مخاطب کرتا ہے اور کہتا ہے:

لِكُلٍّ جَعَلْنَا مِنْكُمْ شِرْعَةً وَّ مِنْهَاجًا ؕ وَ لَوْ شَآءَ اللّٰهُ لَجَعَلَكُمْ اُمَّةً وَّاحِدَةً وَّ لٰكِنْ لِّيَبْلُوَكُمْ فِيْ مَآ اٰتٰـكُمْ فَاسْتَبِقُوا الْخَيْرٰتِ ؕ

(ہم نے تم میں سے ہر ایک کے لیے (یعنی مرد و عورت کے پیرووں کے لیے) ایک خاص شریعت اور راہ ٹھہرادی۔ اگرچہ اللہ چاہتا تو (شریعتوں کا کوئی اختلاف نہ ہوتا) تم سب کو ایک امت بنا دیتا، لیکن یہ اختلاف اس لیے ہوا کہ (ہر وقت و حالت کے مطابق) تمہیں جو احکام دیے گئے ہیں، ان میں تمہاری آزمائش کرے۔ پس (اس اختلاف کے پیچھے نہ پڑو) نیکی کی راہوں میں ایک دوسرے سے آگے نکل جانے کی کوشش کرو)۔ (۵:۴۸)

پیروانِ مذہب نے دین کی وحدت بھلادی اور شرع کے اختلاف کو بناء نزاع بنا لیا:

اس آیت پر سرسری نظر ڈال کر آگے نہ بڑھ جاؤ، بلکہ اس کے ایک ایک لفظ پر غور کرو۔ قرآن کا جب ظہور ہوا تو دنیا کا یہ حال تھا کہ تمام پیروانِ مذاہب، مذہب کو صرف اس کے ظواہر و رسوم ہی میں دیکھتے تھے اور مذہبی اعتقاد کا تمام جوش و خروش اسی طرح کی باتوں میں سمٹ آیا تھا، ہر گروہ یقین کرتا تھا کہ دوسرا گروہ نجات سے محروم ہے، کیونکہ وہ دیکھتا تھا دوسرے کے اعمال و رسوم ویسے نہیں ہیں جیسے خود اس نے اختیار کر رکھے ہیں۔ لیکن قرآن کہتا ہے کہ نہیں، یہ اعمال و رسوم نہ تو دین کی اصل و حقیقت ہیں نہ ان کا اختلاف حق و باطل کا اختلاف ہے۔ یہ محض مذہب کی عملی زندگی کا ظاہری ڈھانچا ہے مگر روح و حقیقت ان سے بالاتر ہے اور وہی اصل دین ہے۔ یہ اصل دین کیا ہے؟ ایک خدا کی پرستش اور نیک عملی کی زندگی، یہ کسی ایک گروہ ہی کی میراث نہیں ہے کہ اس کے سوا کسی انسان کو نہ ملی ہو، یہ تمام مذاہب میں یکساں طور پر موجود ہے۔ اور چونکہ یہ اصل دین ہے، اس لیے نہ تو اس میں تغیر ہوا نہ کسی سے اختلاف رونما ہوا۔ اعمال و رسوم فرع ہیں، اس لیے ہر زمانے اور ہر ملک کی حالت کے مطابق بدلتے رہے اور جس قدر بھی اختلاف ہوا انہیں میں ہوا۔

پھر وہ کہتا ہے: اعمال و رسوم کے اس اختلاف کو تم اس قدر اہمیت کیوں دے رہے ہو؟ خدا نے ہر زمانے اور ہر ملک کے لیے ایک خاص طرح کا طور طریقہ ٹھہرادیا تھا، جو اس کی حالت اور ضرورت کے مطابق مناسب تھا اور وہ اس پر کاربند ہوگیا، اگر خدا چاہتا تو تمام نوع

انسانی کو ایک ہی قوم و جماعت بنا دیتا اور فکر و عمل کا کوئی اختلاف وجود میں ہی نہ آتا، لیکن معلوم ہے کہ خدا نے ایسا نہیں چاہا، اس کی حکمت کا مقتضیٰ یہی ہوا کہ فکر و عمل کی مختلف حالتیں پیدا ہوں، پس اس اختلاف کو حق و باطل کا اختلاف کیوں بنا لیا جائے؟ کیوں اس اختلاف کی بنا پر ایک جماعت دوسری جماعت سے برسر پیکار رہے؟ اصلی چیز جس پر تمام تر توجہ مبذول کرنی چاہیے "خیرات" ہے، یعنی نیکی کے کام ہیں اور تمام اعمال و رسوم بھی انہیں کے لیے ہیں۔

غور کرو اس آیت میں "لکل جعلنا منکم شرعة و منهاجا" کہا، یعنی تم میں سے ہر جماعت کے لیے ہم نے ایک "شرع" اور "منہاج" ٹھہرا دی۔ یہ نہیں کہا کہ ایک "دین" ٹھہرا دیا، کیونکہ دین تو سب کے لیے ایک ہی ہے، اس میں تعدد اور تنوع نہیں ہو سکتا، البتہ شرع و منہاج سب کے لیے یکساں نہیں ہو سکتے، ضروری تھا کہ ہر عہد اور ہر ملک کے احوال و ظروف کے مطابق مختلف ہوں۔ پس مذاہب کا اختلاف اصل کا اختلاف نہیں ہوا، محض فرع کا اختلاف ہوا۔

اس موقع پر یہ بات یاد رکھنی چاہیئے کہ جہاں کہیں قرآن نے اس بات پر زور دیا ہے کہ "اگر خدا چاہتا تو تمام انسان ایک ہی راہ پر جمع ہو جاتے" یا "ایک ہی قوم بن جاتے" جیسا کہ آیت مندرجہ صدر میں ہے تو ان سب سے مقصود اسی حقیقت کا اظہار ہے۔ وہ چاہتا ہے یہ بات لوگوں کے دلوں میں اتار دے کہ فکر و عمل کا اختلاف طبیعت بشری کا قدرتی خاصہ ہے اور جس طرح ہر گوشے میں موجود ہے، اسی طرح مذہب کے معاملے میں بھی موجود ہے، پس اس اختلاف کو حق و باطل کا معیار نہیں سمجھنا چاہیے۔ وہ کہتا ہے: جب خدا نے انسان کی طبیعت ہی ایسی بنائی ہے کہ ہر انسان، ہر قوم، ہر عہد اپنی سمجھ، اپنی اپنی پسند اور اپنا اپنا طور طریقہ رکھتا ہے اور ممکن نہیں کہ کسی ایک چھوٹی سی چھوٹی بات میں بھی تمام انسانوں کی طبیعت ایک طرح کی ہو جائے تو پھر کیونکر ممکن تھا کہ مذہبی اعمال و رسوم کی راہیں مختلف نہ ہوتیں اور سب ایک ہی طرح کی وضع و حالت اختیار کر لیتے؟ یہاں بھی اختلاف ہونا تھا اور اختلاف ہوا۔ کسی نے ایک طریقے سے اصل مقصود حاصل کرنا چاہا، کسی نے دوسرے طریقے سے، لیکن اصل مقصود یعنی خدا پرستی اور نیک عملی کی تعلیم تو اس میں سب متفق رہے۔ پس جب اصل مقصود سب کا ایک ہے تو محض ظواہر و اعمال کے اختلاف سے کیوں ایک دوسرے کے مخالف و معاند ہو جائیں؟ کیوں ہر گروہ دوسرے گروہ کو جھٹلائے؟ کیوں مذہبی سچائی کسی ایک ہی نسل و گروہ کی میراث سمجھ لی جائے؟

چنانچہ ہم دیکھتے ہیں کہ وہ شریعتوں کے اس اختلاف ہی کے لیے نہیں، بلکہ فکر و عمل کے ہر اختلاف کے لیے رواداری اور وسعت نظر کی تعلیم دیتا ہے، یہاں تک کہ جو لوگ اس کی دعوت کے خلاف جبر و تشدد کام میں لا رہے ہیں، ان کی طرف سے بھی اسے معذرت کرنے میں تامل نہیں۔ ایک موقع پر خود پیغمبر اسلام کو مخاطب کرتے ہوئے کہتا ہے: تم جوش دعوت میں چاہتے ہو کہ ہر انسان کو راہ حقیقت دکھا دو،

لیکن تمہیں یہ بات نہیں بھولنی چاہیے کہ اختلاف فکر و عمل طبیعت انسانی کا قدرتی خاصہ ہے۔ تم بہ جبر کسی کے اندر ایک بات نہیں اتار دے سکتے:

وَلَوْ شَآءَ رَبُّكَ لَاٰمَنَ مَنْ فِی الْاَرْضِ كُلُّهُمْ جَمِیْعًا اَفَاَنْتَ تُكْرِهُ النَّاسَ حَتّٰی یَكُوْنُوْا مُؤْمِنِیْنَ

(اور اگر تمہارا پروردگار چاہتا تو زمین میں جتنے انسان ہیں سب ایمان لے آتے (لیکن تم دیکھ رہے ہو کہ اس کی حکمت کا فیصلہ یہی ہوا کہ ہر انسان اپنی اپنی سمجھ اور اپنی اپنی راہ رکھے)۔ پھر کیا تم چاہتے ہو لوگوں کو مجبور کر دو کہ مومن ہو جائیں؟) (۱۰:۹۹)

وہ کہتا ہے: انسان کی طبیعت ایسی واقع ہوئی ہے کہ ہر جماعت کو اپنا ہی طور طریقہ اچھا دکھائی دیتا ہے، وہ اپنی باتوں کو دوسروں کی مخالفانہ نگاہ سے نہیں دیکھ سکتا۔ جس طرح تمہاری نظر میں سب سے بہتر راہ تمہاری ہے، ٹھیک اسی طرح دوسروں کی نظر میں سب سے بہتر راہ ان کی ہے۔ پس اس کے سوا چارہ نہیں کہ اس بارے میں تحمل اور رواداری اپنے اندر پیدا کرو:

وَلَا تَسُبُّوا الَّذِیْنَ یَدْعُوْنَ مِنْ دُوْنِ اللّٰهِ فَیَسُبُّوا اللّٰهَ عَدْوًۢا بِغَیْرِ عِلْمٍ كَذٰلِكَ زَیَّنَّا لِكُلِّ اُمَّةٍ عَمَلَهُمْ ثُمَّ اِلٰی رَبِّهِمْ مَّرْجِعُهُمْ فَیُنَبِّئُهُمْ بِمَا كَانُوْا یَعْمَلُوْنَ

(اور (دیکھو!) جو لوگ خدا کو چھوڑ کر دوسروں معبودوں کو پکارتے ہیں، تم ان پر سب و شتم نہ کرو، کیونکہ نتیجہ یہ نکلے گا کہ یہ لوگ بھی از راہ جہل و نادانی خدا کو برا بھلا کہنے لگیں گے (یاد رکھو!) ہم نے انسان کی طبیعت ہی ایسی بنائی ہے کہ ہر گروہ کو اپنا ہی عمل اچھا دکھائی دیتا ہے۔ پھر بالآخر سب کو اپنے پروردگار کی طرف لوٹنا ہے اور وہیں ہر گروہ پر اس کے اعمال کی حقیقت کھلنے والی ہے)۔ (۶:۱۰۸)

''تشیع'' اور ''تحزاب'' کی گمراہی اور تجدید دعوت کی ضرورت:

اچھا! جب تمام مذاہب کا اصل مقصد ایک ہی ہے اور سب کی بنیاد سچائی پر ہے تو پھر قرآن کے ظہور کی ضرورت کیا تھی؟ وہ کہتا ہے: اس لیے کہ اگرچہ تمام مذاہب سچے ہیں، لیکن تمام مذاہب کے پیرو سچائی سے منحرف ہو گئے ہیں، اس لیے ضروری ہے کہ سب کو ان کی گمشدہ سچائی پر از سر نو جمع کیا جائے۔

اس سلسلے میں اس نے پیروان مذاہب کی تمام گمراہیاں ایک ایک کر کے گنائی ہیں۔ وہ اعتقادی اور عملی دونو طرح کی ہیں۔ من جملہ ان کے ایک سب سے بڑی گمراہی جس پر جا بجا زور دیتا ہے، وہ ہے جسے اس نے ''تشیع'' اور ''تحزب'' کے الفاظ سے تعبیر کیا ہے، عربی میں ''تشیع'' اور ''تحزب'' کے معنی یہ ہیں کہ الگ الگ جتھے بنا لینا اور ان میں ایسی روح کا پیدا ہو جانا جسے اردو میں گروہ پرستی کی روح سے تعبیر کیا جا سکتا ہے:

اِنَّ الَّذِيْنَ فَرَّقُوْا دِيْنَهُمْ وَ كَانُوْا شِيَعًا لَّسْتَ مِنْهُمْ فِيْ شَيْءٍ اِنَّمَآ اَمْرُهُمْ اِلَى اللّٰهِ ثُمَّ يُنَبِّئُهُمْ بِمَا كَانُوْا يَفْعَلُوْنَ

(جن لوگوں نے اپنے ایک ہی دین کے ٹکڑے ٹکڑے کر دیے اور الگ الگ گروہ بندوں میں بٹ گئے، تمہیں ان سے کوئی واسطہ نہیں، ان کا معاملہ خدا کے حوالے ہے، جیسے کچھ ان کے عمل رہے ہیں اس کا نتیجہ خدا انہیں بتا دے گا)۔ (۶: ۱۵۹)

فَتَقَطَّعُوْٓا اَمْرَهُمْ بَيْنَهُمْ زُبُرًا ؕ كُلُّ حِزْبٍۭ بِمَا لَدَيْهِمْ فَرِحُوْنَ

(پھر لوگوں نے ایک دوسرے سے کٹ کر جدا جدا دین بنا لیے، ہر ٹولی کے پلے جو کچھ پڑ گیا ہے اسی میں مگن ہے)۔ (۲۳: ۵۳)

تشیع اور تحزیب کی حقیقت

''تشیع'' اور ''تحزیب'' کی گمراہی سے کیا مقصود ہے، اسے پوری وضاحت کے ساتھ سمجھ لینا چاہیے۔ وہ کہتا ہے: خدا کے ٹھہرائے ہوئے دین کی حقیقت تو یہ تھی کہ نوع انسانی پر خدا پرستی اور نیک عملی کی راہ کھولتا ہے، یعنی خدا کے اس قانون کا اعلان کرنا تھا کہ دنیا کی ہر چیز کی طرح انسانی افکار و اعمال کے بھی خواص و نتائج ہیں۔ اچھے فکر و عمل کا بدلا اچھا ہے، برے فکر و عمل کا بدل برا ہے، لیکن لوگوں نے یہ حقیقت فراموش کر دی اور دین و مذہب کو نسلوں، قوموں، ملکوں اور طرح طرح کی رسموں اور رواجوں کا ایک جتھا بنا لیا۔ نتیجہ یہ نکلا کہ اب انسان کی نجات و سعادت کی راہ یہ نہیں سمجھی جاتی کہ کس کا اعتقاد اور عمل کیسا ہے، بلکہ سارا دارومدار اس پر آ کے ٹھہر گیا ہے کہ کون کس جتھے اور گروہ بندی میں داخل ہے۔ اگر ایک آدمی کسی خاص مذہبی گروہ بندی میں داخل ہو جاتا ہے تو یقین کیا جاتا ہے وہ نجات یافتہ ہے اور دین کی سچائی اسے مل گئی۔ اگر داخل نہیں ہے تو یقین کیا جاتا ہے کہ نجات کا دروازہ اس پر بند ہو گیا اور دین کی سچائی میں اس کا کوئی حصہ نہیں۔ گویا دین کی سچائی، آخرت کی نجات اور حق و باطل کا معیار تمام تر گروہ بندی اور گروہ پرستی ہو گئی، اعتقاد اور عمل کوئی چیز نہیں ہے۔

پھر باوجودیکہ تمام مذاہب کا مقصود اصلی ایک ہی ہے اور سب ایک ہی پروردگار عالم کی پرستش کرنے کے مدعی ہیں، لیکن ہر گروہ یقین کرتا ہے کہ دین کی سچائی صرف اسی کے حصے میں آئی ہے، باقی تمام نوع انسانی اس سے محروم ہے۔ چنانچہ ہر مذہب کا پیرو دوسرے مذہب کے خلاف نفرت و تعصب کی تعلیم دیتا ہے اور دنیا میں خدا پرستی اور دین داری کی راہ سر تا سر بغض و عداوت، نفرت و توحش اور قتل و خون ریزی کی راہ بن گئی ہے۔

اس بارے میں دعوت قرآنی کی تین مہمات:

اس سلسلے میں قرآن نے جن مہمات پر زور دیا ہے، ان میں تین باتیں سب سے نمایاں ہیں:

۱۔ انسان کی نجات و سعادت کا دارومدار اعتقاد و عمل پر ہے، نہ کہ کسی خاص گروہ بندی پر۔

۲۔ نوع انسانی کے لیے دین الٰہی ایک ہی ہے اور یکساں طور پر سب کو اسی کی تعلیم دی گئی ہے، پس یہ جو پیروان مذہب نے دین کی وحدت اور عالم گیر حقیقت ضائع کر کے بہت سے متخالف اور متخاصم بنا لیے ہیں، یہ صریح گمراہی ہے۔

۳۔ اصل دین توحید ہے، یعنی ایک پروردگار عالم کی براہ راست پرستش کرتی، اور تمام بانیان مذاہب نے اسی کی تعلیم دی ہے۔ اس کے خلاف جس قدر عقائد اور اعمال اختیار کر لیے گئے ہیں، اصلیت سے انحراف کا نتیجہ ہیں۔

یہودیت اور نصرانیت کی گروہ بندی اور اس کا رد:

چنانچہ آیات مندرجہ صدر کے علاوہ حسب ذیل آیات میں بھی اسی حقیقت پر زور دیا گیا ہے:

وَ قَالُوْا لَنْ يَّدْخُلَ الْجَنَّةَ اِلَّا مَنْ كَانَ هُوْدًا اَوْ نَصٰرٰی ؕ تِلْكَ اَمَانِيُّهُمْ ؕ قُلْ هَاتُوْا بُرْهَانَكُمْ اِنْ كُنْتُمْ صٰدِقِيْنَ •• بَلٰی ۚ مَنْ اَسْلَمَ وَجْهَهٗ لِلّٰهِ وَ هُوَ مُحْسِنٌ فَلَهٗۤ اَجْرُهٗ عِنْدَ رَبِّهٖ ۪ وَ لَا خَوْفٌ عَلَيْهِمْ وَ لَا هُمْ يَحْزَنُوْنَ

(اور یہود اور نصاریٰ نے کہا: جنت میں کوئی انسان داخل نہیں ہو سکتا جب تک یہود اور نصاریٰ نہ ہو (یعنی جب تک یہودیت اور نصرانیت کی گروہ بندیوں میں داخل نہ ہو) یہ ان لوگوں کی (جاہلانہ) امنگیں ہیں۔ (اے پیغمبر!) ان سے کہہ دو: اگر تم (اس زعم باطل میں) سچے ہو تو

بتاؤ تمہاری دلیل کیا ہے؟ ہاں! (بلاشبہ نجات کی راہ کھلی ہوئی ہے، مگر وہ کسی خاص گروہ بندی کی راہ نہیں ہو سکتی، وہ تو ایمان و عمل کی راہ ہے)۔ جس کسی نے بھی خدا کے آگے سر جھکا دیا اور وہ نیک عمل بھی ہو تو (خواہ وہ یہودی اور نصرانی ہو، خواہ کوئی ہو) وہ اپنے پروردگار سے اپنا اجر پائے گا، اس کے لیے نہ تو کسی طرح کا کھٹکا ہے، نہ کسی طرح کی غمگینی)۔ (۲: ۱۱۱۔ ۱۱۲)

دوسری جگہ یہی حقیقت زیادہ واضح لفظوں میں بیان کی گئی ہے۔

إِنَّ الَّذِينَ آمَنُوا وَ الَّذِينَ هَادُوا وَ النَّصٰرٰی وَ الصّٰبِئِينَ مَنْ آمَنَ بِاللّٰهِ وَ الْيَوْمِ الْآخِرِ وَ عَمِلَ صَالِحًا فَلَهُمْ أَجْرُهُمْ عِنْدَ رَبِّهِمْ وَلَا خَوْفٌ عَلَيْهِمْ وَلَا هُمْ يَحْزَنُونَ

(جو لوگ (پیغمبر اسلام پر) ایمان لائے ہیں، وہ ہوں یا وہ لوگ ہوں جو یہودی کہلاتے ہیں یا نصاریٰ اور صابی ہوں (کوئی بھی ہو) لیکن جو کوئی بھی اللہ پر اور آخرت کے دن پر ایمان لایا اور اس کے کام بھی اچھے ہوئے تو وہ اپنے ایمان و عمل کا اجر اپنے پروردگار سے ضرور پائے گا، اس کے لیے نہ تو کسی طرح کا کھٹکا ہے، نہ کسی طرح کی غمگینی)۔ (۲: ۶۲)

یعنی دین سے مقصود تو خدا پرستی اور نیک عملی کی راہ تھی، وہ کسی خاص حلقہ بندی کا نام نہ تھا، کوئی انسان ہو، کسی نسل سے ہو، کسی نام سے پکارا جاتا ہو، لیکن اگر خدا پر اپنا ایمان رکھتا ہے اور اس کے اعمال بھی نیک ہیں تو دین الٰہی پر چلنے والا ہے اور اس کے لیے نجات ہے، لیکن یہودیوں، عیسائیوں نے ایک خاص طرح کی نسلی اور جماعتی گروہ بندی کا قانون بنا دیا، یہودیوں نے گروہ بندی کا ایک دائرہ کھینچا اور اس کا نام ''یہودیت'' رکھ دیا۔ جو اس دائرے کے اندر ہیں وہ سچائی پر ہے اور اس کے لیے نجات ہے، جو اس کے باہر ہے وہ باطل پر ہے اور اس کی نجات نہیں۔ اسی طرح عیسائیوں نے بھی ایک دائرہ کھینچ لیا اور اس کا نام ''مسیحیت'' یا کلیسا رکھ دیا۔ جو اس میں داخل ہے صرف وہی سچائی پر ہے اور صرف اسی کے لیے نجات ہے۔ جو اس سے باہر ہے اس کا سچائی میں کوحصہ نہیں اور نجات سے قطعاً محروم۔ باقی رہا عمل و اعتقاد تو اس کا قانون یک قلم غیر موثر ہو گیا۔ ایک شخص کتنا ہی خدا پرست اور نیک عمل ہو۔ لیکن اگر ''یہودیت'' کی نسلی گروہ بندی یا ''مسیحیت'' کی جماعتی گروہ بندی میں داخل نہیں تو اسے کوئی یہودی اور عیسائی، ہدایت یافتہ انسان تسلیم نہیں کر سکتا۔ لیکن ایک سخت سے سخت بدعمل اور بداعتقاد انسان بھی نجات یافتہ سمجھ لیا جائے گا، اگر ان گروہ بندیوں میں داخل ہو گا۔ قرآن ان کے اسی اعتقاد کو ان لفظوں میں نقل کرتا ہے: كُونُوا هُودًا أَوْ نَصٰرٰی تَهْتَدُوا (۲: ۱۳۵) (یعنی، ہدایت کی راہ اعتقاد اور عمل کی راہ نہیں ہے بلکہ یہودیت اور نصرانیت کی گروہ بندی کی راہ ہے، جب تک کوئی یہودی یا نصرانی نہ ہو جائے، ہدایت یافتہ نہیں ہو سکتا۔ پھر اس کا رد

کرتے ہوئے کہتا ہے : خدا کی ہدایت جو دنیا کا عالم گیر قانون ہے ، وہ بھلا ان خود ساختہ گروہ بندیوں میں کیونکہ محدود ہو جا سکتی ہے ؟ بَلٰی ق مَنْ اَسْلَمَ وَجْهَهٗ لِلّٰهِ وَ هُوَ مُحْسِنٌ (۲:۱۱۲) کے زور اور عموم پر غور کرو! کوئی انسان ہو، کسی نسل و قوم اور گروہ بندی کا ہو، لیکن جس کسی نے بھی اللہ کے آگے عبودیت کا سر جھکا دیا اور نیک عملی کی زندگی اختیار کی ، اس نے دین کی نجات اور وسعت پالی اور اس کے لیے کوئی غم اور کھٹکا نہیں۔ غور کرو، مذہبی صداقت کی عالم گیر وسعت کا اس سے زیادہ واضح اور ہمہ گیر اعلان اور کیا ہو سکتا ہے :

وَ قَالَتِ الْيَهُوْدُ لَيْسَتِ النَّصٰرٰى عَلٰى شَيْءٍ وَّ قَالَتِ النَّصٰرٰى لَيْسَتِ الْيَهُوْدُ عَلٰى شَيْءٍ وَّ هُمْ يَتْلُوْنَ الْكِتٰبَ كَذٰلِكَ قَالَ الَّذِيْنَ لَا يَعْلَمُوْنَ مِثْلَ قَوْلِهِمْ فَاللّٰهُ يَحْكُمُ بَيْنَهُمْ يَوْمَ الْقِيٰمَةِ فِيْمَا كَانُوْا فِيْهِ يَخْتَلِفُوْنَ

(اور یہودیوں نے کہا : عیسائیوں کا دین کچھ نہیں ہے۔ اسی طرح عیسائیوں نے کہا : یہودیوں کے پاس کیا دھرا ہے ؟ حالانکہ دونوں (اللہ کی) کتاب پڑھتے ہیں (اور دونوں کا سرچشمہ دین ایک ہی ہے)۔ ٹھیک ایسی ہی بات ان لوگوں نے بھی کہی جو (مقدس نوشتوں کا) علم نہیں رکھتے (یعنی مشرکین عرب نے کہ وہ بھی صرف اپنے ہی کو نجات کا وارث سمجھتے ہیں)، اچھا! جس بات میں باہم دگر جھگڑ رہے ہیں، قیامت کے دن اللہ اس کا فیصلہ کر دیگا (اور اس وقت حقیقت حال سب پر کھل جائے گی)۔ (۲:۱۱۳)

یعنی باوجویکہ خدا کا دین ایک ہی ہے اور کتاب الٰہی یعنی تورات ، دونوں کے سامنے ہے ، بایں ہمہ مذہبی گروہ بندی کا نتیجہ یہ ہے کہ باہم دگر مخالفت اور مکذب جتھے قائم ہو گئے ہیں ، ہر جتھا دوسرے جتھے کو جھٹلاتا اور ہر جتھا صرف اپنے ہی کو نجات و سعادت کا مالک سمجھتا ہے۔

سچائی اصلاً سب کے پاس ہے مگر عملاً سب نے کھودی ہے

سوال یہ ہے کہ جب دین کی راہ ایک ہونے کی جگہ بے شمار جتھوں اور ٹولیوں میں بٹ گئی اور ہر جتھا ایک ہی طریقے پر اپنی سچائی کا مدعی ہے اور ایک ہی طریقے پر دوسروں کو جھٹلا رہا ہے تو اب اس بات کا فیصلہ کیونکہ ہو کہ فی الحقیقت سچائی ہے کہاں ؟ قرآن کہتا ہے : سچائی اصلاً سب کے پاس ہے ، مگر عملاً سب نے کھودی ہے۔ سب کو ایک ہی دین کی تعلیم دی گئی تھی اور سب کے لیے ایک ہی عالم گیر قانون ہدایت تھا ، لیکن سب نے اصل حقیقت ضائع کر دی اور ''الدین'' پر قائم رہنے کی جگہ الگ الگ گروہ بندیاں کر لیں ، اب ہر گروہ دوسرے گروہ سے لڑ رہا ہے اور سمجھتا ہے دین کی سعادت اور نجات صرف اسی کے ورثے میں آئی ہے ، دوسروں کا اس میں کوئی حصہ نہیں۔

عبادت گاہوں میں تفرقہ:

سورۃ بقرۃ میں مندرجہ صدر آیت کے بعد ہی حسب ذیل بیان شروع ہوجاتا ہے :

وَ مَنْ اَظْلَمُ مِمَّنْ مَّنَعَ مَسٰجِدَ اللّٰهِ اَنْ يُّذْكَرَ فِيْهَا اسْمُهٗ وَسَعٰى فِيْ خَرَابِهَا اُولٰٓئِكَ مَا كَانَ لَهُمْ اَنْ يَّدْخُلُوْهَآ اِلَّا خَآئِفِيْنَ لَهُمْ فِي الدُّنْيَا خِزْيٌ وَّلَهُمْ فِي الْاٰخِرَةِ عَذَابٌ عَظِيْمٌ

(اور غور کرو! اس سے بڑھ کر ظلم کرنے والا انسان کون ہوسکتا ہے جو اللہ کی عبادت گاہوں میں اس کے نام کی یاد سے مانع آئے اور ان کی ویرانی میں کوشاں ہو؟ جن لوگوں کے ظلم و شرارت کا یہ حال ہے، یقیناً وہ اس لائق نہیں کہ خدا کی عبادت گاہ میں قدم رکھیں بجز اس حالت کے کہ (دوسروں کو اپنی طاقت سے ڈرانے کی جگہ خود دوسروں کی طاقت سے) ڈرے سہمے ہوئے ہوں۔ یاد رکھو! ایسے لوگوں کے لیے دنیا میں بھی رسوائی ہے اور آخرت میں بھی سخت ترین عذاب)۔ (۲:۱۱۴)

یعنی مذہبی گروہ بندی کی گمراہی کا نتیجہ یہ ہے کہ خدا کی عبادت گاہیں تک الگ الگ ہوگئی ہیں اور باوجودیکہ تمام پیروانِ مذہب ایک ہی خدا کے نام لیوا ہیں، لیکن ممکن نہیں ایک مذہب کا پیرو دوسرے مذہب کی بنائی ہوئی عبادت گاہ میں جاکر خدا کا نام لے سکے، اتنا ہی نہیں، بلکہ ہر گروہ صرف اپنی عبادت گاہ کو خدا کی عبادت گاہ سمجھتا ہے، دوسرے گروہ کی عبادت گاہ اس کی نظروں میں کوئی احترام نہیں رکھتی حتیٰ کہ بسا اوقات وہ مذہب کے نام پر اٹھتا ہے اور دوسروں کی عبادت گاہیں منہدم کرڈالتا ہے، قرآن کہتا ہے: اس سے بڑھ کر انسان کا ظلم اور کیا ہوسکتا ہے کہ خدا کے بندوں کو خدا کی یاد سے روکا جائے اور صرف اس لیے روکا جائے کہ وہ ایک دوسرے مذہبی گروہ سے تعلق رکھتے ہیں یا ایک عبادت گاہ ڈھادی جائے کہ وہ ہماری بنائی ہوئی نہیں ہے، دوسرے گروہ کی بنائی ہوئی ہے۔ کیا تمہارے بنائے ہوئے مذہبی جتھوں کے اختلاف سے خدا بھی مختلف ہوگئے؟ اور اس لیے ایک جتھے کی بنائی ہوئی عبادت گاہ تو خدا کی عبادت گاہ ہوئی، مگر دوسرے کی بنائی ہوئی عبادت گاہ خدا کی عبادت گاہ نہیں :

وَلَا تُؤْمِنُوٓا اِلَّا لِمَنْ تَبِعَ دِيْنَكُمْ قُلْ اِنَّ الْهُدٰى هُدَى اللّٰهِ اَنْ يُّؤْتٰٓى اَحَدٌ مِّثْلَ مَآ اُوْتِيْتُمْ اَوْ يُحَآجُّوْكُمْ عِنْدَ رَبِّكُمْ قُلْ اِنَّ الْفَضْلَ بِيَدِ اللّٰهِ يُؤْتِيْهِ مَنْ يَّشَآءُ وَاللّٰهُ وَاسِعٌ عَلِيْمٌ

(اور (یہ لوگ آپس میں ایک دوسرے سے کہتے ہیں) یہ بات کبھی نہ مانو کہ دین کی جو سعادت تمہیں دی گئی ہے (یعنی یہودیوں کو دی گئی ہے) ویسی اب کسی دوسرے انسان کو مل سکے، یا اللہ کے حضور تمہارے خلاف کسی کی کوئی حجت چل سکے۔ (اے پیغمبر!) اب لوگوں سے کہہ دو: ہدایت تو وہی ہے جو اللہ کی ہدایت ہے (اور اس کی راہ سب کے لیے کھلی ہوئی ہے)۔ اور فضل اور بخشش کا سر رشتہ تمہارے ہاتھ نہیں ہے، اللہ کے ہاتھ ہے، جسے چاہے دے دے، وہ (اپنے فضل میں) بڑی وسعت رکھنے والا اور سب کچھ جاننے والا ہے)۔ (۳: ۷۳)

یعنی یہودیوں کا اعتقاد یہ ہے کہ وحیِ نبوت کی ہدایت جو انہیں دی گئی ہے، وہ صرف انہیں کے لیے ہے، ممکن نہیں کسی دوسرے انسان یا قوم کو یہ بات حاصل ہو سکے۔ چنانچہ اسی بناء پر وہ کہتے ہیں: اپنے مذہب کے آدمیوں کے علاوہ اور کسی آدمی کی سچائی اور بزرگی تسلیم نہ کرو اور یہ بات مانو کہ تمہارے خلاف (یعنی یہودیوں کے خلاف) کسی آدمی کی کوئی دلیل خدا کے حضور مقبول ہو سکتی ہے۔ قرآن اسی زعم باطل کو رد کرتا ہے اور کہتا ہے ''ان الھدیٰ ھدی اللہ'' ہدایت کی راہ تو رہی ہے جو اللہ کی ہدایت ہے اور اللہ کا فضل کسی ایک انسان یا گروہ کے لیے نہیں ہے، سب کے لیے ہے، پس جو انسان بھی ہدایت کی راہ چلے گا، ہدایت یافتہ ہوگا، خواہ یہودی ہو یا کوئی ہو۔

یہودی اپنے آپ کو نجات یافتہ امت سمجھتے تھے اور کہتے تھے دوزخ کی آگ ان پر حرام کر دی گئی ہے:

یہودیوں کی گروہ بندی کا غرور یہاں تک بڑھ گیا تھا کہ وہ کہتے تھے: ''خدا نے دوزخ کی آگ ہم پر حرام کر دی ہے، اگر ہم میں سے کوئی آدمی جہنم میں ڈالا بھی جائے گا تو اس لیے نہیں کہ اسے عذاب میں ڈالا جائے، بلکہ اس لیے کہ گناہ کے داغ دھبوں سے پاک وصاف کر دیا جائے اور پھر جنت میں جا داخل ہو۔'' قرآن ان کا یہ زعمِ باطل جا بجا نقل کرتا ہے اور پھر اس کا رد کرتے ہوئے پوچھتا ہے: یہ بات تمہیں کہاں سے معلوم ہو گئی کہ یہودی گروہ بندی کا ہر فرد نجات یافتہ ہے اور عذابِ اخری سے اسے چھٹکارا مل چکا ہے؟ کیا تمہیں خدا نے غیر مشروط نجات کا کوئی پٹا لکھ کر دے دیا ہے کہ جہاں ایک انسان یہودی ہوا اور آتشِ دوزخ اس پر حرام ہو گئی؟ اگر نہیں دیا ہے تو پھر بتاؤ ایسا اعتقاد رکھنا خدا پر افترا نہیں ہے تو اور کیا ہے؟ اس کے بعد صاف لفظوں میں خدا کے قانونِ عمل کا اعلان کرتا ہے: ''جس کسی نے بھی اپنے عمل سے برائی کمائی، اس کے لیے برائی ہے'' یعنی جس طرح سنکھیا کھانے سے ہر کھانے والا ہلاک ہو جاتا ہے، خواہ یہودی ہو یا غیر یہودی،

اور دودھ پینے سے صحت و توانائی ملتی ہے، خواہ پینے والا کسی نسل و قوم اور گروہ سے تعلق رکھتا ہو، اسی طرح عالمِ معنویات میں بھی ہر عمل کا ایک خاصہ ہے اور وہ اس لیے بدلا نہیں جا سکتا کہ عمل کرنے والے کی نسل یا گروہ بندی کیا ہے؟ چنانچہ سورۃ بقرۃ میں ہے:

وَقَالُوا لَن تَمَسَّنَا النَّارُ إِلَّا أَيَّامًا مَّعْدُودَةً قُلْ أَتَّخَذْتُمْ عِندَ اللَّهِ عَهْدًا فَلَن يُخْلِفَ اللَّهُ عَهْدَهُ أَمْ تَقُولُونَ عَلَى اللَّهِ مَا لَا تَعْلَمُونَ ۔ بَلَىٰ مَن كَسَبَ سَيِّئَةً وَأَحَاطَتْ بِهِ خَطِيئَتُهُ فَأُولَٰئِكَ أَصْحَابُ النَّارِ هُمْ فِيهَا خَالِدُونَ ۔ وَالَّذِينَ آمَنُوا وَعَمِلُوا الصَّالِحَاتِ أُولَٰئِكَ أَصْحَابُ الْجَنَّةِ هُمْ فِيهَا خَالِدُونَ

(اور ان لوگوں نے (یعنی یہودیوں نے) کہا: ہمیں جہنم کی آگ کبھی چھونے والی نہیں، اور اگر چھوئے بھی تو اس سے زیادہ نہیں کہ چند دنوں کے لیے چھوئے۔ (اے پیغمبر!) ان سے کہو: یہ جو تم کہتے ہو تو کیا تم نے خدا سے کوئی قول و قرار کرا لیا ہے اور اب وہ اپنے قول و قرار سے نہیں پھر سکتا، یا پھر تم خدا کے نام سے ایک ایسی (جھوٹی) بات کہہ رہے ہو جس کا تمہیں کوئی علم نہیں۔ نہیں! (خدا کا قانون تو یہ ہے کہ کسی نسل اور کسی گروہ کا انسان ہو، لیکن) جس کسی نے بھی برائی کمائی اور اپنے گناہوں میں گھر گیا تو وہ دوزخی گروہ میں سے ہی، ہمیشہ دوزخ میں رہنے والا اور جس کسی نے بھی ایمان کی راہ اختیار کی اور نیک عمل ہوا تو وہ بہشتی گروہ میں سے ہے، ہمیشہ بہشت میں رہنے والا)۔ (۲: ۸۲-۸۰)

قانونِ نجات کا اعلانِ عام:

سورۃ نساء میں نہ صرف یہودیوں اور عیسائیوں کو بلکہ سب کو مخاطب کر کے صاف صاف اعلان کر دیا ہے، ایسا اعلان جس کے بعد کسی طرح کے شک و شبہ کی گنجائش باقی نہیں رہی:

لَّيْسَ بِأَمَانِيِّكُمْ وَلَا أَمَانِيِّ أَهْلِ الْكِتَابِ مَن يَعْمَلْ سُوءًا يُجْزَ بِهِ وَلَا يَجِدْ لَهُ مِن دُونِ اللَّهِ وَلِيًّا وَلَا نَصِيرًا

(مسلمانو! یادرکھو نجات اور سعادت) نہ تو تمہاری آرزوؤں پر موقوف ہے نہ اہلِ کتاب کی آرزوؤں پر۔ (خدا کا قانون تو یہ ہے کہ) جو کوئی برائی کرے گا اس کا نتیجہ اس کے سامنے آئے گا اور پھر نہ تو کسی کی دوستی بچا سکے گی نہ کسی طاقت کی مددگاری)۔ (۴: ۱۲۳)

یہودی سمجھتے تھے غیر مذہب والوں کے ساتھ معاملت میں دیانت داری ضروری نہیں، قرآن کا اس پر انکار:

اسی مذہبی گروپ بندی کا نتیجہ تھا کہ یہودی سمجھتے تھے سچائی اور دیانت داری کے جس قدر بھی احکام نہیں وہ اس لیے نہیں ہیں کہ تمام انسانوں کے ساتھ عمل میں لائے جائیں، بلکہ محض اس لیے ہیں کہ ایک یہودی دوسرے یہودی کے ساتھ بد دیانتی نہ کرے۔ وہ کہتے تھے: اگر ایک آدمی ہمارا مذہب نہیں ہے تو ہمارے لیے جائز ہے کہ جس طرح بھی چاہیں اس لا مال کھا لیں، کچھ ضروری نہیں کہ راست بازی و دیانت کے اصول ملحوظ رکھے جائیں۔ چنانچہ لین دین میں سود کی ممانعت کو انہوں نے صرف اپنے ہم مذہبوں کے ساتھ مخصوص کر دیا تھا اور آج تک ان کا طرزِ عمل یہی ہے۔ وہ کہتے ہیں کہ ایک یہودی کو دوسرے یہودی سے ظالمانہ سود نہیں لینا چاہیے۔ لیکن ایک یہودی غیر یہودی سے لے تو کوئی مضائقہ نہیں۔ قرآن ان کے اس عقیدے کا ذکر کرتا اور اسے ان کی بہت بڑی گمراہی قرار دیتا ہے:

أَخْذِهِمُ الرِّبَا وَقَدْ نُهُوا عَنْهُ وَأَكْلِهِمْ أَمْوَالَ النَّاسِ بِالْبَاطِلِ وَأَعْتَدْنَا لِلْكَافِرِينَ مِنْهُمْ عَذَابًا أَلِيمًا

(اوران کا سود کھانا، حالانکہ وہ اس سے روک دیے گئے تھے، اوران کی یہ بات کہ لوگوں کا مال ناجائز طریقے پر کھا لیتے تھے)۔ (۴: ۱۶۱)

اسی طرح جو یہودی عرب میں آباد تھے وہ کہتے تھے: عرب کے ان پڑھ باشندوں کے ساتھ معاملہ کرنے میں راست بازی و دیانت داری کچھ ضروری نہیں، یہ لوگ بت پرست ہیں، ہم ان لوگوں کا مال جس طرح کھا لیں، ہمارے لیے جائز ہے:

ذَٰلِكَ بِأَنَّهُمْ قَالُوا لَيْسَ عَلَيْنَا فِي الْأُمِّيِّينَ سَبِيلٌ وَيَقُولُونَ عَلَى اللَّهِ الْكَذِبَ وَهُمْ يَعْلَمُونَ ۔ بَلَىٰ مَنْ أَوْفَىٰ بِعَهْدِهِ وَاتَّقَىٰ فَإِنَّ اللَّهَ يُحِبُّ الْمُتَّقِينَ

(یہودیوں کی) یہ (بدمعاملگی) اس لیے ہے کہ وہ کہتے ہیں (عرب کے اِن) اَن پڑھ لوگوں سے (بدمعاملگی کرنے میں) ہم سے کوئی باز پرس نہیں ہوگی، (جس طرح بھی ہم چاہیں ان کا مال کھا سکتے ہیں، حالانکہ) ایسا کہتے ہوئے وہ صریح اللہ پر افتراء کرتے ہیں۔ ہاں! (ان سے باز پرسی

ہو اور ضرور ہو، کیونکہ اللہ کا قانون تو یہ ہے کہ) جو کوئی اپنا قول و قرار سچائی کے ساتھ پورا کرتا ہے اور برائی سے بچتا ہے تو وہی اللہ کی خوشنودی حاصل کرتا ہے، اور اللہ برائی سے بچنے والوں کو دوست رکھتا ہے)۔ (۳: ۷۶-۷۵)

یعنی ایسا عقیدہ رکھنا خدا کے دین پر صریح افتراء ہے، خدا کا دین تو یہ ہے کہ ہر انسان کے ساتھ نیکی کرنی چاہیے اور ہر حال میں راست بازی و دیانت داری کی راہ چلنی چاہیے، خواہ کوئی انسان ہو اور کسی عقیدے اور گروہ کا ہو، کیونکہ سفید ہر حال میں سفید ہے اور سیاہ ہر حال میں سیاہ۔ سفید چیز اس لیے کالی نہیں ہوجاتی کہ کس آدمی کو دی گئی ہے، اور کالی چیز اس لیے سفید نہیں ہوجاتی کہ کس نسل اور کس گروہ کے ہاتھوں نکلی ہے۔ پس دیانت داری ہر حال میں دیانت داری ہے اور بددیانتی ہر حال میں بددیانتی۔

حضرت ابراہیم کی شخصیت سے استشہاد:

نزولِ قرآن کے وقت بڑے مذہبی گروہ عرب میں تین تھے: یہودی، عیسائی اور مشرکینِ عرب۔ اور یہ تینوں حضرت ابراہیم علیہ السلام کی شخصیت تو یکساں طور پر عزت و احترام کی نظر سے دیکھتے تھے، کیونکہ تینوں گروہوں کے مورثِ اعلیٰ وہی تھے۔ پس قرآن مذہبی گروہ بندی کی گم راہی واضح کرنے کے لیے ایک نہایت سیدھا سادہ سوال ان تینوں کے آگے پیش کرتا ہے۔ اگر دین کی سچائی گروہ بندیوں کے ساتھ وابستہ ہے تو بتاؤ حضرت ابراہیم کس گروہ بندی کے آدمی تھے؟ یہ ظاہر ہے کہ اس وقت تک نہ تو یہودیت کا ظہور ہوا تھا، نہ مسیحیت کا اور نہ کوئی دوسری گروہ بندی ہی موجود تھی۔ پھر اگر ابراہیم کسی گروہ بندی میں داخل نہ ہونے پر بھی دینِ حق کی راہ پر تھے تو بتاؤ وہ راہ کون سی تھی؟ قرآن کہتا ہے: وہ اسی دینِ حقیقی کی راہ تھی جو تمہارے تمام بنائی ہوئی گروہ بندیوں سے بالاتر اور نوعِ انسانی کے لیے عالم گیر قانونِ نجات ہے، یعنی خدا کی موحدانہ پرستش اور نیک عملی کی زندگی۔

قَالُوا كُونُوا هُودًا أَوْ نَصَارَىٰ تَهْتَدُوا قُلْ بَلْ مِلَّةَ إِبْرَاهِيمَ حَنِيفًا وَمَا كَانَ مِنَ الْمُشْرِكِينَ

(۲: ۱۳۵)

اور یہودی کہتے ہیں: یہودی ہوجاؤ، ہدایت پاؤ گے۔ نصاریٰ کہتے ہیں: نصرانی ہوجاؤ، ہدایت پاؤ گے۔ (اے پیغمبر!) تم کہو: نہیں (اللہ کی عالم گیر ہدایت تمہاری ان گروہ بندیوں کی پابند نہیں ہوسکتی)۔ ہدایت کی راہ تو وہی حنیفی راہ ہے جو ابراہیم کا طریقہ تھا اور وہ مشرکوں میں سے نہ تھا۔

سورۃ آل عمران میں یہی مضمون زیادہ وضاحت کے ساتھ بیان کیا ہے:

يَا أَهْلَ الْكِتَابِ لِمَ تُحَاجُّونَ فِي إِبْرَاهِيمَ وَمَا أُنزِلَتِ التَّوْرَاةُ وَالْإِنجِيلُ إِلَّا مِن بَعْدِهِ أَفَلَا تَعْقِلُونَ

(اے اہلِ کتاب! تم ابراہیم کے بارے میں کیوں حجت کرتے ہو؟ حالانکہ یہ بات بالکل ظاہر ہے کہ تورات اور انجیل نازل نہیں ہوئیں مگر اس کے بعد۔ پھر کیا اتنی صاف بات بھی سمجھ نہیں سکتے؟) (۳ : ۶۵)

یعنی وہ یہودیوں اور عیسائیوں سے سوال کرتا ہے: تمہارے ان گروہ بندیوں کی تاریخ زیادہ سے زیادہ تورات اور انجیل کے ظہور تک جا سکتی ہے، کیونکہ انہیں کی نسبت سے گروہ بندیوں کے حلقے کھینچے گئے ہیں۔ اچھا! بتاؤ تورات سے پہلے بھی ہدایت یافتہ انسان موجود تھے یا نہیں؟ اگر تھے تو ان کی راہ کیا تھی؟ خود تمہارے اسرائیلی گھرانے کے تمام نبیوں کی راہ کیا تھی؟ حضرت ابراہیم نے اپنے بیٹوں اور پوتوں کو جس دین کی تلقین کی وہ دین کون سا تھا؟ حضرت یعقوب جب بسترِ مرگ پر تھے اور اپنے بیٹوں کو دینِ الٰہی پر قائم رہنے کی وصیت کر رہے تھے تو اس دین سے مقصود کون سا دین تھا؟ یہ تو ظاہر ہے کہ وہ یہودیت یا مسیحیت کی گروہ بندی نہیں ہو سکتی، کیونکہ یہ دونوں گروہ بندیاں حضرت موسیٰ اور حضرت مسیح ہوئے۔ پس معلوم ہوا تمہارے ان خودساختہ حلقہ ہائے نجات سے بھی کوئی بالاتر راہِ نجات موجود ہے جو اس وقت بھی نوعِ انسانی کے سامنے موجود تھی جب ان حلقہ بندیوں کا نام و نشان تک نہ تھا۔ قرآن کہتا ہے: یہی راہِ نجات ہے، دین کی اصلی راہ ہے اور اسے حاصل کرنے کے لیے کسی گروہ بندی کی نہیں، بلکہ اعتقاد اور عمل کی ضرورت ہے:

أَمْ كُنتُمْ شُهَدَاءَ إِذْ حَضَرَ يَعْقُوبَ الْمَوْتُ إِذْ قَالَ لِبَنِيهِ مَا تَعْبُدُونَ مِن بَعْدِي قَالُوا نَعْبُدُ إِلَٰهَكَ وَإِلَٰهَ آبَائِكَ إِبْرَاهِيمَ وَإِسْمَاعِيلَ وَإِسْحَاقَ إِلَٰهًا وَاحِدًا وَنَحْنُ لَهُ مُسْلِمُونَ

(پھر کیا تم اس وقت موجود تھے جب یعقوب کے سرہانے موت آ کھڑی ہوئی تھی اور اس نے اپنی اولاد سے پوچھا تھا: بتاؤ میرے بعد کس کی عبادت کرو گے؟ انہوں نے جواب میں کہا تھا: اس ایک خدا کی عبادت کریں گے جس کی تو نے عبادت کی ہے اور تیرے بزرگوں ابراہیم، اسماعیل اور اسحاق نے کی ہے، اور ہم خدا کے حکموں کے فرماں بردار ہیں)۔ (۲ : ۱۳۳)

اصلِ دین وحدت و اخوت ہے نہ کہ تفرقہ و منافرت:

وہ کہتا ہے : دینِ الٰہی کی اصل نوعِ انسانی کی وحدت و اخوت ہے نہ کہ تفرقہ و منافرت ۔ خدا کے جتنے بھی رسول دنیا میں آئے، سب نے یہی تعلیم دی تھی کہ تم سب اصلاً ایک ہی امت ہو اور تم سب کا پروردگار ایک ہی پروردگار ہے ۔ پس چاہیے کہ سب اسی ایک پروردگار کی بندگی کریں اور ایک گھرانے کے بھائیوں کی طرح مل جل کر رہیں ۔ اگرچہ ہر مذہب کے داعی نے اسی راہ کی تعلیم دی، لیکن ہر مذہب کے پیروؤں نے اس سے انحراف کیا۔ نتیجہ یہ نکلا کہ ہر ملک، ہر قوم، ہر نسل نے اپنے اپنے جتھے الگ الگ بنا لیے اور ہر جتھا اپنے طریقے میں مگن ہو گیا۔

قرآن نے پچھلے رسولوں اور مذہب کے بانیوں میں سے جن جن رہنماؤں کے مواعظ نقل کیے ہیں ان سب میں بھی اصلِ اصول یہی حقیقت ہے اور عموماً اکثر مواعظ کا خاتمہ دین کی وحدت اور انسان کی عالمگیر اخوت کی تعلیم پر ہی ہوتا ہے ۔ مثلاً سورۃ مومنون میں سب سے پہلے حضرت نوح علیہ السلام کی دعوت کا ذکر کیا ہے :

وَلَقَدْ أَرْسَلْنَا نُوحًا إِلَىٰ قَوْمِهِ فَقَالَ يَا قَوْمِ اعْبُدُوا اللَّهَ مَا لَكُم مِّنْ إِلَٰهٍ غَيْرُهُ أَفَلَا تَتَّقُونَ

(المومنون : ۲۳)

اس کے بعد ان دعوتوں کی طرف اشارہ کیا ہے جو حضرت نوح کے بعد ہوتی رہیں :

ثُمَّ أَنشَأْنَا مِن بَعْدِهِمْ قَرْنًا آخَرِينَ ـ فَأَرْسَلْنَا فِيهِمْ رَسُولًا مِّنْهُمْ أَنِ اعْبُدُوا اللَّهَ مَا لَكُم مِّنْ إِلَٰهٍ غَيْرُهُ (المومنون : ۳۲-۳۱)

پھر حضرت موسیٰ علیہ السلام کا ذکر کیا ہے :

ثُمَّ أَرْسَلْنَا مُوسَىٰ وَأَخَاهُ هَارُونَ (المومنون : ۴۵)

پھر ان تمام دعوتوں کے بعد یہ صدائے حق بلند ہوتی ہے :

يَا أَيُّهَا الرُّسُلُ كُلُوا مِنَ الطَّيِّبَاتِ وَاعْمَلُوا صَالِحًا إِنِّي بِمَا تَعْمَلُونَ عَلِيمٌ - وَإِنَّ هَٰذِهِ أُمَّتُكُمْ أُمَّةً وَاحِدَةً وَأَنَا رَبُّكُمْ فَاتَّقُونِ - فَتَقَطَّعُوا أَمْرَهُم بَيْنَهُمْ زُبُرًا كُلُّ حِزْبٍ بِمَا لَدَيْهِمْ فَرِحُونَ (المؤمنون : ۵۳-۵۱)

(اور) ہم نے تمام رسولوں کو یہی حکم دیا تھا کہ پاک و صاف چیزیں کھاؤ اور نیک عملی کی زندگی بسر کرو۔ تم جو کچھ کرتے ہو اس سے میں بے خبر نہیں ہوں۔ اور (دیکھو!) یہ تمہارے قوم دراصل ایک ہی قوم ہے اور میں تم سب کا پروردگار ہوں، پس نافرمانی سے بچو۔ لیکن پھر ایسا ہوا کہ لوگوں نے ایک دوسرے سے کٹ کر جدا جدا دین بنا لیے، ہر ٹولی کے پلے جو کچھ پڑ گیا ہے اسی میں مگن ہے۔

یعنی تمام رسولوں نے یکے بعد دیگرے یہی تعلیم دی تھی کہ خدا کی بندگی کرو اور نیک عملی کی زندگی اختیار کرو۔ تم سب خدا کے نزدیک ایک ہی امت ہو اور تم سب کا پروردگار ایک ہی پروردگار ہے۔ ہم میں سے کوئی گروہ دوسرے گروہ کو اپنے سے الگ نہ سمجھے، نہ کوئی گروہ دوسرے گروہ کا مخالف ہو جائے۔ ''فتقطعوا امرھم بینھم زبرا'' لیکن لوگوں نے یہ تعلیم فراموش کر دی اور اپنی الگ الگ ٹولیاں بنا لیں۔ ''کل حزب بما لدیھم فرحون'' اب ہر ٹولی اسی میں مگن ہے جو اس کے پلے پڑ گیا ہے۔

رسمِ اصطباغ:

مذہبی گروہ بندی کی رسموں میں سے ایک رسم وہ ہے جو عیسائی کلیسا نے اختیار کر رکھی ہے اور جسے وہ اصطباغ (بپتسمہ) سے تعبیر کرتے ہیں۔ یہ دراصل ایک یہودی رسم تھی جو اس وقت ادا کی جاتی تھی جب لوگ گناہوں سے توبہ کیا کرتے تھے اور اس لیے فی نفسہٖ ایک مقررہ رسم سے زیادہ اہمیت نہیں رکھتی۔ لیکن عیسائیوں نے اسے انسانی نجات و سعادت کی بنیاد سمجھ لیا ہے۔ جب تک ایک شخص مسیح علیہ السلام کے نام پر اصطباغ نہ لے وہ نجات یافتہ انسان نہیں سمجھا جاتا۔ قرآن کہتا ہے: یہ کیسی گمراہی ہے کہ انسانی نجات و سعادت، جس کا دار و مدار عمل و اعتقاد پر ہے، محض ایک مقررہ رسم کے ساتھ وابستہ کر دی جائے! انسانوں کا یہ ٹھہرایا ہوا اصطباغ اللہ کا اصطباغ نہیں ہے۔ اللہ کا اصطباغ تو یہ ہے کہ تمہارے دل خدا پرستی کے رنگ میں رنگ جائیں:

صِبْغَةَ اللَّهِ وَمَنْ أَحْسَنُ مِنَ اللَّهِ صِبْغَةً وَنَحْنُ لَهُ عَابِدُونَ

(یہ اللہ کا رنگ ہے (یعنی دینِ الٰہی کا قدرتی اصطباغ ہے) اور اللہ سے بہتر رنگ دینے میں اور کون ہو سکتا ہے؟ ہم تو اسی کی بندگی کرنے والے ہیں)۔ (۲: ۱۳۸)

قانونِ عمل:

اسی طرح سورۃ بقرۃ میں بار بار کہتا ہے: دینِ الٰہی عمل کا قانون ہے اور ہر انسان کے لیے وہی ہونا جو اس کے عمل کی کمائی ہے۔ یہ بات کہ ایک گروہ میں بہت سے نبی اور برگزیدہ انسان ہو چکے ہیں یا نیک انسانوں کی نسل میں سے ہے یا کسی پچھلی قوم سے رشتۂ قدامت رکھتا ہے، نجات و سعادت کے لیے کچھ سودمند نہیں:

تِلْكَ أُمَّةٌ قَدْ خَلَتْ لَهَا مَا كَسَبَتْ وَلَكُم مَّا كَسَبْتُمْ وَلَا تُسْأَلُونَ عَمَّا كَانُوا يَعْمَلُونَ

(یہ ایک امت تھی جو گزر چکی اور اس کے لیے وہ تھا جو اس نے اپنے عمل سے کمایا اور تمہارے لیے وہ ہے جو اپنے عمل سے کماؤ، تم سے اس کی بازپرس نہیں ہوگی کہ اس کے عمل کیسے تھے)۔ (۲: ۱۳۴)

قرآن کی دعوت

چنانچہ ہم دیکھتے ہیں کوئی بات بھی قرآن کے صفحوں پر اس درجہ نمایاں نہیں ہے جس قدر یہ بات ہے۔ اس نے بار بار صاف اور قطعی لفظوں میں اس حقیقت کا اعلان کر دیا ہے کہ وہ کسی نئی مذہبی گروہ بندی کی دعوت لے کر نہیں آیا ہے، بلکہ چاہتا ہے تمام مذہبی گروہ بندیوں کی جنگ و نزاع سے دنیا کو نجات دلا دے اور سن کو اسی ایک راہ پر جمع کر دے جو سب کی مشترک اور متفقہ راہ ہے۔

وہ بار بار کہتا ہے: جس راہ کی میں دعوت دے رہا ہوں وہ کوئی نئی راہ نہیں ہے اور نہ ہی سچائی کی راہ نئی ہو سکتی ہے۔ یہ وہی راہ ہے جو اول روز سے موجود ہے اور تمام مذاہب کے داعیوں نے اسی کی طرف بلایا ہے:

شَرَعَ لَكُم مِّنَ الدِّينِ مَا وَصَّىٰ بِهِ نُوحًا وَالَّذِي أَوْحَيْنَا إِلَيْكَ وَمَا وَصَّيْنَا بِهِ إِبْرَاهِيمَ وَمُوسَىٰ وَعِيسَىٰ أَنْ أَقِيمُوا الدِّينَ وَلَا تَتَفَرَّقُوا فِيهِ

(اور (دیکھو!) اس نے تمہارے لیے دین کی وہی راہ ٹھہرائی ہے جس کی وصیت نوح کو کی گئی تھی اور جس پر چلنے کا ابراہیم اور موسیٰ اور عیسیٰ کو حکم دیا تھ۔ (ان سب کی تعلیم یہی تھی) کہ الدین (یعنی خدا کا ایک ہی دین) قائم رکھو اور اس راہ میں الگ الگ نہ ہو جاؤ)۔ (۱۳ : ۴۲)

سورۃ نساء میں ہے:

إِنَّا أَوْحَيْنَا إِلَيْكَ كَمَا أَوْحَيْنَا إِلَىٰ نُوحٍ وَالنَّبِيِّينَ مِن بَعْدِهِ ۚ وَأَوْحَيْنَا إِلَىٰ إِبْرَاهِيمَ وَإِسْمَاعِيلَ وَإِسْحَاقَ وَيَعْقُوبَ وَالْأَسْبَاطِ وَعِيسَىٰ وَأَيُّوبَ وَيُونُسَ وَهَارُونَ وَسُلَيْمَانَ ۚ وَآتَيْنَا دَاوُودَ زَبُورًا ۔ وَرُسُلًا قَدْ قَصَصْنَاهُمْ عَلَيْكَ مِن قَبْلُ وَرُسُلًا لَّمْ نَقْصُصْهُمْ عَلَيْكَ ۚ وَكَلَّمَ اللَّهُ مُوسَىٰ تَكْلِيمًا

((اے پیغمبر!) ہم نے تمہیں اسی طرح اپنی وحی سے مخاطب کیا ہے جس طرح نوح کو کیا تھا اور اُن تمام نبیوں کو کیا تھا جو نوح کے بعد ہوئے۔ نیز جس طرح ابراہیم، اسماعیل، اسحاق، اولادِ یعقوب، اور عیسیٰ، ایوب، یونس، ہارون، سلیمان (وغیر ہم) کو مخاطب کیا اور داؤد کو

زبور عطا کی۔ علاوہ بریں وہ رسول جن میں سے بعض کا حال ہم تمہیں پہلے سنا چکے ہیں اور بعض ایسے ہیں جن کا حال تمہیں نہیں سنایا)۔ (۴: ۱۶۳-۱۶۴)

سورۃ انعام میں پچھلے رسولوں کا ذکر کر کے پیغمبرِ اسلام کو مخاطب کیا ہے اور کہا ہے:

أُولَٰئِكَ الَّذِينَ هَدَى اللَّهُ فَبِهُدَاهُمُ اقْتَدِهْ ۚ

(یہ وہ لوگ ہیں جنہیں اللہ نے راہِ حق دکھائی، پس (اے پیغمبر!) تم بھی انہیں کی ہدایت کی پیروی کرو)۔ (۶: ۹۰)

سب کی یکساں تصدیق اور سب کے متفقہ دین کی پیروی اس کی دعوت کا اصلِ اصول ہے:

اسی لیے اس کی دعوت کی پہلی بنیاد ہی یہ ہے کہ تمام بانیانِ مذاہب کی یکساں طور پر تصدیق کی جائے، یعنی یقین کیا جائے کہ سب حق پر تھے، سب خدا کی سچائی کے پیغام بر تھے، سب کے ایک ہی اصل و قانون کی تعلیم دی اور سب کا اس متفقہ تعلیم پر کاربند ہونا ہی ہدایت و سعادت کی تنہا راہ ہے:

قُلْ آمَنَّا بِاللَّهِ وَمَا أُنزِلَ عَلَيْنَا وَمَا أُنزِلَ عَلَىٰ إِبْرَاهِيمَ وَإِسْمَاعِيلَ وَإِسْحَاقَ وَيَعْقُوبَ وَالْأَسْبَاطِ وَمَا أُوتِيَ مُوسَىٰ وَعِيسَىٰ وَالنَّبِيُّونَ مِن رَّبِّهِمْ لَا نُفَرِّقُ بَيْنَ أَحَدٍ مِّنْهُمْ وَنَحْنُ لَهُ مُسْلِمُونَ

((اے پیغمبر!) کہہ دو: ہمارا طریقہ تو یہ ہے کہ ہم اللہ پر ایمان لائے ہیں اور جو کچھ اس نے ہم پر نازل کیا ہے اس پر ایمان رکھتے ہیں۔ اسی طرح جو کچھ موسیٰ اور عیسیٰ کو اور دنیا کے تمام نبیوں کو ان کے پروردگار سے دیا گیا ہے، سب پر ہمارا ایمان ہے۔ ہم ان میں سے کسی ایک کو بھی دوسرے سے جدا نہیں کرتے (کہ اسے نہ مانیں، دوسروں کو مانیں، ہم سب کی یکساں تصدیق کرتے ہیں ہیں) اور ہم اللہ کے فرماں بردار ہیں (اس کی سچائی جہاں کہیں بھی اور جس کسی کی زبانی بھی آئی ہو، اس پر ہمارا ایمان ہے) (۳: ۸۴)

تفریق بین الرسل:

قرآن نے اس آیت میں اور نیز متعدد موقعوں پر ''تفریق بین الرسل''کو ایک بہت بڑی گمراہی قرار دیا ہے اور سچائی کی راہ یہ بتلائی ہے کہ ''تفریق بین الرسل'' سے انکار کیا جائے۔ ''تفریق بین الرسل'' کے معنیٰ یہ ہیں کہ خدا کے رسولوں میں باعتبارِ تصدیق تفرقہ امتیاز کرنا، یعنی ایسا سمجھنا کہ ان میں سے فلاں سچا تھا، فلاں سنا نہ تھا یا کسی ایک کی تصدیق کرنا، باقی سب سے انکار کر دینا، سب کی تصدیق کرنی، کسی ایک کا انکار کر دینا۔ قرآن کہتا ہے: ہر راست باز انسان کا کو خدا کے سچے دین پر چلنا چاہتا ہے، فرض ہے کہ بلا کسی امتیاز کے تمام رسولوں، تمام کتابوں، تمام مذہبی دعوتوں پر ایمان لائے اور کسی ایک کا بھی انکار نہ کرے۔ اس کا شیوہ یہ ہونا چاہیے کہ وہ کہے: سچائی جہاں کہیں بھی ظاہر ہوئی ہے اور جس کسی کی زبان پر بھی ظاہر ہوئی ہے، سچائی ہے اور میرا اس پر ایمان ہے:

آمَنَ الرَّسُولُ بِمَا أُنزِلَ إِلَيْهِ مِن رَّبِّهِ وَالْمُؤْمِنُونَ ۚ كُلٌّ آمَنَ بِاللَّهِ وَمَلَائِكَتِهِ وَكُتُبِهِ وَرُسُلِهِ لَا نُفَرِّقُ بَيْنَ أَحَدٍ مِّن رُّسُلِهِ ۚ وَقَالُوا سَمِعْنَا وَأَطَعْنَا ۖ غُفْرَانَكَ رَبَّنَا وَإِلَيْكَ الْمَصِيرُ

(اللہ کا رسول اس (کلام حق) پر ایمان رکھتا ہے جو اس کے پروردگار کی طرف سے اس پر نازل ہوا ہے اور وہ لوگ بھی جو ایمان لائے ہیں۔ یہ سب اللہ پر، اس کے ملائکہ پر، اس کی کتابوں پر، اس کے رسولوں پر ایمان رکھتے ہیں، (ان کے ایمان کا دستور العمل یہ ہے کہ وہ کہتے ہیں) ہم اللہ کے رسولوں میں سے کسی کو دوسرے سے جدا نہیں کرتے (کہ کسی کو مانیں، کسی کو نہ مانیں)۔ انہوں نے کہا: خدایا! ہم نے تیرا پیام سنا اور تیری فرماں برداری کی۔ ہمیں تیری مغفرت نصیب ہو۔ خدایا! ہم سب کو بالآخر تیری ہی طرف لوٹنا ہے)۔ (۲: ۲۸۵)

وہ کہتا ہے: خدا ایک ہے، اس کی سچائی ایک ہے، لیکن سچائی کا پیغام بہت سی زبانوں نے پہنچایا ہے۔ پھر اگر تم کسی ایک پیغام بر کی تصدیق کرتے ہو، دوسروں کا انکار کر دیتے ہو تو اس کے معنیٰ یہ ہوئے کہ ایک ہی حقیقت کو ایک جگہ مان لیتے ہو، دوسری جگہ ٹھکرا دیتے ہو یا ایک ہی بات کو مانتے بھی ہو، رد بھی کرتے ہو۔ ظاہر ہے کہ ایسا ماننا، ماننا نہیں ہے، بلکہ ایک زیادہ بری قسم کا انکار ہے۔

خدا کی سچائی اس کی عالم گیر بخشش ہے:

وہ کہتا ہے: خدا کی سچائی، اس کی ساری باتوں کی طرح، اس کی عالم گیر بخشش ہے۔ وہ نہ تو کسی خاص زمانے سے وابستہ کی جا سکتی ہے، نہ کسی خاص نسل و قوم سے اور نہ کسی خاص مذہبی گروہ بندی ہے۔ تم نے اپنے لیے طرح طرح کی قومیتیں اور جغرافیائی اور نسلی حد بندیاں بنا لی ہیں، لیکن تم خدا کی سچائی کے لیے کوئی ایسا امتیاز نہیں گھڑ سکتے۔ اس کی نہ تو کوئی قومیت ہے، نہ نسل ہے، نہ جغرافیائی حد بندی ہے، نہ

جماعتی حلقہ بندی۔ وہ خدا کے سورج کی طرح ہر جگہ چمکتی اور نوعِ انسانی کے ہر فرد کو روشنی بخشتی ہے۔ اگر تم خدا کی سچائی کی تلاش میں ہو تو اسے کسی ایک ہی گوشے میں نہ ڈھونڈو۔ وہ ہر جگہ نمودار ہوئی ہے اور ہر عہد میں اپنا ظہور رکھتی ہے۔ تمہیں زمانوں کا، قوموں کا، وطنوں کا، زبانوں کا اور طرح طرح کی گروہ بندیوں کا پرستار نہیں ہونا چاہیے۔ صرف خدا کا اور اس کی عالم گیر سچائی کا پرستار ہونا چاہیے۔ اس کی سچائی جہاں کہیں بھی آئی ہو اور جس بھیس میں آئی ہو، تمہاری متاع ہے اور تم اس کے وارث ہو۔

راہیں صرف دو ہیں: ایمان کی یہ ہے کہ سب کو مانو، انکار کی یہ ہے کہ سب کا یا کسی ایک کا انکار کر دو:

چنانچہ اس نے جا بجا ''تفریق بین الرسل'' کی راہ کو انکار کی راہ قرار دیا ہے اور ایمان کی راہ یہ بتائی ہے کہ بلا تفریق سب کی تصدیق کی جائے۔ وہ کہتا ہے: یہاں راہیں صرف دو ہی ہیں۔ تیسری نہیں ہو سکتی۔ ایمان کی راہ یہ ہے کہ سب کا یا کسی ایک کا انکار کر دو۔ یہاں کسی ایک کا انکار بھی وہی حکم رکھتا ہے جو سب کے انکار کا ہے:

إِنَّ الَّذِينَ يَكْفُرُونَ بِاللَّهِ وَرُسُلِهِ وَيُرِيدُونَ أَن يُفَرِّقُوا بَيْنَ اللَّهِ وَرُسُلِهِ وَيَقُولُونَ نُؤْمِنُ بِبَعْضٍ وَنَكْفُرُ بِبَعْضٍ وَيُرِيدُونَ أَن يَتَّخِذُوا بَيْنَ ذَٰلِكَ سَبِيلًا ۔ أُولَٰئِكَ هُمُ الْكَافِرُونَ حَقًّا ۚ وَأَعْتَدْنَا لِلْكَافِرِينَ عَذَابًا مُّهِينًا ۔ وَالَّذِينَ آمَنُوا بِاللَّهِ وَرُسُلِهِ وَلَمْ يُفَرِّقُوا بَيْنَ أَحَدٍ مِّنْهُمْ أُولَٰئِكَ سَوْفَ يُؤْتِيهِمْ أُجُورَهُمْ ۗ وَكَانَ اللَّهُ غَفُورًا رَّحِيمًا

(جو لوگ اللہ اور اس کے پیغمبروں سے برگشتہ ہیں اور چاہتے ہیں اللہ اور اس کے رسولوں میں تفرقہ کریں (یعنی کسی کو خدا کا رسول مانیں، کسی کو نہ مانیں) اور کہتے ہیں: ان میں سے بعض کو ہم مانتے ہیں، بعض کا انکار کرتے ہیں، اور پھر اس طرح چاہتے ہیں کہ کفر اور ایمان کے درمیاں کوئی تیسرا راستہ اختیار کر لیں تو یقین کرو یہی لوگ ہیں کہ ان کے کفر میں کوئی شبہ نہیں، اور جن لوگوں کی راہ کفر کی راہ ہے تو ان کے لیے رسوا کن عذاب تیار ہے۔ لیکن ہاں! جو لوگ اللہ اور اس کے تمام پیغمبروں پر ایمان لائے اور کسی ایک پیغمبر کو بھی دوسروں سے جدا نہیں کیا (یعنی کسی ایک کی سچائی سے بھی انکار نہیں کیا) تو بلاشبہ یہی لوگ ہیں جنہیں عن قریب اللہ ان کے اجر عطا فرمائے گا، اور وہ بڑا ہی بخشنے والا مہربان ہے)۔ (۴: ۱۵۲-۱۵۰)

سورۃ بقرۃ میں جو سورۃ فاتحہ کے بعد قرآن کی پہلی سورۃ ہے، سچے مؤمنوں کی راہ یہ بتلائی ہے :

وَالَّذِينَ يُؤْمِنُونَ بِمَا أُنزِلَ إِلَيْكَ وَمَا أُنزِلَ مِن قَبْلِكَ وَبِالْآخِرَةِ هُمْ يُوقِنُونَ ۔ أُولَٰئِكَ عَلَىٰ هُدًى مِّن رَّبِّهِمْ ۖ وَأُولَٰئِكَ هُمُ الْمُفْلِحُونَ

(اور وہ لوگ جو اس سچائی پر ایمان لائے جو پیغمبر اسلام پر نازل ہوئی ہے اور ان سے پہلے نازل ہو چکی ہیں اور نیز آخرت کی زندگی پر بھی یقین رکھتے ہیں۔ سو یہی لوگ ہیں جو اپنے پروردگار کی ٹھہرائی ہوئی ہدایت پر ہیں اور یہی ہیں جنھوں نے فلاح پائی)۔ (۲ : ۵-۴)

جب سب ایک ہی خدا کے پرستار ہیں اور سب کو اپنے اپنے عمل کے مطابق نتیجہ ملنا ہے تو پھر دین کے نام پر نزاع کیوں ہو

وہ کہتا ہے : اگر تمھیں اس بات سے انکار نہیں کہ تمام کارخانۂ ہستی کا خالق ایک ہی خالق ہے اور اسی کی پروردگار یکساں طور پر ہر مخلوق کی پرورش کر رہی ہے تو پھر تمھیں اس بات سے کیوں انکار ہو کہ اس کی روحانی سچائی کا قانون بھی ایک ہی ہے اور ایک ہی طرح پر تمام نوعِ انسانی کو دیا گیا ہے؟ وہ کہتا ہے : تم سب کا پروردگار ایک ہے، تم سب ایک ہی خدا کے نام لیوا ہو، تم سب کے رہنماؤں نے تمھیں ایک ہی راہ دکھلائی ہے۔ پھر یہ کیسی گم راہی کی انتہاء اور عقل کی موت ہے کہ رشتہ ایک ہے، مقصد ایک ہے، راہ ایک ہے، لیکن ہر گروہ دوسرے کا دشمن ہے اور ہر انسان دوسرے انسان سے متنفر۔ اور پھر یہ تمام جنگ و نزاع کس کے نام پر کی جا رہی ہے؟ اسی خدا کے نام پر اور اسی خدا کے دین کے نام پر جس نے سب کو ایک ہی رشتۂ اخوت میں جکڑ دیا تھا :

قُلْ يَا أَهْلَ الْكِتَابِ هَلْ تَنقِمُونَ مِنَّا إِلَّا أَنْ آمَنَّا بِاللَّهِ وَمَا أُنزِلَ إِلَيْنَا وَمَا أُنزِلَ مِن قَبْلُ وَأَنَّ أَكْثَرَكُمْ فَاسِقُونَ

(ان لوگوں سے کہو کہ اے اہلِ کتاب! تم جو ہماری مخالفت میں کمربستہ ہو گئے تو تو بتلاؤ اس کے سوا ہمارا جرم کیا ہے کہ اللہ پر ایمان لائے ہیں اور جو کچھ ہم پر نازل ہوا ہے اور جو کچھ ہم سے پہلے نازل ہو چکا ہے، سب پر ایمان رکھتے ہیں! (پھر کیا خدا پرستی اور خدا کے تمام رسولوں کی تصدیق تمھارے نزدیک جرم اور عیب ہے؟ افسوس تم پر!) تم میں اکثر ایسے ہی ہیں جو راہِ حق سے یکسر برگشتہ ہیں)۔ (۵ : ۵۹)

وَإِنَّ اللَّهَ رَبِّي وَرَبُّكُمْ فَاعْبُدُوهُ ۚ هَٰذَا صِرَاطٌ مُّسْتَقِيمٌ

((دیکھو!) خدا تو میرا اور تمھارا دونوں کا پروردگار ہے، پس اسی کی بندگی کرو، یہی دین کی سیدھی راہ ہے)۔ (۱۷ : ۳۶)

قُلْ أَتُحَاجُّونَنَا فِي اللَّهِ وَهُوَ رَبُّنَا وَرَبُّكُمْ وَلَنَا أَعْمَالُنَا وَلَكُمْ أَعْمَالُكُمْ وَنَحْنُ لَهُ مُخْلِصُونَ

(اے پیغمبر! ان سے) کہو: کیا تم خدا کے بارے میں ہم سے جھگڑا کرتے ہو؟ حالانکہ ہمارا اور تمہارا دونوں کا پروردگار وہی ہے اور ہمارے لیے ہمارے اعمال ہیں، تمہارے لیے تمہارے اعمال (یعنی ہر انسان کو اس کے عمل کے مطابق نتیجہ ملنا ہے، پھر اس بارے میں جھگڑا کیوں ہو؟) (۱۷: ۳۶)

یہ بات یاد رکھنی چاہیے کہ قرآن میں جہاں کہیں اس طرح کے مخاطبات ہیں۔ جیسا کہ آیات مندرجہ صدر میں ہے: ''ان اللہ ربی و ربکم''، اللہ ہمارا اور تمہارا دونوں کا پروردگار ہے'' یا'' وَ اِلٰهُنَا وَ اِلٰهُكُمْ وَاحِدٌ (۲۹: ۴۶) ہمارا اور تمہارا دونوں کا خدا ایک ہی ہے'' یا''

اَتُحَآجُّوْنَنَا فِي اللّٰهِ وَهُوَ رَبُّنَا وَرَبُّكُمْ ۚ وَلَنَآ اَعْمَالُنَا وَلَكُمْ اَعْمَالُكُمْ ۚ

(کیا تم خدا کے بارے میں ہم سے جھگڑا کرتے ہو؟ حالانکہ وہ ہمارا اور تمہارا دونوں کا پروردگار ہے اور ہمارے لیے ہمارے عمل ہیں، تمہارے لیے تمہارے)۔ (۲: ۱۳۹)

تو ان تمام مخاطبات سے مقصود اسی حقیقت پر زور دینا ہے، یعنی جب سب کا پروردگار ایک ہے اور ہر انسان کے لیے ایسا ہی نتیجہ ہے جیسا اس کا عمل ہے تو پھر خدا اور مذہب کے نام پر یہ عالم گیر جنگ و جدال کیوں برپا ہے؟ وہ بار بار کہتا ہے: میری تعلیم اس کے سوا کچھ نہیں ہے کہ خدا پرستی اور نیک عملی کی طرف بلاتا ہوں، میں کسی مذہب کو نہیں جھٹلاتا، میں کسی رہ نما سے انکار نہیں کرتا۔ ''سب کی یکساں تصدیق'' اور سب کی مشترکہ اور متفقہ تعلیم'' میرا دستور العمل ہے۔ پھر میرے خلاف تمام پیروان مذہب نے کیوں اعلان جنگ کر دیا ہے؟

قرآن کا پیروان مذاہب سے مطالبہ:

اور یہی وجہ ہے کہ ہم دیکھتے ہیں اس نے کسی مذہب کے پیرو سے بھی یہ مطالبہ نہیں کیا کہ وہ کوئی نیا دین قبول کر لے، بلکہ ہر گروہ سے یہی مطالبہ کرتا ہے کہ اپنے اپنے مذاہب کی حقیقی تعلیم پر جسے تم نے طرح طرح کی تحریفوں اور اضافوں سے مسخ کر دیا ہے، سچائی کے ساتھ کار بند ہو جاؤ۔ وہ کہتا ہے: اگر تم نے ایسا کر لیا تو میرا کام پورا ہو گیا، کیونکہ جوں ہی تم اپنے مذہب کی تعلیم کی طرف لوٹو گے، تمہارے سامنے وہی حقیقت آموجود ہو گی جس کی طرف میں تمہیں بلا رہا ہوں۔ میرا پیام کوئی نیا پیام نہیں ہے، وہی قدیم اور عالم گیر پیام ہے جو تمام بانیان مذہب دے چکے ہیں:

قُلْ يَاَهْلَ الْكِتٰبِ لَسْتُمْ عَلٰى شَيْءٍ حَتّٰى تُقِيْمُوا التَّوْرٰىةَ وَ الْاِنْجِيْلَ وَ مَآ اُنْزِلَ اِلَيْكُمْ مِّنْ رَّبِّكُمْ ؕ وَ لَيَزِيْدَنَّ كَثِيْرًا مِّنْهُمْ مَّآ اُنْزِلَ اِلَيْكَ مِنْ رَّبِّكَ طُغْيَانًا وَّ كُفْرًا ۚ فَلَا تَاْسَ عَلَى الْقَوْمِ الْكٰفِرِيْنَ ۔ اِنَّ الَّذِيْنَ اٰمَنُوْا وَ الَّذِيْنَ هَادُوْا وَ الصّٰبِئُوْنَ وَ النَّصٰرٰى مَنْ اٰمَنَ بِاللّٰهِ وَ الْيَوْمِ الْاٰخِرِ وَ عَمِلَ صَالِحًا فَلَا خَوْفٌ عَلَيْهِمْ وَ لَا هُمْ يَحْزَنُوْنَ

((اسے پیغمبر! ان لوگوں سے) کہہ دو، اے اہل کتاب! جب تک تم تورات اور انجیل کی اور ان تمام صحیفوں کی جو تم پر نازل ہوئے ہیں، حقیقت قائم نہ کرو، اس وقت تک تمہارے پاس دین میں سے کچھ بھی نہیں ہے۔ اور (اے پیغمبر!) تمہارے پروردگار کی طرف سے جو کچھ تم پر نازل ہوا ہے (بجائے اس کے کہ یہ لوگ اس سے ہدایت حاصل کریں، تم دیکھو گے کہ) ان میں سے بہتوں کا کفر و طغیان اس کی وجہ سے اور زیادہ بڑھ جائے گا، تو جن لوگوں نے انکار حق کی راہ اختیار کرلی ہے، تم ان کی حالت پر بے کار کو غم نہ کھاؤ۔ جو لوگ تم پر ایمان لائے ہیں، جو یہودی ہیں، جو صابی ہیں، جو نصاریٰ ہیں (یہ ہوں یا کوئی ہو) جو کوئی بھی اللہ اور آخرت کے دن پر ایمان لایا اور اس کے عمل بھی نیک ہوئے تو اس کے لیے نہ تو کسی طرح کا خوف ہے، نہ کسی طرح کی غمگینی)۔ (۵: ۶۸۔ ۶۹)

یہی وجہ ہے کہ قرآن نے ان راست باز انسانوں کے ایمان و عمل کا پوری فراخ دلی کے ساتھ اعتراف کیا ہے جو نزول قرآن کے وقت مختلف مذاہب میں موجود تھے اور جنہوں نے اپنے مذہبوں کی حقیقی روح ضائع نہیں کی تھی۔ البتہ وہ کہتا ہے: ایسے لوگوں کی تعداد بہت ہی کم ہے۔ غالب تعداد انہیں لوگوں کی ہے جنہوں نے دین الٰہی کی اعتقادی اور عملی حقیقت یک قلم ضائع کردی ہے:

لَيْسُوْا سَوَآءً ؕ مِّنْ اَهْلِ الْكِتٰبِ اُمَّةٌ قَآئِمَةٌ يَّتْلُوْنَ اٰيٰتِ اللّٰهِ اٰنَآءَ الَّيْلِ وَ هُمْ يَسْجُدُوْنَ ۔ يُؤْمِنُوْنَ بِاللّٰهِ وَ الْيَوْمِ الْاٰخِرِ وَ يَاْمُرُوْنَ بِالْمَعْرُوْفِ وَ يَنْهَوْنَ عَنِ الْمُنْكَرِ وَ يُسَارِعُوْنَ فِي الْخَيْرٰتِ ؕ وَ اُولٰٓئِكَ مِنَ الصّٰلِحِيْنَ ۔ وَ مَا يَفْعَلُوْا مِنْ خَيْرٍ فَلَنْ يُّكْفَرُوْهُ ؕ وَ اللّٰهُ عَلِيْمٌۢ بِالْمُتَّقِيْنَ

(یہ بات نہیں ہے کہ سب ایک ہی طرح کے ہوں۔ انہیں اہل کتاب میں ایسے لوگ بھی ہیں کہ اصل دین پر قائم ہیں، وہ راتوں کو اٹھ اٹھ کر اللہ کے کلام کی تلاوت کرتے ہیں اور ان کے سر اس کے سامنے جھکے ہوئے ہیں، اور وہ اللہ پر اور آخرت کے دن پر ایمان رکھتے ہیں،

نیکی کا حکم دیتے ہیں، برائی سے روکتے ہیں، نیکی کی راہوں میں تیز گام ہیں۔ اور بلاشبہ یہی لوگ ہیں جو نیک انسانوں میں سے ہیں۔ اور (یاد رکھو!) یہ لوگ جو کچھ بھی نیکی کرتے ہیں تو ہرگز ایسا نہیں ہوگا کہ اس کی قدر نہ کی جائے۔ وہ جانتا ہے کہ (کس گروہ میں) کون پرہیزگار ہے)۔ (۳:۱۱۳-۱۱۵)

مِنۡهُمۡ اُمَّةٌ مُّقۡتَصِدَةٌ ؕ وَكَثِيۡرٌ مِّنۡهُمۡ سَآءَ مَا يَعۡمَلُوۡنَ

(ان میں سے ایک گروہ ایسے لوگوں کا بھی ہے جو میانہ رو ہیں، لیکن بڑی تعداد ایسے لوگوں کی ہے کہ جو کچھ کرتے ہیں، برا ہی کرتے ہیں)۔ (۵:۶۶)

یہ جو قرآن جابجا اس بات پر زور دیتا ہے کہ وہ پچھلی آسمانی کتابوں کی تصدیق کرنے والا ہے، جھٹلانے والا نہیں، اور اہل کتاب سے بار بار کہتا ہے: وَ اٰمِنُوۡا بِمَاۤ اَنۡزَلۡتُ مُصَدِّقًا لِّمَا مَعَكُمۡ) ۲:۴۱ (اور اس کتاب پر ایمان لاؤ جو تمہاری کتاب کی تصدیق کرتی ہوئی نمایاں ہوئی ہے'' تو اس سے مقصود بھی اسی حقیقت پر زور دینا ہے، یعنی جب میری تعلیم تمہارے مقدس نوشتوں کے خلاف کوئی نیا دین نہیں پیش کرتی اور نہ ان سے تمہیں منحرف کرنا چاہتی ہے، بلکہ سر تا سر مصدق اور مؤید ہے تو پھر تم میں اور مجھ میں نزاع کیوں ہے؟ کیوں تم میرے خلاف اعلان جنگ کر دو؟

اصطلاح قرآنی میں ''المعروف'' اور ''المنکر'':

اور پھر یہی وجہ ہے کہ ہم دیکھتے ہیں اس نے نیکی کے لیے ''معروف'' کا اور برائی کے لیے ''منکر'' کا لفظ اختیار کیا ہے: وَ اۡمُرۡ بِالۡمَعۡرُوۡفِ وَ انۡهَ عَنِ الۡمُنۡكَرِ) ۳۱:۱۷ (معروف ''عرف'' سے ہے جس کے معنی پہچاننے کے ہیں، پس ''معروف'' وہ بات ہوئی جو جانی پہچانی بات ہو''، منکر'' کے معنی انکار کرنے کے ہیں، یعنی ایسی بات جس سے عام طور سے انکار کیا گیا ہو، پس قرآن نے نیکی اور برائی کے لیے یہ الفاظ اس لیے اختیار کیے کہ وہ کہتا ہے: دنیا میں عقائد و افکار کا کتنا ہی اختلاف کیوں نہ ہو، لیکن کچھ باتیں ایسی ہیں جن کے اچھے ہونے پر سب کا اتفاق ہے اور کچھ باتیں ایسی ہیں جن کے برے ہونے پر سب متفق ہیں، مثلاً اس بات میں سب کا اتفاق ہے کہ دیانت داری اچھی بات ہے، بد دیانتی برائی ہے۔ اس سے کسی کو اختلاف نہیں کہ ماں باپ کی خدمت، ہمسایہ سے سلوک، مسکینوں کی خبر گیری، مظلوم کی دادرسی انسان کے اچھے اعمال ہیں اور ظلم اور بد سلوکی برے اعمال ہیں، گویا یہ وہ باتیں ہیں جن کی اچھائی

عام طور پر جانی بوجھی ہوئی ہے اور جن کے خلاف جانا عام طور پر قابل انکار و اعتراض ہے۔ دنیا کی تمام جماعتیں دوسری باتوں میں کتنا ہی اختلاف رکھتی ہیں، لیکن جہاں تک ان اعمال کا تعلق ہے سب ہم آہنگ و ہم رائے ہیں۔

قرآن کہتا ہے: یہ اعمال، جب کہ اچھائی عام طور پر نوع انسانی کی جانی بوجھی ہوئی ہے، دین الٰہی کے مطلوبہ اعمال ہیں۔ اسی طرح وہ اعمال جن سے عام طور پر انکار کیا گیا ہے اور جن کی برائی پر تمام مذاہب متفق ہیں، دین الٰہی کے ممنوعہ اعمال ہیں۔ یہ بات چونکہ دین کی اصل حقیقت تھی، اس لیے اس میں اختلاف نہ ہو سکا اور مذہبی گروہوں کی بے شمار گمراہیوں اور حقیقت فراموشیوں پر بھی ہمیشہ معلوم و مسلم رہی۔ ان اعمال کی اچھائی اور برائی پر نوع انسانی کے تمام عہدوں، تمام مذہبوں اور تمام قوموں کا عالم گیر اتفاق ان کی فطری اصلیت پر ایک بہت بڑی دلیل ہے۔ پس جہاں تک اعمال کا تعلق ہے، میں انہیں باتوں کے کرنے کا حکم دیتا ہوں جن کی اچھائی عام طور پر جانی بوجھی ہوئی ہے اور انہیں باتوں سے روکتا ہوں جن سے عام طور پر نوع انسانی نے انکار کیا ہے، یعنی میں معروف کا حکم دیتا ہوں، منکر سے روکتا ہوں۔ پس جب میری دعوت کا یہ حال ہے تو پھر کسی انسان کو بھی جسے راست بازی سے اختلاف نہیں، کیوں مجھ سے اختلاف ہو؟

''الدین القیم'' اور ''فطرۃ اللہ'':

وہ کہتا ہے: یہی راہ عمل نوع انسانی کے لیے خدا کا ٹھہرایا ہوا فطری دین ہے اور فطرت کے قوانین میں کبھی تبدیلی نہیں ہو سکتی۔ یہی ''الدین القیم'' ہے، یعنی سیدھا اور درست دین جس میں کسی طرح کی کجی اور خامی نہیں۔ یہی ''دین حنیف'' ہے جس جی دعوت حضرت ابراہیم نے دی تھی۔ اسی کا نام میری اصطلاح میں ''الاسلام'' ہے، یعنی خدا کے ٹھہرائے ہوئے قوانین کی فرماں برداری:

فَاَقِمْ وَجْهَكَ لِلدِّيْنِ حَنِيْفًا ؕ فِطْرَتَ اللّٰهِ الَّتِيْ فَطَرَ النَّاسَ عَلَيْهَا ؕ لَا تَبْدِيْلَ لِخَلْقِ اللّٰهِ ؕ ذٰلِكَ الدِّيْنُ الْقَيِّمُ ۙ وَلٰكِنَّ اَكْثَرَ النَّاسِ لَا يَعْلَمُوْنَ ۔ ۔ مُنِيْبِيْنَ اِلَيْهِ وَ اتَّقُوْهُ وَ اَقِيْمُوا الصَّلٰوةَ وَ لَا تَكُوْنُوْا مِنَ الْمُشْرِكِيْنَ ۔ مِنَ الَّذِيْنَ فَرَّقُوْا دِيْنَهُمْ وَ كَانُوْا شِيَعًا ؕ كُلُّ حِزْبٍۭ بِمَا لَدَيْهِمْ فَرِحُوْنَ

(تم ہر طرف سے منہ پھیر کر ''الدین'' کی طرف رخ کرو، یہی خدا کی بناوٹ ہے جس پر اس نے انسان کو پیدا کیا ہے اللہ کی بناوٹ میں کبھی تبدیلی نہیں ہو سکتی۔ یہی ''الدین القیم'' (یعنی سیدھا اور سچا دین) ہے، لیکن اکثر انسان ایسے ہیں جو نہیں جانتے۔ (دیکھو!) اسی (ایک خدا

کی طرف متوجہ رہو، اس کی نافرمانی سے بچو، نماز قائم کرو اور مشرکوں میں سے نہ ہو جاؤ جنھوں نے اپنے دین کے ٹکڑے ٹکڑے کر دیے اور گروہ بندیوں میں بٹ گئے۔ ہر گروہ کے پاس جو کچھ ہے وہ اسی میں مگن ہے)۔ (۳۰:۳۰۔۳۲)

''الاسلام'':

وہ کہتا ہے:، خدا کا ٹھہرایا ہوا دین جو کچھ ہے یہی ہے۔ اس کے سوا جو کچھ بنا لیا گیا ہے وہ انسانی گروہ بندیوں کی گمراہیاں ہیں۔ پس اگر تم خدا پرستی اور عمل صالح کی اصل پر جو تم سب کے یہاں اصل دین ہے، جمع ہو جاؤ اور خود ساختہ گمراہیوں سے باز آ جاؤ تو میرا مقصد پورا ہو گیا۔ میں اس سے زیادہ اور کیا چاہتا ہوں؟

إِنَّ الدِّينَ عِندَ اللَّهِ الْإِسْلَامُ ۗ وَمَا اخْتَلَفَ الَّذِينَ أُوتُوا الْكِتَابَ إِلَّا مِن بَعْدِ مَا جَاءَهُمُ الْعِلْمُ بَغْيًا بَيْنَهُمْ ۗ وَمَن يَكْفُرْ بِآيَاتِ اللَّهِ فَإِنَّ اللَّهَ سَرِيعُ الْحِسَابِ ۔ فَإِنْ حَاجُّوكَ فَقُلْ أَسْلَمْتُ وَجْهِيَ لِلَّهِ وَمَنِ اتَّبَعَنِ ۗ وَقُل لِّلَّذِينَ أُوتُوا الْكِتَابَ وَالْأُمِّيِّينَ أَأَسْلَمْتُمْ ۚ فَإِنْ أَسْلَمُوا فَقَدِ اهْتَدَوا ۖ وَّإِن تَوَلَّوْا فَإِنَّمَا عَلَيْكَ الْبَلَاغُ ۗ وَاللَّهُ بَصِيرٌ بِالْعِبَادِ

(اللہ کے نزدیک دین ایک ہی ہے اور وہ ''الاسلام'' ہے۔ اور یہ جو اہل کتاب نے اختلاف کیا (اور ایک دین پر مجتمع رہنے کی جگہ یہودیت اور نصرانیت کی گروہ بندیوں میں بٹ گئے) تو یہ اس لیے ہوا کہ اگرچہ علم و حقیقت کی راہ ان پر کھل چکی تھی، لیکن آپس کی ضد اور سرکشی سے اختلاف میں پڑ گئے۔ اور (یاد رکھو!) جو کوئی اللہ کی آیتوں سے انکار کرتا ہے تو اللہ (کا قانون مکافات بھی) حساب لینے میں سست رفتار نہیں۔ پھر اگر یہ لوگ تم سے اس بارے میں جھگڑا کریں تو تم کہو: میری اور میرے پیرووں کی راہ تو یہ ہے کہ اللہ کے آگے سر اطاعت جھکا دینا، اور ہم نے سر جھکا دیا ہے۔ پھر اہل کتاب سے اور ان پڑھ لوگوں سے (یعنی مشرکین عرب سے) پوچھو: تم بھی اللہ کے آگے جھکتے ہو یا نہیں؟ (یعنی ساری باتیں جھگڑے کی چھوڑو، یہ بتاؤ تمہیں خدا پرستی منظور ہے یا نہیں؟) اگر وہ جھک گئے تو (سارا جھگڑا ختم ہو گیا اور) انہوں نے راہ پالی۔ اگر روگردانی کریں تو تمہارے ذمے جو کچھ ہے وہ پیام حق پہنچا دینا ہے۔ اور اللہ کی نظروں سے بندوں کا حال پوشیدہ نہیں)۔ (۳:۱۹۔۲۰)

اس نے دین کے لیے ''الاسلام'' کا لفظ اسی لیے اختیار کیا ہے کہ ''اسلام'' کے معنی کسی بات کے مان لینے اور فرماں برداری کرنے کے ہیں۔ وہ کہتا ہے: یہ کچھ انسان ہی کے لیے نہیں ہے، بلکہ تمام کائنات ہستی اسی اصل پر قائم ہے۔ سب کے بقاء وقیام کے لیے خدا نے کوئی نہ کوئی قانون عمل ٹھہرا دیا ہے اور سب اس کی اطاعت کر رہے ہیں۔ اگر ایک لمحے کے لیے بھی روگردانی کریں تو کارخانہ ہستی درہم برہم ہو جائے:

اَفَغَیۡرَ دِیۡنِ اللّٰہِ یَبۡغُوۡنَ وَ لَہٗۤ اَسۡلَمَ مَنۡ فِی السَّمٰوٰتِ وَ الۡاَرۡضِ طَوۡعًا وَّ کَرۡہًا وَّ اِلَیۡہِ یُرۡجَعُوۡنَ

(پھر کیا یہ لوگ چاہتے ہیں اللہ کا ٹھہرایا ہوا دین چھوڑ کر کوئی دوسرا دین ڈھونڈ نکالیں، حالانکہ آسمان اور زمین میں جو کوئی بھی ہے سب چار و ناچار اسی کے (ٹھہرائے ہوئے قانون عمل کے) آگے جھکے ہوئے ہیں، اور (بالآخر) سب کو اسی کی طرف لوٹنا ہے)۔ (۳:۸۳)

وہ جب کہتا ہے ''الاسلام کے سوا کوئی دین اللہ کے نزدیک مقبول نہیں'' تو اس کا مطلب یہی ہوتا ہے کہ دین حقیقی کے سوا جو ایک ہی ہے اور تمام رسولوں کی مشترکہ تعلیم ہے، انسانی ساخت کی کوئی گروہ بندی مقبول نہیں۔ سورۃ آل عمران میں جہاں یہ بات بیان کی ہے کہ دین حقیقی کی راہ تمام مذہبی رہنماؤں کی تصدیق اور پیروی کی راہ ہے، وہیں متصلاً یہ بھی کہہ دیا ہے:

وَ مَنۡ یَّبۡتَغِ غَیۡرَ الۡاِسۡلَامِ دِیۡنًا فَلَنۡ یُّقۡبَلَ مِنۡہُ ۚ وَ ہُوَ فِی الۡاٰخِرَۃِ مِنَ الۡخٰسِرِیۡنَ

(اور جو کوئی اسلام کے سوا کوئی دوسرا دین چاہے گا تو یاد رکھو! اس کی راہ کبھی قبول نہ کی جائے گی اور وہ آخرت کے دن (دیکھے گا کہ) تباہ ہونے والوں میں سے ہے)۔ (۳:۸۵)

اور اسی لیے وہ تمام باتیں پیروان دعوت کو بار بار متنبہ کرتا ہے کہ دین میں تفرقہ اور گروہ بندی سے بچیں اور اسی گمراہی میں بتلا نہ ہوئیں جس سے قرآن نے نجات دلائی ہے۔ وہ کہتا ہے: میری دعوت نے تمام انسانوں کو جو مذہب کے نام پر ایک دوسرے کے دشمن ہو رہے تھے، خدا پرستی کی راہ میں اس طرح جوڑ دیا ہے کہ ایک دوسرے کے جاں نثار بھائی بن گئے، ایک یہودی جو پہلے حضرت مسیح کا نام سنتے ہی نفرت سے بھر جاتا تھا، ایک عیسائی جو ہر یہودی کے خون کا پیاسا تھا، ایک مجوسی جس کے نزدیک تمام غیر مجوسی ناپاک تھے، ایک عرب جو اپنے سوا سب کو انسانی شرف و محاسن سے تہی دست سمجھتا تھا، ایک صابی جو یقین کرتا تھا کہ دنیا کی قدیم سچائی صرف اسی کے حصے میں آئی ہے، ان سب کو دعوت قرآنی نے ایک صف میں کھڑا کر دیا ہے اور اب یہ سب ایک دوسرے سے نفرت کرنے کی جگہ ایک دوسرے کے مذہبی رہنماؤں کی تصدیق کرتے اور سب کی بتائی ہوئی متفقہ راہ ہدایت پر گام زن ہیں:

وَ اعْتَصِمُوْا بِحَبْلِ اللّٰهِ جَمِيْعًا وَّ لَا تَفَرَّقُوْا ۪ وَ اذْكُرُوْا نِعْمَتَ اللّٰهِ عَلَيْكُمْ اِذْ كُنْتُمْ اَعْدَآءً فَاَلَّفَ بَيْنَ قُلُوْبِكُمْ فَاَصْبَحْتُمْ بِنِعْمَتِهٖۤ اِخْوَانًا ۚ وَ كُنْتُمْ عَلٰى شَفَا حُفْرَةٍ مِّنَ النَّارِ فَاَنْقَذَكُمْ مِّنْهَا ؕ كَذٰلِكَ يُبَيِّنُ اللّٰهُ لَكُمْ اٰيٰتِهٖ لَعَلَّكُمْ تَهْتَدُوْنَ

(اور (دیکھو!) سب مل جل کر اللہ کی رسی کو مضبوط پکڑلو اور جدا جدا نہ ہو، اللہ نے تم پر جو فضل و کرم کیا ہے اسے یاد کرو۔ تمہارا حال یہ تھا کہ ایک دوسرے کے دشمن ہو رہے تھے، پھر اللہ نے تمہارے دلوں میں باہم دگر الفت پیدا کر دی، پھر ایسا ہوا کہ انعام الٰہی سے بھائی بھائی ہو گئے۔ اور (دیکھو!) تمہارا حال یہ تھا گویا آگ سے بھرا ہوا گڑھا ہے اور اس کے کنارے کھڑے ہو، لیکن اللہ نے تمہیں بچالیا۔ اللہ اسی طرح اپنی کارفرمائیوں کی نشانیاں تم پر واضح کرتا ہے، تاکہ ہدایت پاؤ)۔ (۳:۱۰۳)

وَ لَا تَكُوْنُوْا كَالَّذِيْنَ تَفَرَّقُوْا وَ اخْتَلَفُوْا مِنْۢ بَعْدِ مَا جَآءَهُمُ الْبَيِّنٰتُ ؕ وَ اُولٰٓئِكَ لَهُمْ عَذَابٌ عَظِيْمٌ

(اور (دیکھو!) ان لوگوں کی سی چال اختیار نہ کر لینا جو (ایک دن پر قائم رہنے کی جگہ) جدا جدا ہو گئے اور اختلاف میں پڑ گئے، باوجودیکہ روشن دلیلیں ان کے سامنے آ چکی تھیں۔ (یاد رکھو!) یہی لوگ ہیں جن کے لیے (کامیابی و فلاح کی جگہ) بڑا (بھاری) عذاب ہے)۔ (۳:۱۰۵)

وَ اَنَّ هٰذَا صِرَاطِيْ مُسْتَقِيْمًا فَاتَّبِعُوْهُ ۚ وَ لَا تَتَّبِعُوا السُّبُلَ فَتَفَرَّقَ بِكُمْ عَنْ سَبِيْلِهٖ ؕ ذٰلِكُمْ وَصّٰىكُمْ بِهٖ لَعَلَّكُمْ تَتَّقُوْنَ

(اور (دیکھو!) یہ میری راہ ہے، بالکل سیدھی راہ، پس اسی ایک راہ پر چلو، طرح طرح کی راہوں کے پیچھے نہ پڑ جاؤ کہ وہ تمہیں خدا کی راہ سے ہٹا کر جدا جدا کر دیں گی۔ یہی بات ہے جس کا خدا تمہیں حکم دیتا ہے تاکہ تم (نافرمانی سے) بچو)۔ (۲:۱۵۳)

قرآن اور اس کے مخالفوں میں بناء نزاع

اب چند لمحوں کے لیے اس نزاع پر غور کرو جو قرآن اور اس کے مخالفوں میں پیدا ہو گئی تھی۔ یہ مخالف کون تھے؟ پچھلے مذاہب کے پیرو تھے جن میں بعض کے پاس کتاب تھی، بعض کے پاس نہ تھی۔

اچھا! وہ بناء نزاع کیا تھی؟ کیا یہ تھی کہ قرآن نے ان کے بانیوں اور رہنماؤں کو جھٹلایا تھا یا ان کی مقدس کتابوں سے انکار کیا تھا؟ اور اس لیے وہ اس کی مخالفت میں کمر بستہ ہو گئے تھے۔

کیا یہ تھی کہ اس نے دعویٰ کیا تھا خدا کی سچائی صرف میرے ہی حصے میں آئی ہے اور تمام پیروان مذاہب کو چاہیے اپنے اپنے نبیوں سے برگشتہ ہو جائیں؟

یا پھر اس نے دین کے نام سے کوئی ایسی بات کر دی تھی جو پیروان مذہب کے لیے بالکل نئی تھی اور اس لیے قدرتی طور پر انہیں ماننے میں تأمل تھا؟

قرآن کے صفحے کھلے ہوئے ہیں اور اس کے نزول کی تاریخ بھی دنیا کے سامنے ہے۔ یہ دونوں ہمیں بتلاتے ہیں کہ ان تمام باتوں میں سے کوئی بات بھی نہ تھی اور نہ ہو سکتی تھی۔ اس نے صرف ان تمام رہنماؤں کی تصدیق کی جن کے نام لیوا اس کے سامنے تھے، بلکہ صاف صاف لفظوں میں کہہ دیا: مجھ سے پہلے جتنے پیغمبر آ چکے ہیں، میں سب کی تصدیق کرتا ہوں اور ان میں سے کسی ایک کے انکار کو بھی خدا کی سچائی کا انکار سمجھتا ہوں۔ اس نے کسی مذہب کے ماننے والے سے یہ مطالبہ نہیں کیا کہ وہ اپنے مذہب کی دعوت سے انکار کر دے، بلکہ جب کبھی مطالبہ کیا تو یہی کیا کہ اپنے اپنے مذہبوں کی حقیقی تعلیم پر کربند ہو جاؤ، کیونکہ تمام مذہبوں کی اصل تعلیم ایک ہی ہے۔ اس نے نہ تو کوئی نیا اصول پیش کیا، نہ کوئی نیا عمل بتایا، اس نے ہمیشہ انہیں باتوں پر زور دیا جو دنیا کے تمام مذاہب کی سب سے زیادہ جانی بوجھی ہوئی باتیں رہی ہیں، یعنی ایمان اور عمل صالح۔ اس نے جب کبھی لوگوں کو اپنی طرف بلایا ہے تو یہی کہا ہے: اپنے اپنے مذہبوں کی حقیقت از سر نو تازہ کر لو، تمہارا ایسا کرنا ہی مجھے قبول کر لینا ہے۔

سوال یہ ہے کہ جب قرآن کی دعوت کا یہ حال تھا تو پھر آخر اس میں اس کے مخالفوں میں وجہ نزاع کیا تھی؟ ایک شخص جو کسی کو برا نہیں کہتا، سب کو مانتا اور سب کی تعظیم کرتا ہے اور ہمیں انہیں باتوں کی تلقین کرتا ہے جو سب کے یہاں مانی ہوئی ہیں، کوئی اس سے لڑے تو کیوں لڑے؟ اور کیوں لوگوں کو اس کا ساتھ دینے سے انکار ہو؟

کہا جاتا ہے کہ قریش مکہ کی مخالفت اس بناء پر تھی کہ قرآن نے بت پرستی سے انکار کر دیا تھا اور وہ بت پرستی کے طریقوں سے مالوف ہو چکے تھے، بلاشبہ ایک وجہ نزاع یہ بھی ہے، لیکن صرف یہی وجہ نزاع نہیں ہو سکتی۔ سوال یہ ہے کہ یہودیوں نے کیوں مخالفت کی جو بت پرستی سے قطعاً کنارہ کش تھے؟ عیسائی کیوں برسر پیکار ہو گئے جنہوں نے کبھی بت پرستی کی حمایت کا دعویٰ نہیں کیا؟

پیروان مذہب کی مخالفت اس لیے نہ تھی کہ جھٹلاتا کیوں ہے، بلکہ اس لیے کہ جھٹلاتا کیوں نہیں؟:

اصل یہ ہے کہ پیروان مذاہب کی مخالفت اس لیے نہ تھی کہ وہ انہیں جھٹلاتا کیوں ہے، بلکہ اس لیے تھی جھٹلاتا کیوں نہیں؟ ہر مذہب کا پیرو چاہتا تھا کہ وہ صرف اسی کو سچا کہے، باقی سب کو جھٹلائے، اور چونکہ وہ یکساں طور پر سب کی تصدیق کرتا تھا، اس لیے کوئی بھی اس سے خوش نہیں ہو سکتا تھا۔ یہودی اس بات سے تو بہت خوش تھے کہ قرآن حضرت موسیٰ کی تصدیق کرتا ہے لیکن وہ صرف اتنا ہی نہیں کرتا تھا، وہ حضرت مسیح کی بھی تصدیق کرتا تھا اور یہیں آ کر اس میں اور یہودیوں میں نزاع شروع ہو جاتی تھی۔ عیسائیوں کو اس پر کیا اعتراض ہو سکتا تھا کہ حضرت مسیح اور حضرت مریم کی پاکی و صداقت کا اعلان کیا جائے؟ لیکن قرآن صرف اتنا ہی نہیں کرتا تھا، وہ یہ بھی کہتا تھا کہ نجات کا دارومدار اعتقاد و عمل پر ہے، نہ کہ کفارہ اور اصطباغ پر۔ اور قانون نجات کی یہ عالم گیر بحث کی وسعت عیسائی کلیسا کے لیے ناقابل برداشت تھی۔

اسی طرح قریش مکہ کے لیے اس سے بڑھ کر کوئی دل خوش صدا نہیں ہو سکتی تھی کہ حضرت ابراہیم اور حضرت اسماعیل کی بزرگی کا اعتراف کیا جائے، لیکن جب وہ دیکھتے کہ قرآن جس طرح ان دونوں کی بزرگی کا اعتراف کرتا ہے، اسی طرح یہودیوں کے پیغمبروں اور عیسائیوں کے داعی کا بھی معترف ہے تو ان کے نسلی اور جماعتی غرور کو ٹھیس لگتی تھی۔ وہ کہتے تھے: ایسے لوگ حضرت ابراہیم اور حضرت اسماعیل کے پیرو کیونکر ہو سکتے ہیں جو ان کی بزرگی اور صداقت کی صف میں دوسروں کو بھی لا کھڑا کرتے ہیں۔

تین اصول جو قرآن میں اور اس کے مخالفوں میں بناء نزاع ہوئے :

مختصراً یوں سمجھنا چاہیے کہ قرآن کے تین اصول ایسے تھے جو اس میں اور تمام پیروان مذہب میں وجہ نزاع ہو گئے :

۱۔ وہ مذہبی گروہ بندی کی روح کا مخالف تھا اور دین کی وحدت یعنی ایک ہونے کا اعلان کرتا تھا۔ اگر پیروان مذاہب یہ مان لیتے تو انہیں تسلیم کرنا پڑتا کہ دین کی سچائی کسی ایک ہی گروہ کے حصے میں نہیں آئی ہے، سب کو یکساں طور پر ملی ہے، لیکن یہی ماننا ان کی گروہ پرستی پر شاق گذرتا تھا۔

۲۔ قرآن کہتا تھا : نجات اور سعادت کا دارومدار اعتقاد و عمل پر ہے، نسل، قوم، گروہ بندی اور ظاہری رسم ریت پر نہیں ہے۔ اگر یہ اصل وہ تسلیم کر لیتے تو پھر نجات کا دروازہ بلاامتیاز تمام نوع انسانی پر کھل جاتا اور کسی ایک مذہبی حلقے کی ٹھیکے داری باقی نہ رہتی۔ لیکن اس بات کے لیے ان میں سے کوئی بھی تیار نہ تھا۔

۳۔ وہ کہتا تھا : اصل دین خدا پرستی ہے اور خدا پرستی یہ کہ ایک خدا کی براہ راست پرستش کی جائے۔ لیکن پیروان مذہب نے کسی نہ کسی شکل میں شرک و بت پرستی کے طریقے اختیار کر لیے تھے اور گو انہیں اس بات سے انکار نہ تھا کہ اصل دین خدا پرستی ہی ہے، لیکن یہ بات شاق گزرتی تھی کہ اپنے مالوف معتاد طریقوں سے دست بردار ہو جائیں۔

خلاصہ بحث

متذکرہ صدر تفصیلات کا ماحصل حسبِ ذیل دفعات میں بیان کیا جا سکتا ہے :

۱۔ نزول قرآن کے وقت دنیا کا مذہبی تخیل اس سے زیادہ وسعت نہیں رکھتا تھا کہ نسلوں، خاندانوں اور قبیلوں کی معاشرتی حد بندیوں کی طرح مذہب کی بھی ایک خاص گروہ بندی کر لی گئی تھی۔ ہر گروہ بندی کا آدمی سمجھتا تھا دین کی سچائی صرف اسی کے حصے میں آئی ہے۔ جو انسان اس مذہبی حد بندی میں داخل ہے نجات یافتہ ہے، جو داخل نہیں ہے نجات سے محروم ہے۔

۲۔ ہر گروہ کے نزدیک مذہب کی اصل و حقیقت محض اس کے ظاہری اعمال و رسوم تھے۔ جوں ہی ایک انسان انہیں اختیار کر لیتا، یقین کیا جاتا کہ نجات و سعادت اسے حاصل ہو گئی، مثلاً عبادت کی شکل، قربانیوں کی رسوم، کسی خاص طعام کا کھانا یا نہ کھانا، کسی خاص وضع و قطع کا اختیار کرنا یا نہ کرنا۔

۳۔ چونکہ یہ اعمال و رسوم ہر مذہب میں الگ الگ تھے اور ہر گروہ کے اجتماعی مقتضیات یکساں نہیں ہو سکتے تھے، اس لیے ہر مذہب کا پیرو یقین کرتا تھا کہ دوسرا مذہب مذہبی صداقت سے خالی ہے، کیونکہ اس کے اعمال و رسوم ویسے نہیں ہیں جیسے خود اس نے اختیار کر رکھے ہیں۔

۴۔ ہر مذہبی گروہ کا دعویٰ صرف یہی نہ تھا کہ وہ سچا ہے، بلکہ یہ بھی تھا کہ دوسرا جھوٹا ہے۔ نتیجہ یہ تھا کہ ہر گروہ صرف اتنے ہی پر قانع نہیں رہتا کہ اپنے ہی سچائی کا اعلان کر دے، بلکہ یہ بھی ضروری سمجھتا کہ دوسروں کے خلاف تعصب و نفرت پھیلائے۔ اس صورت حال نے نوع انسانی کو ایک دائمی جنگ و جدال کی حالت میں مبتلا کر دیا تھا۔ مذہب اور خدا کے نام پر ہر گروہ دوسرے گروہ سے نفرت کرتا اور اس کا خون بہانا جائز سمجھتا۔

۵۔ لیکن قرآن نے نوع انسانی کے سامنے مذہب کی عالم گیر سچائی کا اصول پیش کیا :

(ا)۔ اس نے صرف یہی نہیں بتایا کہ ہر مذہب میں سچائی ہے، بلکہ صاف صاف کہہ دیا کہ تمام مذاہب سچے ہیں۔ اس نے کہا : دین خدا کی عام بخشش ہے، اس لیے ممکن نہیں کہ کسی ایک جماعت ہی کو دیا گیا ہو، دوسروں کا اس میں کوئی حصہ نہ ہو۔

(ب)۔ اس نے کہا : خدا کے تمام قوانین فطرت کی طرح، انسان کی روحانی سعادت کا قانون بھی ایک ہی ہے اور سب کے لیے ہے۔ پس پیروان مذہب کی سب سے بڑی گم راہی یہ ہے کہ انہوں نے دین الٰہی کی وحدت فراموش کر کے الگ الگ گروہ بندیاں کرلی ہیں اور ہر گروہ دوسری گروہ بندی سے لڑ رہی ہے۔

(ج)۔ اس نے بتایا کہ خدا کا دین اس لیے تھا کہ نوع انسانی کا تفرقہ اور اختلاف دور ہو، اس لیے نہ تھا کہ تفرقہ و نزاع کی علت بن جائے۔ پس اس سے بڑھ کر گم راہی اور کیا ہو سکتی ہے کہ جو چیز دور کرنے کے لیے آئی تھی، اسی کو تفرقہ کی بنیاد بنا لیا ہے۔

(د)۔ اس نے بتایا کہ ایک چیز دین ہے، ایک شرع و منہاج ہے۔ دین ایک ہی ہے اور ایک ہی طرح سب کو دیا گیا ہے، البتہ شرع و منہاج میں اختلاف ہوا اور یہ اختلاف ناگزیر تھا، کیونکہ ہر عہد اور ہر قوم کی حالت یکساں نہ تھی اور ضروری تھی کہ جیسی جس کی حالت ہو ویسے ہی احکام و اعمال بھی اس کے لیے اختیار کیے جائیں۔ پس شرح و منہاج کے اختلاف سے اصل دین مختلف نہیں ہو جا سکتے۔ تم نے دین کی حقیقت تو فراموش کر دی ہے، محض شرع و منہاج کے اختلاف پر ایک دوسرے کو جھٹلا رہے ہو۔

(ہ)۔ اس نے بتلایا کہ تمہاری مذہبی گروہ بندیوں اور ان کے ظواہر و رسوم کو انسانی نجات و سعادت میں کوئی دخل نہیں۔ یہ گروہ بندیاں تمہاری بنائی ہوئی ہیں ورنہ خدا کا ٹھہرایا ہوا دین تو ایک ہی ہے۔ وہ دین حقیقی کیا ہے؟ وہ کہتا ہے : ایمان اور عمل صالح کا قانون۔

(و)۔ اس نے صاف صاف لفظوں میں اعلان کر دیا کہ اس کی دعوت کا مقصد اس کے سوا کچھ نہیں ہے کہ تمام مذاہب سچے ہیں، لیکن پیروان مذہب سچائی سے منحرف ہو گئے ہیں۔ اگر وہ اپنی فراموش کردہ سچائی از سر نو اختیار کر لیں تو میرا کام پورا ہو گیا اور انہوں نے مجھے قبول کر لیا۔ تمام مذاہب کی یہی مشترک اور متفقہ سچائی ہے جسے وہ ''الدین'' اور ''الاسلام'' کے نام سے پکارتا ہے۔

(ز)۔ وہ کہتا ہے : خدا کا دین اس لیے نہیں ہے کہ ایک انسان دوسرے انسان سے نفرت کرے، بلکہ اس لیے ہے کہ ہر انسان دوسرے انسان سے محبت کرے اور سب ایک ہی پروردگار کے رشتہ عبودیت میں بندھ کر ایک ہو جائیں۔ وہ کہتا ہے : جب سب کا پروردگار ایک ہے، جب سب کا مقصود اسی کی بندگی ہے، جب ہر انسان کے لیے وہی ہونا ہے جیسا کچھ اس کا عمل ہے تو پھر خدا اور مذہب کے نام پر یہ تمام جنگ و نزاع کیوں ہے؟

٦۔ مذاہب عالم کا اختلاف صرف اختلاف ہی کی حد تک نہیں رہا ہے، بلکہ باہمی نفرت و مخاصمت کا ذریعہ بن گیا ہے۔ سوال یہ ہے کہ یہ مخاصمت کیونکر دور ہو؟ یہ تو ہو نہیں سکتا کہ تمام پیروان مذاہب اپنے دعوے میں سچے مان لیے جائیں، کیونکہ ہر مذہب کا پیرو صرف اسی بات کا مدعی نہیں کہ وہ سچا ہے، بلکہ اس کا بھی مدعی ہے کہ دوسرے جھوٹے ہیں، پس اگر ان کے دعاوی مان لیے جائیں تو تسلیم کرنا پڑے گا کہ ہر مذہب بہ یک وقت سچا بھی ہے اور جھوٹا بھی ہے۔ یہ بھی نہیں ہو سکتا کہ سب جھوٹا قرار دیا جائے، کیونکہ اگر تمام مذاہب

جھوٹے ہیں تو پھر مذہب کی سچائی ہے کہاں ؟ پس ! اگر کوئی صورت نزاع کی ہو سکتی ہے تو وہی ہے جس کی دعوت لے کر قرآن نمودار ہوا ہے ۔ تمام مذاہب سچے ہیں ، کیونکہ اصل دین ایک ہی ہے اور سب کو دیا گیا ہے ۔ لیکن تمام پیروان مذاہب سچائی سے منحرف ہو گئے ہیں ، کیونکہ انہوں نے دین کی حقیقت اور وحدت ضائع کر دی ہے اور اپنی گمراہیوں کی الگ الگ ٹولیاں بنالی ہیں ۔ اگر ان گمراہیوں سے لوگ باز آ جائیں اور اپنے اپنے مذہب کی حقیقی تعلیم پر کاربند ہو جائیں تو مذاہب کی تمام نزاعات ختم ہو جائیں گی ۔ ہر گروہ دیکھ لے گا کہ اس کی راہ بھی اصلاً وہی ہے جو اور تمام گروہوں کی راہ ہے ۔ قرآن کہتا ہے : تمام مذاہب کی یہی مشترک اور متفقہ حقیقت ''الدین'' یعنی نوع انسانی کے لیے حقیقی دن اور اسی کو ہو ''الاسلام'' کے نام سے پکارتا ہے ۔

۷۔ نوع انسانی کی باہمی یگانگت اور اتحاد کے جتنے رشتے بھی ہوسکتے تھے سب انسان کے ہاتھوں ٹوٹ چکے ۔ سب کی نسل ایک تھی ، مگر ہزاروں نسلیں ہو گئیں ۔ سب کی قومیت ایک تھی ، مگر بے شمار قومیتیں بن گئیں ۔ سب کی وطنیت ایک تھی ۔ لیکن سینکڑوں وطنیتوں میں بٹ گئے ۔ سب کا درجہ ایک تھا ، لیکن امیر و فقیر ، شریف و وضع اور ادنیٰ و اعلیٰ کے بہت سے درجے ٹھہرا لیے گئے ۔ ایسی حالت میں کون سا رشتہ ہے جو ان تمام تفرقوں پر غالب آ سکتا ہے اور تمام انسان ایک ہی صف میں کھڑے ہو جا سکتے ہیں ؟ قرآن کہتا ہے کہ خدا پرستی کا رشتہ ۔ یہی ایک رشتہ ہے جو انسانیت کا بچھڑا ہوا گھرانا پھر آباد کر دے سکتا ہے ۔ یہ اعتقاد کہ ہم سب کا پروردگار ایک ہی پروردگار ہے اور ہم سب کے سر اسی ایک چوکھٹ پر جھکے ہوئے ہیں ، یک جہتی اور یگانگت کا ایسا جذبہ پیدا کر دیتا ہے کہ ممکن نہیں کہ انسان کے بنائے ہوئے تفرقے پر غالب آ سکیں ۔

صراط مستقیم

اسی بناء پر سورۃ فاتحہ میں جس دعا کی تلقین کی گئی ہے وہ ''صراط مستقیم'' پر چلنے کی طلب گاری ہے۔ ''صراط'' کے معنی راہ کے ہیں اور ''مستقیم'' کے معنی سیدھا ہونے کے۔ پس ''صراط مستقیم'' ایسی راہ ہوئی جو سیدھی ہو، کسی طرح کا پیچ و خم نہ ہو۔ پھر اس راہ کی پہچان یہ بتلائی کہ صراط الذین انعمت علیھم غیر المغضوب علیھم ولا الضالین یعنی اُن لوگوں کی راہ جن پر خدا کا انعام ہوا۔ ان کی راہ نہیں جو مغضوب ہوئے۔ نہ کہ ان کی جو گم راہ ہیں۔

یہ انعام یافتہ انسان کون ہیں جن کی راہ سیدھی راہ ہوئی؟ قرآن نے جابجا واضح کیا ہے کہ خدا کے تمام رسول اور راست باز انسان جو دنیا کے مختلف عہدوں اور گوشوں میں گزر چکے ہیں، انعام یافتہ انسان ہیں اور انہیں کی راہ صراط مستقیم ہے:

وَ مَنْ يُّطِعِ اللّٰهَ وَ الرَّسُوْلَ فَاُولٰٓئِكَ مَعَ الَّذِيْنَ اَنْعَمَ اللّٰهُ عَلَيْهِمْ مِّنَ النَّبِيّٖنَ وَ الصِّدِّيْقِيْنَ وَ الشُّهَدَآءِ وَ الصّٰلِحِيْنَ ۚ وَ حَسُنَ اُولٰٓئِكَ رَفِيْقًا ؕ

(اور جس کسی نے اللہ اور رسول کی اطاعت کی تو بلاشبہ وہ ان لوگوں کا ساتھی ہوا جن پر اللہ نے انعام کیا ہے۔ یہ انعام یافتہ جماعت نبیوں کی ہے، صدیقوں کی ہے، شہداء کی ہے، نیک عمل انسانوں کی ہے، اور جس (کے ساتھی ایسے لوگ ہوں تو) کیا ہی اچھی اس کی رفاقت ہے!) (۴: ۶۹)

اس آیت میں بالترتیب چار جماعتوں کا ذکر کیا گیا ہے اور انہیں انعام یافتہ قرار دیا ہے: انبیاء، صدیقین، شہداء، صالحین۔

''انبیاء'' سے مقصود خدا کی سچائی کے تمام پیغام بر ہیں جو نوع انسانی کی ہدایت کے لیے پیدا ہوئے۔

''صدیق'' سے مقصود ایسے انسان ہیں جو کامل معنوں میں سچے ہوں، یعنی سچائی کے سانچے میں کچھ اس طرح ڈھلے ہوئے ہوں کہ سچائی کے خلاف کوئی بات ان کے دماغ میں اتر ہی نہ سکے۔

''شہید'' کے معنی گواہ کے ہیں، یعنی ایسے انسان جو اپنے قول و فعل سے حق و صداقت کی شہادت بلند کرنے والے ہوں۔

''صالحین'' سے مقصود وہ تمام انسان ہیں جو نیک عملی کی راہ میں استقامت رکھیں اور برائی کی راہوں سے کنارہ کش ہوں۔

پس معلوم ہوا انعام یافتہ انسانوں سے مراد دنیا کے تمام رسول اور داعیان حق ہیں جو قرآن کے نزول سے پہلی دنیا میں پیدا ہو چکے تھے اور تمام راست باز انسان ہیں جو نوع انسانی میں گزر چکے تھے۔ اس میں تو نہ کسی خاص نسل و قوم کی خصوصیت رکھی گئی ہے، نہ کسی خاص مذہب اور اس کے پیرووں کی۔ دنیا کے تمام نبی، تمام صدیق، تمام شہداء حق، تمام صالح انسان، خواہ کسی ملک و قوم میں ہوئے ہوں، قرآن کے نزدیک ''انعام یافتہ'' انسان ہیں اور انہیں کی راہ ''صراط مستقیم'' ہے۔

خدا کے ان تمام رسولوں اور نوع انسانی کے راست باز افراد کی راہ کون سی تھی؟ وہی راہ جسے قرآن دین حقیقی کی راہ قرار دیتا ہے۔ وہ کہتا ہے: دنیا میں جس قدر بھی سچائی کے داعی آئے، سب نے یہی تعلیم دی کہ ''أَقِيمُوا الدِّينَ وَلَا تَتَفَرَّقُوا فِيهِ (۱۳:۴۲) خدا کا ایک ہی دین قائم رکھو اور اس راہ میں جدا جدا نہ ہو جاؤ (یہی سچائی کی سیدھی راہ ہے)۔

چنانچہ یہی وجہ ہے کہ قرآن نے جا بجا ''الدین'' کو صراط مستقیم سے بھی تعبیر کیا ہے۔ سورۃ شوریٰ میں پیغمبر اسلام کو مخاطب کرتے ہوئے کہتا ہے: ''تم صراط مستقیم کی طرف ہدایت کرنے والے ہو اور صراط مستقیم ہی صراط اللہ ہے'' یعنی اللہ کی ٹھیرائی ہوئی راہ سعادت''

وَإِنَّكَ لَتَهْدِي إِلَىٰ صِرَاطٍ مُّسْتَقِيمٍ ۔ صِرَاطِ اللَّهِ الَّذِي لَهُ مَا فِي السَّمَاوَاتِ وَمَا فِي الْأَرْضِ أَلَا إِلَى اللَّهِ تَصِيرُ الْأُمُورُ

(اور (اے پیغمبر!) بلاشبہ تم صراط مستقیم کی طرف ہدایت کرنے والے ہو، صراط اللہ، یعنی اللہ کی راہ کی طرف، وہ اللہ کہ آسمان و زمین میں جو کچھ ہے سب اسی کا ہے۔ ہاں یاد رکھو، (کائنات خلقت کے) تمام کاموں کا مرجع اسی کی ذات ہے)۔ (۵۳:۴۲)

اسی طرح وہ جا بجا کہتا ہے کہ خدا کے تمام رسولوں کی دعوت صراط مستقیم کی دعوت تھی۔ سورۃ نحل میں حضرت ابراہیم (علیہ السلام) کی نسبت ہے:

وَهَدَاهُ إِلَىٰ صِرَاطٍ مُّسْتَقِيمٍ

(خدا نے اسے صراط مستقیم دکھا دی) (۱۲۱:۱۶)

سورۃ زخرف میں حضرت مسیح (علیہ السلام) کی زبانی سنتے ہیں:

إِنَّ اللَّهَ هُوَ رَبِّي وَرَبُّكُمْ فَاعْبُدُوهُ هَٰذَا صِرَاطٌ مُّسْتَقِيمٌ

(اللہ میرا اور تمہارا سب کا پروردگار ہے، پس اسی کی بندگی کرو، یہی صراط مستقیم ہے) (۴۳:۶۴)

سورۃ انعام میں پہلے حضرت نوح اور حضرت ابراہیم کا ذکر کیا ہے، پھر سلسلہ ابراہیمی کے متعدد نبیوں کا جو تورات کی مشہور شخصیتیں ہیں، اس کے بعد کہا ہے:

وَاجْتَبَيْنَاهُمْ وَهَدَيْنَاهُمْ إِلَىٰ صِرَاطٍ مُّسْتَقِيمٍ

(ان سب کو ہم نے صراط مستقیم دکھا دی)۔ (۶:۸۷)

اصل یہ ہے کہ خدا کے عالم گیر دین کی حقیقت ظاہر کرنے کے لیے صراط مستقیم سے بہتر تعبیر نہیں ہو سکتی تھی۔ تم کسی خاص مقام تک پہنچنے کے لیے کتنی ہی راہیں نکالو، لیکن سیدھی راہ ہمیشہ ایک ہی ہوگی اور اسی پر چل کر ہر مسافر منزل مقصود تک بحفاظت و امن پہنچ سکے گا۔ علاوہ بریں سیدھی راہ ہی ہمیشہ شاہ راہ عام کی حیثیت اختیار کر لیتی ہے۔ تمام مسافر، خواہ کسی گوشے کے رہنے والے ہوں، لیکن سب مل جل کر وہی راہ اختیار کریں گے اور کبھی یہ نہ کریں گے کہ الگ الگ ٹولیاں بنا کر ٹیڑھی ترچھی راہوں میں متفرق ہو جائیں۔ قرآن کہتا ہے: ٹھیک اسی طرح دین کی سیدھی راہ بھی ایک ہی ہے۔ ہر عہد، ہر قوم، ہر ملک اسی پر چل کر منزل مقصود تک پہنچا ہے، بعد کو پیروان مذہب نے ایسا کیا کہ بہت سی ٹیڑھی ترچھی راہیں نکالیں اور ایک راہ پر متفق رہنے کی جگہ الگ الگ ٹولیاں بنا کر متفرق ہو گئے۔ وہ کہتا ہے: اب اگر تم چاہتے ہو کہ منزل مقصود کا سراغ پاؤ تو چاہیے کہ اسی سیدھی راہ پر اکٹھے ہو جاؤ۔ حضرت عبداللہ بن مسعود رحمۃ اللہ کی روایت میں یہ الفاظ آئے ہیں: فهو سبيلُ الله طريقا مستقيما، سهلا، مسلوكا، واسعا، موصلا الى المقصود:

وَأَنَّ هَٰذَا صِرَاطِي مُسْتَقِيمًا فَاتَّبِعُوهُ ۖ وَلَا تَتَّبِعُوا السُّبُلَ فَتَفَرَّقَ بِكُمْ عَن سَبِيلِهِ ۚ ذَٰلِكُمْ وَصَّاكُم بِهِ لَعَلَّكُمْ تَتَّقُونَ

(اور (دیکھو!) یہ میری راہ ہے، بالکل سیدھی راہ! پس اسی ایک راہ پر چلو اور طرح طرح کے راستوں کے پیچھے نہ پڑو وہ تمہیں خدا کی سیدھی راہ سے ہٹا کر جدا جدا کر دیں گے۔ یہی بات ہے جس کا خدا تمہیں حکم دیتا ہے تاکہ (اس کی نافرمانی سے) بچو)۔ (۶:۱۵۳)

چنانچہ یہ حقیقت بالکل واضح ہو جاتی ہے جب ''صراط مستقیم'' کی تفسیر پر نظر ڈالی جائے جو خود پیغمبر اسلام (صلی اللہ علیہ وسلم) نے فرمائی ہے:

عن ابن مسعود قال خط لنا رسول الله صلى الله عليه وسلم خطا بيده ثم قال هذا سبيل الله مستقيما ثم خط خطوطا عن يمين ذلك الخط و عن شماله ثم قال و هذه السبل ليس منها سبيل الا عليه شيطان يدعو اليه ثم قر اهذه الآية۔ (اخرجه النسائی و احمد و البزرا و ابن المنذر و ابو الشیخ والحاکم و صححه)۔

(عبداللہ بن مسعود رضی اللہ کہتے ہیں : رسول اللہ (صلی اللہ علیہ وسلم) نے اپنی انگلی سے ایک لکیر کھینچی اور فرمایا یوں سمجھو کہ یہ اللہ کا ٹھہرایا ہوا راستہ ہے۔ بالکل سیدھا۔ اس کے بعد اس لکیر کے دونوں طرف بہت سے ترچھی لکیریں کھینچ دیں اور فرمایا یہ طرح طرح کے راستے ہیں جو بنا لیے گئے ہیں اور ان میں کوئی راستہ نہیں جس کی طرف بلانے کے لیے ایک شیطان موجود نہ ہو، پھر یہ آیت پڑھی ''وان هذا صراطی مستقیما''۔۔۔۔)

اس سے معلوم ہوا تمام ادھر ادھر کے ٹیڑھے ترچھے راستے ''سُبل متفرقہ'' ہیں جو جمعیت بشری کو متحد کرنے کی جگہ متفرق کر دیتے ہیں اور درمیان کی ایک ہی سیدھی راہ ''صراط مستقیم'' ہے۔ یہ متفرق کرنے کی بجائے، تمام رہ روان منزل کو ایک ہی شاہ راہ پر جمع کر دیتی ہے۔

یہ سبل متفرقہ کیا ہیں؟ اسی گمراہی کا نتیجہ ہیں جسے قرآن نے ''تشیع'' اور ''تحزب'' کی گم راہی سے تعبیر کیا ہے اور تشریح اس کی اوپر گزر چکی۔

دین حقیقی کی راہ کا سیدھا ہونا اور ''سبل متفرقہ'' یعنی کود ساختہ گروہ بندیوں کا پر پیچ و خم ہونا، ایک ایسی حقیقت ہے جسے ہر انسان بغیر کسی عقلی کاوش کے سمجھ لے سکتا ہے۔ خدا کا دین اگر انسان کی ہدایت کے لیے ہے تو ضروری ہے کہ خدا کے تمام قوانین کی طرح یہ بھی صاف اور واضح ہو، اس میں کوئی راز نہ ہو، کوئی پیچیدگی نہ ہو، ناقابل حل معمہ نہ ہو، اعتقاد میں سہل ہو اور عمل میں ہلکا، ہر عقل اسے بوجھ لے، ہر طبیعت اس پر مطمئن ہو جائے۔ اچھا اب غور کرو! یہ تعریف کس راہ پر صادق آتی ہے؟ ان مختلف راہوں پر جو پیروان مذہب نے الگ الگ گروہ بندیاں کر کے نکال لی ہیں یا اس ایک ہی راہ پر جسے قرآن اصل دین کی راہ بتلاتا ہے؟

ان گروہ بندیوں میں سے کوئی گروہ بندی بھی ایسی نہیں ہے جو اپنے بوجھل عقیدوں، ناقابل فہم عقدوں اور ناقابل برداشت عملوں کی ایک طول طویل فہرست نہ ہو۔ ہم یہاں تفصیلات میں نہیں جائیں گے۔ ہر شخص جانتا ہے کہ دنیا کے تمام پیروان مذہب کے مزعومہ عقائد و

اعمال کا کیا حال ہے اور ان کی نوعیت کیسی ہے۔ مذہب کا عقل کے لیے معمہ اور طبیعت کے لیے بوجھ ہونا ایک ایسی بات ہے جو عام طور پر مذاہب کا خاصہ تسلیم کرلی گئی ہے۔ لیکن قرآن جس راہ کو دین حقیقی کی راہ کہتا ہے، اس کا کیا حال ہے؟ اس کی راہ تو اتنی واضح، اتنی سہل، اتنی مختصر ہے کہ عقائد و اعمال کی پوری فہرست دو لفظوں میں ختم کردی جاسکتی ہے ''ایمان اور عمل صالح'' (۱۱۲) اس کے عقائد میں عقل کے لیے کوئی بوجھ نہیں، اس کے اعمال میں طبیعت کے لیے کوئی سختی نہیں، ہر طرح کے پیچ و خم سے پاک، ہر معنی میں اعتقاد و عمل کی سیدھی سیدھی بات ''الحنيفية السمحة ليلها كنهارها، اس کی رات بھی اس کے دن کی طرح روشن ہے:''

الْحَمْدُ لِلَّهِ الَّذِي أَنزَلَ عَلَىٰ عَبْدِهِ الْكِتَابَ وَلَمْ يَجْعَل لَّهُ عِوَجًا

(ہر طرح کی ستائش اللہ ہی کے لیے ہے جس نے اپنے بندے پر کتاب نازل کی اور اس میں کسی طرح کی بھی کمی نہیں رکھی)۔ (۱۸:۱)

بہرحال قرآن کا پیرو وہ ہے جو دین کی سیدھی راہ پر چلنے والا ہے۔ وہ راہ نہیں جو کسی خاص گروہ، کسی خاص نسل، کسی خاص قوم، کسی خاص عہد کی راہ ہے، بلکہ خدا کی عالم گیر سچائی کی راہ وہ ہے جو ہر جگہ اور ہر عہد میں نمایاں ہوئی ہے اور ہر طرح کی جغرافیائی اور جماعتی حد بندیوں کے امتیازات سے پاک ہے:

إِنَّ اللَّهَ هُوَ رَبِّي وَرَبُّكُمْ فَاعْبُدُوهُ هَٰذَا صِرَاطٌ مُّسْتَقِيمٌ

(اللہ میرا اور تمہارا دونوں کا پروردگار ہے، پس اسی کی بندگی کرو، یہی صراط مستقیم ہے)۔ (۴۳:۶۴)

علاوہ بریں بحث و نظر کے بعض دوسرے پہلو بھی ہیں جو اس موقع پر پیش نظر رہنے چاہییں:

اول۔ فلاح و سعادت کی راہ کو ''سیدھی راہ'' سے تعبیر کیا گیا اور سیدھی راہ پر چلنا ایک ایسی بات ہے جس کی سمجھ اور طلب، بالطبع ہر انسان کے اندر موجود ہے۔ پھر اس کی پہچان بتلاتے ہوئے کوئی اس طرح کی تعریف نہیں کی جس کے سمجھنے اور منطبق کرنے میں ذہنی کاوشوں کی ضرورت ہو، بلکہ ایک خاص طرح کے انسانوں کی طرف انگلی اٹھا دی کہ ''صراط مستقیم'' ان لوگوں کی راہ ہے۔

اس اسلوب بیان نے ہر انسان کے سامنے ''صراط مستقیم'' کو ایک محسوس و مشہود صورت میں نمایاں کردیا۔ ہر انسان خواہ کسی عہد اور کسی ملک و قوم سے تعلق رکھتا ہو، لیکن اس بات سے بے خبر نہیں ہوسکتا کہ یہاں دو طرح کے انسان موجود ہیں: ایک وہ ہیں جن کی راہ سعادت و کامیابی کی راہ ہے، ایک وہ ہیں جن کے حصے میں محرومی و شقاوت آئی ہے۔ پس کامیابی کی راہ کی پہچان اس سے زیادہ بہتر اور موثر طریقے سے بیان نہیں کی جاسکتی کہ وہ کامیاب انسان کی راہ ہے۔ اگر اس کی پہچان منطقی تعریفوں کی طرح بیان کی جاتی تو ظاہر ہے نہ تو ہر انسان بغیر کاوش و فکر کے سمجھ سکتا، نہ قطعی طور پر کسی ایک ہی راہ پر منطبق کی جاسکتی۔

ثانیاً۔ جہاں تک انسانی فلاح و سعادت کا تعلق ہے، صراط مستقیم کی تعبیر ہی ہر لحاظ سے حقیقی اور قدرتی تعبیر ہو سکتی تھی۔ انسان کے فکر و عمل کا کوئی گوشہ ہو لیکن صحت و درستگی کی راہ ہمیشہ وہی ہوگی جو سیدھی راہ ہو، جہاں انحراف اور کجی پیدا ہوئی، نقص و فساد و ظہور میں آ گیا۔ یہی وجہ ہے کہ دنیا کی تمام زبانوں میں سیدھا ہونا اور سیدھی چال چلنا فلاح و سعادت کے معنوں میں عام طور پر بولا جاتا ہے گویا اچھائی کے معنوں میں یہ ایک ایسی تعبیر ہے جو تمام نوع انسانی کی عالم گیر تعبیر کہی جا سکتی ہے۔

حضرت مسیح سے چار سو برس پہلے دارا یوش اول نے جو فرامین کندہ کرائے تھے، ان میں سے بے ستون کا کتبہ آج تک موجود ہے اور اس کا خاتمہ ان جملوں پر ہوتا ہے "اے انسان! اہورا مزد کا (یعنی خدا کا) تیرے لیے حکم یہ ہے کہ برائی کا دھیان نہ کر، سیدھا راستہ نہ چھوڑ، گناہ سے بچ تارہ" (۱۳)

پس صراط مستقیم پر چلنے کی طلب زندگی کی تمام راہوں میں درستگی و صحت کی راہ چلنے کی طلب ہوئی اور اسی لیے سعی و عمل کے ہر گوشے میں انعام یافتہ گروہ وہی ہو سکتا ہے جس کی راہ صراط مستقیم ہو۔

''الْمَغْضُوبِ عَلَيْهِمْ'' اور ''الضَّالِّينَ''

پھر ''صراط مستقیم'' کی پہچان صرف اس کے مثبت پہلو ہی سے واضح نہیں کی گئی، بلکہ اس کا ضد مخالف پہلو بھی واضح کر دیا گیا: ''غیر المغضوب علیهم ولا الضالین'' (ان کی راہ نہیں جو مغضوب ہوئے، نہ ان کی جو گم راہ ہو کر بھٹک گئے۔)

''مغضوب علیهم'' گرو ''منعم علیهم'' کی بالکل ضد ہے، کیونکہ انعام کی ضد غضب ہے، اور فطرت کائنات کا قانون یہ ہے کہ راست باز انسانوں کے حصے میں انعام آتا ہے، نافرمانوں کے حصے میں غضب۔ 'گمراہ'' وہ ہیں جو راہ حق نہ پا سکے اور اس کی جستجو میں بھٹک گئے۔ پس مغضوب وہ ہوئے جنہوں نے راہ پائی اور اس کی نعمتیں بھی پائیں، لیکن پھر اس سے منحرف ہو گئے اور نعمت کی راہ چھوڑ کر محرومی و شقاوت کی راہ اختیار کر لی۔ 'گمراہ'' وہ ہوئے جو راہ ہی نہ پا سکے، اس لیے ادھر ادھر بھٹک رہے ہیں اور صراط مستقیم کی سعادتوں سے محروم ہیں۔

''مغضوب علیہ'' کی محرومی حصول معرفت کے بعد انکار کا نتیجہ ہے اور 'گم راہ'' کی محرومی جہل کا نتیجہ۔ پہلے نے پا کر، روگردانی کی اس لیے محروم ہوا، دوسرا پا ہی نہ سکا اس لیے محروم ہے۔ محروم دونوں ہوئے، مگر یہ ظاہر ہے کہ پہلے کی محرومی زیادہ مجرمانہ ہے، کیونکہ ان نے نعمت حاصل کر کے پھر اس سے روگردانی کی، اسی لیے اسے مغضوب کہا گیا اور دوسرے کی حالت صرف گم راہی کے لفظ سے تعبیر کی گئی۔

ہم دیکھتے ہیں دنیا میں فلاح و سعادت سے محروم آدمی ہمیشہ دو طرح کے ہوتے ہیں: جاحد اور جاہل۔ جاحد وہ ہوتا ہے جو حقیقت پا لیتا ہے، بایں ہمہ اس سے روگردانی کرتا ہے، جاہل وہ ہوتا ہے جو حقیقت سے ناآشنا ہوتا ہے، اور اپنے جہل پر قانع ہو جاتا ہے۔ پس صراط مستقیم پر چلنے کی طلب گاری کے ساتھ محرومی و شقاوت کی ان دونوں صورتوں سے بچنے کی طلب بھی سکھلا دی، تاکہ فلاح و سعادت کی راہ کا تصور ہر طرح کامل اور لغزشوں سے محفوظ ہو جائے۔

جہاں تک مذہبی صداقت کا تعلق ہے، دونوں طرح کی محرومیوں کی مثالیں قوموں کی تاریخ میں موجود ہیں۔ کتنی ہی قومیں ہیں جن کے قدم صراط مستقیم پر استوار ہو گئے تھے اور فلاح و سعادت کی تمام نعمتیں ان کے لیے مہیا تھیں، بایں ہمہ انہوں نے روگردانی کی اور راہ حق کی معرفت حاصل کر کے پھر اس سے منحرف ہو گئے۔ نتیجہ یہ نکلا کہ وہی قوم جو کل تک دنیا کی انعام یافتہ جماعت تھی، سب سے زیادہ محروم و نامراد جماعت ہو گئی۔ اسی طرح کتنی ہی جماعتیں ہیں جن کے سامنے فلاح و سعادت کی راہ کھول دی گئی، لیکن انہوں نے معرفت کی جگہ جہل اور روشنی کی جگہ تاریکی پسند کی۔ نتیجہ یہ نکلا کہ راہ حق نہ پا سکے اور نامرادی و محرومی کی وادیوں میں گم ہو گئے۔

احادیث و آثار میں اس کی جو تفسیر بیان کی گئی ہے اس سے یہ حقیقت اور زیادہ واضح ہو جاتی ہے۔ ترمذی اور احمد وابن حبان وغیرہم کی مشہور حدیث ہے کہ: ''آنحضرت (صلی اللہ علیہ وسلم) نے فرمایا ''المغضوب'' یہودی ہیں اور ''الضالین'' نصاریٰ ہیں''۔ یقیناً اس تفسیر کا مطلب یہ نہیں ہو سکتا کہ مغضوب سے مقصود صرف یہودی اور گمراہ سے مقصود صرف نصاریٰ ہیں، بلکہ مقصود یہ ہے کہ مغضوبیت اور گمراہی کی حالت واضح کرنے کے لیے دو جماعتوں کا ذکر بطور مثال کے کر دیا جائے۔ چنانچہ ان دونوں جماعتوں کی تاریخ میں ہم محرومی کی دونوں حالتوں کا کامل نمونہ دیکھ سکتے ہیں۔ یہودیوں کی قومی تاریخ مغضوبیت کے لیے اور عیسائیوں کی تاریخ گمراہی کے لیے عبر و تذکیر کا بہترین سرمایہ ہے۔

قرآن کے قصص اور استقراء تاریخی

یہی وجہ ہے کہ ہم دیکھتے ہیں قرآن نے ہدایت و تذکیر امم کے لیے جن جن اصولوں پر زور دیا ہے ان میں سب سے زیادہ نمایاں اصل پچھلی قوموں کے ایام ووقائع اوران کے نتائج ہیں وہ کہتا ہے : کائنات ہستی کے ہر گوشے کی طرح قوموں اور جماعتوں کے لیے بھی خدا کا قانون سعادت و شقاوت ایک ہی ہے اور ہر عہد اور ہر ملک میں ایک ہی طرح کے احکام و نتائج رکھتا ہے ۔ اس کے احکام میں کبھی تبدیلی نہیں ہو سکتی اور اس کے نتائج ہمیشہ اور ہر حال میں اٹل ہیں ۔ جس طرح سنکھیا کی تاثیر اس لیے بدل نہیں جا سکتی کہ وہ کس عہد اور کس سنہ میں استعمال کی گئی، اسی طرح قوموں اور جماعتوں کے اعمال کے نتائج بھی اس لیے متغیر نہیں ہو جا سکتے کہ کس ملک میں پیش آئے ۔ اگر ماضی میں ہمیشہ شہد، شہد کا خاصہ رکھتا آیا ہے اور سنکھیا کی تاثیر سنکھیا ہی کی ہوگی ۔ پس جو کچھ ماضی میں پیش آ چکا ہے ضروری ہے کہ مستقبل میں بھی پیش آئے :

سُنَّةَ اللَّهِ فِي الَّذِينَ خَلَوْا مِن قَبْلُ وَلَن تَجِدَ لِسُنَّةِ اللَّهِ تَبْدِيلًا (۳۳:۶۲)

جو لوگ تم سے پہلے گزر چکے ہیں ان کے لیے اللہ کی سنت یہی رہی ہے (یعنی اللہ کے قوانین و احکام کا دستور یہی رہا ہے) اور اللہ کی سنت میں تم کبھی ردوبدل نہیں پاؤ گے ۔

فَهَلْ يَنظُرُونَ إِلَّا سُنَّتَ الْأَوَّلِينَ فَلَن تَجِدَ لِسُنَّتِ اللَّهِ تَبْدِيلًا وَلَن تَجِدَ لِسُنَّتِ اللَّهِ تَحْوِيلًا (۳۵:۴۳)

پھر یہ لوگ کس بات کی راہ تک رہے ہیں؟ کیا اس سنت کی جو اگلے لوگوں کے لیے رہ چکی ہے ؟ تو یاد رکھو! تم اللہ کی سنت کو کبھی بدلتا ہوا نہیں پاؤ گے اور نہ کبھی ایسا ہو سکتا ہے کہ اس کی سنت کے احکام پھیر دیئے جائیں ۔

سُنَّةَ مَن قَدْ أَرْسَلْنَا قَبْلَكَ مِن رُّسُلِنَا وَلَا تَجِدُ لِسُنَّتِنَا تَحْوِيلًا (۱۷:۷۷)

(اے پیغمبر!) تم سے پہلے جن رسولوں کو ہم نے بھیجا ہے، ان کے لیے ہماری سنت یہی رہی ہے اور ہماری سنت کبھی ٹلنے والی نہیں ۔

چنانچہ وہ ایک طرف تو انعام یافتہ جماعتوں کی کامرانیوں کا بار بار ذکر کرتا ہے، دوسری طرف مغضوب اور گمراہ جماعتوں کی محرومیوں کی سرگزشتیں بار بار سناتا ہے، پھر جابجا ان سے عبرت و بصیرت کے نتائج اخذ کرتا ہے جن پر اقوام و جماعات کا عروج و زوال موقوف ہے۔ وہ کھول کھول کر بتلاتا ہے کہ انعام یافتہ جماعتوں کی سعادت و کامرانی ان اعمال کا انعام تھی اور مغضوب و گمراہ جماعتوں کی شقاوت و محرومی ان بداعمالیوں کی پاداش تھی۔ اچھے نتائج کو ''انعام'' کہتا ہے، کیونکہ یہ فطرت الٰہی کی قبولیت ہے، برے نتائج کو ''غضب'' کہتا ہے، کیونکہ یہ قانون الٰہی کی پاداش ہے، وہ کہتا ہے: جن اسباب و علل سے دس مرتبہ ایک خاص طرح کا معلول پیدا ہو چکا ہے، تم کیونکر انکار کر سکتے ہو کہ گیارہویں مرتبہ بھی ویسا ہی معلول پیدا نہ ہوگا:

قَدْ خَلَتْ مِن قَبْلِكُمْ سُنَنٌ فَسِيرُوا فِي الْأَرْضِ فَانظُرُوا كَيْفَ كَانَ عَاقِبَةُ الْمُكَذِّبِينَ

(۳:۱۳۷)

تم سے پہلے بھی دنیا میں (خدا کے) احکام و قوانین کے نتائج گزر چکے ہیں، پس ملکوں کی سیر کرو اور دیکھو ان لوگوں کا انجام کیا ہوا جنھوں نے (اللہ کے قوانین کو) جھٹلایا تھا!

قرآن کی سورتوں میں ایک بڑی تعداد ایسی سورتوں کی ہے جو تمام تر اسی مطلب پر مشتمل ہیں۔ کہا جا سکتا ہے کہ قرآن میں جس قدر بیان بھی پچھلے عہدوں کے وقائع و قصص کا ہے وہ تمام تر سورۃ فاتحہ کی اسی آیت کی تفصیل ہے۔

سورۃ فاتحہ کی تعلیمی روح

اچھا! اب چند لمحوں کے لیے سورۃ فاتحہ کے مطالب پر بحیثیت مجموعی نظر ڈالو اور دیکھو اس کی سات آیتوں کے اندر مذہبی عقائد و تصور کی جو روح مضمر ہے وہ کس طرح کی ذہنیت پیدا کرتا ہے؟ سورۃ فاتحہ ایک دعا ہے۔ فرض کرو ایک انسان کے دل و زبان سے شب و روز یہی دعا نکلتی رہتی ہے، اس صورت میں اس کے فکر و اعتقاد کا کیا حال ہو گا؟

وہ خدا کی حمد و ثنا میں زمزمہ سنج ہے، لیکن اس خدا کی حمد میں نہیں جو نسلوں، قوموں اور مذہبی گرو بندیوں کا خدا ہے، بلکہ ''رب العلمین'' کی حمد میں جو تمام کائنات خلقت کا پروردگار ہے اور اس لیے تمام نوع انسانی کے لیے یکساں طور پر پروردگاری و رحمت رکھتا ہے۔ پھر وہ اسے اس کی صفتوں کے ساتھ پکارنا چاہتا ہے، لیکن اس کی تمام صفتوں میں سے صرف رحمت اور عدالت ہی کی صفتیں اسے یاد آتی ہیں۔ گویا خدا کی ہستی کی نمود اس کے لیے سر تا سر رحمت و عدالت کی نمود ہے اور جو کچھ بھی اس کی نسبت جانتا ہے وہ رحمت و عدالت کے سوا کچھ نہیں ہے۔ پھر وہ اپنا سر نیاز جھکاتا اور اس کی عبودیت کا اقرار کرتا ہے، وہ کہتا ہے: ''صرف تیری ہی ایک ذات ہے جس کے آگے بندگی و نیاز کا سر جھک سکتا ہے اور صرف تو ہی ہے جو ہمارے ساری درماندگیوں اور احتیاجوں میں مددگاری کا سہارا ہے''۔ وہ اپنی عبادت اور استعانت دونوں کو صرف ایک ہی ذات کے ساتھ وابستہ کر دیتا ہے اور اس طرح دنیا کی دوسری قوتوں اور ہر طرح کی انسانی فرمان روائیوں سے بے پروا ہو جاتا ہے۔ اب کسی چوکھٹ پر اس کا سر جھک نہیں سکتا، اب کسی قوت سے وہ ہراساں نہیں ہو سکتا، اب کسی کے آگے اس کا دست طلب دراز نہیں ہو سکتا۔ پھر وہ خدا سے سیدھی راہ چلنے کی توفیق طلب کرتا ہے۔ یہی ایک مدعا ہے جس سے زبان احتیاج آشنا ہوتی ہے، لیکن کون سی سیدھی راہ؟ کسی خاص مذہبی حلقے کی سیدھی راہ؟ نہیں۔ وہ راہ جو دنیا کے تمام مذہبی رہنماؤں اور تمام راست باز انسانوں کی متفقہ راہ ہے، خواہ کسی عہد اور کسی قوم میں ہوئے ہوں۔ اسی طرح وہ محرومی اور گمراہی کی راہوں سے پناہ مانگتا ہے، لیکن یہاں بھی کسی خاص نسل و قوم یا کسی خاص مذہبی گروہ کا ذکر نہیں کرتا، بلکہ ان راہوں سے بچنا چاہتا ہے جو دنیا کے تمام محروم اور گم راہ انسانوں کی راہیں رہ چکی ہیں۔ گویا جس بات کا طلب گار ہے وہ بھی نوع انسانی کی عالم گیر اچھائی ہے اور جس بات سے پناہ مانگتا ہے وہ بھی نوع انسانی کی عالم گیر برائی ہے۔ نسل، قوم، ملک یا مذہبی گروہ بندی کے تفرقہ و امتیاز کی کوئی پرچھائیں اس کے دل و دماغ پر نظر نہیں آتی۔

غور کرو! مذہبی تصور کی یہ نوعیت انسان کے ذہن و عواطف کے لیے کس طرح کا سانچا مہیا کرتی ہے؟ جس انسان کا دل و دماغ ایسے سانچے میں ڈھل کر نکلے گا وہ کس قسم کا انسان ہوگا؟ کم از کم دو باتوں سے تم انکار نہیں کر سکتے، ایک یہ کہ اس کی خدا پرستی، خدا کی عالم گیر رحمت و جمال کے تصور کی خدا پرستی ہوگی، دوسری یہ کہ کسی معنی میں بھی نسل و قوم یا گروہ بندیوں کا انسان نہیں ہوگا، عالم گیر انسانیت کا انسان ہو گا اور دعوت قرآنی کی اصلی روح یہی ہے۔

***